기독교를
믿는다는 것

기 독 교 에 관 한 5 0 가 지 질 문 들

기독교를
믿는다는 것

이 책은 기독교인을 공격하려는 책이 아니다. 기독교와 그 다양한 종파의 수많은 주장에 대해 문제 제기를 하시만, 세계의 모든 기독교인을 무신론자로 바꿔 놓을 목적으로 쓴 게 결코 아니다. 그보다는 훨씬 더 겸손하고 훨씬 덜 위협적이다. 나의 목표는 2000년이라는 긴 세월이 지난 지금에도 대다수의 세계인이 여전히 기독교의 기본적인 주장에 확신을 품지 못하는 이유를 기독교인늘이 잘 이해하도록 돕는 것이다.

각 장의 제목은 기독교인을 괴롭히거나 코너로 몰아붙이기 위해 머리를 짜낸 질문이 아니다. 책 제목이 암시하듯, 장의 제목들은 '단순한' 질문일 뿐이다. 이 질문들은 어떻게 보면 공정하고 고려해 볼 만한 가치가 있다. 비(非)기독교인들이 기독교에 대해 묻거나 혼자서 머릿속에 떠올리는 질문들이다. 아마 기독교인이라면 이 질문들이 익숙할 것이다. 기독교인들 역시 한때는 이런 문제들을 궁금해 했을 것이기 때문이다. 그러나 대부분의 기독교인은 대답을 얻지는 못했을 것이다. 어쩌면 성직자나 동료 기독교인들에게서 대답을 들었을지도 모르지만 이 책이 제시하는 대답과는 많이 달랐을 것이다.

이 책은 회의론자의 견해, 그러니까 많은 기독교인들이 한 번도 들어보지 못했을 관점을 제시한다. 기독교인으로서 세계관을 넓히고 지식을 확장하고, 다른 사람들을 더 잘 이해하기 위해서는 이 책에 담긴 생각을 아는 것도 좋을 것이다.

나는 기독교인들이 이 책에 제시된 의견 중 많은 것을 낯설어 하거나 오해하고 있다는 사실을 경험으로 알고 있다. 다만 이 문제는 지능이나 교육과는 아무런 관계가 없다. 스스로 열정적으로 정직하게 생각할 의지를 갖고 있느냐가 중요하다. 불행히도, 종교에 관한 비판적인 생각은 수많은 교회와 가족 안에서 종종 무시당하고 가끔은 금지되고 있다. 그러나 누구도 지적 산책에 제약을 받아서는 안 된다고 생각한다. 지적 산책을 억누르는 것은 인간성을 부정하는 것이기 때문이다.

기독교가 진리라면, 많은 기독교인이 말하듯 기독교가 '절대 진리'라면, 모든 사람이 기독교인이 안 된 이유는 무엇인가? 이슬람교도, 힌두교도, 불교노, 무신론자, 그리고 다른 비기독교인들이 수십억 명이나 되는 이유는 또 무엇인가?

이 책은 모든 기독교인이 던져야 할 중요한 질문에 답한다. 물론 기독교인들은 이미 이 질문의 답을 알고 있다고 주장한다. 그들은 비신자가 존재하는 것은, 종교가 부패한 결과이거나 사탄의 영향 아니면 단순히 신의 계획이라고 말한다. 그러나 이런 이유 때문에 사람들이 기독교를 믿지 않는 건 아니다. 비기독교인은 매우 다른 이유를 갖고 있다.

우리는 모두 지구에서 함께 살아야 한다. 때문에 서로 이해하려고 노력해야 한다. 그러기 위해선 '기독교는 말이 안 된다'고 말하는 사람들이 너무 많으므로 기독교인들이 파악할 필요가 있다. 기독교인들이 무신론자들과 비신자들을 부도덕하거나 반항적이거나 흠이 있거나 부정직한 사람들이라고 비난하는 경우가 너무 흔하다. 이는 맞는 말도 아닐 뿐 아니라 우리 모두가 안전하고 건전한 세상으로 나아가는 데도 도움이 되지 않는다. 비기독교인을 향해 근거 없는 비난을 하는 것은 모두에게 파괴적이다. 그 비난이 공포와 편견과 불화와 증오를 불러일으키기 때문이다.

무신론자가 분노에 찬 목소리로 열광적인 기독교인들을 공격하는 예를 찾으려면 무슨 수색작업이라도 벌어야 할 것이다. 이 책 안에서는 그런 공격을 찾을 수 없을 것이기 때문이다. 나를 비롯해 많은 사람들이 기독교의 주장을 확신하지 못하는 이유를 설명하는 동안 이런저런 사정 다 봐 줄 생각은 없지만, 토론 점수를 높이거나 나 자신이 다른 사람보다 지적으로 우월하다는 걸 과시하려는 짓은 하지 않을 것이다. 나는 나보다 똑똑한 기독교인이 많다는 사실을 알 만큼은 똑똑하다. 또 나 자신이 삶의 모든 신비와 우주를 이해하지 못한다는 점을 인정할 만큼은 정직하다.

내가 이 책을 쓴 이유는 이렇다. 만일 기독교인이 비기독교인의 마음을 조금이라도 더 잘 이해하고 한편으로는 자신의 신앙에 대해서 더 깊이 생각한다면, 이 세상이 더 나아질 것이라는 순수한 기대에서다. 이 목적을 이루는 최선의 방법은 비기독교인이 회의

(懷疑)를 품는 이유들을 강력하게 그러나 정중하게 전달하는 것이라고 나는 믿는다. 틀림없이, 일부 기독교인 독자들은 이 책의 내용 중 일부에 대해 불온하다고 생각할 것이다. 일부 독자들은 심지어 모욕감을 느낄지도 모르겠다. 그러나 나는 그런 독자들에게 나 자신이 한 사람의 어른이고 동등한 사람으로서 말하고 있다는 점을 기억해 달라고 부탁하고 싶다.

　나는 주장을 펴지는 않는다. 많은 회의론자들이 맞든 틀리든, 기독교의 주장에 대해 생각하는 바를 정직하게 설명할 것이다. 흔히 책이란 게 일방적인 소통을 하게 마련이지만, 이 책이 독자들에게 모든 사람들을 위해 오직 선한 일만 하길 원하는 누군가와 다정하게 나누는 한담처럼 다가갔으면 하는 바람이다.

　나의 회의론은 절대로 개인적인 것이 아니다. 나는 특별히 무슨 조사 활동을 벌이기 위해 기독교를 선택하지는 않았다. 나는 다른 이상한 주장에 도전하는 책을 쓰기도 했다. 나는 기회균등을 옹호하는 회의론자다. 나의 의견에는 모든 것이 질문의 대상으로 열려 있다. 회의(懷疑)는 특별한 주장과 중요한 주장에 적용할 필요가 있는, 긍정적이고 건설적인 힘이라고 믿기 때문이다.

　한 가지 사실만큼은 명백하게 밝혀두이야겠다. 나는 기독교인들이 매우 다양한 집단이라고 이해하고 있다. 이 세상에는 정말 다양한 종류의 기독교인들이 있다. 그만큼 다양한 관점을 갖고 있다. 기독교의 종파가 4만 개가 넘고, 각각의 종파 안에도 의미 있는 변종이 있다고 한다. 그러니 모든 기독교인들의 믿음을 한 문장이나 한 장(章), 한 권의 책으로 정확히 담아낼 수는 없다. 수백만 명의 기독교인들은 성경이 오류가 있을 수 없는 신의 말씀이라고 말하지만, 또 그만큼 많은 기독교인들은 그렇지 않다고 말한다. 많은 기독교인들은 우리가 사는 세상의 역사가 1만 년 미만이라고 말하지만, 다른 기독교인들은 지구가 45억 년 전에 탄생했음을 보여주는 과학적인 증거에 동의한다.

모든 기독교인의 관점과 완벽하게 일치하는 기독교의 주장에 대해 내가 회의론적 분석을 제시하지는 못할 것이다. 다만 독자들은 단어 선택에 신중하려고 노력했다는 사실은 눈치 챌 것으로 기대한다. 나는 모든 기독교 믿음을 모든 기독교인들에게 투사하지 않는다. 내가 기독교인들을 언급할 때 '많은' '대부분의' 혹은 '일부' 같은 수식어를 자주 사용하는 이유도 거기에 있다.

노련한 회의론자들은 이 책에서 익숙한 내용을 많이 발견할 것이다. 그들은 기독교인과 토론을 할 때 적용할 수 있는 새롭고 유익한 방법을 배우게 될 것이다. 나는 비신자들이 기독교와 기독교인에 대해 달리 생각하도록 신선한 관점을 제시하려고 한다.

나는 여러 나라에서 많은 기독교인들을, 어떤 때는 편하게, 어떤 때는 격식을 갖춰 인터뷰했다. 몇 년 동안 내가 배운 것 중 하나는 기독교인들이 화를 내거나 당혹해하게 하지 않고도 기독교에 대해 보다 깊이 생각하도록 유도하는 소통법이다. 그 방법은 대화 속에 간단한 질문을 끼워 넣는 것일 수도 있고, 과학이나 역사에 관한 짤막한 정보를 흘리는 것일 수도 있다. 아니면 사소한 생각을 스치듯 언급하는 것일 수도 있다. 그럴 때마다 기독교인들과 우호적인 분위기에서 만남을 마무리했다는 사실에 나는 긍

지를 느낀다. 나는 이 책이 그 같은 분위기를 계속 살려나가기를
바란다.

가이 P. 해리슨

목차

01

기독교는 말이 되는가?

이 물음은 가장 간단하면서도 가장 중요한 질문이다. 기독교는 말이 되는가? 기독교는 진짜인가? 독자 스스로 기독교인이라 자부할 만큼 이 종교에 대해 충분한 확신을 깃고 있는가?

이런 질문을 하는 것은 믿음이 없는 회의론자에게는 정당해 보인다. 그러나 기독교를 믿는 사람들에겐 질문 자체가 무례하고, 불필요하고, 심지어 바보스럽게 비칠 수 있다. 기독교인들은 "당연히 진짜지. 말이 되고 말고"라고 할 것이다. 그러나 기독교가 지구촌에서 행사하는 엄청난 영향력과 사후(死後)에 있을지 모르는 심판을 고려할 때, 기독교인들은 물론 누구나 이런 질문들을 던져야 하는 게 아닐까?

'기독교는 말이 되는가'란 간단한 질문은 성경 안의 모순을 캐거나, 기독교의 장점과 기도의 신빙성에 관한 문제들을 언급하는 범위 그 너머로까지 나아간다. 이 질문은 근본적인 개념, 즉 이 종교를 다른 종교와 구별하는 핵심 주장에 관한 것이다. 물론 이 질문을 모든 기독교인들이 만족하도록 요약하는 것은 불가능하다. 다만 이런 식으로 요약할 수는 있을 것이다.

'하나님이 자신의 아들 예수 그리스도를 이 세계로 보냈다. 그리스도가 우리를 대신하여 죽게 하기 위해서였다. 예수 그리스도의 희생은 우리의 죄에 대한 용서였으며, 이 희생으로 우리가 죽음에서 구원을 받고 천국에서 영생을 누리게 되었다. 예수 그리스도가 없었더라면, 우리 모두는 원죄 때문에 죽음이란 운명을 맞았을 것이다. 이 위대한 사랑의 행위를 통해서 하나님은 우리를 우리 자신으로부터 구해냈다. 그리고 이 선물을 받는 대가로 우리가 해야 할 일은 우리의 죄를 회개하고 예수 그리스도를 우리의 유일한 주(主)이자 구원자로 받아들이는 것뿐이다.'

원칙을 둘러싼 갈등을 피하면서 기독교를 묘사할 수 있는 한도 안에서 최대한 간략하게 설명한 것이다. 짧고 간단하기 때문에, 여기서도 뭔가를 빼거나 더하고 싶어 할 사람이 있을 것이라고 짐작한다. 그러나 대부분은 이 요약에 대해 정확하고 공정하다고 동의할 것으로 본다. 그렇다면 한 줄씩 분석하면서 어떤 일이 벌어지고 있는지 보도록 하자.

하나님이 자신의 아들 예수 그리스도를 이 세계로 보냈다.
그리스도가 우리를 대신하여 죽게 하기 위해서였다.

여기서 우리는 즉각 엄청난 문제에 봉착한다. 하나님이 예수 그리스도이고 예수 그리스도가 하나님이다. 하나님과 예수 그리스도가 똑같은데, 어떻게 하나님이 자기 아들을 보내 우리 대신 희생시켰다고 말할 수 있을까? 나는 많은 기독교인들이 이 문제에 대해 그다지 깊게 생각하지 않는다고 생각한다.

삼위일체 교리에 따르면, 아버지 하나님과 아들 예수 그리스도는 같은 존재다-다른 하나는 성령이다. 이 문제는 절대로 사소한 문제가 아니다. 또 교활한 회의론자가 기독교인을 골려주려 할 때 이용하는 주장도 아니다. 정직한 회의론자는 이 이야기에 근본적인 문제가 있다고 생각한다.

삼위일체는 오랫동안 기독교 안에서 가장 중요한 주장 중 하나로 여겨 왔다. 기독교에 관한 논의가 진지하게 이뤄지는 곳에서는 쉽게 무시될 수 없는 주제가 바로 삼위일체다. 왜냐하면 그게 진리라면 하나님이 자기 자신을 이 땅으로 보냈고 자기 자신을 자신에게 제물로 바쳤고 그런 다음에 자기 자신으로 돌아갔다는 의미가 되기 때문이다.

회의론자는 어떻게 이런 일이 가능하냐고 묻게 된다. '예수 그리스도의 삶의 위대한 희생'과 삼위일체 개념을 조화시켜 보려고 노력하는 것은 무례하거나 부당한 짓은 아니다. 명백하고도 반드시 필요한 물음이다. 그렇지 않은가?

기독교인들은 종종 예수 그리스도의 십자가형에 따르는 공포, 하나님이 자신의 아들을 고통받다가 죽게 하면서까지 우리에게 보여주는 사랑, 이 둘을 나란히 놓는다. 기독교인들은 나에게 자기 아들을 희생시키는 것이 얼마나 어려운 일인지 상상해보라고 요구했다. 그러나 그건 그렇게 말할 일이 아니다. 일시적인 고통은 제쳐놓더라도, 만일 예수 그리스도가 하나님이었고 자신이 죽은 뒤에 천국으로 돌아갈 것을 알았다면, 그게 뭐가 그리 큰 희생이란 말인가? 예수 그리스도/하나님이 포기한 것은 무엇인가?

회의론자들이 기독교를 이해하려고 노력하면서 생각하는 것들은 바로 이런 것들이다. 논쟁을 좋아하거나 완고해서 던지는 질문이 아니다. 근본적인 이해가 걸린 질문이다. 하나님과 예수 그리스도가 똑같은 존재로 여겨지기 때문에, 하나님이 자기 아들을 이 땅에 보내 우리를 위해 희생하게 했다는 주장은 매우 진지한 문제가 걸려 있는 것처럼 보인다.

그의 희생은 우리의 죄에 대한 용서였으며,
이 희생으로 우리가 죽음에서 구원을 받고
천국에서 영생을 누리게 되었다.

예수 그리스도의 처형에 관한 전통적인 묘사는 무서운 공포영화에 버금갈 만큼 무섭고 섬뜩하다. 실제로, 멜 깁슨 감독은 〈패션 오브 크라이스트〉란 영화에서 예수의 처형을 현대식 공포영화라고 할 만한 방식으로 그렸다. 2004년에 발표된 이 영화는 예수의 뼈가 부서지고 살점이 찢어지는 영상으로 관객에게 충격을 안겨주었다. 만일 예수 그리스도의 십자가 처형이 정말로 있었고 기독교인들이 주장하는 것처럼 그 처형이 비인간적이고 잔인했다면, 회의론자에게 자연스럽게 떠오르는 질문은 '왜?'이다. 예수 그리스도든 신이든 인간이든 왜 그런 고통을 당하며 죽어야 했는가? 인간 제물로? 정말로? 만일 기독교인들이 말하는 것처럼 이런 일이 일어났다면, 그 일이 실제 있었다고 주장하는 바로 그 이유들 때문에 왜 그런 제물(인간)이 필요했는지 합리적인 설명과 추론이 있어야 할 것이다. 우리를 용서하고 신 자신의 심판으로부터 구원하기 위해, 왜 신은 그런 혐오스럽고 끔찍한 행위를 해야 했을까?

지구 위에 존재하는 대부분의 사회는 수 세기 전에 인간 제물은 비생산적일 뿐 아니라 야만적이라는 점을 깨달았다. 처녀들을 분화구 속으로 집어 던진다든가 신전 꼭대기에서 남자의 심장을 도려내는 것이 한때는 더 나은 미래를 위한 똑똑한 투자처럼 보였다. 그러나 결국 그 관행은 잔인하고, 어리석고, 불필요하다는 깨달음을 얻게 되었다. 처벌과 종교적 의식으로서, 인간을 제물로 바치는 것은 우리 수준보다 낮은 행위다. 그렇다면 왜 하나님은 인간에게 면책조항을 줄 그런 행위가 필요했을까?

분명히 하나님은 우리를 죽음과 영원한 저주로부터 구원할 더 나은 방법을 생각할 수 있었을 것이다. 하나님이라면 모든 것을 좌지우지하는 존재 아닌가? 왜 하나님은 우리에게 구원과 천국으로 가는 길을 열어줄 다른 조치를 취하지 않았을까? 하나님이 예수 그리스도가 더디고 고통스런 죽음을 맞지 않게 하면서 그냥 우리를 용서할 수는 없었던 것일까? 하나님은 그 자신도 따라야 할 어떤 규제에 묶여 있는 것인가? 도대체 어떻게 된 것인가?

나는 지난 몇 년 동안 많은 설교자들과 독실한 기독교인들에게 이런 간단하고 정직한 질문을 던졌다. 지금까지 어느 누구도 멋진 대답을 내놓지 못했다. 적어도 전형적인 회의론자를 만족시킬 만한 대답은 없었다. 기독교인들이 제시한 최선의 대답은 이것이다. "우리 인간은 하나님의 길을 이해하지 못한다." 기독교인들은 그 행위를 놓고 의문을 품게 만드는 말을 되풀이했다. "예수 그리스도는 우리가 구원을 받도록 하기 위해 우리의 죄를 대신 졌어." 왜?

예수 그리스도의 처형은 기독교의 바탕이 된 가장 중요한 사건인데도 많은 비기독교인에게는 전혀 불필요했던 사건처럼 보인다. 왜 예수 그리스도가 채찍질과 주먹질, 찌르기, 해머와 못이 동원되는 그런 방식으로 우리의 죄를 대신 져야 했는가? 이는 이 우주를 운행하는 어떤 신의 실제 행위라기보다는 고대인들이 함께 믿으며 감탄하는 어떤 이야기처럼 들린다.

예수 그리스도가 없었더라면,
우리 모두는 원죄 때문에 죽음의 운명을 맞았을 것이다.
이 위대한 사랑의 행위를 통해서
하나님은 우리를 우리 자신으로부터 구해냈다.

원죄는 아주 오래된 개념이기 때문에 원래보다는 훨씬 덜 이상하게 보인다. 그러나 이 개념에 대해 잠시라도 생각해 본 사려 깊은 기독교인들이라면 원죄에도 뭔가가 석연치 않은 구석이 있다는 점을 인정할 것이다. 우리 인간이 원래부터 죄인이라고? 우리가 걷거나 말을 배우기 전부터 유죄 선고를 받았다고? 이건 도대체 어떤 종류의 정의인가? 기독교에 회의적인 사람들에게는, 갓 태어난 아기를, 영적 간섭이 전혀 없는 깨끗한 아기를 영원히 결함 있고, 죄인의 운명을 타고난 존재로 여기는 것은 이상해 보인다. 물론 모든 인간은 불완전하다. 그렇다고 태어날 때부터 절망적인 결함을 안고 있어야 하는가? 지옥에서 끝없는 고통에 시달릴 운명을 타고 났다고 봐야 하는가? 정말 그래야만 하는가?

우리 모두가 출생할 때부터 부도덕하고 '타락한' 종족의 일원이라는 비난에 대해서는 깊이 생각하지 않도록 하자. 그보다는 우리 인간에게 가장 먼저 필요한 것이 왜 구원이어야 하는가 물어야 한다. 우리가 무엇으로부터 구원을 받는단 말인가? 이에 대한 대답은 하나님이다. 하나님과 그의 계율은 불완전한 인간들이 마주하고 있는 위협이다. 그래서 하나님은 예수 그리스도의 형태로 우리들을 우리 자신으로부터 구원하겠다고 제안했다.

아무리 생각해도 이건 좀 이상하다. 그런데도 수십억이나 되는 기독교인들은 대를 이어가면서 구원의 선물에 대해 하나님께 깊이 감사한다고 말하고 있다. 경멸의 뜻으로 하는 말이 아니다. 그러나 이런 맥락에서 보면 하나님은 갱단의 단원을 많이 닮은 것 같다. 자신이 요구하는 것을 내놓으면, "당신의 사업은 불에 타거나 하는 불운을 겪지 않을 것"이라고 약속하는 그런 갱단 말이다.

만일 하나님의 능력이 사탄의 능력과 비슷하거나 오히려 더 약한 입장에서 우리를 사탄으로부터 구원하고 있다면, 기독교의 구원 이야기는 차라리 더 그럴듯해 보일 것이다. 그러나 상황은 그렇지 않다.

이 세상을 전적으로 지배하고 운영하는 존재는 하나님이다. 기독교의 대부분 종파들에 따르면 우리를 심판하고 우리의 운명을 결정하는 것은 하나님이다. 만일 하나님이 우리를 지옥으로부터 구하기를 원한다면, 그냥 사람들을 지옥으로 보내지 않으면 될 텐데 그렇게 하지 않는 이유는 무엇인가? 만일 하나님이 불완전한 인간을 용서하기를 원한다면, 그냥 용서하지 않는 이유는 무엇인가? 나 같은 인간도 지금까지 살아오면서 영원한 충성이나 사랑 따위의 약속을 요구하지 않고도 사람들을 용서했다. 단순히 그게 옳은 일 같아서 용서했다. 만일 소방수가 의도적으로 어떤 집에 불을 지른 다음 가족의 반은 불에 타 죽도록 내버려두고 가족의 반만 구원한다면, 진정한 영웅인가? 기독교 밖에 있는 사람의 관점에서 보면, 구원 이야기가 이런 식으로 들린다. 일부 기독교인에게는 이런 관점이 못마땅할 수도 있을 것이다. 그러나 일부러 따지려는 뜻은 아니다.

아무튼 회의론자들은 아주 많은 기독교인들이 완벽하게 이해된다고 주장하는 것을 제대로 이해하지 못해 답답함을 느낀다. 회의론자들은 명백해 보이는 것은 그냥 공개적으로 인정한다. 어떤 인간이나 신이 바로 자기 때문에 생긴 어떤 구체적인 해악으로부터 사람들을 구했다고 해서 끝없이 칭송될 필요는 전혀 없는 것이다.

그리고 이 선물을 받는 대가로 우리가 해야 할 일은 우리의 죄를 회개하고 예수 그리스도를 우리의 유일한 주이자 구원자로 받아들이는 것뿐이다.

이 말은 간단해 보인다. 그러나 진리와 정직을 소중히 여기는 회의론자에게는 결코 쉽지 않다. 예수 그리스도가 진정한 신이라는 확신을 먼저 품지 않은 사람이라면 그를 진정으로 포용하지 못한다. 기독교인들은 종종 비기독교인들을 막고 있는 가장 중요한 이 장애를 제대로 알아차리지 못한다. 예수 그리스도의 삶과 말씀과 구원에 관한 내용은 그가 존재한다는 것을 의심하는 사람에게는 거의 중요하지 않다. 성경에 나오는 그 고대인의 말을 되풀이하기는 쉽다. 어느 누구라도 우리의 죄를 위해 죽은 그 메시아의 이야기를 들려줄 수 있다. 천국과 지옥을 묘사하는 것은 힘들지 않다. 그러나 지금 이 순간 우리 앞에 예수 그리스도라는 이름의 신이 있다는 것을 증명하는 것은 훨씬 더 어려운 일이다.

일부 기독교인은 나에게 사람들이 먼저 할 일은 믿는 것이며 그렇게 믿고 나면 믿음이 현실이 될 것이라고 말한다. 먼저 교회에 나가고 성경을 읽어라. 그러면 예수 그리스도를 발견하게 될 거라고 한다. 내가 예수 그리스도에 대한 믿음을 먼저 보이면, 예수 그리스도가 내 앞에 모습을 드러내게 될 것이라는 뜻으로 한 말이라는 것을 나는 안다. 그러나 그 말은 나 스스로 어떤 환상을 품게 하려는 것처럼 들린다. 만일 내가 제우스를 믿으려고 최선을 다한다면, 제우스도 현실에서 나타날까? 만일 내가 힌두 사원의 의식에 참석하여 몇 년 동안 힌두교의 신들에게 기도한다면, 그 신들도 나에게 현실이 될 수 있을까?

자존심 강한 회의론자라면 누구든 신이 흔적 없이도 존재할 수 있다는 것을 아는 척 꾸미지는 않을 것이다. 물론 일부 사람들이 그 증거를 위조할 수 있고 또 위조한다. 어떤 사람은 믿음에 대한 확신이 서지 않는 동안에도 기독교의 관행을 실천하고 기독교인의 역할을 수행할 수 있을 것이다. 그러나 그게 어떻게 정상일 수 있는가? 누구나 교회에 얼굴을 내비치고 찬송가 몇 곡 부르며 하루를 마감할 수는 있다. 그러나 그것이 하나님이 원하는 것인가? 만일 기도가 공허한 빈말이고 신뢰라고는 전혀 없다면, 전지한 신은 그걸 알지 않겠는가? 그런 식의 공허한 기도가 신을 모욕하거나 분노케 할 가능성은 없는가? 만일 '현실의 존재'일 가능성이 있는 이 신에게 존경을 표하는 이유 말고는 다른 이유가 없다면, 우리는 믿기 전에 먼저 생각부터 해야 하는 것 아닌가?

사랑하는 부모로부터 기독교와 경쟁 관계에 있는 어떤 종교의 신을 믿도록 교육받고 또 그런 문화에서 성장한 비기독교인들은 '옳은' 종교를 따르고, 올바르게 기도를 올리려면 엄청난 도전에 직면하게 된다. 그들은 예수 그리스도를 '발견'해야 할 뿐만 아니라 원래의 믿음까지 버려야 한다. 대부분의 비기독교인들에게는 쉬운 일이 아니다. 누구보다 힘든 위치에 서 있는 사람들은 회의론자들이다. 어떤 주장을 받아들이기 전에 그 주장에 대해 깊이 생각하지 않을 수 없는 사람들이 바로 그들 아닌가. 훌륭한 회의론자라면 어떤 특별한 주장을 자신의 느낌이나 다수의 말에 휩쓸려 받아들이거나 거부하지는 않는다. 특별하고 중요한 주장은 예외 없이 비판적인 사고의 태형(笞刑)을 당하고, 적절하다면 과학적 검증에도 살아남을 것이다. 점성학과 심령학, 귀신들을 아주 쉽게 쫓아버리는 추리과정은 모든 종교의 초자연적인 주장에도 똑같이 적용되어야 한다. 신의 개념도 확실히 특별하고 중요하다. 그러기에 이 개념 역시 사려 깊은 분석 대상이 될 만하지 않은가?

회의론자들도 똑같은 근본적인 물음으로 시작한다. 증거의 양과 질은 그 주장의 중요성이나 비범한 성격과 비례하는가? 주장이 중요할수록, 더 많은 증거가 필요하다. 보다 합리적인 대안적 설명들이 보다 진실에 가깝지 않은가? 훌륭한 증거와 이성에는 관심을 두지 않으면서 권위와 전통에 지나치게 의존하고 있지는 않은가?

우리는 미래가 어떻게 될지 잘 모른다. 그러나 지금까지 기독교의 초자연적인 주장들은 다른 종교들과 마찬가지로 과학적 검증을 거치지 않았다. 만일 기독교 혹은 기독교의 몇 가지 측면이 이런 식으로 증명되었다면, 기독교는 아마 다른 모든 종교들을 박살내고 오늘날 유일하게 살아남은 종교가 되었을 것이다.

신앙과 신뢰, 전통, 확증편향(자신의 신념과 일치하는 정보는 받아들이고 신념과 일치하지 않는 정보는 무시하는 경향/옮긴이)은 우리를 신으로 안내할 것이다. 그러나 비판적인 사고는 좀처럼 신으로 안내하지 못한다. 비신자들에 따르면, 이것이 기독교의 중요한 결점 중 하나다. 도대체 왜 깊은 사고(思考)가 신에 대한 믿음을 방해하는가? 명쾌한 사고는 고무되어야 하는 것 아닌가? 현실을 자신이 좋아하는 모습으로가 아니라 있는 그대로의 모습으로 받아들이는 용기는 경탄할 만한 자질 아닌가? 회의론자들이 신을 가장 먼저 발견하지 않는 이유는 무엇인가? 만일 진정한 신이 존재한다면, 상식과 몰상식을 가려내려고 정직하게 노력하는 사람들이 신을 가장 먼저 발견해야 하는 것 아닌가?

자기 자신의 모습과 자신의 메시지를 세상과 공유하고 싶어 하는 신이 수십억 명에게 자신을 보여주지 않고 들려주지 않는 이유는 무엇인가? 만일 기독교가 기독교를 분석한 어떤 사람에게라도 이치에 닿는 것으로 다가왔다면, 그리고 기독교가 분별력 있는 모든 사람들에게 명백한 진실로 여겨졌다면, 기독교는 신앙과 전통에만 의존하는 다른 종교들보다 정직한 신자들을 훨씬 더 많이 끌어들여 지켰을 것이다. 또 지구촌이 기독교를 신속히 받아들이게 하기도 쉬웠을 것이다. 자신의 창조물이 최고의 행복을 누리길 바라는 자비로운 신의 목표는 바로 그런 것이어야 하지 않을까?

어떻게 신이 장차 입증되지 않을 이야기를 둘러싸고 반대와 회의가 일어날 것이라는 건 예측하지 못했을까? 하나님이 자기 자신을 땅으로 내려 보낸 것은, 그가 자신과 함께 있기 위해서 천국으로 돌아오기 전에 우리 인간을 위해 무참히 죽음을 당하도록 하기 위해서였다는, 그 이야기 말이다. 그리고 우리가 짓지도 않은 어떤 죄로 인해 태어남과 동시에 죄인이기 때문에 인간 제물이 필요했다는 이야기는 또 어떤가? (나도 아니고 당신도 아니다. 금단의 열매를 맛본 것은 아담이었다는 것을 기억하라.) 게다가 예수의 삶에서 중요한 사건들이 2000년 전에 실제로 일어났다는 것을 뒷받침하는 증거는 어디에 있는가? 예수의 죽음에 대한 설명과 그 죽음이 우리에게 의미하는 바를 어떻게 믿을 수 있는가? 예수 그리스도의 죽음이 초자연적인 요소가 전혀 없는, 인간의 사건이 아니었다는 것을 우리가 어떻게 확신할 수 있는가? 이런 것들이 바로 많은 비신자들이 신자가 될 수 없게 막는 장애들이다.

이 장에서 나는 기독교를 파괴하는 데 성공했는가? 당연히 그렇게 하지 못했다. 나는 하나님이 존재하지 않는다는 것을 증명했는가? 아직 시도조차 하지 않았다. 그렇다면 기독교인이 예수 그리스도를 포기하도록 할 만큼 설득력 있는 주장을 제시했는가? 이런 건 절대로 내 의도가 아니다.

이 장의 목적은 단순히 그렇게 많은 사람들이 기독교의 기본적인 주장을 듣지 못하고 확신을 갖지 못한 채 살고 있는 이유를 보여주는 것이다. 이것이 신성한 예수 그리스도와 성경을 명백히 현실에 존재하는, 진실한 것으로 여기는 많은 기독교인들에게 아주 이상하게 비칠 것이라는 점을 나는 이해한다.

일부 기독교인들은 오로지 믿기만 하고 그 외의 것은 절대로 모르도록 키워졌다. 또 일부 기독교인들은 심오한 내적 사건을 경험하면서 예수 그리스도가 진정한 신이라는 확신을 품게 되었다. 그러나 기독교에 관한 기본적인 이야기 중에는 기독교에 귀를 기울일 만큼 기독교인들을 존경하는 사람들에게도 이해가 되지 않는 면이 있다. 만일 더 많은 기독교인들이, 비신자들이 죄를 짓기를 원하고, 그들을 향해 분노하고, 그들이 거만해서 하나님에게 복종하지 않는다는 식으로 생각하는 대신, 그들에게 기독교가 잘 이해되지 않는다는 사실 자체를 받아들인다면 모든 사람들을 위해서도 바람직할 것이다. 회의론자들이 예수 그리스도를 믿기 힘들게 하는 것은 증거의 부족 그 이상도 그 이하도 아니다. 그리고 대다수의 비기독교인들과 기독교인 사이에는 다른 신앙체계가 장벽처럼 자리 잡고 있다. 그들과 기독교 사이에 놓인 장벽은 또 다른 신앙이다. 비기독교인들도 기독교인들과 마찬가지로 자신의 사회와 친구, 가족이 진실을 말할 것이라는 바로 그 믿음 때문에 다른 종교를 믿는다. 이 같은 상황을 모든 기독교인은 잘 이해해야 한다.

02

신이란 무엇인가?

옛날엔 물론이고 오늘날에도 신에 관해 논의하면서 신이 어떤 존재인지 곰곰이 생각하는 사람은 거의 없는 것 같다. 신을 부르는 이름은 많다. 신을 찬미하거나 달래거나 견디기 위해 만들어진 종교는 많다.

우선 신을 어떻게 정의할 것인가? 신은 무엇인가? 더 이상 단순할 수 없는 질문이다. 하지만 그 대답은 이상하게도 잘 잡히지 않는다. 당신은 아는가? 나는 안다고 자신 있게 말하지 못하겠다.

사람들은 신과 종교에 오랫동안 매혹되어 왔다. 많은 사람들이 종교를 위해 죽이고 죽으려 한다. 그렇기 때문에 이 물음은 가장 중요한 질문으로 받아들여야 한다. 그런데도 사람들은 이 물음을 비켜간다. 그 대신 어떤 신이 존재한다든가, 어떤 식으로 숭배해야 한다든가, 어떤 책이 신의 뜻을 제대로 담았다든가, 신이 우리에게 어떤 식으로 행동하라고 요구한다든가 하는 따위의 부차적인 문제에 매달리고 있다.

우리 모두 마음을 차분히 가라앉히고 이 근본적인 물음을 직시하는 것은, 합리적일 뿐만 아니라 꼭 필요한 일이다. 어느 신이 진짜인가 하는 물음은 잠시 옆으로 밀어두도록 하자. 신을 신으로 만드는 것이 무엇인지 고려하자.

신은 모두 초자연적인가? 신은 모두 불멸하는가? 신은 모두 날 수 있는가 아니면 일부만 날 수 있는가? 신은 물 위를 걸을 수 있는가? 신은 우리의 생각을 읽을 수 있는가? 신은 미래를 알 수 있는가? 신은 정신적 육체적 약점을 갖고 있는가? 인간도 신이 될 수 있는가? 신이 인간이 될 수도 있는가? 누군가 혹은 무엇인가를 신으로 보이도록 만드는 것은 무엇인가? 신이란 무엇인가?

신을 어떻게 정의해야 할까

기독교인에게 신에 대한 정의를 물어보라. 그러면 대부분 형편없는 대답을 내놓을 것이다. 그러면서 그들은 부끄러워하지도 않는다. 자기보다 더 훌륭한 정의를 제시할 사람도 특별히 없기 때문이다. 내 경험에 비춰보면, 기독교 외의 다른 종교를 가진 사람들 대부분과 무신론자들도 신을 정의하는 문제 앞에서는 비틀거린다. 그래서 그렇게 많은 사람들이 이 문제를 건너뛰고 있는 것이다. "우리가 논의하고 있는 것이 뭐냐고 묻는 귀찮은 문제로 고민하지 말고 그냥 논의만 하도록 합시다." 이런 게 기본적인 태도다.

신을 정의해달라는 부탁을 받으면, 기독교인들은 자신들의 특별한 신에 관한 다양한 속성과 성격적 특성, 세세한 일대기를 나열하려 든다. 이 같은 대답은 도움이 되지 않는다.

우리는 고대의 기록과 전통적인 믿음을 통해서 이 특별한 신이 어떤 존재로 여겨지는지 알고 있다. 그러나 이 신은 정직하고 제정신을 지닌 사람들에 의해 실재한다고 믿어지는 수백만의 신들 중 하나에 지나지 않는다. 종교를 믿는 사람들이 자신의 믿음을 이야기할 때, 나를 비롯한 회의론자들이 종종 "어느 신이죠?"라고 묻는 이유도 거기에 있다. 예를 들어 예수 그리스도에 대해 논한다면, 수많은 신들 중에서 어떤 구체적인 신에 대해 이야기할 것인지 분명하게 밝힐 필요가 있다.

　당신의 신을 단순히 묘사만 하는 것은 신에 대한 합당한 정의가 아니다. 그런 식의 정의는 정의가 아니다. 예컨대 경찰관에 대한 적절한 정의가 이럴 수는 없다. "이름은 조 존슨이고, 중년이며, 약간 비만이며, 18년의 현장 경험을 자랑하는 베테랑이며, 근무 중 용기를 발휘한 사례가 두 차례 있고, 2014년 사우스 필리 경찰관 다트 시합에서 우승한 경력이 있음." 이것은 경찰관에 관한 정의가 아니다. 전·현직 경찰관 수백만 명 중 특별한 어느 경찰관에 대한 묘사일 뿐이다. 마찬가지로 야훼나 예수 그리스도, 알라의 전기는 신에 대한 정의가 될 수 없다.

　백과사전이 많은데도 불구하고, 현재 신에 대한 정의로 만족스런 것은 하나도 없다. 종교란 것이 그렇고 그렇기 때문에, 신에 대한 정의는 거의 아무런 의미가 없다. 종교는 확고하고 검증 가능한 증거를 바탕으로 하지 않고 어느 누구도 만족시키지 못할 개인적인 계시와 '초자연적으로 영감을 받은' 글에 근거를 두고 있다. 이 때문에 해석과 논쟁, 판단, 의견의 불일치가 나올 여지가 아주 많다. 인간 정신의 '황무지'라고나 할까. 무엇이든 통하는. 내가 본 최선의 정의도 의도적으로 그랬는지 모르나 허약하고 모호했다. 아마 우리가 사는 이 자연적인 우주의 경계 밖에 있는 어떤 특별한 존재를 묘사하고 있었다. 그러나 이런 정의도 결함이 있다. 왜냐하면 '특별하다'거나 '자연적인 우주의 경계 밖'이라는 표현의 의미를 누가 결정하느냐 하는 문제가 남기 때문이다.

알렉산더대왕도 한때는 신이었다

알렉산더 대왕은 페르시아 제국을 점령하고 그리스 문화를 아시아 깊이 전파하면서 세계를 바꿔놓은 사람이다. 그는 또한 신이기도 했다. 적어도 그 당시의 많은 사람들이 그를 신이라고 말했다. 오늘날 종교를 가진 대부분의 사람들은 알렉산더가 신이라는 견해에 반대하며 그를 경탄과 두려움을 불러일으킨 한낱 인간에 지나지 않는다고 생각한다. 물론 알렉산더는 육체를 가진 인간이었음에 틀림없다. 하지만 그의 지배 후 2000년이 더 지난 지금의 우리가 어떻게 확실히 알 수 있겠는가? 아마 그는 신이었을 것이다. 아마 그 당시를 살았던 사람들이 우리보다 더 잘 알았을 것이다. 알렉산더를 신의 대좌에서 몰아내길 원하는 기독교인들은 사람들이 예수에게 똑같은 이유로 똑같은 짓을 할 때 자신들의 기분이 어떤지 생각해야 한다.

나는 지금 알렉산더 대왕이 마법의 힘을 지닌 초자연적인 존재라고 주장하는 게 아니다. 그러나 한때 이 지구에 살았던 사람들이 그를 신이라고 믿었다면 그 역시도 신으로 여겨져야 한다고 주장하는 거다. 고대의 마케도니아 사람들과 그리스인들이 그를 신이라고 말했다면, 그와 달리 말하는 우리는 도대체 누구인가? 무슨 권리로 우리가 그 오랜 세월이 지난 지금에 와서 그들의 믿음을 바로잡으려 하는가?

　신에 대해 보다 정확하게 정의를 내리려고 하는 사람들은 불가피하게 뜻하지 않은 편견의 덫에 빠진다. 자신이 현재 살고 있는 문화와 시대가 가장 중요하고 가장 훌륭하다는 생각에 쉽게 빠져드는 것이다. "나의 신은 바로 나의 신이기 때문에 실제로 존재하며 최고의 신이다"라는 것이 종교를 가진 사람들 사이에 보편적으로 확인되는 생각이다.

　그런 사람들은 하나의 신이나 몇몇 신에게 공통적인 특징을 부여하면서 그런 특성을 갖지 않은 모든 신을 배제한다. 예를 들어 신에 대한 서투른 정의는 보통 '창조주'와 '불멸의 존재' 같은 표현을 포함한다. 그러나 신자들에 따르면 우주나 대지, 혹은 생명을 창조하지 않은 신도 많으며 죽을 수 있는 신도 있다. 다시 말하지만, 신자들이 신이라고 말하는데 그것이 신이 아니라고 말하는 우리는 누구인가?

　그러나 존재는 이와 완전히 다른 문제라는 점을 명심하자. 이것은 신이 실제로 존재하느냐 그렇지 않으냐에 대해 묻는 것이다. 예를 들어 무신론자는 알라가 존재한다는 확신을 좀처럼 갖지 못하지만 그렇다고 알라가 인간 문화에서 신으로 추앙받을 자격이 있다는 것을 부정하지는 않는다.

　신에 대한 정의가 공정하고 일관되고 논리적이기 위해선 지금까지 우리가 알고 있는 것보다 훨씬 더 포용적이어야 한다. 한때 고대 이집트를 통치했던 파라오와 왕비에게 신의 지위를 부여하지 않는 것은 불공정하고, 일관성 없고, 비논리적이다. 로마의 장군이자 독재자인 율리우스 카이사르는 사후인 기원전 42년에 공식적으로 신으로 선포되었다. 그렇다면 신의 정의는 카이사르와 부합해야 한다. 설교자 데이비드 코레시(David Koresh)는 1993년 텍사스 주 웨이코에서 광적인 신도들과 함께 경찰과 대지하던 중 사망했는데, 지금도 코레시가 신이라고 말하는 사람들이 있다.

많은 기독교인들은 투탕카멘 왕, 율리우스 카이사르, 데이비드 코레시를 신으로 여기는 걸 터무니없는 짓이라고 생각할 것이다. 그러나 무슨 근거로 이들을 부정하는 것일까? 어떤 무신론자도 아브라함이라는 신의 존재를 부정하지 않듯이, 어떠한 기독교인도 다른 종교를 믿는 사람들이 대대로 믿었던 수백만의 신이 존재하지 않는다는 것을 입증하지 못했다. 어느 누구도 투탕카멘과 카이사르, 코레시가 일종의 신이라는 주장이 잘못됐다는 것을 입증하지 않았다. 그런 주장이 대단히 의문스럽긴 하지만 잘못되었다는 점을 입증하는 것은 불가능하지는 않더라도 대단히 어렵다.

대부분의 종교는 증거에 근거하지 않으며 과학적으로 입증된 주장을 바탕으로 삼지 않는다는 점을 명심해야 한다. 대신에 종교는 사람들 사이에 공유하는 이야기와 개인적 경험, 계시, 권위적인 인물의 말에 근거하고 있다. 때문에 자신의 신을 신이라 부를 가치가 충분하다고 주장하는 사람들의 권리를 부정하는 것은 불가능하다.

신의 개념은 지금까지 세계 역사에 엄청난 영향을 미쳤으며 오늘날에도 그 영향을 계속 미치고 있다. 나는 기독교인들이 신의 정의에 대해 더 깊이 생각하는 것이 유익할 거라고 생각한다. 왜냐하면 신이 중요하다면 우리 모두가 신에 대해 더욱 명쾌하게 생각하는 것이 바람직하기 때문이다.

신이란 무엇인가? 이는 우리 모두를 괴롭히는, 간단하면서도 중요한 질문이다. 우리는 신을 통해서 사랑하고, 증오하고, 갈라지고, 단결하고, 심지어 자신을 규정하기도 했다. 신은 우리로 하여금 위대함과 지고의 선을 추구하도록 고무한다. 간혹 신들은 우리의 내면에서 최선의 것에 불을 지르기도 한다. 반면에 최악의 것에 불을 지르는 경우도 더러 있다. 신들은 우리가 위대함을 추구하도록 하기도 하고 더없이 어둡고 황량한 사건을 저지르도록 유혹하기도 한다. 미래의 어느 날, 서로 적대시하는 신을 믿는 종교 집단들이 저지른 핵 대학살을 통해 인류의 종말이 올지도 모른다.

이 모든 것을 비춰볼 때, 우리 중에서 신이 누구이며 어떤 존재인지에 대해 생각하는 사람은 거의 없다. 아마 더 많은 사람들이, 특히 종교인들이 신을 정의하고 분석하고 비교하며 신이 진짜 존재하는지 여부를 입증하려는 노력을 편다면, 종교가 이 세상에 입히는 폐해는 줄어들 것이다. 더욱 더 많은 이성과 성찰만이 도움을 줄 것이라고 나는 짐작한다.

바닐라는 아이스크림 향으로 가장 인기가 높다. 그러나 우리는 그 외의 다른 향기에 대해 모른다. 또 아이스크림에 대한 일반적인 정의를 머릿속에 품지 않은 상태에서 아이스크림에 대해 많은 것을 안다고 주장할 수 없다. 아이스크림의 정의가 아이스크림 향의 99%를 배제할 수는 없다. 마찬가지로, 신에 대한 합당한 정의는 오직 하나인 것 같다. '신은 누군가가 신이라 부르는 존재다'야말로 그런 정의가 아닐까 싶다. 이것이 정의처럼 보이지 않을 수도 있을 것이다. 그러나 이것은 다른 정의들과 달리 공정하며 또 제대로 효과를 발휘한다.

03

신에 대해 묻는 것은 무례한가?

많은 사람들은 종교와 관련해 의미 있는 대화를 하는 것을 무례하다고 생각한다. 정말 이상하게도, 종교에 대해 말하는 사람들은 대개 이 무언의 금기를 지키고 권장하고 있다. 풋볼 경기에서부터 그래미상 시상식과 대통령 연설에 이르기까지, 종교를 가진 사람은 그런 행사에서도 종교적 신앙을 끊임없이 거론하면서 말이다. 그러나 누군가 종교와 관련된 질문을 하거나 종교적 믿음에 약간이라도 도전하려는 기색을 보이는 순간, 그 사람에겐 무례하다는 항의와 관용을 모른다는 비난이 분명히 쏟아질 것이다.

종교는 사적인 일인가 그렇지 않은가? 종교는 대화의 주제로 적절한가 그렇지 않은가? 현재 이 주제는 거의 일방통행이다. 대부분의 경우 오직 신자들만 대화하도록 허용되고 있다. 이 같은 현실은 회의론자에게도 나쁘고 종교를 가진 사람에게도 똑같이 나쁘다.

미국 정계에서 종교가 대체로 어떻게 다뤄지고 있는지 생각해보라. 대통령이 성경에 대해 언급한 뒤 어떤 기자가 대통령에게 성경에 대한 구체적인 견해를 묻는다고 가정해보자. 성경은 전적으로 진리인가? 만일 그렇지 않다면, 대통령의 판단에 어느 부분이 진리이고 어느 부분이 진리가 아닌가? 이런 구분이 백악관의 정책 결정에 어떤 영향을 미칠 수 있는가? 만일 대통령이 "성경을 믿는다"고 하거나 정기적으로 성경을 인용한다면, 누군가가 대통령에게 대격변이 '요한계시록'에 그려진 것처럼 진짜로 일어날 것이라고 생각하는지 물을 수 없는 까닭은 무엇인가? 대통령은 우리 인간이 지금 종말을 맞고 있다고 믿는가? 만약에 그렇다면, 그 믿음은 환경정책이나 핵무기 사용에 대한 대통령의 결정에 어떤 영향을 미칠까?

백악관 기자회견장에서 이런 종류의 질문을 한 저널리스트는 틀림없이 대통령에게 무시를 당하고, 동료로부터 원망의 소리를 듣고, 권위자로부터 비판을 듣고, 그 후로 다시는 질문할 기회를 얻지 못하게 될 것이다. 대통령이 성경의 말을 인용하거나 자신의 신앙에 대해 언급하는 것은 중요하게 여겨지지 않을 것이다. 대통령의 신앙에 대해 물었던 그 저널리스트는 종교라는 일방통행로에서 치여 죽을 것이다. 왜? 왜 우리는 공개적인 석상에서 종교를 논의하면 안 되는가? 종교를 가진 사람들이 매일 공개적으로 자신의 종교를 언급하는 상황에서 말이다.

기독교는 비밀결사가 아니다. 많은 기독교인들은 자신의 믿음에 대한 확신이 아주 강하고 또 흥분해 있기 때문에 자신의 종교에 대한 이야기를 멈추지 못하는 것 같다. 그러나 그 논의는 어떠한 도전도 허용하지 않는다. 성경에서 약간의 이탈도 불가능한, 고치 같은 공간 안에서 논의가 이뤄질 뿐이다. 지금 나는 조롱이나 풍자, 심지어 종교에 대한 언쟁에 대해 언급하고 있지 않다는 점을 이해해 주기 바란다. 모든 것에는 때와 장소가 있다. 그러나 단순히 종교에 대해 토론하고 건전한 질문들을 던지는 한, 부적절한 시기나 부적절한 장소 같은 것이 있어서는 안 된다.

언젠가 내가 근무하던 신문을 위해 신앙 치유 의식을 취재한 적이 있다. 그날 밤의 하이라이트 중 하나는 복음전도사의 방문을 받고 불치병에서 나았다고 증언한 노부인이었다. 나는 그날 밤에 오고간 말과 일어난 일을 꼼꼼히 취재했다. 그 신앙치유사의 손이 병든 부인의 몸에 닿는 결정적인 순간을 사진으로도 담았다. 드라마와 감정으로 넘치는 특별한 순간이었다. 많은 참석자들이 비명을 질렀고 울며 기도를 올렸다. 복음전도사와 늙은 부인을 포함하여 내 주변에 있던 거의 모든 사람들은 병이 퇴치되었다고 선언했다. 그녀는 저승에서는 물론이고 이승에서도 구원을 받았다. 그런데 그녀는 정말로 구원을 받았을까?

2주 뒤에 나는 그녀가 그 일이 있고 얼마 지나지 않아 죽었다는 사실을 알았다. 나는 그 일에 대해 추적 기사를 쓰겠다고 제안했다. 복음전도사와 그날 밤 현장에 있었던 몇 사람의 의견을 들을 생각이었다. 아마 제임스 랜디(James Randi)나 마이클 셔머(Michael Sehrmer), 조 니켈(Joe Nickell), 벤 브래드포드(Ben Bradford) 같은 탁월한 회의론자들을 인터뷰하여 그 행사에 대한 대안적인 견해를 제시할 수 있었을 것이다. 그렇게 하면 1면은 못 돼도 어느 면엔가는 실을 가치가 충분한 기사가 될 터였다. 어쨌든 우리 신문은 사람들 말을 인용해 그 여자가 기적에 의해 나았다는 기사를 이미 실었지 않았는가.

그러나 후속 기사는 실리지 못했다. 나의 제안은 즉시 거부당했다. 그 문제를 추적하는 게 무례하게 비쳐질 수 있다는 지적이었다. 당시 그 사건은 내게 그다지 중요하지 않았다. 나는 그 문제로 화를 내거나 흥분하지 않았다. 다만 종교의 망토를 걸친 수많은 사기꾼들이 수많은 해를, 수십 년을 아니 수 세기를 내려오면서 어리석은 사람들을 속일 수 있었던 이유를 보여주는 사례라고 생각했다.

종교가 종교와 직결된 질문과 정당한 도전으로부터 비켜서 있는 경우가 너무 자주 있다. 그 바람에 종교가 학대와 기만의 자유지대가 되어버렸다. 내가 종교에 관한 모든 형태의 공개적 논의를 억압할 게 아니라 오히려 고무하는 것이 기독교인의 이익과도 부합한다고 믿는 이유가 거기에 있다.

종교를 써먹는 사람들의 모순

너무나 많은 신자들이 종교에 관한 질문을 꺼리는 행태는 회의론자들에게 매우 혼란스럽다. 종교는 지구촌 문화에서 가장 막강한 힘 중 하나다. 종교는 사회를 형성하고, 전쟁을 일으키고, 평화를 고무한다. 그런 종교가 몇 가지 심술궂은 질문의 공격도 버텨내지 못할 정도로 허약한가? 정말 그런가? 그러면 우리 회의론자들은 신앙인을 어떻게 생각해야 하는가? 종교를 가진 사람들이 다른 사상에 귀를 기울이지 못할 만큼 강하지 못하고, 자신들이 가장 중요하게 여기는 것에 관한 질문에 대해 생각하지 못할 정도로 약하다고 봐야 하는가? 어쩌면 질문을 견디지 못할 사람도 있을 것이다.

그러나 나는 오늘날 기독교인의 절대다수는 다른 관점에 대해서도 충분히 들을 수 있고, 모욕이나 억압을 느끼지 않고 그 관점에 대해 깊이 생각할 수 있다고 믿는다.

그렇다면 그렇게 많은 상황에서 기독교인이 기독교에 관한 질문을 꺼리도록 만드는 것은 무엇인가? 아마 기독교인 중 지나치게 많은 사람들이 오해를 하여 회의론자의 호기심과 회의는 곧 조롱과 분노와 다름없다고 믿어서일 것이다. 그러나 그것은 잘못된 것이다. 이를 테면 내가 어떤 기독교인에게 예수 그리스도가 팔레스타인의 무덤에서 일어나 천국으로 올라갔다는 주장을 믿느냐고 묻는다면, 그 기독교인을 괴롭히거나 기분 상하게 하기 위해서가 아니다. 그야말로 호기심 때문이다. 나는 2000년도 더 전에 일어난 어떤 놀라운 일에 관한 이야기는 사실이 아닐 가능성이 있다고 생각한다. 내가 그런 질문을 하는 이유는 내 마음이 열려 있고 새로운 것을 배우려 노력하고 있기 때문이다.

미국 정계의 예로 돌아가 보자. 정치인들은 자신의 힘의 원천은 하나님이라거나, 미국 정부와 문화는 기독교 원칙에 근거한다거나, 예수 그리스도가 자신의 영감이라거나, 기도가 통한다거나, 신앙이 전부라는 식의 말을 공개적으로 한다. 어떻게 그럴 수 있는가? 그렇게 선언해놓고도 그 말의 의미를 알고 싶어 하는 누군가에게 어떻게 분노할 수 있는가? 대부분의 지방, 주 혹은 전국 단위의 선거운동 기간에 후보자들은 끊임없이 종교를 거론한다. 그런데도 선거를 취재하는 기자나 후보자들을 지지하는 대중이 후보자의 종교적 발언을 분석하려는 경우는 극히 드물다.

최근에 하나님이 자신에게 후보로 나서라고 일러주었다고 공개적으로 말한 정치인들은 다음과 같다. 미셸 바크만(Michele

Bachman)과 릭 페리(Rick Perry), 릭 샌토럼(Rick Santorum), 허먼 케인(Herman Cain), 사라 페일린(Sarah Palin), 마이크 허커비(Mike Huckabee), 조지 W. 부시가 그런 정치인들이다. 그러나 종교와 관련된 정치인들의 모순적인 주장이 언론매체에 진지하게 분석되는 경우는 절대 없다. '개인의 신앙'은 취재 영역 밖이라는 이유에서다. 정치인들이 입을 열었다 하면 신앙 문제를 정치의 장으로 끌어내고 있는데도 말이다. 어떤 후보가 외계인으로부터 관직에 출마하라는 메시지를 받았다고 했을 때 직면하게 될, 아주 다른 차원의 감시를 상상해보라. 아니면 어떤 후보자가 사이언톨로지나 위카(Wicca) 같은 인지도가 떨어지는 종교의 신자라면 어떻게 될까? 만일 이 사람이 외계나 내면의 영혼으로부터 특별한 지시를 받았다고 주장한다면, 그가 의미 있는 질문을 피할 수 있을까? 그가 곤란한 질문을 피해가지 못했을 것이다. 종교에 많은 것을 걸고 있는 사람들에게 그들의 종교에 대해 묻는 것은 무례하지 않다. 후보자들의 기이한 주장을 깊이 분석하는 것은 적절한 조치에 그치지 않는다. 그것은 민주주의에서 하나의 책임이다.

2012년 버락 오바마(Barack Obama) 대통령과 밋 롬니(Mitt Romney)의 대통령 선거운동 기간에, 롬니의 종교적 믿음에 문제를 제기하는 임무가 미국 사회의 '무례한 사람들'인 무신론자와 코미디언에게 떨어졌다. 물론 이들 중 어느 누구도 롬니로부터 대답을 기대할 입장은 아니었다. 그러나 그 질문들은 공정했다. 롬니는 몰몬교의 특별한 속옷이 몰몬교도를 보호해준다고 믿고 있는가? 몰몬 경전에 묘사된 콜롭이라는 행성-별에 대해서는 어떻게 생각하는가? 콜롭이 우주 어딘가에 존재하며 그곳에 신의 왕관이 있다고 생각하는가? 정말로 신이 몰몬 예언자에게 흑인을 교회의 지도자 위치에 올리도록 허용하기 위해 1978년까지 기다렸다고 믿는가? 롬니의 종교를 조롱하거나 그를 나쁘게 하기 위해서가 아니라 특별한 종교적 믿음이 자신에게 아주 중요하다고 거듭 강조하는 한 사람을 더 잘 이해하기 위해서, 이와 비슷한 실문들이 많이 나왔을 것이다. 이런 질문들이 중요한 이유는 이런 것들을 통해서 롬니의 사고방식과 분석력을 파악할 수 있기 때문이다. 사고방식과 분석력이야말로 대국을 이끌겠다는 사람들이 갖춰야 할 중요한 능력 아닌가. 당시에 그가 열성적인 구성원으로 속해 있던 어떤 교회의 인종차별적인 규칙은 인격 문제를 제기하기도 했다.

오바마도 하나님과 성경, 신앙을 종종 거론한다. 때문에 지난 번 대통령 선거 때 신앙에 대해 비슷한 질문을 받아야 했다. 그는 동성애자들을 사형에 처해야 한다고 선언한('레위기' 20장 13절) 성경이 잘못되었다고 생각하는가? 하나님이 존재하지 않는다고 믿는 사람들이 어리석다고 한 성경에 동의하는가? 성경이 명백히 선언한 것처럼 기독교가 천국으로 가는 유일한 길이라고 생각하는가? 예수 그리스도가 우리에게 이웃뿐 아니라 적까지도 사랑하라고 가르치는데, 전쟁터로 군대를 파병하는 것과 성경의 가르침을 어떻게 조화시키는가? 비전투원을 종종 죽이는 드론 공격이 "다른 쪽 뺨까지 대라"는 가르침에 과연 맞는가? 미국 스타일의 자본주의와 예수 그리스도의 산상설교 사이에는 모순이 있지 않은가? 오바마 대통령은 성경의 어떤 부분을 따르고 어떤 부분을 무시하는가?

정치인들이 선거 운동 기간에 자신의 종교적 믿음에 대해 반복해서 언급할 필요성을 느끼는 것은 좋다. 그건 그들의 선택이다. 그러나 그 같은 언급이 누구도 의문을 품지 않는 상투어가 되어야 하는 이유는 무엇인가? 어떤 후보자가 세금을 인상하겠다거나 이민법을 건드리겠다고 암시를 하면, 뉴스 매체의 관심을 집중적으로 끌게 되고 저널리스트들은 여러 가지 질문으로 집중 공격에 나선다. 그러나 어떤 후보가 미국을 통치하라는 계시를 받은 신의 대리자라고 말하면, 절대 침묵이 따른다. 왜 우리는 그 주제를 건드리지 못하는가? 매우 많은 정치인들이 시골뜨기들을 속이고 도덕적인 인물이라는 이미지를 부각시키기 위한 연설에서 "하나님"을 남발하고 있는데도, 종교를 가진 유권자들이 아무런 모욕감을 느끼지 않는다는 게 그저 신기하기만 하다. 자신의 신앙에 정직하고 사려 깊은 기독교인이라면 이 문제에서 나와 같은 입장일 것이라고 생각했다. 종교에 회의적인 사람보다는 기독교인들이 먼저 나서서 종교를 무슨 싸구려 트로피처럼 자주 들어 올리는 지도자들에게 종교에 대해 보다 투명하고 지적인 토론을 요구해야 한다.

무례한 회의론자

어떤 비신자들은 기독교인을 포함해 신앙인에게 무례하다. 그 점을 부정하지 않는다. 그러나 그런 무례는 인간 사회 어디든 있다. 풋볼 팬은 상대팀 팬에게 무례하다. 사람들은 정치적 성향 때문에 상대를 무례 그 이상으로 나쁘게 대한다. 학교와 직장에도 무례가 있다. 아마 교회에서도 마찬가지일 것이다. 그러나 신앙인이 공격적이거나 사악하다고 말하는 것 중에 많은 것은 사실 따지고 보면 무례와 관계없다. 내 개인적으로 이런 사실을 잘 알고 있다. 왜냐하면 부드러운 단어로 점잖게 글을 썼는데도 신앙인들에게 받아들여지지 않은 경험이 있기 때문이다. 교인들과 좋은 관계를 유지하려고 노력했음에도, 간혹 내게 화를 내곤 했다.

나를 비롯한 회의론자들이 종교에 대해 말하는 내용 대부분은 합리적으로 따졌을 때 비굴하게 벨트 아래를 치는 행위는 아니었다. 이를 테면 신의 존재에 대해 질문하는 것은 중대범죄는커녕 무례한 행위는 아니다. 이것은 두 가지 사실에 비춰 볼 때 분별력 있고 공정한 질문이다. 첫째, 어느 신도 과학적으로 존재가 입증되지 않았다. 신의 존재를 뒷받침할 명백한 증거는 전무하다. 이 사실 하나만으로도 신이 실존하는지에 관한 간단한 질문은 정당하다. 둘째, 신자를 포함한 모든 사람은 신의 존재에 대해 의문을 품고 있다. 모든 신들이 실존한다고 생각하는 사람은 아무도 없다. 힌두교 신자들은 전통적인 아프리카 신들의 존재를 의심한다. 이슬람교 신자는 힌두교 신들을 부정한다. 기독교인들은 고대 로마 신들의 실존에 도전한다. 그렇다면 종교에 관한 한 모든 사람이 무례하다는 것인가? 코란의 진실성이나 힌두교의 가네샤(인간의 몸에 코끼리의 머리를 가진 신/옮긴이)의 존재에 의문을 표시한 기독교인은 야비하고 상스러운가?

또 다른 흔한 오해는 모든 종교에 대해 공정한 것은 곧 불공정하다는 점이다. 아무튼 모든 종교에 관용을 베풀어야 하고, 어떠한 종교도 다른 종교에 옹졸해서는 안 된다. 이를 테면 미국 정부는 헌법에 의해 특정 종교에 특혜를 주지 못하게 되어 있다. 그러나 일부 기독교인들은 현실 속의 이런 중립을 자신의 종교에 불리한 것으로 본다.

나는 기독교인들에게 무신론자들과 회의론자들이 종교에 대해 실제로 어떻게 말하는지 귀담아 들어보라고 권한다. 무신론자들과 회의론자들은 사상의 자유를, 즉 개인의 뜻에 따라 믿거나 믿지 않을 권리를 요구하지 종교에 대한 금지를 요구하지 않는다. 그들은 강요된 침묵과 검열을 원하지 않고 보다 더 긍정적인 논의와 토론을 추구하고 있다. 대부분의 무신론자들은 다수의 사람들이 종교를 갖든 안 갖든 크게 신경 쓰지 않는다. 무신론자들이 신경을 쓰는 것은 종교를 가진 사람들이 자신의 신앙에 너무 깊이 함몰되어 이성이나 정의, 다른 사람을 위한 배려 등을 잃지 않는가 하는 점이다. 무신론자들은 종교를 가진 사람들이 신의 이름으로 여자와 어린이를 압박하는 것을 원하지 않는다. 무신론자들은 어떤 집단의 신앙이 과학적 사회적 진보를 늦추거나 중단시키는 일이 일어나지 않기를 바란다. 무신론자들은 어떤 종교가 우리 모두를 위해 법을 집행하는 일이 없기를 바란다.

회의론자들과 무신론자들은 모든 종교가 약해지는 새로운 계몽의 시대를 바랄 것이다. 이런 경우에도 종교는 여전히 선택의 자유가 보장되어야 한다. 신앙을 가진 사람들이 리처드 도킨스(Richard Dawkins)와 작고한 크리스토퍼 히친스(Christopher Hitchens) 같은 유명한 무신론자들을 "무신론자 투사"라고 묘사하는 소리가 들린다. 투사라고? 진정으로 하는 말인가?

말은 총알이 아니다. 이성과 논리는 제아무리 격해도 수용소를 짓지 않는다. 강연은 테러리스트의 공격이 아니다. 종교를 가진 사람에게 묻는 하나님에 관한 예리한 질문은 공격이 아니다. 회의(懷

疑)는 진실하지 않은 것만 위협한다. 여기저기서 나오는 농담은 세계의 종말이 아니다. 기독교인이 나에게 예수 그리스도가 진짜 신이라는 것을 확신시키기 위해 생각과 단어를 사용한다면 절대 그 사람을 비난하지 않을 것이다. 나는 기독교인이 유머로 무신론을 공격하거나 무신론자들의 실수를 부삭시켰다는 이유로 그 사람을 두려워하거나 증오하는 것은 상상조차 하지 못한다. 나는 정말로 비난받아야 할 사람들을 비난하기 위해 비난을 아낀다. 기독교인도 그래야 할 것이다.

정중한 회의론자

회의론자들은 신의 존재에 대해 물을 때 아주 정중해야 한다고 믿는다. 물론 의심되는 부분을 그냥 넘겨야 한다는 뜻은 아니다. 민감한 질문을 던지거나 엄연한 진실을 전하는 걸 삼가야 한다는 뜻이 아니다. 회의론자들은 많은 사람들이 자신의 신에 대한 믿음에 쏟는 정서적 투자를 감안해야 한다. 그렇기 때문에 신앙인들을 최대한 존중해야 한다고 말하고 싶다. 회의론자들은 명심해야 한다. 체스 게임을 하는 두 개의 로봇처럼 종교가 논쟁의 대상이 될 수 없다는 것을 말이다. 종교는 지극히 개인적이다. 종교에 쏟은 전통도 너무 많고, 정서도 너무 많고, 세월도 너무 길다. 목소리의 톤이 중요하다. 얼굴 표정도 중요하다. 미소로, 세심하게 선택한 어휘로 하는 말은 욕설이나 조롱보다 훨씬 더 가깝게 사람들에게 다가간다.

어떤 사람을 존경하는 것과 종교에 관한 그 사람의 특별한 주장을 존중하는 것 사이에는 뜻 깊은 차이가 있다. 일부 신앙인은 동의하지 않겠지만 이 둘은 따로 고려되어야 한다. 예를 들면 나는 영매가 죽은 사람과 대화를 한다는 주장은 무시할 것이다. 그러나 그걸 믿는 사람에게 존경심을 품지 않는다는 뜻은 아니다. 점성술의 주장을 받아들이지 않는다고 해서 매일 별점을 열심히 읽는 사람들을 좋아하지 않게 하거나 존경하지 않도록 막지는 못한다. 사실 나는 그런 사람들을 존경만 하는 게 아니다. 그런 사람을 보살피기까지 한다. 내가 과학과 이성에 많은 시간을 투입하는 이유도 거기에 있다. 사람들이 터무니없는 생각에 시간과 돈을 낭비하는 것을 보면 안타까운 생각이 든다.

여러 해 동안 일부 신앙인들은 내가 자신들의 사상을 공격하고 믿음을 폄하하는 데만 관심을 갖는다고 잘못 생각해왔다. 그러나 진실은, 나 자신이 단지 이 세상을 보다 합리적이고, 보다 분별력 있고, 보다 안전한 곳으로 만들기를 바란다는 것이다. 이 주제와 관련한 나의 사상과 주장은 오직 친절과 희망에서 제시되었다. 회의론자 중에 나만 그런 생각을 품고 있는 게 아니다. 모든 회의론자들이 모두에게 더 나은 세상이 열리기를 바라고 있다.

우리에게 종교는 매우 중요한 것이기 때문에 종교에 대한 의미 있는 대화를 계속 피해서는 안 된다. 종교는 매 순간 좋은 쪽으로나 나쁜 쪽으로 세상에 영향을 미치고 있다. 우리는 종교에 대해 이야기해야 한다. 전 세계에 종교와 관련된 광기와 폭력, 역기능이 많은 이유는, 바로 신과 신앙에 관한 소리는 요란한데 반해 솔직한 대화가 거의 없기 때문이라고 믿는다. 이 세상은 회의론자들을 필요로 한다. 너무나 자주 탈선하는 종교적 열정을 식히기 위해서라도 회의론자가 있어야 한다. 이곳저곳에서 들리는 회의의 목소리는 우리가 보다 평화로운 세상을 이루는 한 방법이다.

신자와 비신자의 만남이라고 해서 반드시 긴장이 흐르는 대결이 될 필요는 없다. 약간의 예의만 갖춰도 놀라운 결과를 낳는다. 많은 기독교인들은 회의론자가 정중한 언어로 자신들의 믿음에 도전할 때 별다른 반감을 갖지 않는다. 그러나 불행하게 그런 경우에도 반감을 품는 기독교인들이 너무 많다. 그런 과민반응은 불필요한 것에 그치는 게 아니다. 기독교인을 포함한 모든 사람들에게 방해가 된다.

어떤 도전이든 그 도전에 대한 논의 없이는 해결되지 않는다. 종교는 이 세상에서 해결해야 할 중요한 문제들을 제기하고 있다. 아마 신자들이 자신의 종교도 많은 종교 중 하나에 지나지 않으며 종교적 믿음은 선사시대부터 시작되었다는 점을 기억하는 것도 문제 해결에 도움이 될 것이다.

대체로 종교는 거칠다. 특히 기독교는 2000년의 세월을 견뎌냈을 뿐만 아니라 오늘날 20억 명의 추종자를 거느린 세계 최고의 종교로 번성하고 있다. 분명 기독교는 지금 선의의 회의론자 몇 사람의 말과 사상에 직면할 수 있을 만큼 강하고 충분히 성숙했음에 틀림없다. 만일 그렇지 않다면, 기독교인들은 왜 그런지 고민해 봐야 한다.

04

예수 그리스도는 기도에 응답하는가?

기도가 효력이 있다는 것을 입증하지 못한 몇 가지 과학적 연구들을 나열함으로써 이 간단한 물음을 해결할 수도 있을 것이다. 그러나 이 중요한 질문을 제기하는 다른 방법이 있다. 그것이 기독교인에게 조금 더 강한 인상을 남길 것이라고 나는 기대한다. 문제의 핵심을 파고드는 아주 간단한 방법이다. 이중 검사법도 필요하지 않고, 연구원의 신뢰에 의존할 필요도 없고, 어려운 논문을 읽을 필요도 없고, 무엇보다 골치 아프게 해석하고 할 필요도 없다.

가장 훌륭한 테스트

모든 기도 중에서 가장 중요하고 가치 있는 기도를 찾아내 그 기도의 효율성을 객관적으로 측정한다고 가정하자. 그러면 거기서 하나님/예수 그리스도가 기도에 응답한다는 주장에 관한 뭔가 의미 있는 것이 나오지 않을까? 어떤 어머니가 큰소리로 아니면 침묵 속에서 생각만으로 올리는 기도를 생각해보자. 그녀는 아파 죽어 가는 아기를 안고서 "하나님, 제발 제 아기를 구해주세요. 제발. 이 아이가 죽도록 내버려두지 마세요"라고 기도한다. 어린 자식을 위 한 기도다. 가장 순수하고 구원할 가치가 충분한 아이를 위한 기도 말이다. 어떤 기도보다 더 정직하고 이타적인 기도다. 하나님이 기 도에 응답하는지 판단하는 데 이상적인 기도라고 생각한다.

6개 대륙을 여행하는 동안, 나는 신 혹은 신들에 대한 믿음이 극 빈층 사이에 특히 더 두드러진다는 것을 알았다. 내가 본 바로는, 가난한 사람은 더 열심히 기도하고 더 자주 기도한다. 극단적인 빈 곤과 종교적 믿음이 희망과 절망의 기묘한 대결에서 서로 맞붙는 것처럼 보인다. 믿을 만한 자료들이 이 같은 결론을 뒷받침한다.

지구촌의 빈곤 퇴치를 오랫동안 주장해온 사람으로서, 나는 언 제나 가는 곳마다 가난한 사람들의 처지에 특별히 관심을 쏟는다. 타지마할의 눈부신 아름다움을 경험하거나 아프리카의 야생을 사 진에 담으러 갈 때도 가난한 사람들과 대화를 하게 된다. 나는 그 들의 삶과 역경, 희망에 대해 묻는다. 가슴 찢어지는 경험인데도, 나는 종종 그들의 에너지와 낙관주의에 고무된다.

네팔에서는 빈민굴에서 어떤 노인을 만났다. 가혹한 조건인데도 그는 지금까지 보았던 미소 중에서 가장 온화한 미소를 지어보였 다. 인도에서는 아기가 먹을 음식을 구하기 위해 구걸하던 젊은 엄 마를 만났다. 그 굶주림과 불결에도 놀라울 정도로 아름다운 여인 이 숨어 있었다. 다른 운명으로 태어났더라면, 슈퍼모델이 되었을 수도 있는 그런 아름다움이었다. 인도에서 본 한 아이는 소아마비로 온 몸이 심하게 뒤틀려 있었다. 기어갈 때 모습은 마치 물리의 법칙을 거부하는 듯 했다. 동 아프리카에서는 단 하루만 머물렀을 뿐인데도 가슴이 수백 번도 더 찢어졌다. 내가 만났던 거리의 걸인과 매춘부, 고역에 시달리는 일꾼들은 좋은 환경에서 사는 일부 사람들이 상상하는 것만큼 병적인 패배자가 아니었다. 그들의 눈빛은 종종 놀라울 정도로 밝았고, 그저 사는 게 아니라 잘 살아야 한다는 결의가 느껴졌다. 그들의 빈곤만 따지자면 영광스런 구석은 하나도 없었다. 그러나 이 사람들의 내면에 있는 인간적인 힘과 선(善)은 우리보다 더 크지는 않다 해도 적어도 우리만큼은 된다는 게 내 경험이다. 나는 그들이 다른 사람들보다 절대로 덜 충만하거나 덜 소중하지 않은 존재는 아니라고 기억한다.

엄마의 기도

세계의 극빈자들에게는 종교적 믿음이 중요하다. 나머지 사람들에게 그런 믿음이 중요한 것과 마찬가지다. 아마도 극빈자들에게 더 중요한 것 같다. 내가 종교에 대해 물을 때마다, 가난한 사람들은 신이 자신의 삶에서 매우 중요하다는 것을 열정적으로 설명한다. 그들은 종종 기도의 힘을 강조한다. 그들에게 그들의 종교가 진짜라는 것을 어떻게 아느냐고 물으면, 기도가 그 대답으로 나올 가능성이 가장 크다.

내가 쓴 책 『사람들이 신을 믿는 50가지 이유』(50 Reasons People Give for Believing in a God)에서 기도에 관한 것을 포함시킨 것도 그래서다. 종교를 불문하고 전 세계 신자들로부터 자신의 믿음이 정당하다는 근거로 가장 자주 들었던 대답 중 하나가 "기도에 응답하기 때문"이라는 말이었다. 현실 속에서 기도의 효과를 확인할 수 있는 곳은 세계의 극빈자들과 신들이 기도에 응답한다는 일반적인 주장이 교차하는 지점이다.

만일 세계의 극빈 사회들이 가장 종교적인 성향을 보인다면, 만일 종교를 가진 대부분의 사람들이 종종 기도를 한다면, 그렇다면 세상은 어떻게 돌아가야 할까? 만일 기도가 통한다면, 우리는 이 지구상에서 가장 종교적인 사회들, 즉 기도가 가장 활발히 이뤄지는 사회들을 가장 축복받고 가장 안전한 곳으로 여겨야 한다. 반면에 종교적인 성향이 약한 사회들은 불행해야 할 것이다. 긍정적인 쪽으로 개입해달라고 신에게 간청하는 기도가 훨씬 적을 것이기 때문이다. 그런데 우리 눈으로 보는 세상이 이런가? 어림없는 소리다.

신이 기도에 응답한다는 주장과는 정반대로, 종교적인 사회들이 살기에 좋지 않은 곳이 되고 있다. 반면 종교적 성향이 약한 사회들이 살기에 안전한 곳이 되고 있다. 안전과 건강, 교양, 인권, 부패 등 주요 항목을 기준으로 매긴 국가별 순위는 기도가 그다지 중요하지 않다는 점을 보여주고 있다. 현실의 세계는 기도가 통하지 않고 신이 전혀 존재하지 않는 것처럼 보인다. 세계의 극빈층 어린이 구호에 초점을 맞춘 자선단체 '세이브 더 칠드런'은 '엄마지수'를 발표했다. 이 국가별 순위는 엄마가 되기에 가장 좋은 곳과 가장 나쁜 곳을 보여주고 있다. 가장 좋은 국가들을 보면 노르웨이, 오스트레일리아, 아이슬란드, 스웨덴, 덴마크, 뉴질랜드, 핀란드, 벨기에, 네덜란드, 프랑스 순이다. 이 나라의 신앙인 비율과 교회 출석률은 가장 낮은 편이다. 이 국가들은 무신론자의 수치가 높다. '엄마지수'의 맨 아래에서, 우리는 아기를 가진 엄마가 살기 가장 힘든 곳은 종교석 성향이 강한 나라들이라는 사실을 확인하게 된다. 기도의 횟수와 치열함은 아기들이 극빈 상태에서 지속적으로 고통받으며 죽어가고 있는 현실에 전혀 영향을 미치지 않는 것 같다.

지금 내가 기독교와 이슬람교, 힌두교 또는 다른 종교가 아기들이 죽어가는 직접적인 원인이 되고 있다고 주장하는 게 아니다. 이 같은 현실이 기도의 효험이나 신의 존재 자체를 결정적으로 흔들어놓고 있다고 주장하는 것도 아니다. 여기서 중요한 것은 종교적 믿음과 기도가 아기들의 생명을 구하지도 않고 아기들의 고통을 측량 가능할 만큼 낮추지도 않는다는 점이다.

그러나 종교를 믿는 많은 사람들은 믿음과 기도가 사람들의 고통을 덜어준다고 믿고 있다. 신이 기도에 응답한다고? 아니, 그렇지 않다. 당신이 종교를 믿고 있고, 죽어가는 아기의 목숨을 구해달라고 간청할지라도, 신이 기도에 응답하지 않는 것 같다.

극빈자들에게 영양결핍과 말라리아, 기생충 질환은 무시무시한 죽음의 길이다. 이런 것들은 고통 없이 빨리 죽는 병도 아니다. 아이들은 오랫동안 고통을 받으며 서서히 죽어간다. 이들 사회에서 기도가 상대적으로 자주 행해지고 있음에도 불구하고, 아기들은 세계에서 가장 높은 비율로 죽고 있다. 종교적 성향이 가장 낮은 국가의 아기 사망률과 비교하면 이들 사회의 아기는 너무 비참하다. 객관적인 관찰자라면 신이 전혀 존재하지 않거나 신이 존재한다 하더라도 그 신은 세계 곳곳의 정직하고 정의로운 기도에 응답하지 않기로 한 것 같다는 인상을 받지 않을 수 없다. 어느 쪽이든, 기도의 효험을 옹호하는 사람들에겐 다시 생각해볼 이유가 많다.

일부 기독교인들은 예수 그리스도가 모든 기도에 응답하지만 그 대답이 "노"일 때가 간혹 있다고 말했다. 현명한 대답 같지만 성경에 담긴 약속 즉, "너희가 기도할 때에 믿고 구하면 무엇이든지 다 받으리라"(마태복음 제21장 22절)라고 한 부분과 일치하지 않는다. 이 대답은 또한 지금 이 순간 죽어가고 있는 아기를 팔에 안은 엄마들의 눈물과 간청과도 잘 맞아떨어지지 않는다. 이 엄마들의 기도를 무시하는 신이라면 다른 사람들의 기도에는 더더욱 관심을 두지 않을 것이다.

응답 없는 기도를 설명하기 위해 제시되는 게 인간의 실패와 환경적 조건이다. 아기들은 대부분 가난한 곳에서 죽는다. 적절한 건강관리와 안전한 식수, 식량이 없기 때문이다. 그러나 이것은 세속적 설명이다. 기독교인들이 어떻게 감히 인간의 기간시설이 부족해 예수 그리스도의 권력과 동정심이 제대로 발휘되지 못한다고 주장할 수 있는가? 예수 그리스도가 어떤 엄마의 절망적인 기도에 응답할 것인지 말 것인지 결정할 때, 현지의 건강관리 직원이나 의료품, 의료시설의 질과 양에 신경을 쓰는 이유는 무엇인가? 만약 예수 그리스도가 존재하고, 전능하고 또 기도에 응답한다면, 그런 자잘한 사항은 아무런 상관이 없을 것이다.

이슬람교의 기도와 기독교의 기도

기독교의 신은 기도에 응답한다는 인식의 또 다른 문제는 이와 똑같은 주장을 하는 다른 종교도 많다는 점이다. 조금만 생각해 보면 문제의 심각성이 파악된다. 만일 기도에 대해 진지하게 생각한다면, 우리는 모든 기도에 대해 생각해야 한다. 어느 한 종교의 기도만 고려해서는 안 된다. 많은 기독교인들에게는 이 점이 중요하지 않을 수도 있지만 회의론자들에게는 중요하다. 회의론자들은 기독교와 이슬람교, 힌두교, 그리고 다른 종교 신자들의 기도에 대한 응답이 있었다는 주장에서 드러나는 명백한 모순을 간과할 수 없다. 어떤 신과 소통하면서 신에게 무엇인가를 요청한다는 개념은 기독교에만 있는 게 아니다. 모든 기독교인은 이 점을 잘 알고 있다. 기독교인들은 이슬람교 신자들도 기도한다는 것을 안다. 그러나 비기독교인들 모두가 응답받은 기도 이야기를 극적으로 전하면서, 기독교인들이 하는 것처럼 그 이야기를 자신의 종교가 정확하고 자신의 신이 진짜라는 것을 증명하는 증거로 이용한다는 사실을 생각할 만큼 여유 있는 사람이 기독교인 중에 과연 몇 명이나 될까?

만일 기도가 사람들이 주장하는 것처럼 잘 통하고 또 어떤 신이 실제로 존재한다는 사실을 입증한다면, 기독교인은 오늘날의 비기독교인뿐만 아니라 역사 속의 비기독교인들 역시 기도를 했고 호의적인 결과를 얻었다는 주장을 무슨 논리로 무시할 것인가? 비기독교인들의 주장이 신뢰성이 떨어지고 덜 중요한 이유는 무엇인가?

나는 이슬람교 신자들과 힌두교 신자들과 대화를 해보았다. 이들은 자신의 종교가 정확하고 진리라고 설명했다. 중요한 기도가 응답을 받았다는 이유에서였다. 기도가 틀림없이 자신들의 신에 의해 성취됐다는 것을 이슬람교 신자와 힌두교 신자들은 설득시키려고 노력했다. 그렇게 생각하는 이유는 상황이 너무나 특별하여 신의 간섭이 아닐 수가 없기 때문이라는 것이었다.

그렇다면 회의론자들은 이런 이야기를 어떤 식으로 받아들여야 하는가? 여러 세대에 걸쳐 살았던 이슬람교 신자와 힌두교 신자 수십억 명이 모두 미쳤거나 거짓말을 하고 있다고는 생각하지 않는다. 이보다 더 그럴듯한 설명은, 그들이 기도에 대해 비판적으로 생각하지 않고, 구체적인 기도가 필요했던 인생사를 비판적으로 생각하지 못해서 그렇다는 것이다. 사람들은 예상하지 않았거나 기대하지 않은 사건을 실제로는 전혀 그렇지 않은데도 곧잘 초자연적인 것으로 해석한다. 또한 확증편향이 심한 사람들로 하여금 '응답받은 기도'만을 기억하게 만들지만 그보다 훨씬 더 많은 응답받지 못한 기도들은 망각하도록 만들 수 있다. 기도에 관한 기록을 꼼꼼히 한다면, 응답받았다는 기도도 기다란 소원 목록 중에서 무작위로 기대할 수 있는 성공에 지나지 않는다는 게 확인될 것이다.

우리 모두 확증편향을 조심해야 한다. 확증편향을 모른다면, 당신은 맞힌 것은 기억하고 놓친 것은 망각하게 될 것이다. 그러면 당신이 이미 품고 있는 믿음이 더 강화될 것이다. 확증편향에 맞서야 한다. 그러지 않으면 인생길에서 여러 차례 길을 잃고 헤매게 될 것이다. 확증편향은 당신의 이웃이 얼마나 사악하고 당신의 보스가 얼마나 공평한가 하는 문제에서부터 정치와 기도에 이르기까지 모든 일에서 당신이 그릇된 결론을 내리도록 만든다. 기독교인들도 역시 인간이다. 그렇기 때문에 기독교인들이라 해서 나머지 사람들보다 확증편향에서 조금도 더 안전한 게 아니다.

전형적인 기독교인이 다른 종교들의 '응답받은 기도'에 대해 어떻게 생각하는지 궁금하다. 분명 기독교인들은 기도에서 긍정적인 결과를 얻었다고 주장하는 수십억 명의 비기독교인들이 거짓말을 하거나 정신병을 앓고 있다고 생각하지 않는다. 결론은 비기독교인들도 정직하지만 오해하고 있다는 것이다. 실제로 이 문제와 관련해 기독교인들로부터 듣는 대답도 바로 그런 식이다.

그러나 이 같은 사실은 한 가지 문제를 제기한다. 기독교인들도 마찬가지로 정직하지만 기도에 대해 오해하고 있을 가능성이 있다는 점이다. 만일 비기독교 신자들이 자신의 기도에 대해 잘못 생각하고 있다면, 비기독교인들을 넘어뜨린 그 심리적 함정은 기도에 응답을 들었다고 주장하는 기독교인들을 똑같이 넘어뜨릴 수도 있을 것이다. 우리는 똑같은 인간이라는 진리를 망각하기 쉽다. 아니, 그 진리를 깨닫지 못했을 수도 있다. 언어와 옷, 음식, 음악, 정치, 신 때문에 우리가 마치 서로 다른 행성에서 온 것처럼 느껴질 때도 간혹 있다. 그러나 절대 그렇지 않다. 겉모습만 약간 다를 뿐, 우리 모두는 똑같은 강점과 약점을 지닌 인간일 뿐이다.

기도가 때로는 이뤄지는 이유

기독교인들은 또한 기도가 진공 상태에서 일어나는 것이 아니라는 점을 명심할 필요가 있다. 많은 기도는 현실 세계의 것을 간청한다. 사람들은 신이 자신의 소망을 실현시켜주길 기다리면서 가만히 앉아 지내지는 않는다. 일부 신자들은 소망이 일어날 수 있는 쪽으로 노력한다.

신은 스스로 돕는 자를 돕는다. 예를 들어 어떤 남자가 예수 그리스도에게 비만을 극복하게 해 달라고 기도한 다음에 식습관을 바꾸고 하루에 한 시간씩 걷기 시작한다면 어떻게 될까? 만일 이 사람이 상당한 정도의 몸무게를 줄인다면, 이때 우리는 예수 그리스도가 그의 기도에 응답했다고 할 수 있을까? 그가 칼로리를 태운 양보다 더 작게 섭취했다는 게 합당한 설명 아닐까? 예수 그리스도와 기도에 대한 그의 믿음이 그로 하여금 소파에 눕지 않고 양질의 음식을 먹도록 자극했을 수는 있다. 그러나 이 시나리오에 초자연적인 힘이나 신은 필요 없다. 많은 기독교인들은 기도가 기적을 일으켜 중병을 앓던 가족이 나았다는 이야기를 한다. 그러나 대체로 내가 언급하기 전까지는 그 병과 관계있는 수술이나 의사, 간호사 등에 대해서는 한 마디도 하지 않는다. 만일 당신이 확증편향을 통제하지 못한다면, 확증편향이 당신을 통제할 것이다.

무신론자의 기도

내가 기도를 의미 없는 난센스라고 비난하지 않는다는 사실이 일부 독자들을 놀라게 할지도 모르겠다. 나는 기도가 많은 사람에게 순기능을 하지 않을까 생각한다. 초자연적인 존재들이 누군가의 기도에 귀를 기울이다가 응답한다는 확신은 품고 있지 않다. 그럼에도 기도를 하면서 도전에 대해 깊이 생각해보고, 최선의 해결책을 상상하고, 이방인들과 인류 전체뿐만 아니라 당신이 아는 사람들의 행복을 위해 고민해보는 것도 건전할 것이라고 생각한다. 자기 자신에게 희망과 해결책에 대해 말하는 것은 생산적이다. 기도는 또한 건강에 도움이 되는 명상의 한 형태일 수도 있다. 기도는 신자들이 말하는 것처럼 진짜 신과의 소통 수단이 아닐 수는 있다. 그렇지만 기도를 통해 많은 것을 얻는다고 말하는 기독교인들의 말을 나는 믿는다.

카리브 해의 어느 황량한 작은 섬에서 이 문제를 생각하면서 보냈던 나흘이 떠오른다. 나는 종종 나 자신에게 맘속으로 큰 소리로 말을 걸었다. 내가 직면한 도전들이 어떤 것인지 파악하고, 스스로 아무 문제가 없다는 점을 확인하기 위해서였다. 나는 이런 식으로 중얼거리곤 했다.

"마약 밀매업자가 한밤에 불쑥 나타나 나를 발견하는 일이 없기를."

"물을 충분히 가져왔어. 괜찮을 거야."

"간밤에 나의 텐트에 들어와서 나의 발가락을 물었던 쥐가 광견병에 걸리지는 않았어야 할 텐데."

비록 어떤 신에게 말하고 있었던 것은 아니었지만, 나는 혼자만의 독백, 그러니까 무신론자의 기도가 긍정적인 목적에 이바지했을 것이라고 생각한다.

어쨌든 나는 우리 모두가 기도에 관한 진실을 직시할 만큼 정직하고 성숙해질 수 있다고 믿는다. 어떠한 신도 귀를 기울이며 듣고 있지 않다. 설령 신이 듣고 있다 하더라도 신자들이 주장하는 식으로 기도에 응답하지는 않는다. 만일 예수 그리스도가 진정으로 기독교인들의 소망에 귀를 기울이고 기도에 응답한다면, 이 세상이 지금쯤은 그걸 알아야 하지 않을까? 만일 기독교인이 예수 그리스도에게 하는 기도가 2000년 동안 운 이상의 높은 비율로 응답을 들었다면, 적어도 이 인구의 대다수는 기독교에 안기고 싶어 하지 않겠는가? 또 엉터리 신에게 헛되이 기도를 낭비했던 다른 모든 경쟁 종교들은 여러 세기 전에 사라졌어야 하는 게 아닌가? 그러나 현실은 종교를 가진 사람들 대다수가 예수 그리스도가 아닌 다른 신에게 기도하고 있고 또 기독교와 비슷한 성공률을 주장하는 것 같다. 나는 비기독교인 모두가 현혹되어 있고 기독교인만이 옳을 수도 있다고 짐작한다. 그럼에도 만일 내가 기독교인이라면, 매우 많은 다른 신앙체계들이 자신들의 기도에 대해 확신하는 것에 괴로움을 느낄 것 같다. 왜냐하면 비기독교인들의 주장이 그 내용이나 신빙성에서 기독교인들의 주장과 다를 게 하나도 없어 보이기 때문이다.

05

기독교인은 누구인가?

그리스에서 일주일 동안 눈부신 고대 유적지들을 돌아보며 페리클레스와 소크라테스, 테미스토클레스, 그리고 레오니다스 왕이 걸었던 길을 내가 걷고 있다는 상상을 했다. 다시 현대로 돌아와 살아 있는 것들을 둘러볼 시간되었을 때 나는 아름다운 교회를 발견하고는 그 안으로 들어가 예배를 지켜보기로 했다. 교회는 매우 오래되었지만 돌벽은 여전히 튼튼했다. 사도 바오로가 한번 정도 기도를 올렸을 법한 그런 교회였다.

나는 그 교회를 보면서 평소에 익히 알고 있던 교회들과 매우 다르다는 느낌을 받았다. 첫 번째 단서는 벽에 그려진 예수 그리스도의 그림들이었다. 그림 역시 오래되었고 많았다. 그러나 기독교 신자들이 문을 통해 교회 안으로 들어오는 것을 지켜보면서, 낯선 무엇인가를 보았다. 신자들 모두가 각각의 그림 앞에 멈춰 서서 그림에 입을 맞췄다. 어떤 사람은 자신의 손에 먼저 입을 맞춘 다음에 예수 그리스도의 그림에 손을 댔다. 대부분의 사람들은 직접 그림에 입을 맞추고 캔버스에 입술을 댔다. 적어도 나의 눈에는 기묘한 행동으로 비쳤다. 어린 시절 미국에서 다녔던 프로테스탄트 교회 어디에서도 이런 장면을 보지 못했다. 그곳에 반 시간가량 앉아서 신자들이 자신의 메시아에게 입을 맞추기 위해 끊임없이 모여드는 모습을 지켜보고 있자니, 지역에 따라서 기독교도 정말 다르게 받 아들여질 수 있겠다는 생각이 들었다.

몇 년 뒤, 카리브 해의 어느 예수 그리스도 교회에서 열린 부흥회 에 참석했을 때에도 똑같은 생각이 떠올랐다. 대부분 자메이카의 중년층 부인이었는데 밤새도록 큰 소리로 노래 부르고 기도를 올 리면서 환희에 찬 모습이었다. 미국 플로리다 주에서 보았던 침례 교의 예배와 약간 비슷했지만 조금 더 시끄럽고 훨씬 더 격정적이 었다. 내가 미국의 성공회 교회에서 경험한 것들과는 크게 달랐다.

그러나 교회들 사이의 이런 피상적인 차이점들이 어떤 인상을 남길 수는 있을지라도, 그것이 기독교에 나타나는 불화의 원인은 아니다. 기독교가 시작된 직후부터 기독교의 한 요소가 되다시피 한 불화는 대부분 교리를 둘러싼 논쟁, 성경의 해석을 둘러싼 의견 불일치, 문화적 성향, 케케묵은 권력투쟁 때문이었다. 그 불화의 최 종 결론은 오늘날 기독교가 믿기 어려울 정도로 갈기갈기 찢어져 있다는 사실이다. 현재 기독교 종파는 무려 4만1000개에 달한다.

이 같은 분열은 많은 사람들이 기독교에 회의적인 중요한 이유 중 하나다. 기독교 종파가 터무니없을 만큼 많은 현실이 혼란과 회 의를 더 부추긴다. 누군가가 당신에게 예수 그리스도의 계시를 통 해 진리를 받았다고 하면서 그 진리도 수천 개나 되는 버전 중 하 나일 뿐이라고 말한다면, 거기엔 분명 어떤 문제가 있다.

기독교인들조차도 예수가 누구인지, 예수가 우리들에게 원하는 게 무엇인지, 예수를 어떤 식으로 숭배해야 하는지, 천국에는 어떻게 갈 수 있는지 의견의 일치를 보지 못하는 상황에서, 기독교인들이 회의론자들을 향해 기독교를 받아들이지 않는다고 비난할 수 있는가? 일부 종파는 불간섭의 태도를 강조한다. 그러나 다른 종파들은 자신들만 옳고 나머지들은 다 틀렸기 때문에 최후의 심판이 있는 날에 심각한 대가를 치를 것이라고 공개적으로 언급한다. 이 종파들은 자신의 교회가 당신을 천국으로 데려다 줄 수 있지만 다른 교회들은 지옥으로 향하는 편도 승차권일 뿐이라고 말한다. 만일 내가 기독교인이라면, 그렇게 많은 종파 중에서 정말로 옳은 선택을 했는가 생각하다 밤잠을 설칠 것 같다.

41,000개나 되는 기독교 종파

어쩌다 기독교가 이처럼 수많은 종파로 갈라지고 말았는가? 기독교는 예수 그리스도의 처형 후 단 몇 년 동안만 하나의 통합된 종교로 존재했을 뿐이다. 기독교는 1세기에 분열을 시작하기 전까지 주요 종교로 자리 잡지 못했다. 초기의 3개 분파는 영지(靈知)주의 기독교와 바오로 기독교, 그리고 예수 그리스도를 신이라고 믿은 유대인들이 믿은 종파였다.

처음 천년 동안에는, 로마가 기독교를 지지하는 권력의 중심이 되었다. 그러나 1054년에 엄청난 분열이 일어나면서 로마 가톨릭 교회와 동방정교회로 갈리게 된다. 1517년에는 마르틴 루터(Martin

Luther)라는 독일 성직자가 95개 조항의 반박문을 교회 문에 내걸어 종교개혁을 촉발시켰다. 이것이 더 많은 기독교 종파를 낳았다. 또 다른 중요한 분열은 1500년대에 일어났다. 영국의 국왕 헨리 8세가 교황의 승인을 받지 않고 재혼하기 위해 로마 가톨릭교회와 관계를 단절했다. 1830년에도 미국의 조지프 스미스(Joseph Smith)가 또 하나의 기독교 종파를 만들었다. 스미스는 어떤 천사가 자신을 방문한 뒤 황금 서판들을 발견했으며 자신의 모자에 있는 '선견자 돌멩이'로 서판을 보면서 '몰몬경'으로 번역할 수 있었다고 말했다. 물론 기독교의 분열은 여기서 끝나지 않는다. 가까운 미래에도 절대로 끝나지 않을 것 같다.

세계에서 가장 많은 신자를 거느린 종교에 대해 공정하게 말하자면, 거의 25억 명이나 되는 사람들을 하나의 교회로 가두는 것은 불가능한 일이다. 그러나 회의론자의 관점에서 보면, 이 모든 분열의 주된 원인이 종교 자체의 기본적인 본질에 있지 않나 의심해본다. 만일 어떤 사람이 누구나 주장할 수 있는 신의 계시를 근거로 삼은 조직이나 단체, 혹은 세계 종교를 갖고 있다면, 누가 옳고 누가 그른지 따지는 토론에서 이기기가 어렵다. 주장을 뒷받침할 근거도 전혀 없고, 사람들의 말 이상의 명백한 증거도 없기 때문이다. 누구나 증명할 수 있는 증거를 갖고 있는 과학과 종교를 비교해보라. 진화론에 4만1000개의 버전이 없는 이유, 태양이 에너지를 생산하는 이치를 밝혀주는 과학적 설명에 4만1000개의 버전이 없는 이유를 쉽게 알 수 있을 것이다.

'기독교인은 누구인가?'라는 지극히 간단한 질문에 대한 유일한 대답, 즉 유일하게 공정하고 논리적인 대답은, 스스로 기독교인이라고 말하는 사람이 기독교인이라는 것이다. 나는 의견 일치를 보지 못하는 수많은 기독교인들과 이 문제를 놓고 우호적인 토론을 벌였다. 그들은 한결같이 자신이 기독교인이 갖춰야 할 자질이 어떤 것인지 잘 안다고 생각하고 있었다. 기독교인들은 스스로 자격 요건을 정의하거나 확립할 필요성을 줄기차게 느끼고 있는 것 같다. 그러나 그런 생각에 동의하지 않는다. 기독교인의 요건을 결정하기에 가장 적합한 위치에 있는 사람은 아웃사이더다. 왜냐하면 그들만이 진정으로 편견을 갖지 않을 수 있기 때문이다.

제7일 안식일 예수 재림교회의 한 교인은 언젠가 나에게 토요일에 안식일을 지키지 않는 사람은 기독교인이 아닌 이유를 세세하게 설명했다. 나는 그녀에게 교황의 권위를 받아들이지 않는 사람이 스스로를 기독교인이라고 생각하는 것이 맞냐고 물었다. 그러자 교황은 진정한 기독교인이 아니라고 대답했다. 반면에 몇몇 가톨릭 신자는 자신의 기독교야말로 '진짜 교회'며 침례교와 오순절 교회를 포함한 다른 종파들은 모두 엉터리라고 말했다.

나는 교황 바오로 2세가 그리스도의 적이라고 말하는 프로테스탄트들과도 몇 차례 대화를 나눠보았다. 바오로 2세가 죽은 지금, 나는 그 프로테스탄트 신자들이 틀렸다고 짐작한다. 비신자라서 많은 것을 알게 될 수도 있다. 왜냐하면 많은 기독교인들이 종파가 다른 동료 기독교인들에게는 절대로 하지 않을 말까지 나에게 들려주기 때문이다.

일부 기독교인들은 예수 그리스도에 관한 근본적인 교리를 제외하고는 중요한 것이 전혀 없다는 입장을 보이고 있다. 간결하고 포괄적인 생각이라고 나는 생각한다. 그러나 그것이 어느 정도 진실인지는 모르겠다. 만일 그 생각이 사실이라면, 엄청나게 큰 통합 기독교 집단이 하나 있고 그 곁가지는 겨우 몇 개 정도에서 그쳐야 하는 것 아닌가?

이런 경우엔 말보다 행동이 중요하다. 예수를 신이라고 믿는 것 외에 중요한 무엇인가가 있다. 이 무엇인가는 정말 대단히 중요하다. 왜냐하면 기독교 내부의 불일치로 인해 전쟁도 벌어지고, 사람들이 고문당하고, 가족들이 찢어지기도 하기 때문이다. 세계에서 신자를 가장 많이 거느린 기독교의 느슨한 성격 때문에 사람들은 과연 기독교를 종교로 보는 게 타당한가 하는 의문까지 품는다. 전 세계에 걸쳐 기독교인은 20억 명을 넘는다. 세계 인구의 30%에 가까운 수다. 하지만 이 숫자들이 실제로는 없는 어떤 단결을 암시하는 것은 아닐까?

회의적인 아웃사이더로서 나는 기독교인을 인류학자들 방식으로 정의한다. '예수 그리스도라는 이름의 신을 믿고 숭배하는 사람'이 바로 내가 내리는 기독교인의 정의다. 이 이상의 정의는 이론의 여지가 있고 논쟁을 야기하며 또 하나의 의견이 될 것이다. 그래서 나는 모든 기독교인들을 한 덩어리로 묶는 쪽을 택한다.

그러나 많은 기독교인들에 따르면, 그렇게 해서는 안 된다. 많은 기독교인들은 예를 들어 몰몬 교도를 배제하며 그들을 진정한 기독교인으로 여기지 않는다. 그렇다면 1400만 명을 지구촌 기독교인 숫자에서 제외해야 한다는 말인가? 만일 가톨릭 신자들이 일부 프로테스탄트들의 주장대로 기독교인의 자격이 없다면, 10억 명을 기독교 인구에서 제외해야 한다는 말인가?

기독교인은 누구인가? 이 물음을 어떻게 하면 모든 사람이 다 만족할 수 있는 쪽으로 풀 수 있을지 잘 모르겠다. 내가 아는 것은 기독교의 놀라운 다양성이 기독교를 매우 흥미로운 종교로 만들고 있고 또 다양한 세계관을 수용하는 종교로 만들고 있다는 점이다. 예컨대 동성애자의 권리를 옹호하는 기독교인이 있는가 하면 동성애를 강력히 비난하는 기독교인도 있고 다른 사람의 성생활에 전혀 관심을 보이지 않는 기독교인도 있다. 또 가능한 한 빨리 신도들이 엄청난 부를 축적하기를 예수 그리스도가 원한다고 말하는 기독교인이 있는가 하면, 예수 그리스도는 신자들이 모든 것을 베풀기를 바란다고 말하는 기독교인도 있다. 어떤 기독교인들은 전쟁에서 싸우고 있고, 일부 기독교인들은 전쟁 근처에는 절대로 가지 않는 평화주의자들이다. 이 놀라운 유연성이 기독교의 인기와 관계가 있다고 믿는다.

그러나 많은 회의론자들의 마음에 이 유연성은 기독교 주장의 신뢰성에 의문을 품게 만든다. 만일 성경이 하나님의 영감을 받은 것이고 인간을 가르치게 되어 있다면, 전 세계인은 아닐지라도 적어도 기독교인들은 성경에 동의할 수 있어야 하는 게 아닌가? 만일 예수 그리스도가 흔히들 주장하는 것처럼 목소리, 모습. 느낌으로 많은 추종자들에게 정말로 나타난다면, 기독교 안에서 진짜 계시니 가짜 계시니, 진짜 예언자니 가짜 예언자니 하면서 분란이 일어나는 이유는 뭔가? 성경의 의미를 놓고 분열상이 나타나는 이유는 또 무엇인가? 회의론자에게는 적어도 지난 2000년의 기독교 역사는 어떤 신의 작품이 아니라 전적으로 사람들의 작품처럼 보인다. 기독교의 특징이다시피 한 분열의 원인을 인간의 본성으로만 돌릴 수는 없을 것이다. 이리도 중요한 주장들이 아주 약한 증거로 뒷받침될 때, 분열은 피할 수 없다.

06

기독교는 세상을 더 좋게 만드는가?

미국 플로리다 주에서 성장한 뒤 성인이 되어 기독교 분위기가 매우 강한 캐이맨 군도에서 12년을 살았다. 때문에 기독교가 사회에 그저 좋은 것이 아니라 절대적으로 필요하다는 믿음이 사람들 사이에 얼마나 널리 퍼져 있는지 잘 안다. 기독교가 없다면 국가와 국민은 부도덕과 폭력, 부패, 실패를 맞게 되어 있다는 말을 기독교인들에게서 들었다. 예수 그리스도를 믿는 국가는 축복받고 여러 측면에서 번영을 누릴 거라는 이야기였다.

이 같은 믿음에 따라 기독교를 강화해야 하고, 기독교가 학교와 정부에 더 널리 퍼지도록 하고, 기독교에 대한 자금 지원을 늘리고, 경쟁적인 종교와 무신론자, 심지어 과학까지 몰아붙여야 한다는 믿음이 생기게 된다. 물론 기독교인들에게는 그럴듯할 것이다. 기독교인의 마음에서 기독교가 선한 모든 것과 연결되어 있기 때문이다. 그런 상황에서 기독교에 더 많은 것을 바라지 않을 이유가 있을까?

간혹 기독교와 연결된 편견과 증오와 폭력은, 부패했거나 길을 잃은 사이비 종파와 교회들에서 생기는 문제 혹은 탈선으로 여겨진다. 하지만 이런 것들은 기독교의 진정한 필요성에 아무 영향을 미치지 못한다. 아주 많은 기독교인들이 기독교가 사회를 향상시킨다는 주장을 받아들이고 더 강화하려는 이유는 충분히 이해가 되지만, 여기서 간단한 질문을 던져볼 만하다. 과연 그것이 맞느냐는 거다.

기독교인들은 종교가 훌륭한 사회의 열쇠라는 믿음을 자신들만 갖고 있는 게 아니란 것을 알아야 한다. 이집트와 요르단, 시리아의 이슬람교도도 나에게 똑같은 말을 했다. 유일한 차이라면 이슬람교도는 기독교 대신 이슬람교를 제시했다는 것뿐이다. 뉴델리와 뭄바이의 힌두교 신자들도 힌두교야말로 사회가 부드럽게 돌아가는 데 반드시 필요한 요소라고 설명했다.

여기서 따져보아야 할 주장이 두 가지 있다. 하나는 특별히 기독교가 사회적 성공의 열쇠인가 하는 문제이고, 다른 하나는 어떠한 것이든 종교가 사회를 더 훌륭하게 만드는가 하는 문제다.

기독교나 다른 종교들이 사회를 더 낫게 만든다는 주장을 검증하는 가장 믿을 만한 방법은 간단히 이 세상을 보면서 확인해 보는 것이다. 이 주장이 현실에서 그대로 나타나고 있다면, 기독교인의 비중이 높은 국가가 낮은 국가에 비해 사회적 성공을 더 많이 거둔다는 사실이 확인되어야 한다. 보다 강한 종교적 믿음이 보다 약한 종교적 믿음보다 국가에 더 유익하다는 일반적인 주장도 똑같은 방법으로 검증 가능하다. 정말 흥미롭게도, 이 세상은 일반적인 주장과 정반대라는 걸 보여주고 있다.

유엔개발계획(UNDP)이 매년 발표하는 인간개발지수(UDI)는 건강과 교육, 생활수준, 교양, 평균기대수명 등 중요한 요소들을 바탕으로 각 국가들의 순위를 매긴 것이다. 세계에서 가장 좋은 사회와 가장 나쁜 사회, 기능적인 사회와 역기능적인 사회를 분명하게 보여주는 중요한 목록이다. 이 보고서는 기독교인의 비중이 낮을수록, 또 어떤 종교든 신자의 비중이 낮을수록 사회가 전반적으로 더 낮다는 점을 분명히 보여주고 있다. 더 많은 종교는 답이 아닌 것이다.

세속적인 정부와 덜 종교적인 사회들이 더 잘 돌아가는 것은 분명하다. 오늘날 가장 성공적인 국가들은 확실히 기독교 신정국가가 아니다.

예를 들어 1위로 꼽힌 노르웨이 국민은 대부분이 무신론자와 종

유엔인간개발지수

상위 10	하위 10
1. 노르웨이	178. 기니
2. 오스트레일리아	179. 중앙아프리카 공화국
3. 네덜란드	180. 시에라리온
4. 미국	181. 부르키나파소
5. 뉴질랜드	182. 라이베리아
6. 캐나다	183. 차드
7. 아일랜드	184. 모잠비크
8. 리히텐슈타인	185. 부룬디
9. 독일	186. 니제르
10. 스웨덴	187. 콩고민주공화국

교를 갖지 않은 회의론자다. 스웨덴과 덴마크, 네덜란드도 세계에서 종교가 없는 시민의 비중이 가장 높은 편이다. 거꾸로, 순위의 맨 아래에서 힘들어 하고 있는 국가들은 매우 종교적이고 대부분

기독교이며 무신론자는 거의 없다.

물론 이 같은 사실 중 그 어느 것도 종교가 사회에 해악을 입히는 독소라는 걸 입증하지 않는다. 미국은 다른 선진 국가들에 비해 종교적 성향이 매우 강한데도 놀랍게 유엔인구개발지수에서 4위를 기록했다. 결론은 사회를 돕거나 방해하는 요소들은 무척 많고 복잡하다는 것이다. 분명한 것은 세계 각국의 현 상황은 기독교가 사회에 꼭 필요한 좋은 요소라는 주장을 강력히 반박하고 있다는 점이다. 캘리포니아 피처 칼리지의 사회학 교수인 필 주커먼(Phil Zucherman)이 이것을 연구했다.

기독교가 병원 건립에서부터 민권운동 촉진까지 사회에 많은 기여를 한 것은 분명한 사실이다. 하지만 한편으로는, 오늘날 전 세계의 사회를 보면 종교적인 성향이 가장 약한 국가들(일본과 스웨덴 등)이 가장 잘 돌아가고 종교적 성향이 가장 강한 국가들(잠비아와 우간다, 엘살바도르 등)이 최악의 상태라는 것 또한 사실이다. 기독교 믿음은 사회의 긍정적인 산물과 상관관계가 없다. 미국에서 기독교 성향이 가장 강한 주들, 예를 들면 미시시피와 루이지애나, 아칸소 등은 종교적 성향이 덜한 주, 즉 버몬트와 뉴햄프셔, 오리건 주보다 훨씬 못하다. 문제가 많은 주나 국가들이 기독교 때문에 힘들어하고 있다고는 생각하지 않는다. 그러나 기독교를 믿는 것이 그리 도움이 되지 않는 것 또한 사실이다. 기독교가 사회에 나쁜가? 나는 그렇게까지 생각하지는 않는다. 그렇다면 기독교가 사회에 좋은가? 아마 어떤 점에서는 좋을 것이고, 다른 점에서는 좋지 않을 것이다. 그렇다면 기독교는 필요한가? 절대로 그렇지 않다.

주커먼이 지적하듯이, 미국의 기독교인들은 기독교가 더 나은 사회를 보장하지 않는다는 사실을 확인하기 위해 국경 밖으로 눈을 돌릴 필요조차 없다. 전반적인 세계의 현황과 똑같이, 미국도 종교적 성향이 덜할수록 문제가 덜 심각하고 종교적 성향이 강할수록 문제가 더 심각한 양상을 보여주고 있다. 예를 들어 2012년 갤럽 연구는 미국에서 종교적 성향이 가장 강한 주가 미시시피 주이고 가장 덜한 주가 버몬트 주라고 밝혔다. 그러나 미시시피 주의 종교적 열기는 미시시피 주를 버몬트 주보다 사회문제가 적은 주가 되는데 도움이 되지 않았다. 반면 종교적 성향이 약한 버몬트 주는 몇 가지 척도에서 미국에서 가장 훌륭한 주 중 하나로 꼽힌다.

구체적으로 보면, 미시시피 주의 기독교 열기와 높은 교회 출석률은 그곳의 아기의 행복에 별로 기여를 하지 못한다. 미시시피 주의 영아 사망률은 10.6명(아기 1000명 중 1세 미만에 죽은 숫자)으로 미

미국에서 종교적 성향이 가장 강한 주	미국에서 종교적 성향이 가장 약한 주
1. 미시시피	1. 버몬트
2. 유타	2. 뉴햄프셔
3. 앨라배마	3. 메인
4. 루이지애나	4. 매사추세츠
5. 아칸소	5. 알래스카

국에서 가장 높다. 이는 국제적 기준으로도 형편없는 수치다. 보츠와나 10.49명, 바레인 10.20명, 스리랑카 9.47명, 카타르 6.81명, 쿠바가 4.83명이다. 미국 안에서는 종교적 성향이 가장 낮은 버몬트 주가 5.5명으로 42번째로 낮다. 2012년 CNBC의 한 보도는 전반적인 삶의 질을 기준으로 미국의 50개 주의 서열을 매겼다. 여기서 버몬트 주는 3위를 차지했다. 두 번째로 종교적 성향이 낮은 뉴햄프셔 주가 삶의 질에서 1위로, 세 번째로 낮은 메인 주가 4위로 꼽혔다. 그 목록의 반대편 끝에는 앨라배마 주(세 번째로 종교적 성향이 강한 주)가 47위에, 루이지애나 주(네 번째로 종교적 성향이 강한 주)가 50위에 올랐다.

2012년에 미국에서 가장 평화스러운 주와 가장 폭력적인 주를 순위로 매긴 어느 보고서에도 똑같은 패턴이 확인된다. 1위인 메인 주와 2위인 버몬트 주와 3위인 뉴햄프셔 주는 미국에서 종교적 성향이 가장 약한 주들이다. 높은 살인율과 수감율로 미국에서 가장 위험한 주로 꼽히는 루이지애나 주는 종교적 성향이 네 번째로 강한 주다.

통계와 서열은 기독교가 미국에서 종교적 성향이 가장 강한 주들이 직면하고 있는 도전들을 야기했거나 악화시켰다는 것을 입증하지는 않는다. 분명한 것은 기독교가 기독교인들의 거듭된 주장과 달리 심각한 문제들을 해결하지 못한다는 것이다. 오늘날 세상의 실제 모습을 들여다보면, 인간의 문제는 인간이 해결해야 한다는 비신자들의 견해가 합리적인 것 같다.

07

무신론이란 무엇인가?

기독교인의 대다수는 세상의 신자들 대부분과 마찬가지로 무신론이 무엇인지, 무신론자라는 것이 무슨 의미인지 잘 이해하고 있는 것 같지 않다. 그 이유를 아는 건 쉽다. 무신론은 학교나 가족의 식탁에서 거의 논의되지 않는다. 무신론은 대부분의 사람들이 알고 있다고 생각하면서도 실제로는 모르는 것 중 하나다. 불행하게도, 지식이 부족하면 불필요한 편견과 문제를 낳는다.

많은 기독교인들의 마음속에 자리 잡고 있는 무신론자들의 부정적인 이미지는 불안뿐 아니라 실망을 안겨주기도 한다. 여러 연구에 따르면 대부분의 미국인들은 무신론자 후보자에게 표를 잘 던지지 않으며, 자녀들이 무신론자와 결혼하는 것을 탐탁찮게 여긴다. 무신론자들을 강간범을 포함한 범죄자들과 동일시하는 경향을 보인다. 무신론자를 강간범과 동일시하다니!

비신자에 대한 인식이 이렇게 된 것은 사람들이 엉터리 정보를 갖고 있거나, 알려지지 않은 것에 대해 두려워하기 때문이 아닐까 짐작한다. 다행히도, 이 두 가지는 쉽게 다룰 수 있는 문제다. 해결 가능한 것이다.

이 문제로 들어가기 전에 무신론의 정의부터 내리도록 하자. 무신론은 신 혹은 신들에 대한 믿음이 없는 것을 말한다. 그게 전부다. 그 이상의 의미는 없다. 만일 당신이 적어도 하나의 신도 진짜라고 생각하지 않는다면, 당신은 무신론자다. 무신론은 정치적 혹은 경제적 철학과는 아무런 관계가 없다. 신 혹은 신들에 대한 부정도 아니다. 신들에 대한 반항도 아니다. 무신론자가 된다는 것이 곧 신을 혐오한다는 뜻은 아니다. 어떻게 그럴 수 있겠는가? 만일 누군가가 어떠한 신도 실재한다고 생각하지 않는다면, 그 사람은 신을 부정할 수도, 신에 반항할 수도 없고 신을 증오하지도 못한다. 그 사람은 종교나 그 조직을 부정하고 반항하고 증오할 수는 있다. 그러나 그것은 신이 존재하지 않는다는 생각과는 완전히 다른 문제다. 어떠한 무신론자도 종교의 존재에 대해서는 의문을 품지 않는다.

역지사지의 지혜

기독교인들이 알아야 할 중요한 사항은 기독교인이 믿고 있는 것만큼 무신론이 기이하거나 케케묵은 개념이 아니라는 점이다. 그런 개념과는 한참 거리가 멀다. 많은 회의론자들이 거듭 지적하듯이, 누구나 무신론자다. 무신론은 정도의 문제일 뿐이다. 어느 누구도 모든 신이 다 진짜라고 생각하지는 않는다. 분별 있는 사람이라면 아무도 그런 식의 주장을 하지 않는다. 왜냐하면 세상에는 수백만의 신들이 있으며, 너무 많아서 믿기는커녕 나열하거나 기록하는 것조차 불가능할 정도다. 이 중 많은 신들은 서로 모순되기 때문에 논리적으로도 공존이 불가능하다.

전형적인 기독교인은 대부분의 신들에 대해 무신론자들만큼이나 회의적인 비신자가 된다. 그러므로 어떤 기독교인이 무신론자에게 예수 그리스도가 실제의 신이라고 믿지 않는 이유를 묻는다면, 이 무신론자는 "아마 당신이 다른 신은 실제의 신이 아니라고 믿는 바로 그 이유 때문"이라고 대답할 수 있다. 이때 대답하는 사람의 목소리 색깔에 따라서, 이 표준적인 대답이 기독교인에게 무례나 훈계로, 아니면 둘 다로 받아들여질 수 있다. 그러나 이 대답의 핵심을 놓쳐서는 안 된다. 기독교인들은 자신들이 모든 신을 무시하면서 왜 그 신들을 허구의 창조물로 여기는지에 대해서는 좀처럼 생각하지 않는다. 기독교인들이 타 종교에 대해 이미 휘두르고 있는 이 회의론을 인정하기만 해도, 현실의 신앙생활은 크게 바뀔 수도 있을 것이다.

기독교인들과 무신론자들은 다른 종교에 대해서는 많은 생각을 공유하고 있다. 두 진영은 똑같이 고대 그리스와 로마의 신들이 존재한다는 확신을 갖고 있지 않다. 증거가 부족하고, 어느 누구도 그 신들이 실존한다는 것을 입증하지 못했기 때문이다. 기독교인들과 무신론자들은 코란이 어떤 신의 말을 전하는 무결점의 경전이라는 주장을 들을 때 똑같이 회의적이다. 무신론자들은 '가네샤'와 '비슈누'를 포함한 모든 힌두교 신들이 진짜라고 생각하지 않는다. 기독교인들의 생각과 똑같다. 기독교인들은 아프리카의 창조신 '웅

가이'가 우리를 만들었다는 주장에 깊은 인상을 받지 않는다. 무신론자들도 마찬가지다. 무신론자들은 이슬람의 지옥을 두려워하지 않는다. 기독교인들도 마찬가지다. 기독교인들과 무신론자들이 깨닫든 말든, 그들 사이에는 공통점이 많다. 수백만의 신들 중에서, 그리고 돌과 점토판과 종이에 새겨진 수조 개의 성스런 단어들 중에서, 기독교인과 무신론자는 특별한 한 신과 특별한 책에 대해서만 견해가 엇갈린다. 이런 공통된 입장을 안다면, 기독교인들이 무신론과 무신론자를 잘 이해할 수 있을 것이다. 기독교인들이 기독교인으로 남든 말든, 그런 노력은 무신론자들을 인간적으로 보는 데 도움이 될 것이다. 그렇게 된다면 편견과 비합리적인 공포도 매우 약해질지 모른다.

악마가 나를 의심하게 만들었다?

무신론이 아닌 것에 대해 설명하는 것도 무신론을 설명하는 한 방법이다. 우선 가장 터무니없는 비난, 즉 무신론자는 사탄 숭배자라는 비난을 보자. 이 비난도 다양한 형태로 나온다. 무신론자들은 어쨌든 사탄을 위하거나 사탄의 악마에 사로잡혀 있다는 식의 비난이다. 나는 대부분의 기독교인들이 이런 비난을 믿지 않을 것이라고 생각한다. 그러나 이에 대해 언급할 근거는 충분하다.

나는 실제로 이런 비난을 자주 들었다. 개인적 경험에 따르면, 특히 카리브 제도와 미국 남부 지방에서 쉽게 들은 것 같다. 그러나 진실은 이렇다. 무신론자들은 사탄 숭배자가 아니고 그렇게 될 수도 없다는 것이다. 무신론자들은 어떠한 신이든 실제로 존재한다고 생각하지 않는다는 점을 기억하라. 무신론자의 관점에서 보면, 사탄도 또 하나의 신이거나 신에 가까운 것일 뿐이다. 만일 사탄이 실제로 있다고 믿는 무신론자가 있다면, 그 사람은 무신론자가 아니다. 어떤 사람들은 무신론자들이 자신도 모르는 상태에서 사탄에 사로잡혀 있다고 말한다. 아마 그렇다 할지라도, 이 비상식적인 주장은 시간과 생각을 들여 따질 가치가 없다. 그 주장을 입증하는 것도, 반박하는 것도 불가능하기 때문이다. 당신은 당신 자신이 알카에다의 훈련과 임무에 대해 알지도, 기억하지도 못하는 상태에서 세뇌되어 알카에다 요원이 되었다는 비난을 듣는다면 그것이 사실이 아니라고 증명할 수 있는가? 당신이 알카에다 요원일지도 모르는 일 아닌가. 이 같은 비난에 대해 사람들은 거꾸로 모든 가톨릭 신자 혹은 모든 프로테스탄트, 아니면 모든 몰몬교 신자들이 사탄의 마법에 걸려 있으면서도 단지 그런 사실을 모르고 있다고 쉽게 비난할 수 없다. 실제로, 일부 기독교인들은 경쟁 관계에 있는 종파의 신자들을 향해 이런 식의 비난을 쏟아내고 있다.

나는 이 비난이 큰 힘을 발휘할 것이라고는 믿지 않는다. 이슬람교 신자들이 기독교인들을 향해 기독교인이 사탄이나 다른 악마에 속아서 예수 그리스도를 숭배하고 있다고 비난할 때, 기독교인들이 그 때문에 밤잠을 설치는가? 아마 그렇지 않을 것이다. 증거가 없는 공허한 비난에 지나지 않기 때문이라고 나는 짐작한다.

무신론자들은 공산주의자다?

이 같은 비난이 참으로 이상하게 보이지만, 놀랍게도 많은 미국 기독교인들이 한때 흔히 떠올렸던 상상이다. 냉전 후 몇 십 년이 지난 뒤에도 옛 소련에서 보여준 공산주의와 공식적인 '국가 무신론'사이의 연결은, 말이 되고 안 되고를 떠나서 많은 기독교인들의 마음속에 여전히 살아 있다. 여기서 무신론의 포괄적인 정의를 기억하자. 신들은 절대로 없다는 것 아닌가. 그것이 전부다. 무신론 안에 정치학과 경제학과 관련 있는 것은 아무것도 없다.

보수적이고 애국적인 미국 자본가들 중에도 무신론자가 있다. 진보주의자도, 파시스트도, 무정부주의자도, 네오콘도, 게으름뱅이도, 얼간이도, 변태도, 여피도, 히피도, 미국소총협회 회원도 무신론자일 수 있다. 무엇이든 될 수 있는 것이 무신론자다. 무신론자라는 타이틀에 필요한 유일한 조건은 어떠한 신도 진짜라고 생각하지 않는 것뿐이다. 그러므로 모든 무신론자들이 공산수의자라거나 모든 공산주의자는 무신론자라거나, 아니면 무신론은 불가피하게 공산주의로 이어진다는 생각은 터무니없다. 평생 신을 믿지 않는 공산주의자들에 대해 들어온 터라, 나는 쿠바를 방문했을 때 그곳에서 독실한 가톨릭 신자들을 많이 발견하고는 다소 기쁘기도 했다. 사람들은 종교적인 것이든 정치적인 것이든 모든 것을 믿을 수 있다. 왜냐하면 인간의 마음은 무한히 유동적이기 때문이다.

불량배를 위한 천국?

많은 기독교인들 사이에 흔한 또 하나의 믿음은 무신론자들도 깊은 내면에서는 하나님이 진짜라고 알고 있지만 하나님의 요구로부터 자유롭기 위해 하나님을 배신하는 쪽을 택하고 있다는 것이다. 무신론자들은 마약을 원하고, 많은 사람과 섹스하기를 원하고, 거짓말을 하고, 속이고, 훔치고, 이기적으로 굴고, 다른 사람들을 학대하고 싶어 하나님이 존재하지 않는 것처럼 '꾸민다'는 것이다. 무신론자는 신의 엄격한 도덕적 안내에 구속받고 싶지 않다. 그래서 신을 동화 이야기와 같은 것으로 무시한다는 말이다. 이 같은 비난은 증거와 논리, 과학, 회의론과는 아무런 관계가 없다. 또 마음대로 돌아다닐 자유를 원하는, 의지박약한 쥐 이야기일 뿐이다.

나는 이 이상한 주장에 대해 명백한 사실을 제시하는 것 외에 달리 할 말을 찾지 못하겠다. 무신론자가 되기 위해서 함부로 굴거나 불법적이고 음란한 짓을 할 필요까지는 없다. 일간지를 한번 읽어보라. 기독교인들도 그 모든 짓을 하고 있다. 매일 많은 기독교인들이 알코올과 마약을 남용하고 혼외 섹스를 하고 죽이고 거짓말을 하고 속이고 훔친다. 많은 기독교인들은 심지어 이 모든 행동을 설명할 멋진 표현까지 갖고 있다. "기독교인들은 완벽하지 않다. 단지 용서를 받을 뿐이다."

이런 주장을 펴는 기독교인들은 자신의 종교가 자신이 살인을 하지 않고 강간을 하지 않고 강도짓을 하지 않는 유일한 이유라고 말하는 것일까? 이 기독교인들은 만일 예수 그리스도가 없었다면 다른 사람들의 안전과 행복에는 전혀 신경을 쓰지 않았을 것이라고 말하는 것인가? 만일 그렇다면, 그건 정말 무서운 일이다. 나는 언제나 훌륭한 기독교인들은 교회에 출석하고 성경을 읽든 안 읽든 훌륭한 사람들이라고 생각했다. 그런데 그들이 죄와 타락의 삶으로 빠지지 않도록 잡아주는 유일한 것이 어떤 신에 대한 믿음이라고 생각하니, 아주 불안한 마음이 생긴다. 다행인 것은 이 주장이 진실이 아닌 게 확실하다는 점이다. 이 주장에 의문을 제기하는 한 가지 근거는 무신론자들과 비기독교인들의 예다. 무신론자와 비기독교인들은 예수 그리스도를 믿지 않는다. 그럼에도 그들 대부분은 일상에서 착실하게 행동한다. 동의하든 안 하든, 나는 대부분의 기독교인들은 종교가 없어도 선한 사람일 거라고 확신한다.

무신론자들이 하나님이 진짜라는 것을 알면서도 그렇지 않은 척한다는 주장과 관련해서는 도대체 어떻게 그렇게 어리석을 수 있는지 상상조차 못하겠다. 만일 내가 예수 그리스도를 믿지만 마약을 하거나 도둑질을 하고 싶다면, 나는 분명히 하나님의 존재에 대해 거짓말을 하거나 부정함으로써 내 문제를 더 악화시키지는 않을 것이다. 나의 죄를 더 악화시킬 이유가 뭔가? 나는 그저 많은 기독교인들이 하는 것처럼 할 것이다. 나는 삶에서 그릇된 선택을 했다면 예수 그리스도에게 용서를 빌고 앞으로는 더 잘 살려고 노력할 것이다. 만일 진정으로 하나님이 존재한다고 생각한다면, 나 자신을 무신론자로 부른다고 해서 내가 하나님의 시선에서 자유로울 것도 아니고 하나님의 심판에서 자유롭지도 않을 것이다. 기독교인들이 신의 존재에 대해 확신하지 못하겠다고 말하는 무신론자들에 대해 그들이 정직하지 못하다고 생각하는 것은 어리석은 짓이며 시간 낭비다.

무신론자들은 오만하다?

이 비난은 호기심을 특별히 자극한다. 거꾸로 되었기 때문이다. 기독교인들이 무신론자들에 대해 모든 걸 아는 것처럼 건방지고 겸손하지 않다고 생각하는 이유는 뭔가? 자주 접하게 되는 이 관점은 최근에 무신론자들이 종교적 주장에 보다 공개적으로, 솔직하게 도전하고 있는 데서 비롯되지 않았을까 짐작한다. 종교는 비난과 도전의 대상이 되지 않는다고 느끼는 많은 사람들은 이 같은 현상을 에티켓 위반으로, 교양 없는 속물 행위 정도로 여긴다. 물론 일부 무신론자들은 거친 모습을 보인다. 그러나 종교가 인간의 문화에서 누리는 그 우월함과 권력을 고려한다면, 무신론자들이 종교를 괴롭히는 사람이라고 주장하는 것은 터무니없어 보인다.

게다가 나는 무신론자가 거만하다는 이 비난이 정확하지 않다고 생각한다. 전형적인 기독교인에게 우주가 어떻게 시작되었는지 물어보라. 그러면 그 사람은 조금도 망설이지 않고 확신에 찬 대답을 제시할 것이다. 그럼 나에게 우주의 시작에 대해 물어보라. 그러면 빅뱅이론에 대해 오래 설명한 다음에 과학이 아직 풀지 못한 미스터리와 문제들을 쭉 나열할 것이다.

기독교인은 이 지구 위에 생명이 어떻게 시작됐는지에 대해 알고 있다. 그러나 나는 알지 못한다. 나는 다만 호모 에렉투스, 오스트랄로피테쿠스 아파렌시스, 그리고 인간 진화의 다른 디테일을 제시할 수 있을 뿐이다. 그러나 나는 많은 기독교인들이 믿는, 성경에 나오는 생명의 기원에 관한 그 확신 근처에도 가지 못한다. 기독교인은 우리가 죽으면 어떤 일이 일어나는지에 대해서도 잘 알고 있다. 그러나 나는 모른다. 기독교인은 이 세상이 언제 어떤 식으로 끝나고 왜 끝나는지에 대해서도 알고 있다. 그러나 나는 그것에 대해 아는 게 하나도 없다. 신의 존재란 문제에 관해서조차도, 대부분의 기독교인들은 신이 확실히 존재한다고 말한다. 그러나 나는 신이 존재하는지 존재하지 않는지 모른다. 아마 하나 아니면 그 이상의 신이 있을지도 모르겠다. 나는 신이 존재하지 않는다고도 확실히 말할 수 없다. 내가 아는 것은 증거가 부족하고, 어느 누구도 신의 존재를 입증하지 못했다는 점이다. 그렇다면 모든 것을 알고 있는 사람은 누구인가?

무신론자들이 거만하다는 생각에 관한 한, 나는 모든 비신자들을 대변할 수 없다. 그러나 나에게는 분명 그런 문제가 없다. 무신론 덕분에 나는 어떠한 신성한 축복도 없고, 나의 머리 위를 내려다보고 있는 신도 없고, 세상에 태어나기 전에 나에게 미리 정해진 임무 같은 것도 없다. 나는 우주에서 가장 위대한 창조주의 가장 위대한 창조물이 아니다. 나는 그냥 운 좋은 원자들의 집단이자 한 점의 유기체이며, 하루하루 살면서 다른 사람에게 야비하게 굴지 않고 지나치게 어리석은 짓을 하지 않으려고 노력하고 있을 뿐이다. 나는 여기 잠시 머물다가 때가 되면 사라질 것이다. 나는 나 자신이 절대로 알지 못할 곳들과 사건들, 경이로 가득한 무한한 우주 안에서 떠돌고 있다. 그렇다면 누가 겸손한 사람인가?

무신론자는 신의 부재를 증명할 수 없다

기독교인들이 비신자들에 대해 생각하면서 곧잘 저지르는 또 하나의 실수는 무신론을 '어떠한 신도 존재하지 않는다'는 선언으로 믿는다는 점이다. 결코 그렇지 않다. 다시 말하지만, 무신론은 '신에 대한 믿음이 없다'는 것을 의미한다. 그것이 전부다. 믿음의 부재는 신이 없다는 말과 같지 않다. 나는 신이 존재한다고 생각하지 않는다. 나는 신을 생명과 우주에 대해 깊은 두려움과 희망과 호기심을 품었던 상상력 풍부한 사람들이 창조했을 것이라는 쪽이다. 그러나 나는 이것을 확실히 안다고 주장하지 않는다. 내가 어떻게 그런 것을 알 수 있겠는가? 우주는 정말로 큰 공간이다. 몇몇 신들이 옆의 은하수 어딘가에 숨어 있을 수도 있을 것이다.

그럼에도 기독교인들은 무신론자들이 신의 존재를 반박하면서 그 증거를 제시하지 못해 자신들의 관점을 증명하지 못하고 있다고 잘못 생각하고 있다. 기독교인들의 이 같은 입장에는 세 가지 문제가 있다. 첫째, 증명의 부담은 그런 주장을 펴는 사람의 몫이지 다른 사람의 몫이 아니다. 만일 누군가가 나에게 "동화는 진짜이니 당신은 그걸 믿어야 해"라고 말한다면, 그 동화가 존재하지 않는다는 것을 증명하는 것은 내 책임이 아니다. 동화가 존재한다는 것을 입증하는 것은 그렇게 믿는 사람이 할 일이다. 그러나 어떤 무신론자가 어떠한 신도 존재하지 않는다는 것을 안다고 말한다면, 그때는 신자가 그런 대담한 주장에 대해 증거를 요구하는 것이 타당할 수 있다. 둘째, 기독교인들이 많은 신들을 부정하면서도 그 신들의 부재를 입증하지 않는 것에 대해서는 어떻게 말할 것인가? 양의 얼굴을 한 다크샤 신이 없다는 것을 입증하지 못한다고 해서 기독교인이 그 신을 숭배해야 한다는 의미인가? 당연히 그렇지 않다. 이같은 논리는 일부 기독교인이 비신자들에게 강요하는 논리와 똑같다. 마지막으로, 그렇게 많은 신들이 존재하지 않는다는 것을 입증하는 것이 가능하기나 한 일인가? 신들의 대부분은 그것을 믿는 사람들에 따르면 마법적이며, 날아다니거나 눈에 보이지 않거나 초자연적인 힘을 가진 다른 세상의 존재다. 온갖 한계를 다 지닌 일개 인간이 어떤 신들이 어딘가에 존재할 수 있는 가능성을 어떻게 배제할 수 있는가? 이 문제에 대해 생각한 분별 있는 무신론자들이 그럴 가능성이 없는 것 같은데도 불구하고 신들이 이 우주 혹은 다른 우주에서 이런 형태 혹은 다른 형태로 존재할 수 있다는 점을 흔쾌히 인정하는 것도 그런 이유에서다.

나는 불가지론을 믿지 않는다

종교를 가진 사람과 그렇지 않은 사람 사이에 종종 혼돈과 논쟁을 불러일으키는 것이 불가지론 개념이다. 대충 정의하면 "나는 모른다"는 입장인 불가지론은 종교적 믿음을 합리적으로 대하는 것처럼 보인다. 아마 일부 사람들은 믿음과 무신론 사이의 중간처럼 보인다는 이유로 불가지론을 택할 것이다. 그러나 그렇지 않다. 신앙인들 사이에 무신론자들은 신이 존재하지 않는다고 주장하는 사람들이다. 반면 불가지론자들은 신들이 정말로 존재하는지 존재하지 않는지 모르는 사람들이다. 다시 말해 기독교인들은 무신론자들을 신이 없는 부정적인 종교에 집착하는 성난 투사로, 불가지론자들을 진리에 가까이 다가가 혼란을 일으킨 영혼으로 본다.

당신이 믿을지 모르지만, 불가지론자라는 표현은 쓸데없고 의미 없는 단어다. 이 단어는 신들을 믿는지 안 믿는지에 관한 근본적이고 중요한 질문에도 대답을 내놓지 못한다. 이 질문에 유효한 대답은 두 가지밖에 없다. "예, 믿습니다"라거나 "아니요, 믿지 않습니다" 둘 중 하나다. "나는 모릅니다"라는 대답은 단지 신에 대한 그 사람의 지식 상태만 나타낼 뿐이기 때문에 유효한 대답이 못 된다. 신들이 진짜라고 믿는지에 대해서는 아무런 이야기도 들려주지 않는다. 앞에서 설명한 대로, 대부분의 무신론자들은 신들이 진짜로 존재하는지 여부를 정말로 모르겠다고 자유롭게 인정한다. 그렇다면 이 대답이 무신자들을 모두 불가지론자로 만들지 않는가? 만일 '모른다는 것'이 신자가 될 수 없다는 것을 의미한다면, 그 말은 곧 모든 불가지론자들이 무신론자라는 의미 아닌가?

불가지론자라는 용어를 쓰는 데 따르는 또 다른 문제가 있다. '신은 우리가 알 수 없는 존재'라는 것을 우리 스스로 알고 있다는 느낌을 준다는 점이다. 누구든 어떻게 그런 것을 확신할 수 있는가? 아마 고고학적 기록에서 우리가 고대 그리스 신들이 진짜임을 입증할지도 모를 무엇인가를 놓쳤을지도 모르는 일이다. 아마 신들이 우리가 알아볼 수 있는 존재일지도 모르는데 우리가 아직 알아내지 못하고 있을 수도 있다. 우리는 또한 미래에 어떤 일이 펼쳐질지에 대해서도 모른다. 킹구(Kingu 바빌론 신화에 등장하는 신/옮긴이)나 예수 그리스도 혹은 오딘(Odin 독일 신화 나오는 신/옮긴이)이 내일 아침 '투데이 쇼' 세트장을 걸으며 적어도 하나의 신은 확실히 존재한다는 걸 보여줄 수도 있는 일이다. 그러므로 신 같은 것은 어떠한 의미로도 알 수 없다고 주장하는 것은 합리적이지 않다. 불가지론은 신을 믿느냐 안 믿느냐 하는 문제와는 무관한, 신들에 관한 자신 없는 의견에 지나지 않는 것 같다. 그러므로 불가지론은 우리가 시간을 쏟을 만한 가치가 없다.

무신론자들도 사람이다

바라건대 더 많은 기독교인들이 무신론자들에게 마음과 가슴을 열고 무신론이 진정 무엇인지를 이해하려는 노력을 기울였으면 좋겠다. 다른 모든 신과 종교들에 대해 회의론이 품고 있는 공통적인 입장을 기억하는 것이 이로울 것이다. 그러면 기독교인들은 무신론자가 기독교의 신을 미워하지 않는다는 사실을 기억하게 될 것이다. 무신론자는 단지 신이 정말로 존재하는지에 대해 확신을 품지 못하고 있을 뿐이다. 무신론은 절대로 개인적이지 않다. 마지막으로, 기독교인들은 무신론자들이 적이 아니라는 점을 인정해야 한다. 대부분의 사람들에게 가족과 친구, 동료, 이웃 중에 한두 명의 무신론자가 있다. 이들 무신론자들 대부분이 퇴짜나 욕설에 대한 두려움 때문에 신을 믿지 않는 것을 비밀로 할 수도 있지만 어쨌든 무신론자는 있다. 그러니 부디 공포와 편견에 불을 붙이는 사람이 되지 않기를 바란다. 무신론자들을 만나더라도 무신론자들이 자신의 모습 그대로를 지킬 수 있도록 친절과 관용을 베풀도록 하자. 미래의 어느 날 당신이 무신론자가 되어 있을지 아무도 모른다.

08

기적이란 무엇인가?

그가 측량할 수 없는 큰일을, 셀 수 없이 많은 기이한 일을 행하느니라.
– '욥기' 9장 10절

기적들이 일어난다. 아니 일어나지 않을 수도 있다. 기적이 일어
나고 안 일어나고는 누가 기적을 정의하고, 현명하게 평가했는가
에 따라 달라지는 것 같다. 기독교의 맥락에서 보면, 기적은 보통
하나님과 예수 그리스도, 성령, 성자, 천사들이 하는 특별한 사건인
데 자연 세계의 정상적인 작동과는 일치하지 않는다. 모든 기적들
이 다 자연의 법칙을 위반해야 하는 건 아니다. 일부 기적은 자연
적인 사건으로 여겨지는데 그 의미가 워낙 강해 결코 우연처럼 받
아들여지지 않는다. 예를 들면 어떤 사람이 뜻하지 않게 비행기를
놓쳤는데 그 비행기가 나중에 추락하는 경우다.

기적의 중요한 한 측면은 예수 그리스도에 대한 믿음을 정당화
하고 강화하는 데 종종 이용된다는 점이다. 예수 그리스도가 2000

년 전에 기적을 일으켰고 지금도 여전히 기적을 일으키고 있다는 주장은 기독교인들에게 매우 중요하다. 기독교인들은 현대에 일어나고 있는 기적들이 예수가 우리의 일상 안에서 활동하고 있는 진짜 신이라는 점을 뒷받침할 결정적인 증명은 아닐지라도 강력한 증거는 될 수 있다고 믿는다.

확실히 미국에서는 기적이 인기를 끌고 있다. 해리스 여론조사가 2009년에 실시한 조사에 따르면, 미국 성인의 76%가 기적을 믿었고, '거듭난' 기독교인들의 95%가 기적을 믿었다.

그러나 기적에 대한 믿음에 여러 문제가 불길하게 걸려 있다. 그 문제 중 하나가 바로 해석의 문제다. 다양한 사람들이 똑같은 기적을 경험하면서 실제로 일어난 일을 매우 다르게 해석할 수 있다. 기존의 믿음이 기적을 보거나 경험하는 데 크게 영향을 미치는 것 같다. 기적을 보는 사람은 이미 기적을 믿는 사람이다. 귀신을 믿는 사람들이 귀신을 믿지 않는 사람에 비해 귀신을 본 적이 있다고 믿는 경향이 더 강한 것과 똑같다. 기적의 또 다른 문제는 어느 곳 할 것 없이 자연적으로 설명이 안 되는 것을 초자연적 원인의 증거로 받아들인다는 점이다. 단지 해답이 없는 경우도 가끔 있는 법이다. 또 해답이 가능하긴 하지만 만족스럽지 않거나 석연치 않아서 해답을 무시하거나 부정하는 경우도 간혹 있다. 그렇다면 수학적 확률을 이해하지 못하거나, 기독교 이외의 종교에서도 기적에 관한 주장이 아주 흔하다는 것을 모르기 때문이다.

기적은 해석하기 나름

　몇 년 전에, 나는 케냐에서 저비용으로 사파리 여행을 하던 중 매우 아팠던 적이 있다. 그때 나는 작은 텐트 하나를 갖고 관목 깊숙이 들어가 있었는데 이만저만 불안한 게 아니었다. 열이 아주 높았기 때문에 겁이 났다. 나는 몸 상태가 말이 아니라는 것을 알았다. 그러나 말라리아에 걸렸는지 식중독에 걸렸는지 아니면 감기에 걸렸는지 알 수 없었다. 가장 가까운 병원도 야영지에서 몇 마일 떨어져 있었기 때문에 그저 참으면서 요행을 바라는 수밖에 없었다.

　그렇지 않아도 기묘한 밤을 더욱 으스스하게 만드는 것이 있었다. 가까운 곳에서 사자들이 대단히 큰 소리로 포효하기 시작했다. 그 동안 할리우드 영화에서 들어온 사자의 소리와는 완전히 달랐다. 목이 찢어질 듯 거듭 토해내는 사자의 포효가 힘든 밤을 더욱 섬뜩하게 만들었다. 텐트 밖을 내다보았지만 어둠 때문에 아무것도 보이지 않았다. 사자들은 매우 가까이 있는 것 같았다. 그러나 나는 그 녀석들이 일 킬로미터 이상 떨어져 있을 것이라고 짐작했다. 두려워할 힘도 남아 있지 않을 만큼 피곤했던 터라, 나는 텐트로 들어가 다시 앓기 시작했다.

　깊은 밤에 소변을 보기 위해 텐트에서 몇 야드 걸어 나갔다. 차가운 밤공기가 기분 좋게 느껴졌다. 그런데 나는 알 수 없는 이유로 계속 걸었다. 한밤중 트레킹을 하던 중 어느 지점에서 넘어지고 말았다. 키가 큰 잡초 속에서 얼마 동안 잠을 잤는지 나는 모른다. 그러나 깨어났을 때, 나는 기분이 아주 좋아졌다. 열도 가신 것 같았다. "아니, 몸이 이렇게 가벼울 수가"라고 생각했다.

내가 그를 본 것은 바로 그때였다. 내 바로 옆에 전혀 예기치 않았던 무서운 존재가 서 있는 게 아닌가. 얇은 옷을 걸치고 무시무시한 창을 든 마사이 족이었다. 불과 5피트도 안 되는 거리였다. 사자였다면 오히려 덜 놀랐을 것이다. 엎드린 자세에서 보니, 키가 15피트쯤 되는 것 같았다. 달빛에 반짝이는 창을 손에 쥔 마사이 족은 혼자서도 크세르크세스(고대 페르시아 제국의 황제 이름/옮긴이)의 군대를 물리칠 수 있을 것처럼 보였다. 되돌아보면 참으로 아름다운 장면이었으나 그 순간엔 너무나 무서운 장면이었다. 밤이었고, 나는 몸이 아파 약해진 상태였다. 방향 감각을 잃고 있었으며 이 사람이 나를 강탈할 것인지 죽일 것인지 아니면 우정의 표시로 나에게 소의 피를 줄 것인지 알 수 없었다.

그에게 말을 걸었지만 무표정한 마사이 족은 대답이 없었다. 나는 속으로 "일이 어렵게 꼬이겠는 걸"이라고 생각했다. 땅바닥에 누워 있는 꼴이 그다지 인상적이지 않다는 걸 깨닫고는, 마지막 발악을 하듯 용기와 힘을 냈다. 서서히 몸을 일으키는 내내 시선은 그에게 박고 있었다. 최대한 몸을 곧추 세우면서 나는 가슴을 쭉 펴 남자 대 남자로서 메시지를 전하려고 노력했다.

"우리 둘이 싸워야 한다면, 물론 창을 든 당신이 이길 것이다. 그러나 나도 호락호락 넘어가지 않을 거다."

그래도 행운을 기대하면서 나는 다시 웃음을 지으며 그에게 말을 걸었지만 역시 그는 묵묵부답이었다. 그래서 나는 천천히 몸을 돌려 야영지로 안전하게 돌아왔다.

이튿날 아침 나는 몸 상태가 아주 좋아졌다. 약간 뻣뻣하긴 했지만 열도 전혀 없었고 현기증도 없었다. 나는 가이드에게 간밤에 대단히 아팠다고 일러주었다. 아마 한밤중에 마사이족 전사를 물리친 무용담도 언급했을 것이다. 그때 예상치 않게도 간밤의 그 사람이 야영지로 성큼성큼 걸어 들어오는 것이 아닌가. 도무지 믿을 수 없는 일이 벌어졌다. 그는 여전히 창을 들고 있었다. 그 사람이 가이드와 대화를 나눴다. 그래서 가이드는 지난밤 내 모험에 관한 궁금증을 다 풀 수 있었다. 초저녁에 울음소리를 토해내던 사자들이 우리와 매우 가까운 곳에 있었고, 그곳을 지나치던 마사이족 사람이 내가 풀밭에 쓰러지는 소리를 들었던가 아니면 우연히 나를 발견했다. 그는 내가 사자의 공격을 받을 수도 있는 위험한 상황에 있다고 판단해 나를 몇 시간 동안 지켜주었다. 나는 그의 친절에 거듭 감사의 뜻을 전했다.

되돌아보면, 사자가 반쯤 병든 시체나 다름없던 나를 잡아먹는 게 별로 달갑지 않았을 것 같지만 혹시 관심을 둘지 누가 알겠는가? 나의 마사이족 친구는 그날 밤 나의 생명을 구해주었을 수도 있다. 창을 든 마음 따뜻한 사람이 어둠 속에서 우연히 나를 발견하고 그 긴 시간 동안 사자로부터 나를 보호해주기로 결정한 것이 참으로 이상하게 여겨지지 않는가? 그런데 그런 일은 일어났다. 그렇다면 그것이 기적이었을까? 하늘이 나에게 아프리카 부족민의 형태로 천사를 보내 나를 안전하게 지켜주도록 했을까? 이 모든 것은 해석에 달려 있다.

그날 밤에 대한 내 결론은 기적을 대하는 내 태도에 달려 있다. 인생을 살다 보면 예기치 않은 일을 경험할 수 있다. 만일 내가 천사와 기적을 믿는 기독교인이라면, 나는 틀림없이 마사이족과의 조우가 예수 그리스도의 실존을 뒷받침한다고 결론을 내리고는 기

누가 기적을 믿는가?

미국 성인	76%
거듭 태어난 기독교인	95%
프로테스탄트	87%
가톨릭	81%
유대인	63%

적적으로 수호천사의 보호를 받고 있었다고 생각했을 것이다. 아마 나는 그날 밤에 어떤 기적이 나를 구해주었다는 걸 조금도 의심하지 않은 채 훗날 세상을 떠나게 되었을 것이다.

그러나 나는 훌륭한 과학자처럼 생각하길 원하는 회의론자이다. 그렇기 때문에 그 일을 절대 그런 식으로 보지 않는다. 극적이고, 무시무시하고, 경이롭긴 했지만 그렇다고 그것이 초자연적인 것이었을까? 그런 증거는 전혀 없다. 초자연적인 개입이 있었다는 직접적인 증거가 없다는 사실을 고려한다면, 합당한 결론은 내가 운이 좋아 우연의 덕을 보았다는 것이다. 나그네의 안전을 돌봐줄 만큼 친절한 누군가를 조우한 것이다.

사실 그 일은 그렇게 터무니없는 우연도 아니었다. 아마 거기엔 내가 알지 못하는 요소들이 있을 수 있다. 어쩌면 그 마사이족이 도움을 필요로 하는 우둔한 관광객들을 찾아 습관적으로 그 지역을 돌아다녔을 수도 있다. 내가 몽롱한 상태에서 바다로 곤두박질치기 전에 도움을 청했을 수도 있다. 내가 기적을 믿는 독실한 이슬람 신자나 힌두교 신자 혹은 정령 신앙자라면 나 또한 그것을 분명히 기적으로 보았을 것이란 사실도 간과하지 말자. 그 기적은 나의 특별한 신에게로 돌려질 것이고 예수 그리스도와는 아무런 관계가 없는 것으로 여겨졌을 것이다.

무지가 기적을 만들 수는 없다

우리가 뭔가를 모를 때에는 그 사실을 인정하는 게 바람직하다. 정말이지, 무지를 인정하는 것도 바람직한 일이다. 자신이 알지 못하는 것을 아는 척 꾸미는 것도 못할 일이다. 예컨대 나는 외계의 우주선이 지구를 방문했다고는 믿지 않는다. 외계인이 방문했다는 옛날의 주장과 UFO가 지구를 방문했다는 현대의 주장을 주의 깊게 살펴본 결과, 그것을 받아들일 만한 증거가 하나도 없다는 사실을 확인했기 때문이다.

그러나 내가 UFO를 믿지 않는 회의론자라고 해서 나 자신이 UFO 신앙자의 가슴을 가질 수 없다는 뜻은 아니다. 교육을 받은 사람으로서 내 직감은 아마 그런 것이 있지 않을까 하는 쪽이다. 드넓은 우주와 시간, 그리고 지구 너머에 있는 생명의 가능성을 고려한다면, 우리만이 유일한 존재라고 상상하기는 어렵다. 외계인들이 우리를 잡아먹거나 노예로 만들지 않는다면, 당연히 나는 그들이 우리를 방문하길 바란다.

그러나 나는 사고 자체를 멈춘 채 외계인들이 하늘이나 우주의 다른 곳에 존재한다는 것을 아는 것처럼 꾸밀 만큼 지적으로 불성실하지는 않다. 과학이 그런 사실을 확인할 때까지, 나는 그것을 알지 못한다.

그렇다면 기적에도 똑같은 논리가 적용되어야 하는 게 아닌가? 매우 비범한 어떤 일이 일어났는데 즉각적인 설명이 불가능하다면, "나는 모르겠어"라고 말하는 것이 적절한 대답 아닌가? 설명되지 않는 사건을 어떤 신의 작품이라고 결론 내리는 것이 과연 정당한가? 알려지지 않은 것은 그냥 알려지지 않은 것일 뿐이다.

나는 5대륙에 걸쳐서 20개 이상의 나라를 여행했다. 그 경험을 통해 얻은 결론은 기본적인 과학과 우주의 정상적 운행에 대한 지식이 적은 곳일수록 기적을 보는 예들이 더 많다는 사실이다. 다른 분야에서 형식적인 교육을 상당히 많이 받은 사람들조차도 과학 교육이 약할 경우에는 기적을 쉽게 믿는 것 같다. 이를 테면 의학에 대해 잘 모르는 사람들이, 다른 사회에서는 정상적인 방법으로 여기는 치료법으로 병을 낫게 하는 것을 보면서 종종 기적으로 받아들인다는 것을 직접 확인할 수 있었다.

종교가 기적을 믿게 하는 바탕이 될 수 있다. 그러나 그런 믿음을 부채질하는 것은 무지다. 누군가를 불필요하게 자극하지 않기 위해 다시 말하겠다. 여기서 무지란 단지 어떤 것에 대한 지식의 부족을 의미한다. '누군가가 무지하기 때문에 기적이 일어났다고 말한다'고 만약 내가 말했다면, 그 사람이 반드시 어리석거나 교육을 받지 않았다는 뜻은 아니다. 왜냐하면 철기 시대를 사는 전형적인 마을에서는 가장 똑똑한 사람도 기본적인 천문학을 몰라서 일식이나 월식을 기적으로 봤을 것이기 때문이다.

오늘날 회의론 쪽으로 기운 사람들마저도 지적으로나 감정적으로 힘든 상황에 처하면 초자연 쪽에서 해답을 구하려 들 수도 있다. 가까운 미래나 첨단 문명의 외계에서 온 시간여행자와 조우한다고 상상해보자. 그들의 기술이 21세기의 정신까지 당혹스럽게 만들 만큼 아주 충격적이라면, 마법이 유일한 설명처럼 보일 수도 있다. 그러나 우리는 자연과 우주에 대한 모든 것을 다 고려하지는 않았다. 그렇기 때문에 누구라도 자연이 어디서 끝나고 초자연이 어디에서 시작하는지를 안다거나 그런 경계 자체가 존재한다고 짐작하는 것 자체가 어리석은 일일 수 있다.

납득 가능하게 설명할 수 없다고 해서 그것이 기적을 주장하는 사람들이 하는 것처럼 설명을 만들어내는 구실이 될 수는 없다. 뭔가를 기적이라고 주장하는 것은, 사람들이 대답하지 못하는 질문에 대해 날조한 대답을 내놓는 것일 뿐이다. 병에 걸린 어떤 소녀가 뜻밖에 중병에서 회복했는데 그녀의 담당 의사가 그 이유를 설명하지 못한다 하더라도 거기에 대한 대답이 "예수 그리스도가 낫게 했다"는 식이 되어서는 안 된다는 말이다. 예수 그리스도가 정말로 그랬다는 증거를 제시할 수 있기 전까지는 절대로 그런 식으로 대답해서는 안 된다. 무지는 아무것도 입증하지 못한다.

확률은 숫자놀이다

확률에 관한 한 기독교인들도 다를 게 하나도 없다. 기독교인들도 확률에 매우 서툴다. 어떤 일이 일어날 확률을 정확히 계산하는 것은 우리가 잘하는 분야가 아니다. 우리의 뇌가 작동하는 방식을 고려한다면, 가능성을 평가하고 큰 규모의 표본을 바탕으로 확률을 계산하는 것은 결코 쉬운 일이 아니다. 우리는 훌륭한 이야기에 영향을 받을 가능성이 훨씬 더 크다. 또 어떤 사건에 대한 감정적 반응도 우리에게 영향을 강하게 미친다. 만일 내 말이 믿어지지 않거든, 라스베이거스로 가서 비싼 호텔과 카지노를 보라. 그것들 모두 자신의 수학적 한계를 믿지 않는 사람들의 주머니에서 나온 돈으로 운영되고 있지 않은가.

2000년도 더 전에, 아리스토텔레스는 일어남직 하지 않은 일도 일어날 수 있다고 썼다. 그가 그런 글을 쓰기 전에도 그렇고 후에도 그렇고, 뜻밖의 일들이 거듭해서 일어났으며 수많은 사람들이 그 일을 기적이라고 잘못 해석했다. 전 세계의 신자들은 일어날 수 없을 것처럼 여겨지는 사건들 앞에서 "어떻게 이런 일이 일어날 수 있는가? 이건 기적임에 틀림없어!"라는 말을 끊임없이 되뇌었다. 그러나 이는 단지 그들이 확률을 계산하지 못한 결과였을 뿐이다.

예를 들어 100만 분의 1이라는 확률이 있다면, 그것이 정말로 귀하게 일어나는 것일까? 아마 그럴 것이다. 그러나 당신이 큰 그림을 보게 된다면, 이야기는 완전히 달라진다. 오직 100만 명 중에서 단 한 사람이 매일 이상한 일을 경험한다면, 이는 곧 '희귀한' 이 사건이 하루에 수천 번 일어나고 1년이면 255만5000 번 일어난다는 의미다. 지구의 인구가 70억 명이기 때문에 이런 계산이 나온다. 10억 명에 1명꼴로 일어나는 사건이라 할지라도 매일 7번, 1년에 2555번이나 일어나게 된다. 그러나 기독교인 각각에게는 이런 사건을 경험하는 게 너무나 기이하고 너무나 뜻밖이어서 오직 하나님만이 그것을 설명할 수 있다고 생각한다. 그러나 거기에 얽힌 숫자를 보기만 하면, 그 사건이 그다지 특별해 보이지 않을 것이다.

친구와 내 가족 구성원들을 포함한 몇몇 기독교인들이 나에게 하나님/예수 그리스도로부터 어떤 메시지를 받는 꿈 이야기를 들려주었다. 이들은 그 꿈이 훗날 일어난 일을 정확히 예측했으며 그렇기 때문에 단순한 꿈일 수만은 없다고 했다. 흔히 듣는 주장이다. 이에 대한 설명은 간단한다. 전형적인 사람이 평생 동안 꾸는 꿈이 얼마나 될까? 아마 수도 없이 많을 것이다. 이 모든 꿈들을 고려한다면, 많은 사람들이 미래의 사건을 정확히 예측한 것처럼 보이는 꿈을 몇 번 정도는 꾸게 되지 않을까?

여기서도 우리는 전 세계 사람들을 고려해야 한다. 70억 명이 꿈을 꾸고 있다면, 아주 많은 사람들, 아마 수백만 명의 사람들이 어쩌다 미래의 사건을 정확히 예상하게 되는 꿈을 꾸는 게 자연스럽지 않을까? 아무도 내일이나 내년을 예상하는 꿈을 꾸지 않는다면, 그게 오히려 더 이상하다.

인간의 기억이라는 문제도 고려해야 한다. 인간의 기억이 신뢰할 만하지 않다는 사실을 잊지 않도록 하자. 어떤 꿈을 정확히 기억하려고 노력하는 것은 현실의 사건을 기억하려고 노력하는 것보다 훨씬 더 신뢰하기 어렵다. 여기엔 틀림없이 확증편향이 작용하고 있다. 어떤 사람이 별 의미가 없어 금방 잊어버리는 꿈들을 평생 동안 꾸면서 살 수 있다. 그러나 단 하나의 꿈이 미래를 정확히 예측한 것처럼 보이는 순간, 그 꿈은 하나님/예수 그리스도가 보내는 메시지라는 '증거'로 환영받는다. 우리는 맞힌 것은 잘 기억하면서도 맞히지 못한 것을 쉽게 망각하는 성향 때문에 현실에서 벗어날 수 있고 엉터리 결론에 도달할 수 있다는 사실을 명심해야 한다.

또한 예언이 그 예언을 스스로 실현시키는 성향을 갖고 있다는 점도 생각해야 한다. 사람들은 예측을 현실로 만들 수 있다. 그렇다고 해서 이 같은 사실이 예측의 근거에 대해 무엇인가를 증명하는 것은 아니다. 예를 들어 누군가가 완벽한 상대와 데이트 하는 꿈을 꾸었는데, 이 사람이 그 꿈에 의식적으로나 무의식적으로 자극을 받아 이상형인 사람에게 데이트를 신청해 긍정적인 답변을 들을 수 있다. 여기에 초자연적인 일이라곤 하나도 일어나지 않았다.

  복권이 인간의 타고난 연약한 정신을 어떤 식으로 악용하고 있는지 보도록 하자. 터무니없을 정도로 낮은 확률에도 불구하고 매일 엄청난 수의 사람들이 복권을 구입한다. 이 사람들은 당첨 확률이 얼마나 낮은지 잘 모르는 것 같다. 진실을 말하자면, 복권을 구입하는 사람이 백만장자가 될 확률은 벼락 맞을 확률보다 낮다. 그러나 복권에 당첨되는 극소수의 사람들 중에는 그 당첨을 신이 개입한 것으로, 예수 그리스도가 의도한 기적으로 여기고 싶은 사람들이 있을 것이다. 수백만 달러의 복권에 걸린다는 것이 무척 어렵다는 사실을 고려한다면, 어떻게 그것이 기적이 아닐 수 있겠느냐고 그 사람들은 물을 것이다. 그러나 매주 누군가가 그 복권을 타고 있다. 복권이 그런 식으로 설계되어 있기 때문이다. 당첨자의 기분은 모든 패배자들의 기분과 아주 다를 것이다. 그런 기분의 차이를 근거로 예수 그리스도가 당첨번호를 뽑아주었다는 식으로 결론을 내려서는 곤란할 것이다.

비(非)기독교의 기적은 어떻게 봐야 하나?

국외자의 관점에서 보면, 기적을 기독교의 주장을 뒷받침하는 것으로 보는 데는 뭔가 잘못된 점이 분명히 있는 것 같다. 거의 모든 종교의 추종자들도 기독교인과 똑같은 확신과 정직성으로 똑같은 주장을 하고 있기 때문이다. 수천 년 동안 다양한 종교의 신자들은 기적적인 장면과 치유와 사건들을 노래해왔다. 그러면서 기적이 자신들의 신앙체계는 옳고 나머지 종교들은 잘못되었음을 보여주는 증거라고 주장한다. 아마 기독교인들은 이런 사실을 깨닫지 못하고 있을지 몰라도 기독교가 아닌 다른 종교 신자는 아주 많다. 이슬람 신자들과 힌두교 신자, 시크교 교도, 불교 신자들, 정령 신앙자, 유대교 신자, 뉴에이지 추종자, 지금은 사라진 수많은 고대 종교의 신자 등을 포함한다.

만일 어떤 사람이 자신이 믿는 종교의 환상에 안전하게 숨어 있는 바람에 다른 종교의 신자들도 수천 년 동안 그와 똑같이 기적을 주장해 왔다는 것을 모르고 있다고 치자. 그러면 그 사람이 기적을 제시함으로써 어느 한 신이 진짜 신이고 다른 신들은 가짜라는 것을 입증하려는 시도는 훨씬 더 쉬워질 것이다. 신들이 다른 신으로 바뀔 수 있어도, 그 논리는 똑같다. 이 문제에 모순되는 구석이 아주 많다는 점을 고려한다면, 많은 종교의 신자들이 기적을 보는 관점은 절대 올바를 수 없다. 이 같은 단순한 진리가 그런 모든 주장에 의심의 그림자를 드리운다.

눈물을 흘린다는 마리아 상을 기적이라고 주장하는 기독교인들은 우유를 마신다는, 힌두교의 신 가네샤의 상에 대해서 어떻게 설명할 것인가? 치유의 기적이 예수 그리스도의 존재를 증명한다고 말하는 기독교인들은 이슬람 신자와 힌두교 신자들이 무수히 제기하는 치유의 기적은 어떻게 받아들이는가? 인류의 역사를 통해 주변에서 기적을 보았다고 주장하면서, 그 기적의 힘을 지금은 잊혀진 신들로 돌리던 무수히 많은 남녀들에 대해서는 또 어떻게 이해해야 하는가? 기독교인이 기독교 밖의 수많은 기적을 무시하거나 부정하면서 다른 사람들이 기독교의 기적을 받아들여 줄 것으로 기대하는 것은 이해가 안 된다. 기독교인들이 비기독교인들이 주장하는 기적을 믿지 않는 이유는 무엇일까? 나는 기독교인들 역시도 회의론자들이어서 그런 게 아닌가 짐작해본다.

왜 모든 이를 위한 기적은 없을까?

많은 기독교인들은 기적을 신자들의 관심을 자극하고 신앙을 돈독히 하기 위한 예수 그리스도의 몸짓으로 본다. 하지만 방향을 잘못 잡은 해석 아닐까? 왜 예수 그리스도와 다른 신들은 이미 자신을 믿는 사람들을 위해서만 기적을 일으키는가? 만일 기적이 중요한 신호라면, 기적이 명백하지 않은 이유는 무엇이며, 신에 대해 회의적이거나 비판적인 사고를 가진 사람들 앞에 나타나지 않는 이유는 무엇인가? 만일 기적의 목표 중 하나가 믿음을 고취하는 것이라면, 회의론자들과 무신론자들만큼 기적을 필요로 하는 사람이 따로 있을까?

종교 세계의 전반에 걸쳐서 지금이나 과거에 기적이라고 주장한 것들이 아주 흔했다는 사실을 감안한다면, 대부분의 기적들이 과장이나 거짓말, 혹은 우연의 일치와 자연적 사건들의 그릇된 해석 때문이라는 게 분명해진다. 설명을 허용하지 않는 어떤 사건조차도 그 사건이 일어난 연유를 모른다는 이유만으로 초자연적인 사건으로 여겨서는 안 된다. 무지는 아무것도 입증하지 못하며 신들의 존재는 더더욱 증명하지 못한다는 것이 바로 상식의 가르침이다.

09

생명의 복잡성이 신의 존재를 증명해주는가?

몇 년 전에 토크 쇼에서 과학과 회의론을 옹호한 적이 있다. 종교 적 믿음이 주제로 논의될 때였다. 나는 신의 존재가 불확실하다고 말하는 이유 몇 가지를 정중하게 설명했다. 그러자 진행자가 신자 들의 각본 중에서 흔히 인용되는 논리로 대응했다.

"밖을 한번 보세요. 모든 생명을 보세요. 한 장의 나뭇잎을 보세 요. 얼마나 복잡하고 신비한지 몰라요. 그런데도 나뭇잎은 잘 자라 요. 그것이 어딘가에서 오지 않았다고 어떻게 말할 수 있겠어요? 신의 증거로 더 이상 뭐가 필요합니까?"

생명의 복잡성은 기독교 신에 대한 믿음을 정당화하는 데 자주 동원되는 인기 있는 '상식'이다. 그게 많은 사람에게 먹히는 이유 는 간단하다. 생명 자체와 그 생명이 할 수 있는 것들이 놀라울 정 도로 복잡하기 때문이다. 우리의 뇌와 육체가 종이 한 장 집어드는 간단한 일을 위해 서로 협력하는 것도 놀랄 만하다. 엔지니어링과 컴퓨터 분야에 눈부신 성과를 이루었음에도 불구하고, 우리는 인간과 똑같이 생각하는 기계는커녕 인간과 똑같이 움직이는 기계도 만들지 못하고 있다. 우리 인간은 그 수수께끼의 작은 한 조각이다.

우리는 엄청나게 많은 수의 종(種)들과 이 세상을 공유하고 있다. 최근의 연구에 따르면, 오늘날 지구 위에 살고 있는 미생물을 따지면 바다 바닥에 있는 것만도 인구 1인당 100만조 마리나 된다. 흰긴수염고래에서 박테리아까지, 온갖 생명이 지구의 표면을 뒤덮고 있다. 생명의 조합이 이뤄지는 이 거대한 공간 안에서 유전자들의 오케스트라가 연주되면서 독특한 개성의 생명체들이 태어나고 있다. 식물과 버섯, 작은 절지동물, 미생물들이 우리 주변에서 나름의 세상을 이루며 살고 있다. 우리가 알지 못하는 가운데, 이 생명들은 우리를 이용하고, 우리에게 영향을 미치고, 우리를 돕기도 하고 간혹 해를 입히기도 한다.

생명이 아주 풍요롭고 복잡하고 널리 퍼져 있기 때문에 우리는 오늘날 얼마나 많은 종이 세상에 존재하고 있는지조차 모른다. 우리가 헤아리지 못할 만큼 서식지도 너무나 넓고 종도 너무나 많다. 우리는 우리 자신의 몸 밖이나 안에 있는 미생물에 대해서도 잘 모르고 있다. 명색이 21세기인데도, 우리는 인간 존재를 이루고 있는 미생물의 생태계를 달(月) 만큼도 모르고 있다.

과학자에게나 보통 사람들에게나 똑같이, 생명의 양과 그 생명이 육체적으로 행동적으로 어떻게 갈라지는지를 생각하는 것 자체가 터무니없어 보이고 위압적으로 느껴질 수 있다. 많은 사람들이 생명은 오직 신의 일일 수밖에 없다고 결론 내리길 원하는 이유를 알만도 하다. 모든 것이 "저절로 생겨났다"고 보는 시각이 비합리적인 것처럼 보이기도 한다. 그만큼 생명은 복잡한 문제다. 생명은 여러 측면에서 우리의 이해 밖에 있다.

그렇다고 직감이 이처럼 중요한 문제의 올바른 대답이 될 수는 없다. 물론 중요한 문제에 대한 대답이 어느 누구도 만족시키지 못하고, 터무니없을 만큼 복잡하거나 불편할 때가 있다. 간혹 우리는 아직 대답을 못 찾았다는 것을, 적어도 당분간은 찾을 수 없다는 것을 받아들여야 한다.

일부 과학 옹호자들이 말하는 것과는 정반대로, 창조론과 지적설계의 문제들은 분명하지 않다. 만일 창조론과 지적설계의 문제가 명백했다면, 사람들은 여러 세대를 거쳐오면서 창조론을 계속 믿지 않았을 것이다. 창조론을 과학적 무지로 간주하기도 아주 쉬울 것이다. 현대의 생물학을 조금이라도 이해한다면, 사람들은 이런 식으로 생각하지 않을 것이라고 어느 교수는 말한다. 그러나 그렇게 간단한 문제가 아니다. 현대 생물학에 대해 조금 알고 있고 심지어 진화를 생명이 변화하는 과정으로 받아들이는 사람들을 나는 많이 만났다. 그러나 이들도 과학이 생명의 기원과 다른 미스터리들을 해결하지 못하자 그에 대한 답으로 자신들이 믿는 신을 제시했다. 이들은 생명에 관한 과학적 지식의 커다란 공백을 지적하면서 그곳을 '하나님'으로 채우고 있다. 우리의 지식에 커다란 틈이 있다는 지적은 맞다. 과학자들은 오늘날 이 문제에 대해 그럴듯한 사상을 갖고 있지만 아직 결정적인 대답은 내놓지 못하고 있다.

그러나 여기서 공평할 필요가 있다. 30억 년 내지 40억 년 전에 일어난 사건에 대해 과학적으로 세세하게 설명하는 것은 무척 어려운 일이다. 일부 기독교인들이 놓치고 있는 핵심은, 생명의 시작 혹은 생명의 과정에 대한 과학적 무지가 신의 존재를 증명하는 근거가 될 수는 없다는 점이다. 간혹 우리는 어떤 물음에 대해 한동안 답을 하지 않은 채 그대로 둘 만큼 인내할 필요가 있다. 분명 문제를 해결하기 위해 노력은 하되, 노력을 통해 얻은 것이 아닌 다른 해결책을 슬쩍 끼워 넣어 속이려 해서는 안 된다.

신은 어떤 식으로 생명을 창조했을까?

생물학의 복잡성을 과학적으로 풀지 못하자 신이 생명을 창조한 증거로 보려는 경향이 있다. 이런 시각에 문제가 있다는 것을 보여주는 가장 효과적인 방법은 이 문제를 그들의 코앞으로 내미는 것이다. 만일 생명의 기원에 대한 세세한 증거를 제시하지 못하는 나의 무능력과 복잡한 생물학적 기능을 신의 존재를 입증하는 증거로 받아들인다면, 기독교 신자들은 다음과 같은 질문에도 대답해야 할 것이다.

하나님은 이 모든 생명을 어떻게 창조했으며 이 생명을 어떤 식으로 통제하고 안내하고 있는가? 종교를 불문하고 어떠한 신자도 이 질문에 답을 내놓지 못하고 있다. 신자들은 아예 답을 찾으려 들지도 않는다. 물론 많은 종교에는 창조 이야기가 많다. 신의 이름도 언급하고 흙과 먼지, 진흙, 뼈, 물, 침, 정액 같은 창조의 요소들을 언급하기도 한다. 그러나 창조의 방법에 대해서는 침묵한다. 창조는 정의되지 않고 설명되지 않는 어떤 마법의 행위라는 식이다. 창조의 방식에 대해 제시된 의견은 아직까지 전혀 없으며, 초자연적인 에너지와 자연 속 원자의 상호작용이 개입된 생화학적 창조

이론 같은 것도 전혀 없다.

그렇다면 기독교 신이 생명을 어떻게 창조했는지에 대해 설명하지 못하는 이 무능력은 그 신의 존재에 대해 무슨 이야기를 들려주고 있는가? "나뭇잎을 보라"는 식의 주장과 똑같은 논리처럼, 이 무능력은 신이 진짜 존재가 아니고 생명을 창조하지도 않았다는 것을 의미한다. "생명의 자연적인 기원은 복잡하며, 당신은 그 기원을 세세하게 설명하지 못한다. 그러기에 하나님이 생명을 창조했음에 틀림없다"는 식으로 말하는 것은 어떤 생물학자가 "생명의 신성한 기원은 복잡하다. 당신은 그것을 세세하게 설명하지 못한다. 그러므로 자연이 생명을 탄생시켰음에 틀림없다"라고 말하는 것이나 마찬가지다.

물론 나는 기독교인들이 신성한 창조의 모든 단계를 다 설명하지 못하는 것이, 하나님이 생명을 창조하지 않았다는 것을 입증한다고 생각하지는 않는다. 다만 지식의 공백은 지식의 공백일 뿐이라는 걸 지적하는 것이다.

어떤 특별한 주장을 하기 위해 그 근거를 인간의 무지에서 찾는 것은 잘못이다. 지적설계라는 사상이 딱 그렇다. 답이 나오지 않은 문제를 무슨 수를 써서라도 극복해야 한다고 생각할 필요는 없다. 해결되지 않은 문제는 계속 연구하고 노력하게 만드는 동기부여가 될 수 있다. 미해결의 문제는 우리가 모든 것을 다 알지는 못한다는 사실을 입증할 뿐이다.

지적설계론자들의 마케팅

지적설계를 정직하게 살펴본 사람이라면 옛날의 창조론과 실질적으로 다른 점이 없다는 것을 알아차릴 것이다. 창조론이 새 옷으로 갈아입은 채 과학의 냄새를 풍기는 언어로 장식한 것이 지적설계론이다. 지적설계는 지구의 나이가 6000년이라는 터무니없는 주장을 공개적으로 펴면서도 부담을 느끼지 않는다.

지적설계론은 여전히 신앙에 근거한 창조론이다. 옛날의 창조론자들과 똑같이, 지적설계의 옹호자들은 엉뚱한 곳에서 자신의 주장을 위해 싸움을 벌인다. 지적설계의 옹호자들은 지적설계를 과학이라고 부르지만 과학을 실천하는 데는 전혀 관심이 없는 것 같다. 믿을 만한 이론을 가진 사람은 누구나 과학 공동체에 그것을 제시하길 원한다. 그것이 정상이다. 그 이론은 신뢰할 만한 과학 잡지에 게재될 것이고, 그러면 세상의 과학자들이 그 이론을 검토하면서 이중으로 검증하고 실험을 반복하여 그 결론을 뒷받침하거나 반박할 것이다.

그런데 지적설계의 옹호자들은 과학적인 아이디어가 학계의 인정을 받기 위해 노력하는 그런 공간에서 자신의 주장을 펼쳐야 함에도 그렇게 하지 않는다. 지적설계 옹호자들의 전쟁터는 언제나 대중매체와 법정, 정치운동, 학교 회의실이다. 사려 깊은 기독교인들은 이 문제에 대해 조금 더 길게 더 깊이 생각하기를 원할 거다.

만일 지적설계가 진정한 과학이라면, 과학적인 과정이 지적설계를 증명할 것이다. 달리 말해, 지적설계가 옹호자들의 주장과 같다면, 그들의 모든 행동은 실험이 이뤄지는 연구실, 화석이 발견되고 견본이 수집되는 현장에서 이뤄져야 한다는 뜻이다. 그러나 현실은 아주 판이하다. 지적설계 운동의 지도자들이 자신의 증거로는 논쟁에서 이길 수 없다는 사실을 깨달은 것 같다. 그래서 이들은 대신에 PR 운동 쪽을 택했다.

지적설계의 마케팅이 얼마나 부적절한지 이해하고 싶다면, 이렇게 상상해보라. 달 착륙 음모론자들이 소송을 제기하고 탄원서 서명 운동을 벌이고 기금을 모으고, 초중등학교에서 학교위원회 측에 입증되지 않은 주장을 절대적인 사실로 가르치도록 강요한다고 가정해보라. 아니면 영매(靈媒)인 제임스 반 프라그(James Van Praagh)가 사자(死者)와의 소통이라는 과목을 고등학교와 대학교 심리학 강의에서 가르치도록 많은 기금을 들여 로비활동을 편다고 가정하면 어떨까? 지적설계를 옹호하는 것이 이런 것과 뭐가 다른가? 달 착륙 음모론자들도 지적설계 옹호자들만큼이나 과학적 증거를 제시하지 않고 있다.

기독교인이든 비기독교인이든, 어느 누구도 지석설계의 핵심 개념인 '환원 불가능한 복잡성'에 속으면 안 된다. 조금만 생각해보면, 이 개념이 시간을 쏟을 가치가 전혀 없다는 게 금방 확인된다. 환원 불가능한 복잡성은, 생명에 대한 과학적 분석에서 설명 가능하지 않는 지점이 있다는 걸 보여준다. 예를 들어 살아 있는 세포에 대해 많은 것을 설명할 수 있지만 모든 것에 대해 다 설명하지는 못한다. 거기에는 반드시 닿게 되어 있는 벽이 있으며, 거기서는 물음에 대한 대답도 멈춘다.

지적설계는 앞에서 거론한 '나뭇잎 논쟁'에 지나지 않는데, 이번에는 신자들이 이렇게 대답한다.

"이 세포들을 보라. 너무나 복잡하고 신비롭지 않은가. 그런데도 제대로 작동하고 있다. 그러니 그것이 어딘가에서 온 것이 틀림없겠지? 신에 대한 증거로 더 이상 무엇이 필요한가?"

나뭇잎 논쟁에서와 똑같이, 세포의 작동과 기원에 관한 우리의 무지가 어떤 신의 존재나 개입을 입증하지는 못한다. 무엇보다, 과학에 기회를 줘야 한다. 우리는 아직 오랫동안 과학을 진지하게 다루지 않았다. 다른 문제에 쏟는 기금이나 자원을 생명의 기원에 쏟는 기금이나 자원과 비교해보라. 그러면 우리가 생명의 기원을 그렇게 진지하게 받아들이지 않는다는 걸 알게 될 것이다.

우리가 자주 잊는 사실이지만, 우리의 종은 얼마 전까지만 해도 열매를 찾아 헤매고 다른 동물에게 잡아먹히지 않는 데 신경을 집중해야 했다. 나는 이 문제에 대해 더 깊이 연구할 필요가 있다고 생각한다. 그렇게 한 다음에야 과학으로 알 수 없는 뭔가가 있으며 따라서 그것을 신의 작품으로 돌릴 수밖에 없다고 선언할 일이다.

10

당신은 성경을 읽어봤는가?

연구와 토론 과정을 거친 끝에 종교적 회의론자가 되거나 비신자가 된 사람들은 기독교인에 관한 이상한 사실을 발견하고는 크게 놀란다. 성경 전체를 실제로 읽는 사람이 아주 드물어 보이기 때문이다. 성경을 읽은 사람들도 성경 안에 담긴 중요한 가르침이나 이야기들 중 많은 것을 기억하지 못하는 것 같다.

도대체 어떻게 된 일일까? 성경을 해석하는 사람들을 포함하여 기독교인의 대다수가 이곳저곳 중요한 부분만 읽지 않고 그 이상으로 성경을 열심히 읽고 있는가? 기독교인의 교육에서 설교자들과 대중문화가 성경보다 더 중요한 원천이 되고 있는 것은 아닌가? 만약 그렇다면, 아무리 좋게 봐도 참으로 이상한 상황이 아닐 수 없다. 성경은 역사상 최고의 베스트셀러로 널리 알려져 있다. 거기에는 초자연적인 사건들에 관한 놀라운 이야기들과 하나님에 관한 세세한 내용이 많이 담겨 있다. 하나님이 인간에게 원하는 행동도 있다. 정도는 다 다르지만, 기독교인들은 성경이 역사상 가장 중요한 책이라고 믿고 있다. 그럼에도 그들 중에 시간을 내서 성경을 처음부터 끝까지 읽은 사람은 매우 드물다.

성경을 믿는 사람들이 성경을 읽지 않는 이 기이한 현상은 내 개인적 직감으로 말하는 게 아니다. 2013년에 어느 프로테스탄트 설교자는 교구민들 중 15 % 내지 20 % 정도만 성경을 규칙적으로 읽는 것 같다고 내게 말했다. 물론 많은 기독교인들이 성경을 읽는다. 일부 기독교인들은 성경을 규칙적으로, 심지어 매일 읽는다. 그런데 그들은 성경을 어떤 식으로 읽는가? 한 페이지씩 넘기면서 한 줄 한 줄 꼼꼼히 읽고 있는가? 아니면 익숙한 문장과 위안을 주는 이야기만 골라서 읽는가? 아마 마음에 드는 문장만 골라 거듭 읽는 사람도 분명 있을 것이다.

성경 중에서 다소 도전적이거나 불편한 내용은 아예 거들떠보지도 않으면서 말이다. 전 세계를 돌면서 기독교인과 토론하고 면담하면서 나는 이런 식의 성경 읽기가 사실임을 줄곧 확인했다.

성경 속의 놀라운 내용

대부분의 회의론자들이 알고 있듯이, 기독교인들에게 성경 안에 담긴 문장 중에서 다소 거북하고 이상하고 불편한 대목을 물어보면 놀라거나 아예 부정하는 사람들이 많다. 아기 살해가 있었다거나, 약탈당한 도시에서 처녀를 납치하고 강간하는 것을 신이 허용했다거나, 훌륭한 노예가 되는 방법과 훌륭한 노예 소유자가 되는 방법에 관한 아이디어가 제시되어 있다거나, 아주 많은 것을 물려

받은 남자들의 특별한 사정(射精)이 나온다거나, 똥을 요리하거나 먹는 이야기가 있다거나, 동성애자를 처벌하는 대목이 있다고 하면, 기독교인들은 크게 놀란다. 그러면서 기독교인들은 그런 내용이 성경에 있을 리 없다고 확신에 차서 말했다. 그 내용을 펼쳐서 보여줄 때까지, 기독교인들은 "절대로, 그런 내용은 없어요"라고 말한다.

이런 내용 중 많은 부분을 놓고 해석하는 과정에서 합리적인 논쟁이 가능하다. 그렇지만 성경에 그런 내용이 있고 기독교인들이 그런 내용을 망각해서는 안 된다는 사실에는 변함이 없다. 어느 기독교인이 성경을 모든 학교의 아이들에게 배포해야 한다고 말한다면, 그 사람은 자신이 성경 전부를 읽지 않았다고 폭로하는 것이나 마찬가지다. 성경의 일부를 초등학교에서 큰 소리로 읽었다가는 당국에 체포될 수도 있을 것이다.

기독교인들이 예수 그리스도에 대한 믿음에 성실하지 않다거나 성경의 말씀에 신경을 쓰지 않는다는 말이 아니다. 기독교인들은 성경을 읽고 그 안의 정보를 알려고 노력할 만큼 충분히 동기부여가 되지 않는 것 같다. 아마 기독교인들은 교회의 설교나 부모와 친구와 가족들로부터 중요한 내용을 들어서 알고 있기 때문에 성경을 굳이 읽을 필요가 없다고 느낄 것이다. 아니면 성경을 읽으려고 시도했다가 구약의 그 복잡한 족보에 그만 손을 들고 말았을 수도 있다. 그것도 아니면 성경의 언어가 너무 읽기 힘들어서 그럴 수도 있다. 킹 제임스 성경은 현대 영어를 말하는 사람에겐 마치 외국어 같다. 신의 폭력이나 질투나 처벌에 관한 내용이 불편하게 느껴져서 그럴 수도 있다. 그런 내용은 용서하고 사랑을 베푸는, 그야말로 신이 갖고 있는 대중적 이미지와는 너무 다르기 때문이다.

이유야 어떻든, 대부분의 기독교인들은 계시에 관한 대중소설 『레프트 비하인드 Left Behind』 시리즈와 존 그리샴의 범죄소설을 읽을 때만큼의 열정과 정성으로 성경을 읽지는 않는다. 내 개인적인 의견이 그렇다는 게 아니다. 다수의 연구에서 확인되는 사실이다. 그것은 기독교인들 사이에 우려를 낳는 원인이기도 하다. 예를 들어 '바나 그룹'을 설립한 기독교인 조지 바나(George Barna)는 미국인들이 성경을 읽는 수준에 당혹해 하면서 이런 현실을 기독교의 위기로 보고 있다. 그의 마케팅 회사가 기독교인과 기독교에 관한 정보를 수집하는 일에 특화돼 있기 때문에, 바나는 이 문제에 대해 누구보다 잘 알고 있다. 바나는 "미국 기독교인들은 성경에 관한 한 문맹이다"라고 말한다.

"대부분의 미국 기독교인들은 성경이 진리를 담고 있어서 읽을 가치가 충분하며, 자신들은 관련 있는 진리들과 원칙들을 다 알고 있다고 주장하고 있음에도 불구하고, 우리의 연구는 그와 다른 결과를 보여주고 있다. 젊은 사람일수록 기독교 신앙에 대한 이해 수준이 낮다. 대체로 기독교인들은 자기 부모가 가르쳐준 것을 앵무새처럼 반복하고 있다. 정말 슬프게도, 자식에게 신앙과 관련된 내용을 가르치는 부모들의 숫자가 갈수록 줄어들고 있는 상황에서 젊은이들의 신앙체계가 대중매체에 크게 좌우되고 있다."

숫자로 본 성경

- 미국인들의 93%가 성경을 갖고 있다고 대답한다.
- 미국인들의 41%가 킹 제임스 성경을 갖고 있다.

- 킹 제임스 성경이 그 전의 영어 성경의 글귀를 다듬은 것이라는 사실을 아는 사람은 미국인들의 13%에 지나지 않는다.
- 41%는 성경을 거의 읽지 않는다거나 전혀 읽지 않는다고 대답한다.
- 61%는 성경이 더 잃기 쉬운 쪽으로 변화해야 한다고 말한다.
- 미국 성인의 49%는 성경이 "실제 하나님의 말씀"이라고 생각한다.
- 미국 성인의 30%는 성경이 "신의 말씀에 영감을 받은 것이지만 그 안의 모든 내용을 글자 그대로 해석해서는 안 된다"고 생각한다.
- 미국 성인의 17%는 성경을 "인간이 동화와 전설, 역사, 도덕적 가르침을 기록한 고대의 책"이라고 생각한다.
- 29%는 성경이 "하나님 말씀의 고상함을 전달해야" 하기 때문에 당연히 읽기 어렵다고 생각한다.
- 미국인들의 14%는 현재 성경을 공부하는 집단에 속해 있다고 밝힌다.
- 여자들이 남자들보다 성경을 더 자주 읽는다. 여자들 중 43%가 성경을 매주 혹은 매일 읽는다고 말한다. 남자들 중에는 이렇게 답한 사람은 29%였다.

이 자료는 몇몇 사람들을 놀라게 할 것이다. 그러나 미국 가톨릭 신자들의 44%는 성경을 거의 읽지 않거나 전혀 읽지 않는다. 가톨릭 신자로 『미국 가톨릭 교회의 흥망』(The Decline and Fall of the Catholic Church in America)을 쓴 데이비드 칼린(David R. Carlin)은 미국

가톨릭 신자 중 많은 사람들이 성경을 읽지 않을 만큼 그 내용에 호기심을 품지 않는 것을 가톨릭교회 탓으로 돌리고 있다.

"미국 가톨릭교회의 지도자들은 최근에 여러 면에서 실패한 모습을 보였다. 성 스캔들이 터졌고, 성혁명에 저항하지 못했고, 낙태에 반대하는 문화세력으로 가톨릭 신자들을 효과적으로 동원하지 못했다. 이런 실패 외에 가톨릭 신자들이 성경을 읽도록 설득하는 데도 실패했다."

보스턴 대학 종교학부의 스티븐 프로테로(Stephen Prothero) 교수는 기독교인들이 기독교에 대해 너무 모르고 있다는 사실에 깜짝 놀라 『종교 지식』(Religious Literacy)이란 책을 썼다. 이 책에는 재미있는 사실들이 많이 담겨 있다. 미국 10대들의 10 %만이 세계 5대 주요 종교의 이름을 댈 수 있고, 15 %는 그 중 하나도 제시하지 못한다. 미국 성인의 반만 4대 복음서(마태복음, 마가복음, 누가복음, 요한복음) 중 한 개 이상을 제시할 수 있었다. 미국인들의 대다수는 성경의 첫 권 창세기를 알지 못했다. 프로테로 교수는 미국이 종교와 맺고 있는 이상한 관계에 대해서도 퉁명스럽게 말한다. "미국의 신앙은 알맹이가 거의 없다. 세계에서 가장 종교적인 국가로 꼽히는 국가에 종교 문맹이 많다."

부차적인 문제이긴 하지만, 심각한 문제가 있다. 성경 문맹이 종교에 대한 무지를 전반적으로 더욱 심각하게 만든다는 점이다. 물론 자기가 믿는 종교의 경전을 읽을 만한 동기를 발견하지 못하는 기독교인들이 다른 종교의 경전을 읽지 않는다는 것은 전혀 놀라운 일이 아니다. 불행하게도 세계의 다양한 종교에 대한 무지가 증오와 폭력을 낳을 수 있는 두려움과 편견을 더욱 심화시킨다. 종교를 갖고 있는 모든 사람들이 우둔하다는 뜻은 절대로 아니다. 그들이 단지 '하나님의 말씀'과 삶을 위한 길잡이로 여겨지는 책을 읽으려고 노력하지 않는다는 것을 말하는 것뿐이다.

많은 사람들이 성경을 읽고도 흡수하지 않아 불가피하게 생기는 결과가 있다. 대부분의 기독교인들이 자신의 종교 교리에 낯설어 하며 제대로 이해하지 못하게 되었다는 점이다. 이는 성경에 관한 시시한 퀴즈를 통과하거나 성경 내용과 신자들의 행동을 일치시키는 그런 문제가 아니다. 기독교의 바탕인 성경 내용에 대한 기본적인 지식이 부족하다는 게 문제다.

성경 내용을 모르는 기독교인들

모든 종교와 마찬가지로, 기독교는 유연하며 오늘날 다양한 종파를 낳고 있다. 기독교인이 기독교인으로 남기 위해, 성경 안에서 발견되는 모든 주장을 믿고 모든 계율을 따라야 하는 것은 아니다. 그러나 기독교인들이 영화에서 듣는 것 그 이상의 것을 알려고 하지 않으면서 매우 선택적인 설교와 선전에 노출되어 있다는 사실은 참으로 이상하다. 예를 들어 어떤 기독교인이 삼위일체설을 부정한다면, 그것은 그 사람의 선택이다. 그러나 기독교인이라면 적어도 삼위일체의 개념을 이해하고 그것이 성경 안에 언급되고 있다는 것 정도는 알고 있어야 하는 게 아닌가?

기독교인들이 성경 안에서 제시되는 중요한 가르침의 일부와 노골적으로 모순되는 입장이나 주장을 말하고 싶지 않아서 그저 성경의 모든 것을 믿고 따라야 한다고 대답할 수도 있다. 그러나 많은 기독교인들이 매일 성경의 가르침대로 하고 있다. 나는 기독교인들이 많은 것을 배우기 바란다. 또 지적으로 자신의 종교적 믿음과 일치하기를 바랄 만큼 기독교인들을 충분히 존경한다. 나는 또한 신자들의 종교적 무지를 이용하는 설교자와 정치인들에게 기독교인들이 이용당하고 싶지 않을 것이라고 믿는다. 비록 따분할지라도 기독교인들이 자신의 경전을, 그 경전의 모든 것을, 자신의 개인적 믿음을 어지럽히거나 위협할 수 있는 부분까지 다 읽어야 하는 이유가 거기에 있다.

11

기독교인은 어떻게
하나님 앞에서도 나쁜 짓을 할 수 있을까?

여호와의 눈은 어디서든 악인과 선인을 살피시니라.

- '잠언' 15장 3절

별 생각 없이 기독교를 믿는 사람들이 저지르는 잘못된 행동을 모으는 일 따위에 나는 전혀 관심이 없다. 그런 집계는, 기독교는 선한 행동을 하게 하고 무신론은 나쁜 행동을 하게 한다는 터무니없는 주장이나 펴는 사람들을 골탕 먹이는 데만 유용할 뿐이다.

진실은 이렇다. 기독교인들이 저지르는 범죄와 해악은, 예수 그리스도가 신이라거나, 성경이 하나님의 영감이 담긴 말씀이라거나, 천국과 지옥이 존재한다는 식의 주장을 뒷받침하는 증거가 될 수 없다는 점이다.

여기엔 고려해봐야 할 중요한 질문이 있다. 어떻게 그렇게 많은 기독교인들이 자신의 행동을 심판할 신이 언제 어디에나 있다고 믿으면서 나쁜 짓을 저지를 수 있을까? 나 같은 아웃사이더의 관점에서 보면, 정말 이해가 되지 않는다. 그릇된 행동을 하는 기독교인들이 너무나 강한 충동을 느낀 나머지 자제하지 못해서인가? 하나님이 자기 옆에 있으면서 자신을 응시하고 있다고 믿으면서도? 아니면 전지전능한 신의 존재에 대한 믿음이 말만큼 강하지 않아서일까?

여기서 독자들은 기독교인의 행동에 관한 이 물음과 기독교인이 완벽하지 못하다는 이유로 공격하는 것, 이 둘을 혼동하지 않는 것이 중요하다. 물론 일부 신자들은 아주 나쁜 짓을 한다. 비기독교인 일부가 매우 나쁜 짓을 하는 것과 똑같다. 많은 기독교인들은 놀랄 정도로 도덕적인 삶을 영위하고 있으며, 일부 기독교인은 믿어지지 않을 만큼 경멸스런 삶을 산다. 대부분의 기독교 신자는 그 둘 사이의 어느 지점에 속해 있다. 지구상에 살고 있는 다른 50억 명과 비슷한 것이다.

여기서 제기하는 구체적인 물음은 어떻게 그렇게 많은 기독교인들이 자신의 신이 언제나 자기 가까운 곳에 있다고 믿으면서 다른 사람을 속이거나 거짓말을 하고 심지어 매우 중대한 범죄까지 저지를 수 있는가 하는 점이다.

이는 무신론자에게는 말이 되지 않는다. 만일 내가 깨어 있는 시간 내내 어머니가 1미터 정도 떨어진 곳에 있다면, 아마 나는 범죄는커녕 가벼운 욕조차 못할 것이다. 엄마가 나를 지옥에 보내지 못하는데도 말이다. 엄마는 내가 존경하고 사랑하며 결코 화를 내게 하고 싶지 않은, 죽을 운명을 타고난 인간에 지나지 않는다. 언젠가 내 영원한 운명을 결정할 전능한 신이 언제나 내 곁을 지키고 있다는 것을 확실히 안다면, 나는 거짓말을 하거나, 물건을 훔치거나,

강간을 하거나, 살인을 하거나, 내 아이들이 보지 않을 때 아이들의 주머니에서 캔디를 슬쩍하는 짓 따위는 감히 상상조차 하지 못할 것이다.

그런데도 예수 그리스도를 믿으며 기독교인을 자처하는 사람들이 매일 이런 짓을 하고 있다. 미국의 교도소들은 나쁜 짓을 한 사람으로 가득하다. 그들 중에 하나님이 존재하며, 언제나 지켜보고 있다고 믿는 사람들이 있다. 정말 말이 되지 않는다. 범죄를 저질러 교도소를 채우고 있는 사람들은 거의가 자신을 살피는 존재 같은 것은 없다고 믿는 무신론자들이어야 하지 않는가? 전지전능한 신을 믿는 사람들은 신에 대한 존경과 두려움으로 깨끗한 삶을 살아야 하는 것 아닌가? 그러나 우리가 보는 세상은 이와 많이 다르다.

가톨릭교회와 펜실베이니아 주립 대학의 아동 성 스캔들을 보라. 성 추문이 일어난 건수를 정확히 밝히는 것은 불가능하다. 그러나 가톨릭 성직자 수천 명이 지난 몇 십 년 동안 놀랄 만큼 많은 아이들을 대상으로 성추행과 성폭행을 저지른 것 같다. 교회 지도부가 보인 반응을 보면 가급적 스캔들을 덮고 약탈자 같은 성직자들이 계속 아이들을 괴롭히도록 내버려두는 쪽이었다. 2012년에는 펜실베이니아 주립 대학의 풋볼 코치를 지낸 제리 샌더스키(Jerry Sandusky)가 10명의 청년을 성폭행한 것으로 확인되었고 더 많은 학대를 했다는 의심을 받고 있다. 샌더스키는 기독교인이다. 그는 펜실베이니아 주립대학이 있는 도시의 성 바오로 감리교 교회에 30년 동안 다녔다. 그렇다면 예수 그리스도가 기독교인의 활동을 유심히 살핀다는 믿음을 그가 갖고 있었다고 보는 게 합당하다.

내면의 일부 충동 즉, 욕정이나 탐욕, 화의 힘이 아주 크기 때문에 종종 우리가 후회할 짓을 하게 된다는 사실은 누구나 이해할 수 있다. 그렇지만 그렇게 오랜 세월 동안 아이들을 되풀이해서 강간하는 것은 그 어떤 말로도 용서할 수 없지 않은가? 아이들을 성폭행할 의도로 아이와 단 둘이 남을 시간을 계획하고 그 방법을 짜내는 행위는 정말 말이 안 되지 않는가? 그것도 신이 지켜보는 앞에서? 어떻게 그럴 수가 있나? 샌더스키와 다른 성추문 성직자들은 예수 그리스도가 방 안을 지키고 있는 가운데서 어떻게 아이들에게 그 무서운 범죄를 저지를 수 있는가? 예수 그리스도가 보이지 않았을 수는 있다. 그렇지만 수백만 명의 기독교인들에 따르면, 예수 그리스도는 분명 그곳에 있었다. 이 문제에 내 어머니를 끌어들여 송구스럽지만, 나는 어머니가 나를 지켜보고 있는 상황이라면 병아리를 괴롭히는 일조차 상상하지 못한다. 나의 어머니 혹은 하나님이 내려다보고 있는 가운데 아이를 성적으로 괴롭힌다는 생각은 상상조차 되지 않는다.

공정을 기하기 위해서, 이 논의에서 신이 자신에게 명령했다는 이유로 무서운 짓을 저지른 기독교인들은 배제할 필요가 있다. 그래서 아이를 천국으로 보낸다는 생각으로 자기 자식을 죽인 엄마들이나, 무방비 상태의 여자와 아이들을 살해한 십자군 전사나, 사람들을 산 채로 불에 태운 교황들이나, 연방 경찰들에게 총을 쏜 데이비드 코레시 같은 예는 고려하지 않을 것이다. 만일 진정으로 이들이 하나님의 의지를 행동으로 옮기고 있다고 믿었다면, 우리에겐 그들이 그렇게 믿지 않았다는 것을 확인할 방법이 없긴 하지만, 여기서는 일단 그들을 논외로 할 것이다.

그러나 일부 행동은 신의 명령으로 막는 게 불가능하진 않지만 지극히 어려운 것도 있을 것이다. 예를 들어서 성직자들이 아동 강간을 놓고 예수 그리스도가 승인했다는 등의 이유를 대는 것은 상상하기 어려울 것이다. 그러나 예수 그리스도가 모든 것을 지켜보고 있다는 주장에 의문을 품도록 만드는 것은 이런 극단적인 예들만이 아니다. 상대적으로 사소해 보이는 불성실과 학대 행위는 어떤가? 세금을 속이거나, 고등학교와 대학에서 시험 부정을 저지르거나, 배우자들에게 거짓말을 하거나, 동료를 배신하거나, 동물을 학대하거나, 아이를 언어로 학대하는 기독교인이 얼마나 되는가? 이들은 하나님이 자신을 항상 관찰하고 있다고 생각하면서 어떻게 그런 짓을 저지를 수 있을까? "기독교인들이라고 해서 완벽한 존재는 아니다"라는 식의 변명은 통하지 않는다. 왜냐하면 어느 누구도 기독교인들이 완벽하다고 생각하지 않기 때문이다. 사람들은 대부분의 기독교인이 그들의 말처럼 전지전능한 목격자가 지켜보고 있다면 범죄행위와 나쁜 행동, 노골적인 불성실 같은 것에는 저항할 만큼 똑똑하고 자기 통제력을 발휘할 수 있어야 한다고 생각한다.

나쁜 교인도 기독교인인가?

여기서 기독교인들이 저지르는 무시무시한 행동이 문제가 될 때마다 종종 듣는 대답을 돌아볼 필요가 있다. 어떤 사람은 진정한 기독교인이라면, 예를 들어 어린이들을 강간하지 못한다고 주장한다. 기독교의 도덕적 힘이 그런 행동을 불가능하게 만들기 때문이

라는 이유에서다. "그 사람은 진정한 기독교인이 아니었어." 이런
대답이 나쁜 기독교인들이 엄연히 존재하는 불편한 현실에서 탈출
하는 방법처럼 들린다. 그러나 그렇지 않다. 행동이 기독교인을 정
의하는 것은 아니다. 예수 그리스도를 유일신으로 믿는다는 신앙
이 기독교인을 정의할 뿐이다. 누가 종교적 믿음을 신봉하는지 분
별력 있게 가리는 유일한 방법은 그 믿음의 밖에서 판단하는 것이
다. 왜냐하면 종교 안에 있는 사람들은 어떤 문제에든 쉽게 동의하
지 않기 때문이다. 만일 행동이 '진정한 기독교인'이 누구인지를
규정한다면, 이 세상에 기독교인이 하나도 없을 수 있는 사태가 벌
어지기 때문이다. 그 이유는 기독교의 모든 종파가 경쟁적인 집단
한 두 곳으로부터 부정당하고 있기 때문이다. 심지어 구체적인 행
동도 주관적이어서 판단의 기준이 되지 못한다. 어떤 사람들은 기
독교인은 이혼을 하지 못하고 록 음악을 들어서도 안 되고 일요일
(혹은 토요일)에 일을 해서도 안 된다고 말하는 반면, 어떤 사람들은
그런 것은 전혀 중요하지 않다고 말한다. 또 기독교인이라면 교회
에 나가야 한다고 말하는 사람들이 있는가 하면 굳이 교회에 나가
지 않아도 된다고 말하는 사람도 있다.

　모든 기독교 종파의 신자들은 신이 원하는 것들을 하고 그 외의
다른 것은 부정하는 자신을 진짜 기독교인이라고 주장할 것이다.
물론 이런 주장은 아무것도 의미하지 않는다. 기독교 신자에 대한
기본적이고 세속적인 묘사가 필요한 이유도 여기에 있다. 만일 어
떤 사람이 예수 그리스도를 믿고 어떤 식으로든 예수를 숭배하거나
따른다면, 그 사람은 기독교인이다. 기독교인에 대한 정의는 아주
간단하다. 분명, 공개적으로 기독교인이라고 말하는 사람 중에도

개인적으로는 무신론자일 수 있다. 그러나 사람들의 행동이 못마땅하다는 것만을 근거로 기독교인이니 무신론자니 말할 수는 없다.

나는 이오시프 스탈린이 삶을 살아간 방식을 좋아하지 않는다. 그래도 나는 그 사실을 바탕으로 그가 '진정한' 무신론자가 아니었다고 말하지는 못한다. 만일 그가 어떠한 신도 믿지 않았다면, 그는 무신론자였다. 그의 행동은 이 분류와는 아무런 관계가 없다. 기독교인이냐 무신론자냐를 구분하는 것은 그렇게 간단한 문제다.

나는 사람들의 마음을 읽지 못한다. 그래서 이것은 단지 짐작일 뿐이다. 그러나 나는 많은 기독교인들이 어떤 신이 항상 자기 곁을 지킨다는 것을 그다지 강하게 믿지 않는 것이 아닌가 의심한다. 만일 20억 명에 이르는 기독교인들이 실제로 신이 자신을 지켜보고 있다고 믿는다면, 이 세상은 지금과는 다른 모습이어야 하지 않을까? 미국과 멕시코, 자메이카, 브라질 같은 기독교 인구가 많은 사회에서는 범죄율이 크게 낮아야 하지 않는가? 사람들이 예수 그리스도가 언제나 지켜보고 있다는 것을 "안다"고 말하기는 쉽다. 그러나 언제나 행동은 말보다 설득력이 더 강하다.

12

어떻게 부활을 확신하는가?

　기독교인들에 따르면, 예수 그리스도의 죽음과 관련한 잔인성과 공포, 증오보다는 예수 부활의 경이와 아름다움과 매력이 훨씬 더 중요하다. 예수의 부활은 인류 역사상 가장 영광스럽고 중요한 사건이다. 또한 예수의 부활은 기독교가 다른 종교보다 더 우수한 결정적인 요소라고 기독교인들은 밀한다. 다른 기적들은 예수 그리스도가 승천하는 그 순간에 비하면 아무것도 아니다. 나에게 "묘지가 비었어!"라고 말한 설교자나 기독교인들은 기억도 못할 만큼 많다. 2000년 동안 기독교인들은 예수가 어떤 식으로 부활했는지 이야기하고 있다.

　그러나 그런 일이 실제로 일어났는가? 예수의 부활은 기독교가 진실이라면 반드시 진실이어야 하는 중요한 도전이다. 기독교의 가장 탁월한 '건축가'인 바오로도 "예수 그리스도께서 다시 살아나신 일이 없으면 너희의 믿음도 헛되고"('고린도전서' 15장 17절)라고 썼다.

모든 회의론자들이 묻는 간단한 질문은 이것이다. 예수 그리스도가 다른 모든 사람들처럼 죽은, 그런 사람이 아니라는 것을 어떻게 알 수 있는가? 예수 그리스도가 죽지 않았다는 이 놀라운 주장의 증거는 어디에 있는가? 물론 수많은 증거가 제시되었다. 그러나 그 증거 중 어느 것도 비신자의 의문을 해소하지 못했다. 회의론자들은 이에 대해 확신을 품지 못하는 것이다.

아무튼 예수 그리스도의 부활 이야기에서 문제점을 지적해내는 것은 그 이야기의 진실을 부정하는 것과는 다르다는 점을 기억하자. 물론 증명해야 할 사람은 그런 주장을 펴는 기독교인들이다. 비신자들이 그런 주장을 반박할 증거를 제시하는 부담을 져야 할 이유는 없다. 기독교인들은 당혹해 하거나 회의론자가 폐쇄적인 정신을 갖고 있다고 비난할 것이 아니라 그렇게 많은 사람들이 의문을 품는 이유를 이해해야 한다. 회의론자들도 그런 주장을 펴는 사람보다는 그 주장 자체를 상대로 열정과 에너지를 쏟아야 한다. 그러다 보면, 아무 쓸모없는 양쪽의 긴장이 누그러질 것이다.

나는 부활 이야기를 가벼이 여기지 않는다. 2000년의 세월 동안에 기독교를 믿은 수십억 명의 사람들에게 예수의 부활이 대단히 중요했으며 지금도 여전히 중요하다는 사실을 잘 이해하고 있다. 많은 사람들이 예수 그리스도의 부활을 아주 강하게 믿고 있다는 것도 알고 있다. 또 그 이야기를 사실로 받아들인 많은 선한 사람들을 존경한다. 그러나 다른 선량한 회의론자들과 마찬가지로, 다른 사람들을 존경하고 또 그들의 감정적 투자를 높이 평가한다는 사실 자체가 대답해야 할 문제에 대해 침묵해도 된다는 것을 의미하지는 않는다.

예수 그리스도의 부활을 놓고 기독교인과 논의할 때, 나는 토론을 벌이듯 접근하지는 않는다. 단지 기독교인들이 나와 의견 일치를 이룰 목적으로 내 견해에 동의하는 것도 원하지 않는다. 기독교인들이 주위에서 듣거나 책을 통해 읽은 이야기를 그저 받아들일 것이 아니라 무덤이 비었다는 식의 특별한 주장에 대해 스스로 깊이 생각해보고 결론 내리길 바란다.

나는 기독교인들에게 나 자신이 부정적인 입장을 취하고 있지 않다는 점을 분명히 설명한다. 만일 기독교인들이 믿는 그런 일이 정말로 일어났다면, 그들이 진정으로 나를 설득시켜 그 현실을 받아들이게 해주길 바란다. 대부분의 회의론자들처럼, 나도 열린 마음을 갖고 있다. 나 자신이 예수 그리스도가 초자연적으로 무덤에서 사라졌다는 주장을 뒤엎을 증거를 제시할 수 있다고는 생각하지 않는다. 그래서 아예 그런 시도조차 하지 않는다. 나는 기독교인들에게 어떻게 예수 그리스도가 승천했다고 믿게 되었는지를 묻는다. 그런 다음에 그들의 말에 귀를 기울인다. 그러나 지금까지 부활을 확신하게 만드는 대답을 한 번도 듣지 못했다.

많은 기독교인들이 예수 그리스도의 부활이 정말로 일어났다고 "알고 있다"면서 제시하는 이유들을 간단히 소개한다.

사람들이 예수 그리스도를 위해 죽었다

만일 예수 그리스도가 성경이 말하는 그런 존재가 아니었다면, 왜 사람들이 그를 위해 죽으려 했겠는가? 기독교인들은 순교한 사도들과 종교 때문에 고문을 당하고 처형당한 초기 기독교인들을 거론하면서 이렇게 묻는다. 누가 거짓말이나 음모론을 위해 그런 식으로 고문을 당하고 죽음을 당하려 했겠는가? 대부분의 사람들은 거짓말이나 날조된 이야기를 위해 자발적으로 죽으려 하지 않을 것이다.

그러나 그런 식으로 죽으려 드는 사람도 많다. 어떤 사(람)기꾼이 거짓말의 덫에 갇혀 자신의 이야기를 죽을 때까지 진짜로 믿겠다고 결심하는 예를 상상하는 것은 어렵지 않다. 아마 그런 일이 일어나는 것은 자존심의 문제 때문이거나 그런 확신을 계속 밀고 나가다 보면 결국엔 성공할 것이라는 희망 때문일 것이다. 그러나 초기 기독교인들의 경우에는 신앙을 진정으로 믿었기에 죽음 앞에서도 자신의 신앙을 버리지 않았을 가능성이 더 크다.

사람들이 진실이 아닌 무엇인가를 믿으면서 그것을 위해 죽으려 하는 경우는 결코 드물지 않다. 기독교인들은 이슬람교가 부정확한 신앙체계라고 꽤 확신하고 있지만 일부 이슬람교도들은 비행기를 빌딩에 충돌시키고 자신의 몸을 폭탄으로 두를 만큼 이슬람교를 강하게 믿는다. 제2차 세계대전 동안에, 일본의 가미가제 조종사들은 부분적으로는 자신들의 '신성한' 황제를 위해 자살 공격을 감행했다. 대부분의 기독교인들은 아마 데이비드 코레시가 기독교의 마지막 예언자는 아니라고 생각할 것이다. 그러나 코레시와 몇몇 사람들은 분명히 연방 경찰과 대치하다가 죽을 만큼 코레시가 마지막 예언자라고 굳게 믿었다. 인간의 열정과 헌신이 어떤 신이나 초자연적 사건의 증거가 될 수는 없다. 자신의 목숨까지 바치려 드는 열광적인 믿음은 단지 그 사람의 믿음의 증거일 뿐이다.

바오로의 개종

사도 바오로는 초기에 다른 누구보다 기독교를 더 널리 퍼뜨렸다. 그가 없었더라면, 기독교는 발판을 다지고 번영을 구가할 만큼 오랜 시간을 버텨내지 못했을지도 모른다. 정말 놀랍게도, 바오로는 기독교인들을 박해하고 있었다. 그러다 그는 예루살렘에서 다마스쿠스로 가는 도중에 부활한 예수 그리스도를 "보았다"고 한다. 분명, 무엇인가가 그의 사고방식에 급진적 변화를 야기했다.

그러나 회의론자들은 이 이야기에서 부활한 신의 증거를 전혀 보지 못한다. 사람들은 자신이 언제나 굉장한 것을 보고 있다고 말한다. 비범한 이야기들이 정말 드물지 않다. 게다가, 많은 사람들은 신 같은 것을 언급하지 않고도 인생을 180도로 바꾼다.

우리는 사람들이 자연의 사건을 목격하고도 비현실적으로 설명할 수 있다는 것을 알고 있다. 그렇다면 초자연적인 사건을 본 목격자들의 설명을 어떻게 신뢰할 수 있는가? 그날 밤 예수 그리스도를 보았다는 바오로의 말을 믿는 것은 좋다. 그러나 바오로가 환상을 보지 않았다거나, 잘못 보지 않았다거나, 아니면 사건들을 잘못 기억하지 않았다는 것을 확신할 수 없다. 이는 바오로를 반대하는 개인적 입장에서 하는 말이 아니다. 만일 그가 인간의 눈과 뇌를 가진 인간이었다면, 초자연적인 존재와의 실제적인 만남보다는 심리학적 설명이 훨씬 더 합당할 것이다.

묘지가 비었다

누가 한 말인가? 많은 기독교인들은 이 대목에서 회의론자들이 어려움을 겪을 것이라고 생각한다. 예루살렘의 어느 무덤이 2000

년 전에 비었다는 것을 입증할 사람은 아무도 없기 때문이다. 지금 할 수 있는 최선의 방법은 이런 주장을 펴는 사람들에게 예수 그리스도의 무덤이 비었음을 말해주는 자료와 그가 부활했음을 말해주는 자료가 똑같다는 점을 일러주는 것이다. 이 자료는 객관적인 자료가 되기 어렵다.

성경이 예수 그리스도의 신체에 일어난 일에 대해 묘사한 내용을 받아들인다 해도, 그 시대 사람들이 실제로 말한 내용을 정확히 반영한 것으로 받아들인다 하더라도, 무덤이 비었다는 주장은 여전히 목격자들의 증언에 관한 풍문에 근거하고 있다. 어떻게 우리가 그런 주장을 받아들일 수 있겠는가? 예수 부활은 너무나 중요한 문제이기 때문에 오류를 곧잘 저지르는 인간 존재들의 말만 믿고 받아들일 수는 없다. 목격자들이 거짓말을 했을 수도 있고 거짓말을 하지 않았다 하더라도 잘못 알았을 수 있는 것이다.

500명의 목격자

일부 기독교인들은 바오로가 예수 그리스도가 부활하는 것을 보았다고 밝힌 사람들의 숫자를 자주 거론한다. 그러나 이 500명의 사람들이 어떤 사람인지, 이 사람들이 예수 그리스도를 본 곳이 어디인지는 아무도 모른다. 수백 명이라는 기록이 아주 인상적으로 들릴 수는 있을 것이다. 그러나 오늘날 UFO와 빅풋(Bigfoot 미국·캐나다의 로키 산맥 일대에서 목격된다는 미확인 동물/옮긴이)을 목격했다고 말하는 사람들의 숫자는 그보다 훨씬 더 많다는 점을 고려한다면, 별것 아니다. 고대의 익명의 목격자는 그 숫자가 아무리 많더라도 이처럼 중요한 무엇인가를 뒷받침하는 증거로 받아들일 수는 없다. 이는 회의론자들이 부활에 관한 주장을 들을 때마다 가장 먼저 떠올리는 생각 중 하나다. 선한 회의론자들에게는 증거의 양과 질이 적어도 그 주장의 비중과 균형을 이뤄야 한다.

바오로 자신도 부활한 예수 그리스도를 보았다고 썼다. 아마 그는 예수 그리스도와의 조우에 관한 이야기를 뒷받침하기 위해 다른 목격자들의 숫자를 과장했을 것이다. 아무도 모를 일이지만 분명 가능한 일이다. 아니면 500명의 목격자가 있다는 그의 주장이 정확할 수도 있다. 그러나 이 말이 진실이라 하더라도, 그것으로는 예수 그리스도가 처형된 뒤 죽음에서 살아났다는 사실을 입증하는 데는 충분하지 않다. 우리는 수천 명 중에서 수백 명이 비슷한 꿈이나 환상을 경험할 수 있다는 사실을 잘 알고 있다.

사람들은 또한 거짓말을 할 수도 있다. 사람들은 늘 거짓말을 한다. 귀신을 보았다고 말하는 사람이 1년에 몇 명이나 나올까? 수천 명? 아마 수백만 명? 이 사람들은 정직하고, 정신이 맑고, 지적인 사람일 수 있다. 그러나 인간의 시력과 기억의 오류에 대해 잘 아는 터라, 귀신들은 아직 증명되지 않은 주장으로만 남아 있다. 숫자가 증거가 될 수 있다는 생각이 들지도 모르겠지만, 초자연적인 사건들이나 과학적으로 설명되지 않는 현상을 다룰 때 숫자는 전혀 중요하지 않다. 그게 부활한 신에 관한 문제일 때는 더더욱 그렇다. 목격자의 목록이나 숫자 그 이상의 무엇인가가 필요하다.

게다가, 기독교인들은 어떤 신이 진짜이고 어떤 주장이 진실인가 하는 문제와 관련해서는 자신들이 이기지 못할 것이기 때문에 목격자의 숫자를 더하는 게임을 바라지 않는다. 다른 많은 종교들도 비기독교의 신들과 정령을 보았다고 말하는 목격자들을 확보하고 있다. 이런 상황에서 바오로와 목격자가 500명이라는 그의 주장만을 받아들이고 나머지들을 몽땅 무시하는 것이 가능한 일인가?

로마 경비병들은 근무 중에 잠을 자지 않는다

빈 무덤을 주장하는 근거로 오랫동안 놀랄 정도로 인기를 누리고 있는 것은 로마 경비병들이 무덤 바로 옆에서 무덤을 지키게 되어 있었다는 주장이다. 당시의 로마 경비병들은 근무를 태만히 하여 시신을 도둑맞았다면 심하게 처벌을 받거나 죽임을 당할 수 있다는 사실을 잘 알았기 때문에, 시신이 사라진 이유를 설명할 수 있는 방법은 부활뿐이었다. 만일 경비병들이 근무 중에 잠을 잤거나 동전 몇 푼을 받고 눈길을 다른 쪽으로 주었다면, 그건 곧 경비병들의 죽음이 될 수도 있었다.

이것은 설득력 있는 주장이 아니다. 그렇다면 로마제국의 역사에서 근무 중에 졸았거나 부패했거나 무능한 군인이 하나도 없었다고 믿어야 하는가? 이건 무리한 주장이다. 시대와 문화를 막론하고 많은 사람들이 자신을 위험에 빠뜨릴 활동에 가담하기 위해 가혹한 처벌의 위협을 무시해왔다.

성경이 증명해준다?

마지막으로, 성경 속을 파고들면서 부활을 뒷받침하거나 부정하는 내용들을 찾는 방법이 있다. 여기서 한 단어 저기서 한 문장을 긁어모으는 식으로 작은 것들을 충분히 많이 모으다 보면 예수 그리스도가 무덤에서 일어나 나왔다거나 나오지 않았다는 것을 입증할 수 있을지도 모르겠다. 신학자들과 설교자들이 성경을 꼬치꼬치 캐기를 즐기는 회의론자들에 맞서 싸울 때 이런 전략을 잘 구사한다.

그러나 나 같은 회의론자들은 큰 그림을 선호한다. 우리는 부활 이야기들 사이에 모순되는 점을 놓고 왈가왈부 따지는 것을 시간 낭비로 본다. 예수 그리스도의 무덤에 온 여인을 '마가복음'은 3명으로 말하고 '마태복음'은 2명으로 말하고 있다는 따위에 대해서는 신경 쓰지 않는다. 그것이 낮이었는지('마가복음' 16장 2절) 밤이었는지('요한복음' 20장 1절)는 더더욱 신경 쓰지 않는다. 큰 주장에는 큰 증거가 필요하다. 그렇기 때문에 성경이 여자의 숫자와 때를 정확히 적었다 하더라도, 나는 아직 더 많은 것을, 훨씬 더 많은 것을 요구할 것이다.

사소한 문제를 놓고 말다툼하느라 시간을 보내기 전에, 먼저 나는 기독교인들에게 익명의 저자들이 쓴 고대의 글을 믿어야 하는 이유를 설명해달라고 부탁하고 싶다. 회의론자들은 언제나 간접적인 주장을 경계한다. 그렇기 때문에 성경을 이용하여 성경에서 가장 중요한 주장을 입증하려는 노력은 회의론자들에게 절대로 먹히지 않는다. 회의론자들의 경우 성경 자체가 수천 년 전에 일어났거나 일어나지 않았을 수 있는 사건에 관한 믿을 만한 정보의 원천이라고 믿지 않는다는 것을 기독교인들은 이해해야 한다. 그러하거늘 어떻게 기독교인들이 인간의 육신이 무덤에서 일어나 하늘로 올라갔다는 식의 중요하고 비상한 주장의 근거를 성경에 두려하는가? 그건 말이 되지 않는다. 성경은 고대 문서들을 모아놓은 중요한 책이며, 세계에 엄청난 영향력을 행사해왔다. 이는 의문의 여지가 없다. 그러나 성경이 담고 있는 이야기들은 그 자체로 부활이 일어났다는 사실을 입증하기에 충분하지 않다.

그 말을 믿을 수 있을까

기독교인들이 부활에 관한 자신들의 입장을 성경에 나오는 부활에 관한 보고에 의존하려고 할 때 내가 흠칫하는 이유 중 하나는 나 자신이 사건 보도에 관해 조금 알기 때문이다. TV와 인쇄 뉴스 매체에서 20년 이상 활동한 경험이 있는 터라, 나는 TV나 인쇄매체에서 보거나 읽는 내용을 그대로 믿어서는 안 된다고 자신 있게 말할 수 있다. 나는 뉴스를 신뢰하는 소비자들에게 충격을 안겨주고 공포감을 느끼게 하는 쪽으로 사실들이 난도질당하고, 진실이 왜곡되고, 현실이 수정되는 것을 아주 가까이서 지켜보았다. 그런 건 스포츠 섹션에나 해당된다고? 뉴스 섹션이 더 심하다.

내가 자그마한 자선기관을 설립하고 책을 쓰기 시작하며 뉴스 가치가 있는 사소한 일들을 했을 때, 나는 별안간 나 자신이 뉴스 게임의 반대편에 서 있다는 사실을 깨달았다. 눈이 확 뜨이게 되는 깨달음이었다. 질문을 던지는 입장이 아니라 나 자신이 질문을 받는 입장이 되어 있었던 것이다. 내가 다른 사람의 이야기를 쓰는 것이 아니라, 누군가가 나의 이야기를 썼다.

대부분의 경험은 긍정적인 것이었다. 그러나 몇 차례 나는 나 자신에 관한 이야기를 읽으면서 실수와 엉터리 정보를 발견했다. 어떻게 그런 부정확한 정보가 꽤 일상적이고 간단한 보도에 담기게 되었는지를 생각하면서 크게 놀라곤 했다. 강연회나 저자 사인회 같은 간단한 행사에 관한 기사까지도 거리 이름이 틀리거나 마치 내가 영어를 할 줄 모르는 사람처럼 비칠 만큼 엉성한 인용을 담고 있었다. 뉴스 보도는 비교적 쉬운 편이기 때문에 이런 예들이 더욱 이상하게 여겨졌다. 당신은 훌륭한 질문을 하고, 그것으로 중요한 정보를 얻고, 그 내용을 가능한 한 직접적으로 기록할 수 있다. 그러나 현실을 보면 실수들이 일어나고 있으며 무능력한 사람들이 보도를 할 때도 간혹 있다.

　나도 어떤 기사에서 인터뷰한 사람의 이름을 잘못 적었던 기억이 난다. 몇 년 전의 일이지만 그 사실이 지금도 여전히 나를 불편하게 만든다. 심층 인터뷰를 할 때 늘 하던 버릇대로, 나는 그에게 이름을 적어달라고 부탁했고 그런 다음에 그걸 내가 다시 적어서 그에게 보여주며 맞게 적었는지 확인까지 했다. 그러나 한 시간 뒤 사무실로 돌아와 나는 어쩌다 이름의 철자를 잘못 적고 말았다. 악의가 없는 실수는 언제나 저질러지고 있다. 일부 저널리스트는 상습적으로 적당히 얼버무리고 또 일부 기자들은 절망적일 만큼 게으르다. 그리고 적당히 얼버무리면서 게으르기까지 한 기자를 나는 몇 사람 알았다. 어느 저널리스트는 인용을 만들어내기도 했다. 뉴스 소비에 대해 말하자면, 내가 할 수 있는 말은 조심하라는 것이다. 아무리 훌륭한 저널리스트라도 실수를 하게 되어 있다. 사태가 심각할 정도로 잘못될 때도 간혹 있다. 편집이 잘못되어 기사와 제목이 완전히 뒤바뀌어 나가는 경우도 있다. 지금은 21세기이다. 그런데도 인간 존재들은 사건들을 정확하게 보도하는 일을 아직 완벽하게 처리하지 못하고 있다. 만일 뉴욕타임스와 BBC, 요미우리신문의 전문적인 저널리스트들이 어제 아니면 지난주에 일어난 사건들에 관해 보도할 때 언제나 100% 완벽하게 하지 못하는데, 어떻게 익명의 아마추어들이 2000년 전에 일어난 일에 대해 보도한 것을 신뢰할 수 있겠는가?

아마 예수 그리스도는 신이었을 것이다. 아마 그가 마법을 부리듯 무덤에서 사라졌을 수도 있을 것이다. 그러나 내가 아는 것은 기독교인들이 예수가 그렇게 했다는 것을 입증하지 못했다는 사실이다. 그리고 기독교인들이 그것을 입증할 때까지, 비판적 사고와 회의론을 포기하지 않는 사람들은 이 주장을 받아들이지 않을 것이다. 이것은 지나치게 중요한 주장이면서도 증거가 터무니없이 적은 그런 케이스이다.

13

천국은 정말 있을까?

하나님이 세상을 이처럼 사랑하셔서 독생자를 주셨으니, 이는 그를
믿는 자마다 멸망하지 않고 영생을 얻게 하려 하심이라.
– '요한복음' 3장 16절

천국은 기독교가 한 약속 중에서 가장 달콤한 약속이다. 천국에
대한 약속은 기독교의 핵심이고, 예수 그리스도가 이 땅에 와서 우
리를 위해 죽은 이유다. 예수의 영광스런 피의 희생이 우리에게 보
다 나은 곳에서 죽음의 굴레를 벗어던지고 영원히 살 기회를 주었
다. 틀림없이, 이 사후의 파라다이스는 많은 사람들이 기독교인이
되거나 기독교인으로 남게 하는 중요한 동기부여일 것이다.

그러나 잠깐! 우선 이런 곳이 정말로 존재한다고 생각하는 이유
는 무엇인가? 천국은 지금까지 나온 주장 중에서 가장 놀랍고 멋진
것 중 하나다. 우리는 이 주장을 어떻게 믿을 수 있는가? 증거는 어
디에 있는가? 어떤 사람들은 자신들이 성경을 믿고 성경이 그에 대

해 말하고 있다는 이유로 천국이 실제로 존재한다고 생각한다. 그러나 성경의 정확성에 의문을 품는 사람에게는 그것만으로는 충분하지 않다. 회의론자들은 이런 주장을 진지하게 받아들이기 위해선 결정적인 증거는 아니더라도 단순한 기록 그 이상의 증거가 필요하다고 생각한다.

여기서 천국은 사람이 나중에 죽어서 하나님과 영원히 함께 거주하게 될 완벽한 곳으로 여겨진다는 점을 기억하라. 인류 역사상 이보다 더 큰 주장은 없었다. 그렇게 중요하게 여겨지는 곳을 그에 걸맞은 증거도 없이 어떻게 회의론자들이 믿을 수 있는가? 회의론자들은 어떤 형태가 되었든 천국은 기대할 가치가 충분하다는 점에서는 기독교인들의 의견에 동의한다. 그러나 이것은 천국이 정말로 존재한다는 것을 '아는' 것과는 매우 다른 문제다.

많은 기독교인들은 그 증거를 갖고 있다고 말한다. 기독교인들은 죽어가던 사람들의 임사체험과 유체이탈 경험을 제시한다. 말하자면 천국을 방문했다가 살아서 이 땅으로 다시 돌아온 사람들의 경험담을 중요하게 여기는 것이다. 문화권을 막론하고 어디서나 이런 경험이 보고되고 있다. 이런 경험을 한 사람은 깊은 평화와 안정을 느낀다. 터널과 밝은 빛을 보았다는 사람이 많다. 자신의 몸으로부터 떨어져 나오는 느낌을 느꼈다고 한다. 또 일부 사람들은 죽은 친구들과 가족 혹은 천사와 예수 그리스도 혹은 모하메드 같은 종교적 인물을 보았다. 흥미롭게도, 사람을 만나는 경험을 한 사람들 거의 모두가 유독 자신의 종교와 관련이 있는 유명한 인물들만을 만난다. 예수 그리스도를 보았다고 보고하는 힌두교 신자는 없다. 모하메드를 만났다는 기독교인도 없고, 조지프 스미스를 만난 것 같은 이슬람 신자도 없다. 이미 없어진 선사 시대 종교의 잊혀진 신의 환영을 받았다는 사람도 없다. 이처럼 세부사항을 들여다보면 모순점이 많이 발견됨에도 불구하고, 여러 곳의 사람들이 이와 비슷한 경험을 보고하는데, 많은 사람들이 모두 거짓말쟁이일 수는 없지 않냐는 주장이 자주 제기된다. 따라서 천국이 실제로 있다는 것이다.

그러나 우리가 확인하듯이, 이런 현상에 대한 합리적인 설명이 가능하다. 사후의 세계나 천국의 존재에 대해서는 언급조차 필요 없는 설명이다. 분명 임사체험은 흥미를 자극하고 연구 가치가 있다. 그러나 그것이 사후 세계와 천국이 실제로 존재한다는 주장의 증거로서 충분한 가치를 지니는가?

나는 이런 사례에 관한 글도 읽었고 죽은 뒤에 잠깐 자신의 몸을 벗어났다고 말하는 사람을 두 명 만나 인터뷰도 했다. 한 사람은 자신이 천국을 방문했다고 말한다. 돈 파이퍼(Don Piper)라는 이름의 설교자는 1989년 1월 18일에 "죽었으며" 베스트셀러 『천국에서의 90분』(90 Minutes in Heaven)에서 자신의 사후 경험에 대해 썼다. 나도 그 책을 읽었으나 거기서 그의 주장을 뒷받침할 만한 증거는 하나도 발견하지 못했다. 그는 "진줏빛이 나는" 천국의 문을 보고 몇 년 전에 교통사고로 죽은 친구를 보았으며 장엄한 음악을 듣다가 어느 순간 다시 이 땅으로 보내졌다고 묘사하고 있다.

그러나 현대의 뇌 생물학자와 심리학자는 이 모든 현상에 대해 합리적인 설명을 제시할 수 있다. 어쩌면 파이퍼가 천국에 갔을지도 모른다. 그러나 그와 비슷한 환경에 처한 사람들이 산소 부족으로 긴장상태에 있던 뇌가 만들어내는 이미지와 느낌을 기억하고 있다는 설명이 더 그럴듯하지 않은가? 파이퍼는 자신의 기억의 정확성에 전혀 의문을 품지 않는 것 같다. 뇌가 우리로 하여금 현실과 다른 장면과 소리와 심지어 경험까지도 믿게 할 수 있다는 사실이 널리 알려져 있는데도 말이다. 그는 이렇게 쓰고 있다. "나에겐 이 논쟁을 해결하려는 뜻이 전혀 없다. 나는 단지 나에게 일어난 일만을 말할 뿐이다. 연구원들이 나에게 무슨 말을 하든, 나는 내가 천국에 갔다는 것을 알고 있다."

많은 사람들은 자신이 외계인의 실험 대상이 되었다는 사실을 안다고 말한다. 또 별점이 자신의 미래를 정확히 예측한다고 주장하는 사람도 많다. 많은 사람들은 자신이 귀신을 보았다고 말한다. 분명히 어느 한 개인의 확신으로는 결코 충분하지 않다. 그러지 않으면, 우리는 모든 사람이 확신에 차서 하는 이야기를 모두 믿어야 할 것이다. 마치 사람이 악의 없이 오해하거나 착각하는 예는 절대로 있을 수 없다는 식으로 말이다. 천국을 보았다는 주장이 진실일 수도 있을 것이다. 그러나 확고한 증거가 없는 한, 그 주장은 이야기에 지나지 않는다.

마지막 여행

내가 인터뷰한 어떤 사람은 자신의 영혼이 몸을 떠나던 날의 이야기를 들려주었다. 그는 패혈성 쇼크로 죽어가던 중이었다. 심장 박동률은 1분에 4회 내지 6회로 뚝 떨어져 있었다. 감염과 약물로 몸이 황폐해진 상태에서 희망의 끈을 놓았던 그는 정신이 혼미해지기 시작했다. 그는 자기 몸에서 빠져나와 천장 가까운 어딘가에서 방을 내려다보고 있었다. 그는 의사가 자신이 누워 있는 침대 옆에서 자기를 위해 기도하는 모습을 본 것을 기억하고 있다. 섬뜩하긴 했지만 모든 것이 너무나 현실적이었다고 그는 말했다. 그러나 그는 죽지 않았다. 의식을 회복한 뒤에, 그는 의사에게 자기를 위해 의사가 기도하는 것을 보았다고 말해주었다. 이 말에 의사가 크게 놀랐다고 한다. 환자가 죽었거나 죽음에 가까이 다가가 있었는데도 자기가 기도하는 것을 보았다는 사실에 놀랐던 것이다. 이 유체이탈 체험은 극적이었지만 매우 짧았으며 천국 방문은 없었다. 그러나 로레타 블래싱게임(Loretta Blasingame)은 모든 것을 경험했다.

'주의 기름부음을 받은' 블래싱게임은 사람들에게 사후 세계에 대한 예수 그리스도의 약속 이야기를 들려주면서 세계를 여행했다. 그녀는 또한 자신이 천국을 방문한 놀라운 이야기를 즐겨 들려주었다. 나는 블래싱게임이 신앙치유 활동을 했던 케이맨 제도에서 그녀를 만났다. 그날 밤, 그녀는 "종양을 분해"하고 다양한 종류의 중병을 치료했다고 주장했다. 그러나 어떠한 이야기도 그녀가 나에게 들려준 천국 이야기만큼 극적이지 않았다.

블래싱게임의 이야기를 들어보자. 그녀는 심장마비로 죽어 자신의 몸에서 빠져나왔다. 그녀는 그 위를 떠돌며 자신의 육체가 자기 아래 누워 있는 것을 보았다. 그러다가 그녀는 자신이 천국의 문 앞에 서 있다는 것을 깨달았다. 문들은 눈을 부시게 하는 진주와 다이아몬드로 화려하게 장식되어 있었으며 길은 금으로 포장이 되어 있었다. 그녀는 천사들이 새로 온 사람들에게 하나님을 제대로 숭배하는 방법을 가르치고 있는 모습을 보았다. 사람들은 과일을 먹었는데, 하나를 다 먹으면 또 다른 것이 저절로 나타났다. 천국에는 굶주리는 사람이 하나도 없었다.

그런 다음에 그녀는 그를 보았다. 예수 그리스도가 블래싱게임에게 다가와서 손을 잡았다. 예수는 물결 모양의 아름다운 머리와 "더없이 아름다운 수정 같이 푸른 눈"을 가졌다. 예수 그리스도는 그녀에게 "기름을 부은" 다음에 그녀를 땅으로 다시 내려 보냈다. 사람들에게 예수 그리스도에 대한 이야기를 들려주고 예수의 이름으로 사람들을 치료하도록 하기 위해서였다.

이야기는 증거가 될 수 없다

블래싱게임의 예는 내가 들었던 이야기 중에 가장 멋진 편에 속한다. 그녀가 말할 때, 나는 그녀를 유심히 관찰했다. 그녀의 입술이 떨리고, 눈에는 눈물이 맺혔다가 뺨을 타고 흘러내렸다. 짐작컨대, 그날 밤 그녀는 나에게 진실을 말하고 있었던 것 같다. 그녀가 나를 속일 수도 있는 문제지만, 나는 그녀가 정직했다고 생각한다. 그러나 나는 그녀가 실제로 우리가 천국으로 알고 있는 그곳에 갔다고는 믿지 않는다. 그녀가 갔을지도 모르는 일이지만, 나는 그 점에 의문을 제기한다. 그러나 나는 그녀가 마음속에서 그곳에 갔을 것이라고 생각한다. 그녀는 천국을 느끼고 경험했으며, 그 천국을 내가 평소에 진짜로 방문한 곳에 대해 기억할 때보다도 더 분명하게, 더 세세하게, 더욱 강한 확신으로 기억했다. 나는 이 설명이 더 정확할 것이라고 생각한다. 인간의 뇌가 우리를 존재하지도 않는 곳으로도 데려가고 그러면서 실제로 그곳을 찾은 것 같은 기억을 갖게 할 수 있기 때문이다. 뇌가 이런 짓을 할 수 있다는 사실은 우리가 무엇인가를 확신하기 위해선 이야기 이상의 무엇인가가 필요하다는 얘기다.

외계인의 납치에 대해 쓴 또 다른 책을 꼼꼼히 읽으면서, 나는 수면마비(가위눌림)가 그렇게 흔하다는 사실을 알고는 매우 놀랐다. 외계인이 침실을 침공하여 사람들을 괴롭힌다는 이야기를 설명해 줄 수면마비는 뇌가 꿈에서 완전히 깨어나지 못한 상태에서 일어난다. 여기에 엉터리 기억이 가세하면 외계인에 의한 납치 이야기가 가능해진다.

인구의 20% 이상이 환각이 따르는 수면마비를 한 번 이상 경험한 것으로 알려져있다. 나는 친구와 가족 중에서 수면마비를 경험한 사람이 있다는 사실에 한 번 더 놀랐다. 물론 외계인의 나쁜 짓에 관한 엉터리 기억을 정교하게 다듬는 일은 흔하게 일어나지 않지만 많은 사람에게 일어나는 것은 분명하다. 과학은 우리의 뇌가 실제로 일어나지도 않은 일을 실제로 경험한 것처럼 생각하도록 속일 수 있다는 점을 분명히 보여주고 있다. 사람들이 증거도 제시하지 않고 이상한 이야기들을 말할 때면 이 같은 사실을 반드시 기억하라.

블래싱게임이 나에게 들려준 것과 같은 기이한 이야기가 들릴 때면, 이런 지식이 우리의 회의론에 불을 질러야 한다. 선한 회의론자로서, 그녀를 개인적으로 좋아하고 그녀의 이야기에 강한 인상을 받았더라도, 증거가 없으면 그건 하나의 이야기에 지나지 않다.

상상할 수 없는 것은 없다는 점을 기억하라. 빅풋에 납치되었다거나 시간여행을 했다거나 귀신과 대화를 했다는 식의 이야기는 수도 없이 많다. 그러나 이 이야기에는 한 가지 공통점이 있다. 증거가 전혀 없다는 점이다. 그런 상황에서 우리가 어떤 이야기는 진실이고 어떤 이야기는 진실이 아니라고 어떻게 판단할 수 있는가?

바로 이 대목에서 과학적 과정이 개입해야 한다. 만일 어떤 이야기를 그 밑바닥까지 철저히 조사하고 싶다면, 우리가 할 수 있는 것은 그 이야기를 과학이라는 기계 속에 집어넣는 것이다. 만일 그 이야기가 기계 안에서 그대로 살아남아서 기계의 반대편 끝에 온전한 모습으로 나타난다면, 우리는 정말로 모두를 흥분하게 만들 무엇인가를 갖게 될 것이다. 그러나 과학적 과정에 집어넣지 않는다면, 기이한 이야기는 시들다가 사라지고 말 것이다. 그래도 여전히 그 이야기가 진실일 수는 있겠지만 어떻게 우리가 그것이 진실인지를 알 수 있겠는가?

어떤 이야기는 우리를 정서적으로 흔들어놓고, 우리로 하여금 사실이었으면 하는 희망을 품게 할 수 있다. 그 이야기는 심지어 우리가 아는 사람들에 의해 열광적으로 믿어지기도 한다. 그렇지만 증거가 없거나 검증이 안 된다면, 그 이야기는 어디까지나 하나의 이야기일 뿐 그 이상은 아니다.

천국은 대부분의 사람에게 저항할 수 없는 희망이다. 그렇지 않아야 할 이유가 있는가? 지적인 우리의 뇌는 우리로 하여금 종국적 운명을 자각하도록 하여 부담을 주기도 한다. 인공지능론자와 트랜스휴머니스트(과학과 기술을 이용해 사람의 정신적, 육체적 성질과 능력을 개선하려는 문화적 운동가/옮긴이)의 의견이 맞다는 게 드러나지 않는다면, 우리 모두는 죽을 것이다. 죽음은 중요한 마무리이고 종국적 종말이다. 늘 우리 곁을 따라다니는 죽음의 그림자야말로 사람들이 생산적인 일 혹은 터무니없는 짓으로 바쁘게 사는 이유다.

가만히 오래 앉아 있어 보라. 그러면 당신은 자신의 존재에 대해, 결국엔 자신의 죽음에 대해 생각하게 될 것이다. 천국이 지니는 호소력이 죽음에 대한 보편적인 걱정이나 죽음을 피하고 싶은 욕망과 밀접하게 연결되어 있다는 걸 생각하기 위해 굳이 프로이트 같은 사람이 될 필요가 없다.

많은 종교는 이 걱정을 덜어줄 대답을 제시한다. 기독교인들은 회의론자들이 사후 세계를 반대하지 않는다는 점을 이해해야 한다. 영생이 괜찮아 보일지라도, 우리는 이 세상에서 조금이라도 더 오래 살기를 원할 것이다. 회의론자의 마음도 똑같다. 사랑하는 사람들을 다시 만나서 고통이나 부족한 것이 전혀 없는 곳에서 사는 걸 원치 않는 사람이 어디 있겠는가?

회의론자들은 자신이 알지도 못하는 무엇인가를 아는 것처럼 굴지 않는다. 천국과 관련한 회의론자들의 문제는 그들이 신학을 통해서 천국에 가려고는 하지 않는다는 것이다. 이성의 범위 안에서라면 회의론자들도 천국에 가려고 할 것이다. 문제는 회의론자들이 천국에 대해 확신을 품지 못한다는 점이다. 수천 년 전에 익명의 저자들이 쓴 글에 담겨 있든 아니면 그곳에 가봤다고 주장하는 사람들의 말에 담겼든, 천국에 관한 이야기는 신빙성이 부족하다.

'스켑틱'이라는 잡지의 발행인 마이클 셔머(Michael Shermer)는 증거가 부족하기 때문에 지금으로선 천국에 대한 믿음을 접을 수밖에 없다고 말한다.

"현실을 보자. 지난 5만 년 동안에 이 세상에 태어난 인간은 1070억 명 정도로 추산된다. 오늘날 이 지구에 살고 있는 70억 명의 인구가 태어나기 전에 살았던 1000억 명 모두가 죽었고, 그 중 우리에게로 돌아와서 사후의 세계에 대한 궁금증을 시원하게 풀어준 사람은 하나도 없었다. 이 자료는 불멸의 약속과 사후 세계에 대한 주장에는 좋은 징조가 아니다."

비신자들이 임사체험과 유체이탈에 관한 극적인 이야기들 가운데 가장 궁금해 하는 것은 자연적인 설명이 가능한지 여부이다. 만일 사후나 천국이 전혀 없다면, 이 이야기들은 도대체 무엇인가? 모든 사람들이 다 거짓말을 하고 있는 것 같지는 않다. 다시 말하지만, 과학이 이 난국에서 우리를 구조하면서 대답을 내놓는다. 훨씬 더 그럴듯하게 들리는 대답이다. 이 대답들이 검증과 확증이 어려운 신과 초자연적인 힘에 의존하지 않고 검증 가능한 인간 생물학과 심리학에 의존하고 있기 때문이다. 물론 모든 것이 다 이해되지는 않는다.

임사체험을 설명해주는 생물학적 관점

그러나 죽어가고 있거나 산소 부족으로 힘들어 하는 뇌가 이 사건들의 뒤에 숨어 있다는 사실을 확신할 수는 있다. 예를 들어 죽음을 맞던 사람들이 보았다고 말하는 빛의 터널은 눈에 피와 산소가 충분히 공급되지 않을 때 나타나는 터널시야 현상에 지나지 않을 수 있다. 연구원들은 또한 일부 약물도 환각과 유체이탈 경험을 일으킨다는 사실을 확인했다. 약한 전류를 이용하여 뇌의 특별한 부분을 자극함으로써 똑같은 현상을 일으킬 수도 있었다.

우리가 신이 아니라는 사실에 대해 생각해보자. 우리는 사람을 천국으로 보내지 못한다. 그럼에도 임사체험과 유체이탈 체험 정도는 유도할 수 있다. 물론 임사체험과 유체이탈을 유도한다고 해서 그것이 천국이 없다고 증명하는 것은 아니다. 그러나 그런 경험에는 육체적, 생물학적 원인이 있을 수 있으며 반드시 초자연적인 원인이어야 할 필요는 없다는 점을 암시한다.

이 경험들 중 많은 것을 일으키는 결정적인 요소는 기존의 믿음인 것 같다. 죽음이 천국으로 가는 문이라고 굳게 믿는 사람들은 이미 그 길 중간쯤을 걷고 있을 것이다. 심리학자들은 기대가 현실에 대한 지각 자체를 바꿔놓을 수 있다는 사실을 매우 잘 알고 있다. 만일 어떤 사람이 예수 그리스도가 실제로 존재한다고 생각하며 자주 기도를 올린다면, 이 사람이 임사체험 같은 것을 경험할 때 예수 그리스도의 이미지를 떠올리는 것은 전혀 놀라운 일이 아니다.

굳이 종교를 믿어야 할 필요까지도 없다. 단순히 자신의 문화 안에서 종교적 믿음에 노출되기만 해도 그 사람의 뇌가 심리적인 경험을 종교적인 맥락으로 해석할 수도 있다. 예를 들어보자. 나는 종교를 갖고 있지 않다. 그러나 만일 내가 죽음에 가까이 다가가는 심리적 사건을 경험하는데 마음속에서 어떤 종교적인 인물을 본다면, 예수 그리스도나 '하나님 아버지'가 될 확률이 가장 높을 것이다. 이는 나 자신이 많은 기독교인들 틈에서 살았고 오랫동안 기독교에 노출되었기 때문이다. 그런 경험에서 가장 먼저 나타날 이미지는 기독교 신일 가능성이 크다. 내가 고대 이집트의 신 케프리를 만날 확률은 많이 떨어질 것이다.

천국에 대해 회의적인 의견을 품는다고 해서 반드시 천국의 중요성을 얕잡아보는 것은 아니다. 죽음에 대한 공포가 언제나 우리를 괴롭혀 왔듯이, 천국과 다른 탈출구에 대한 꿈도 심오한 방법으로 우리에게 영향을 미쳐왔다. 철학자 스티븐 케이브(Stephen Cave)는 우리가 하는 많은 행동 뒤에는 죽음을 피하고자 하는 깊은 욕망이 작용하고 있다고 믿는다.

"모든 생명체들은 자신을 미래까지 퍼뜨리길 원하지만 인간은 자신을 영속화시키길 원한다. 이런 추구, 즉 불멸에 대한 의지야말로 인간 성취의 바탕이다. 불멸 추구는 종교의 원천이고 철학의 뮤즈이고 우리 도시의 건축가이며 모든 예술을 일으킨 충동이다. 불멸을 추구하려는 의지는 우리 인간의 천성에 박혀 있으며, 그 결과가 바로 우리가 문명이라고 알고 있는 그것이다."

천국의 존재에 회의적인 사람으로서 나는 사람들에게 증거 부족과 함께 천국에 관한 극적인 임사체험을 해명하는 과학적 설명을 동시에 고려하라고 주문한다. 그러나 어느 누구에게도 사후에 천국을 기대해서는 안 된다고 말하지 않는다. 천국을 바란다면 희망을 품도록 하라. 이승에서 최대한 노력을 기울이며 살겠다는 당신의 열정을 식히지 않는 한도 안에서 천국을 꿈꾸라. 나는 그런 희망을 품는 건 잘못된 게 아니라고 생각한다. 희망을 품는 것과 아는 것을 혼동하지 않는 한 전혀 문제가 되지 않는다.

14

하나님은 왜 그렇게 난폭한가?

하나님은 사랑이다. 이것이 기독교인들의 보편적인 정서다. 그러나 기독교에 회의적인 입장에서 성경을 읽어본 사람들은 이 말이 참으로 이상하다. 여하튼 성경에는 사랑보다 죽음에 관한 이야기가 더 많다. 역사상 가장 잔혹한 살해를 저지른 존재가 하나님이다. 성경에 보고된 대로라면, 하나님에게 희생된 인간의 숫자는 놀라울 정도다. 기독교인들을 화나게 하거나 약을 올리기 위해서 하는 말이 아니다.

아주 많은 기독교인들이 자신의 신을 순수한 사랑으로 정의했다는 사실을 떠올린다면, 간단한 질문을 던지지 않을 수 없다. 왜 하나님은 그렇게 난폭한가? 하나님이 애정이 많은 존재라면, 그렇게 많은 사람을 죽이는 이유는 무엇인가? 분명히 말하지만, 이 장은 기독교인들과 그들의 믿음을 놓고 토론을 벌이려는 장이 아니다. 유일한 목적은 많은 회의론자가 '하나님은 사랑'이라는 주장을 이해하지 못하는 이유에 대해 기독교인과 함께 생각해보는 것이다.

일부 기독교인들은 이런 문제를 옛날 일이라며 옆으로 제쳐두려 한다. 하나님의 폭력과 증오는 인정하지만 '구약의 신'에 국한된 행동이라고 애써 무시하려 든다. 마치 그 일이 우리의 세계와는 아무런 관계가 없는 아득히 먼 은하에서 일어난 것처럼 말이다. 기독교인들은 구약의 공포와 학살은 대부분 역사적인 중요한 사건이지만 분명히 과거의 일이라고 느낀다. 그 시대는 인간이 야만적이었던 냉혹한 시기였으며, 따라서 하나님의 행위도 그런 맥락에서 보면 적절했다는 식이다.

예수 그리스도와 신약이 우리와 훨씬 더 가까우며, 신약성경의 내용을 보면 하나님은 사랑임이 드러난다고 기독교인들은 말한다. 그러나 그 문제는 그처럼 간단하지 않다. 우리는 구약성경과 신약성경에 나오는 이야기와 정보의 연결성을 무시할 수 없다.

우리는 또한 삼위일체론을 다시 고려해야 한다. 삼위일체는 기독교의 핵심 주장 중 하나다. 예수 그리스도가 곧 하나님이며 하나님이 곧 예수 그리스도(물론 성령도 포함된다)라고 말한다. 만일 이게 사실이라면, 하나님/예수 그리스도/성령이 세상을 창조하고 아담과 이브를 창조하고 무고한 아기와 어린이를 포함한 많은 사람들을 죽였다는 뜻이 된다. 일부 기독교인들이 이에 동의하지 않는다는 것을 나는 안다. 예수 그리스도는 엄격히 말하면 하나님의 아들이고, 두 존재 사이에 어떠한 결합도 불가능하다는 것이다. 이 같은 관점이 사람들에게 더 쉽게 이해되고 논리적으로도 더 합당한 것처럼 보이지만, 이는 기독교의 원칙 중에서 가장 오래되고 가장 중요한 삼위일체론과 모순된다.

어쨌든 하나님의 분노의 깊이와 격렬함을 지적으로나 정서적으로 자각하지 않는 기독교인들이 많다. 그런 기독교인들을 위해 나는 성경에 하나님의 행위로 묘사된 몇 가지 사례를 간단히 소개한다.

- '창세기'를 보면, 하나님의 창조물 중 하나인 뱀이 아담과 이브를 유혹해 금단의 열매를 먹게 한다. 이에 대한 하나님의 처벌은 죽음(둘은 그 전까지 불멸이었다)이다. 하지만 이 처벌은 둘만의 것이 아니다. 이후에 태어난 모든 인간에 대한 처벌이기도 하다. 많은 기독교인에 따르면, 과일을 한입 베어 먹은 행위가 이 세상의 모든 인간이 겪는 고통과 죽음의 이유다.

- 하나님은 지구 전체에 홍수를 일으켜 한 가족과 그 배에 탄 동물들을 제외하고 땅 위의 모든 인간과 생명체를 죽인다. 아기와 아이들까지도 그 홍수에 죽어갔다는 것을 고려하면 이 사건은 특히 마음을 더 어지럽힌다. 당시에 지구상의 인구가 적었을지라도, 이 사건이 역사에서 가장 큰 대량학살로 여겨져야 힐 것이다.

- "땅 위에 움직이는 생물, 그러니까 새와 가축과 들짐승과 땅 위를 기는 모든 것과 모든 사람이 다 죽었느니라. 마른 땅 위에서 그 코에 생명의 기운이 있는 것은 다 죽었느니라. 땅의 모든 생물을 쓸어버리시니 곧 사람과 가축과 기는 것과 공중의 새까지 땅에서 쓸어버림을 당하였으되, 오직 노아와 그와 함께 방주에 있던 자들만 남았더라."('창세기' 7장 21-23절)

- 하나님은 이집트의 첫 아이를 찾아 나설 때 가축들까지 죽였다. "밤중에 여호와께서 애굽 땅에서 처음 난 모든 것, 곧 왕 위에 앉은 파라오의 장자로부터 옥에 갇힌 사람의 장자까

지, 그리고 가축의 처음 난 것까지 다 치시네."('출애굽기' 12장 29절)

- 누구도 노예제도를 받아들이지 않는다. 그러나 하나님은 노예를 죽이지 않는 한 두들겨 패는 것은 괜찮다고 말한다. "사람이 매로 그 남종이나 여종을 쳐서 당장에 죽으면 반드시 형벌을 받을 것이나, 노예가 하루나 이틀을 연명하면 형벌을 면하리니. 노예는 상전의 재산이니라."('출애굽기' 21장 20-21절)

- 복종하지 않았다는 이유로 하나님으로부터 협박을 받는다. "내가 들짐승을 너희들에게 보내어 그것들이 너희의 자녀를 빼앗게 하고."('레위기' 26장 22절) "너희가 아들의 살을 먹을 것이고 딸의 살을 먹을 것이니라."('레위기' 26장 29절)

- "여호와께서 모세에게 이르시되, 백성의 수령들을 잡아 죽인 뒤 대낮에 여호와 앞에 목매어 달라. 그리 하면 여호와의 진노가 이스라엘에서 떠나리라."('민수기' 25장 4절)

- "네 하나님 여호와께서 그들을 네게 넘겨 네게 치게 하시리니. 그 때에 너는 그들을 진멸할 것이라. 그들과 어떤 언약도 하지 말 것이요. 그들을 불쌍히 여기지도 말 것이며."('신명기' 7장 2절)

- "네 하나님 여호와께서 그 성읍을 네 손에 넘기시거든, 너는 칼날로 그 안의 남자를 다 쳐 죽이고. 너는 오직 여자들과 유아들과 가축들과 성읍 가운데에 있는 모든 것을 너를 위하여 탈취물로 삼을 것이며, 너는 네 하나님 여호와께서 네게 주신 적군에게서 빼앗은 것을 먹을지니라."('신명기' 20장

13-14절)

- "행복하여라, 네 어린 것들을 붙잡아 바위에다 메어치는 이!"
  ('시편' 137장 9절)
- "먼 데 있는 자는 전염병에 죽고, 가까운 데 있는 자는 칼에 쓰러지고, 살아남은 자는 기근에 죽으리라. 이같이 내 진노를 그들에게 쏟으리라. 너희들은 내가 여호와인 줄을 알리라."
  ('에스겔' 6장 12-13절)

성경을 읽은 모든 사람이 알듯이, 거기엔 하나님 혼자서만 난폭한 것이 아니라 추종자들의 폭력을 묵과하고, 더 나아가 폭력을 요구한다는 것을 분명히 암시하는 문장들이 아주 많다. 이런 말과 행동들은, 하나님은 곧 평화며 사랑이라는 일반적인 주장과는 명백히 모순된다.

성경에 따르면, 하나님은 폭력적이고 복수와 증오심에 차 있다. 구약성경의 율법들이 이를 분명히 보여준다. 예를 들자면, 오늘날의 사람들 대부분이 가벼운 죄로 여길 행위에 대해서도 사형을 요구하는 경우가 더러 있다. 안식일에는 어떠한 일도, 심지어 돈을 받지 않는 집안일까지도 중요한 범죄다. 동성애는 지금도 여전히 논란의 대상이 되고 있으며 많은 기독교인들의 반대에 봉착하고 있다. 그러나 다행히도 하나님이 동성애에 대해 성경에서 말한 처벌, 즉 사형('레위기' 20장 13절)을 요구하는 기독교인들의 숫자는 줄어들고 있다. 심지어 하나님을 모욕하는 행위조차 사형으로 처벌할 수 있다('레위기' 24장 16절).

기독교인들은 이 법들이 기독교인들에게나 우리 시대에는 적용되지 않는다고 생각한다. 그러나 이 같은 태도는 예수 그리스도가 원했던 것과 배치될 수도 있다. 신약성경의 일부 내용을 보자.

- "진실로 너희에게 이르노니, 천지가 없어지기 전에는 율법의 일점일획도 결코 없어지지 아니하고 다 이루리라. 그러므로 누구든지 이 계명 중의 지극히 작은 것 하나라도 버리고 또 그같이 사람을 가르치는 자는 천국에서 지극히 작다 일컬음을 받을 것이요, 누구든지 이를 행하며 가르치는 자는 천국에서 크다 일컬음을 받으리라."('마태복음' 5장 18-19절)
- "모세가 너희에게 율법을 주지 아니하였느냐, 너희 중에 율법을 지키는 자가 없도다."('요한복음' 7장 19절)
- "그러나 율법의 한 획이 깨어지는 것보다 천지가 없어짐이 쉬우리라."('누가복음' 16장 17절)
- "내가 율법이나 선지자를 폐하러 온 줄로 생각하지 말라. 폐하러 온 것이 아니고 완전하게 하려 함이니. 진실로 너희에게 이르노니, 천지가 없어지기 전에는 율법의 일점일획도 결코 없어지지 아니하고 다 이루리라."('마태복음' 5장 17-18절)

기독교인들 사이에는 하나님이 수십억 명의 사람을 지옥으로 보내 그곳에서 상상 불가능한 고문을 영원히 당하게 한다는 믿음이 퍼져 있다. 비기독교인 관점에서 보면, 이는 증오와 폭력의 결정판이며 사랑을 베푸는 신의 이미지와 조화를 이루지 못한다. 영원한 고통은 인간의 정의와 자비와 사랑의 개념과는 양립할 수 없다.

그 외에도 세상의 종말이 있다. 수백만 명의 기독교인들은 예수 그리스도가 이 세상을 뒤흔들어 사악한 자를 죽이고 이 땅 위에 하나님 왕국을 건설하기 위해 다시 올 것이라고 믿는다. 이 믿음에도 '사랑'인 신에게 기대할 수 있는 것과 모순되는 점이 몇 가지 있다. 무엇보다도 먼저, 세계 인구의 70%인 수십억 명은 기독교인이 아니라는 이유로 고통받고 죽을 것이다. 그리고 20억 명 정도 되는 기독교인 중에도 많은 사람들이 '올바른' 기독교인이 아니라는 이유로 죽을 것이다. 결국 몇 백 만 명을 제외하고는 모두가 무시무시한 죽음을 맞게 될 것이다. '마가복음' 16장 16절을 보면 믿고 세례를 받는 사람은 구원을 얻을 것이고 믿지 않는 사람은 벌을 받을 것이라고 되어 있다. 만일 이 말이 진실이라면, 많은 사람이 심판의 날에 처벌을 받게 될 것이다. 아마 그들은 지옥으로 던져져 영원한 처벌을 받기 시작할 것이다. 이 모든 것을 감안하면 예수 그리스도는 평화의 주(主)가 아닌 것 같다. '마태복음' 13장 41절과 42절은 이렇게 적고 있다. "인자(人子)가 그 천사들을 보내리니, 그들이 그 나라에서 죄를 저지르는 모든 자들과 불법을 행하는 모든 자들을 거두어 풀무 불에 던져 넣으리니. 거기서 울며 이를 갈게 되리라."

만일 이 모든 폭행과 불행이 필요하다면, 왜 사랑을 행하는 신은 운명의 날이 와도 분별력이 있으면 파멸을 면할 수 있다는 것을 모든 사람이 확신할 수 있도록 설득력 있게 이야기를 만들지 않았을까? 회의론자들이 이 같은 질문을 던지는 이유는 기독교인들과의 논쟁에서 이기기 위한 것이 아니다. 이런 내용이 어떻게 말이 되는지 도무지 이해하지 못해서다. 회의론자들에게, 이 같은 이야기는 증명되지 않은 주장과 기이한 잔학이 괴상하게 결합된 것일 뿐 '하나님은 사랑'이라는 생각과 논리적으로는 도대체 연결되지 않는다.

15

예언은 무엇을 증명하는가?

　기독교인들과 기독교에 회의적인 사람들 사이에 논쟁이 벌어지다 보면, 어느 순간 예언이라는 주제가 등장한다. 가장 많은 관심을 끄는 것은 하나님이 예언한 것으로 믿어지는 것이다. 종교 이슈 중에서 성경이 이미 현실로 나타났거나 앞으로 나타날 신의 예측을 담고 있다는 주장만큼 많은 논란을 낳는 이슈도 없다. 나는 거기서 논쟁을 일으킬 화약통 그 이상의 것을 본다. 예언이라는 주제는 회의론자들이 예언을 어떻게 생각하고 이 문제에 대해 매우 다른 결론을 내리는 이유를 기독교인이 알 수 있는 기회를 제공한다.

　기독교인들은 예언을 예수 그리스도가 실제로 존재하며 성경이 진짜라는 것을 뒷받침하는 명확한 증거로 제시한다. 그러나 회의론자들은 똑같은 예언을 보면서 사람들이 어떻게 그런 예언에 그 정도로 강한 인상을 받을 수 있는지 이해하려고 애쓴다. 실제로 세부사항을 보면 논쟁의 대상이 될 것이 아주 많다.

　그러나 기독교인들이 알아야 할 가장 중요한 것은 왜 회의론자들이 이런 예언들을 정확하고 의미 있는 것으로 받아들이지 않는가 하는 점이다. 비신자들이 예언에 나타나는 사소한 모순이나 자신의 편향된 태도 때문에 예언을 부정하는 것은 아니다. 성경에 나타나는 많은 예언의 문제점은 그것들이 특별하지 않다는 것이다. 잘 쓰인 별점이나 노스트라다무스의 사행시처럼, 성경 속의 예언들은 모호하며 따라서 다양한 해석이 가능하다.

기독교는 많은 예언을 갖고 있는데 가장 흥미로운 것은 다가올 중요한 사건에 관한 것이다. 하나님의 메시지를 통해서 미래가 어떻게 전개될 것인지를 아는 것은 무척 특별한 일이다. 그런데 예언에는 증거로서의 가치도 포함돼 있다. 많은 기독교인들은 이 예언을 자신의 종교가 정말로 옳은 종교라는 것을 다른 사람들에게 보여주는 최고의 방법으로 여긴다.

그러나 기독교인들이 기독교의 예언에 아무리 강한 인상을 받는다 할지라도, 인구의 다수는 그렇지 않다. 예언이 기독교에만 있는 주장이 아니기 때문이다. 수천 년 동안 인간 사회에는 초자연적 힘에 근거한 예언들이 늘 있어왔다. 세계 인구의 대다수가 언제나 비기독교인이었음에도 불구하고 말이다. 이슬람교와 힌두교를 포함한 다른 종교의 신자들이 개종하도록 자극을 받지 못하는 것은 전혀 놀라운 일이 아니다. 그들도 이미 자신의 신앙을 '뒷받침하는' 예언을 갖고 있는 상태에서 왜 그렇게 하겠는가? 그들 외의 다른 사람의 예언이 그들의 예언보다 더 나은 이유는 무엇인가? 더군다나 회의론자들은 이 모든 예언을 똑같이 의심할 이유를 갖고 있다.

예언이란 것이 너무 모호해서 수많은 방식으로 해석될 수 있다면, 예언은 아무런 의미가 없다. 성경에 담긴 예언들이 안고 있는 중요한 문제도 바로 이 점이다. 많은 사람들이 무엇인가를 예언하고 있음에도 불구하고, 그 예언들 중 어떠한 것도 모든 사람들이 쉽게 읽을 수 있고, 예측한 것이 분명히 사실로 드러났다고 확인할 수 있을 만큼 직접적이지 않다. 게다가 모든 예언들이 초자연적인 수단에 의해서만 일어날 수 있는 것들이다. 누구나 명쾌하게 눈으로 확인할 수 있는 예언은 하나도 없다. 회의론자들이 완고해서 그런 게 아니다. 만일 구약성경이 고대 사람들이 몰랐을 매우 독특하고 중요한 사건에 관한 예언들을 구체적으로 담고 있다면, 틀림없이 회의론자들도 예언에 놀랄 것이다. 그러나 회의론자들은 성경에서 그런 것을 전혀 발견하지 못하고 있다.

영양가 없는 예언들

일부 예언들은 어쨌든 일어나게 되어 있는 것들을 예측하고 있다. 전 세계의 많은 기독교인들은 나에게 성경이 지진과 전쟁, 도덕적 타락을 예측했다고 말했다. 그러면서 신문을 장식하고 있는 뉴스들이 성경의 예언을 뒷받침하는 증거라고 했다. 그러나 이것들은 의미 있는 예언이 아니다. 세상엔 언제나 지진과 전쟁, 도덕적 타락에 대한 불만이 있어왔기 때문이다. 이런 일들은 우리 시대에 바로 우리에게 일어나고 있기 때문에 예전보다 더 중요하고 더 가혹해보일 뿐이다.

중국에서 1556년에 일어난 지진은 80만 명 이상의 희생자를 냈다. 전쟁과 폭력도 선사시대부터 인류와 함께해오고 있다. 이런 것들은 현대에 들어와서 나타난 것이 아니다. 도덕의 문제 또한 마찬가지다. 새로운 것이 전혀 아니다. 문명의 역사 내내 나쁜 사람들이 존재했고 또한 늙은 세대의 기준에 따르면, 젊은 세대는 언제나 도덕적으로 타락했다. 내일 아침에 해가 떠오를 것이라는 식의 예언은 예언으로서 아무런 가치를 지니지 못한다.

사람들이 예언의 영향을 받아 예언이 현실로 드러나도록 노력할 수 있다는 것도 기억해야 한다. 이런 경우에 일어난 일은 반드시 초자연적인 일이 아닐 수 있다. 예를 들어 기독교인들 사이에 가장 널리 제기되는 주장이 현대에 들어와서 이스라엘을 창조한 것이 성경에 예측되어 있다는 내용이다. 우리가 다 잘 알듯이, 이스라엘은 1948년에 독립국이 되었다. 이 예언 하나만 봐도 성경의 내용이 정확하며, 신의 영감을 받아 쓴 것이 틀림없다는 식의 말을 나는 여러 차례 들었다. 몇몇 사람들은 이 같은 주장이 이 이슈의 결론이 되지 못하는 이유를 모른다.

그러나 회의론자들은 이 예언이 신에 관한 모든 것을 입증한다는 데 동의하지 않는다. 그 모든 증거가 현대 이스라엘을 창조한 것은 하나님이 아니라 사람이라는 사실을 가리키고 있기 때문이다. 이스라엘을 창조한 것은 유엔이었다. 또 영국과 미국 정치인들의 노력과 지지였다. 어떤 신이 초자연적 권력으로 이스라엘을 창조했다고 말해주는 증거는 어디에도 없다.

회의론자들은 성공적인 예언을 하나라도 하는 가장 확실한 방법은 예언을 많이 하는 것이란 걸 알고 있다. 100개의 예언을 해서 그중 하나를 맞히면 된다. 무당들과 점성가들이 비판적인 사고를 하지 못하는 사람들에게 강한 인상을 남기는 방법 중 하나가 바로 이

것이다. 우리 모두에겐 확증편향이 있다. 따라서 제대로 맞힌 짐작 몇 개는 기억하지만 틀린 것은 망각한다. 그렇기 때문에 기독교인이나 다른 종교의 신자가 신과 소통하고 있다면서 미래에 대한 예측을 내놓을 때, 우리는 그 예언이 얼마나 구체적이고 정확한지를 평가할 뿐만 아니라 그 사람이 제시하는 예언의 숫자도 헤아린다. 예언의 결과가 어떻게 되었는지도 고려해야 한다.

TV 전도사 팻 로버슨(Pat Robertson)은, 무차별적으로 예언을 쏟아내는 방식에 탁월한 예다. 그는 종종 '예언적인 말'을 홍수처럼 쏟아낸다. 그 예언 중 몇 개가 사실로 드러나면, 사실은 그렇게 안 될 수가 없는데도, 신의 목소리를 진짜로 듣고 있다는 것을 뒷받침하는 증거로 여긴다. 하지만 그와 그의 추종자 어느 누구도 실패한 예언의 숫자를 헤아리는 데는 관심이 없다.

성경 속의 예언이 성취됐는지를 증명하는 데 따르는 또 다른 문제는 그 증거들이 성경 안에 있다는 점이다. 어떤 예언을 묘사하고 그것이 현실로 실현되었다고 주장하기 위해서는, 같은 종류의 고대 자료 안에 담긴 내용만으로는 절대 충분하지 않다. 누군가가 당신에게 어떤 책 또는 전집을 보여준다고 가정해 보자. 그 중 한 장에 외계인의 우주선이 지구에 상륙할 것이라는 예측이 있고 다른 장에는 그런 일이 실제로 일어났다는 내용이 들어 있다. 그렇다면 그 책이 당신을 충분히 설득시킬 수 있겠는가? 어떤 주장이 신이 개입된 초자연적 예언처럼 인상적인 것일 때, 그에 대한 증거 또한 인상적이어야 한다.

회의론자들은 신자들이 자신이 믿는 종교의 예언은 강조하면서 다른 종교의 예언을 왜 그렇게 쉽게 무시하거나 부정하려 드는지 그 이유를 몰라 어리둥절해 한다. 내가 중동에 머물 때 들은 이슬람교 예언 중에는 달과 아폴로 11호 우주선과 관련된 것이 있었다. 이슬람교 신자들에 따르면, 우주선의 달 착륙은 "심판의 날이 가까워 오매 달이 둘로 분리되더라"('코란' 54장 1절)라는 예언이 현실로 나타난 것이며, 또한 코란이 정확하다는 것, 신의 영감을 받은 것임을 증명하는 사건이었다. 이 한 문장을 근거로, 코란이 1969년부터 1972년 사이에 6차례 있었던 아폴로의 달 착륙을 정확히 예측했다고 주장했다. 우주 비행사들이 월석을 갖고 귀환했을 때, 코란에서 말하는 '분리'가 일어났다는 것이다. 월석을 채취한 것을 이슬람 신자들은 달의 일부가 제거되었기 때문에, 말하자면 분리되었기 때문에 달이 더 이상 완전하지 않게 되었다고 해석했다. 물론 모든 이슬람 신자들이 그런 것은 아니지만, 일부 신자들은 그것으로 모든 것이 증명되었다고 확신한다. 코란의 기록은 사실이며, 알라는 유일하게 진짜 신이며, 모하메드는 알라의 예언자라는 것이다. 닐 암스트롱과 버즈 올드린, 마이클 콜린스가 달을 분리시켰기 때문에, 거기에 대해 의문을 품을 수가 없다는 식이었다. 그러나 예언을 믿는 기독교인과 유대인, 그리고 다른 종교의 신자들이 이처럼 몇 가지 이유를 근거로 이슬람교로 개종하는 사태는 빚어지지 않았다. 그런 점에서는 기독교인과 유대인들도 마찬가지로 회의론자라고 나는 짐작한다.

귀에 걸면 귀걸이 코에 걸면 코걸이

이슬람교 신자들도 이외의 다른 이슬람 예언에 대해 의견 일치를 보이지 않고 있다는 사실을 언급해야겠다. 많은 사람들은 코란의 그 문장이 우주 비행사들과 아무런 관계가 없으며, 거기에 완전히 다른 의미를 부여한다. 우리는 기독교에서도 이와 같은 종류의 의견 불일치를 발견한다. 예언들이 너무 막연하고 미스터리하기 때문에 신과 경전에 동의하는 사람들마저도 예언의 의미에 대해 동의하지 못한다. 그렇기 때문에 회의론자들이 동의하지 않는다고 해서 기독교인들이 놀라서는 안 된다.

만일 우리가 회의론적인 자세로 방어를 하지 않으면, 많은 예언들은 실제보다 훨씬 더 큰 의미를 지니는 것으로 여겨질 수 있다. 예를 들어 현대의 무당들과 영매들은 수백만 명의 사람들에게 자신이 마음을 읽고 미래를 보고 죽은 사람과 대화할 수 있다는 확신을 줄 수 있다. 그러나 무당들과 영매들이 실제로 그렇게 할 가능성은 아주 낮다. 그 많은 책과 TV 쇼, 사기극에도 불구하고, 그 중 어느 것도 무당과 영매들이 말로 할 수 있다고 주장한 것을 행동으로 옮길 수 있다는 것을 보여주지 못했다. 그럼에도 당신이 어떤 사람에게 그 사람의 마음을 읽을 수 있다거나 그 사람의 미래를 내다볼 수 있다는 확신을 심어주는 것은 어려운 일이 아니다. 나 자신이 그렇게 해보았기 때문에 잘 알고 있다.

내가 처음 시도한 점쟁이 화술은 놀랍게도 성공을 거두었다. 15분도 채 되기 전에, 어느 지적인 성인 여자를 상대로 내가 그녀의 과거와 현재의 삶, 그리고 미래에 대해 잘 알고 있는 것처럼 믿도록 했다. 그런 다음에 나는 그녀에게 내가 직업적인 무당과 영매들이 하는 것을 그대로 했을 뿐이라고 털어놓았다.

나는 그녀를 여러 차례 훑어보고, 그녀와 그녀의 인생에 대한 일반적인 가정을 몇 가지 물었으며, 그 다음에 짐작한 내용들을 많이 쏟아냈다. 그러면서 그녀가 어느 짐작에 반응하는지 유심히 살폈다. 나머지는 무당을 쉽게 믿는 그녀의 성향과 취약성, 확증편향과 허약한 회의(懷疑)의 결과였다. 인간은 취약하다는 사실을 명심하라. 근거 없는 어떤 한 가지 믿음은 우리가 그 다음 믿음에 쉽게 넘어가도록 만든다. 우리 모두는 비이성적인 믿음들을 받아들일 수 있다. 그런 사실조차 깨닫지 못하는 가운데 말이다. 훌륭한 회의론자가 되는 것을 끝없는 의무로 받아들이고 비판적 사고를 놓아서는 안 되는 이유가 거기에 있다.

마지막으로, 기독교 예언들을 돌아볼 때 우리는 그 중에서 가장 큰 예언을 고려하지 않을 수 없다. 예수가 이 땅에 다시 돌아온다는 약속이다. 증거가 필요한 문제가 부각될 때, 많은 기독교인들은 예언을 제시한다. 기독교인들은 뭔가를 무더기로 모아놓으면 신빙성이 더욱 높아진다고 믿는지 종종 수백 건의 예언들이 성취되었다고 주장한다. 그러나 앞에서 언급한 그런 이유들 때문에, 이 예언들 중 어느 것도 무엇인가를 증명할 만큼 분명하거나 구체적으로 언급되어 있지 않다.

예언이 기독교를 증명한다는 인식에 대한 회의론자의 반박은 예수 그리스도 본인이 한 가장 중요한 예언에 관한 것이다. 성경에 따르면, 예수 그리스도는 말하자면 자신의 말을 듣고 있던 사람들이 살아 있는 동안에 자신이 곧 돌아올 것이라고 말했다. 그것이

2000년 전의 일이었다. '마가복음'에 나오는 다음 인용은 회의론자들의 관심을 즉각 끌게 되어 있다. 왜냐하면 쉽게 이해할 수 있을 만큼 직접적인데도 아직 현실로 드러나지 않은 게 확실하기 때문이다.

"그들에게 이르시되, 내가 진실로 너희에게 이르노니 여기 서 있는 사람 중에는 죽기 전에 하나님의 나라가 권능으로 오는 것을 볼 자들도 있느니라."('마가복음' 9장 1절)

이어서 '마가복음' 13장에 이런 약속이 나온다. "그때 그 환난 후 해가 어두워지며 달이 빛을 내지 아니하며, 별들이 하늘에서 떨어지며, 하늘에 있는 권능들이 흔들리리라. 그때 인자가 구름을 타고 큰 권능과 영광으로 오는 것을 사람들이 보리라. 또 그때 그가 천사들을 보내어 자기가 택한 자들을 땅 끝으로부터 하늘 끝까지 사방에서 모으리라. … 내가 진실로 너희에게 말하노니, 이 세대가 지나가기 전에 이 일이 다 일어나리라."

이뤄지지 않은 예수의 예언

그 다음은 어떻게 되었는가? 예수 그리스도의 말을 들었던 세대는 모두 죽었다. 예수 그리스도는 자신이 약속한 그 시간 안에 돌아오지 않았다. 왜 예언을 이행하지 않았을까? 나와 이 문제를 놓고 논의한 일부 기독교인들은 이것이 전혀 실패한 예언이 아니라고 말한다. 기독교인들은 '세대'라는 표현이 이 맥락에서는 민족을 언급한다고 말한다. 예수 그리스도는 자신이 돌아올 때까지 유대인들이 사라지지 않을 것이라는 의미로 그런 말을 했다는 뜻이다.

그러나 그런 것 같지 않다. 예수 그리스도가 신약성경에서 하는 말 대부분은 긴급한 것 같고 당시의 시대를 직접적으로 거론하는 것 같다. 이 세상이 2000년 이상 지속될 것이라는 점을 알고 있던 예수 그리스도에게서 기대할 수 있는 톤의 목소리가 아니다. 유대인에 대해 말하자면, 예수가 태어나고 설교를 하다 죽었을 때, 유대인 중 많은 수가 예수 그리스도가 성취할 것으로 믿었던 예언들을 확신하지 않은 이유는 무엇일까? 유대인들은 거기에 있었다. 그리고 이 예언들은 그들의 '토라'(유대인의 율법서로 구약성경 중 모세 오경인 창세기 출애굽기 레위기 민수기 신명기를 일컫는다/옮긴이)에 담긴 그들의 예언이었다. 당연히 최초의 기독교인들은 유대인이었다. 그러나 그 시대의 유대인 대부분은 예수 그리스도가 구세주라는 것을 확신하지 못했다. 왜 확신하지 못했을까? 만일 그가 구세주였고 예언을 성취했다면, 유대인들이 가장 먼저 그것을 인정했어야 하지 않는가?

일부 학자들은 예수 그리스도가 자신의 시대에 이 땅에 하나님의 왕국이 세워질 것이라고 주장한 예언적 설교자였다고 확신한다. 노스캐롤라이나 대학의 종교학 교수로 20여 권의 책을 쓴 바트 D. 어만(Bart D. Ehrman)도 그런 학자 중 한 사람이다. 어만에 따르면, 예수 그리스도가 세상에 큰 격변이 일어날 것이라고 설교했음에 틀림없다. 예수 그리스도에 관한 초기의 기록들은 이를 분명히 보여준다. 그러나 그 세부사항은 뒤로 갈수록 희석된다. 어만은 이같은 현상은 후기의 기독교인들이 명백한 잘못을 계속해서 주장할 수 없었기 때문이라고 말한다. 그는 이렇게 쓰고 있다. "예수 그리스도에게서 예언적인 요소를 빼려는 움직임은 대단한 성공을 거두었다. 중세를 거쳐 오늘까지, 예수 그리스도를 생각하는 사람들의 절대다수가 그를 예언가적인 설교자로 여기지 않게 되었다. 예수 그리스도가 내놓은 예언가적인 메시지가 약화되다가 결국에는 변경되었기 때문이다. 그러나 초기의 기록을 보면 예수 그리스도의 예언가적 모습은 누구나 다 알 수 있도록 그대로 남아 있다."

왜 성경 속의 예언들이 회의론자들을 설득시키지 못하는지 궁금한가? 그렇다면, 회의적인 반응은 그런 주장을 하는 인물의 신뢰도와, 예수 그리스도나 기독교에 관한 유보적 태도는 전혀 관계가 없다는 점을 기독교인들은 이해하기 바란다. 회의론자들이 생각하는 문제는 단순하고 구체적이다. 예언들이 지나치게 모호하여 별다른 의미가 없다는 것이다. 예언이 현실로 나타났거나 나타난 것처럼 보일 때조차도, 그 예언들이 초자연적인 수단에 의해 실현되었는지는 전혀 확인되지 않는다는 것이다.

또한 성경의 예언 중에서 가장 중요한 예언이 실현되지 않았다는 점도 명백한 문제다. 예수 그리스도는 사도들이 죽기 전에 자신이 돌아와 세상에 권력을 행사할 것이라고 말했다. 그러나 우리 모두가 아는 것처럼, 그렇게 하지 않았다.

16

십계명은 중요한가?

성경과 예수 그리스도의 본보기에 충실한 교회는 십계명의 근본적 중요성과 의미를 인정한다. 기독교인들은 그것을 지킬 의무가 있다.
– '가톨릭 교리 요약서'

십계명은 오늘날에도 하나님이 3000년도 더 전에 모세에게 주었을 때만큼이나 유효하다. – 빌리 그레이엄 목사

십계명은 대단히 중요하다. 구약성경에 나오는 계율을 적은 이 짧은 목록은 기독교인들에게 문명의 바탕이자 건강하고 도덕적인 현대사회의 결정적인 청사진이다. 십계명은 쉬운 언어로 표현한 실용적인 지침이며 어느 시대 누구에게나 적용 가능하다. 오늘날의 모든 법들은 모세가 3500년 전에 시나이 산에서 가져온 석판에 적힌 계율에서 비롯되었다. 이 계율이 없다면 오늘날의 우리도 길을 잃고 말 것이다. 현대사회의 많은 문제들은 하나님이 원한 대로

십계명을 기억하지 않고 따르지 않아 생긴 결과다.

십계명은 케케묵었을 수 있지만 그래도 여전히 중요하다. 회의론자들은 십계명의 역사적 영향력이나 신성한 기원에 동의하지 않을 수 있지만 그런 견해를 가진 사람은 소수인 것 같다. 2005년의 한 여론조사에서 미국인의 74%가 십계명을 공립학교에 써놓는 것을 선호하는 것으로 나타났다. 그리고 몇 년 주기로, 법정과 정부 소유 건물에 십계명을 내거는 문제를 놓고 법적 다툼이 벌어지고 있다.

논쟁은 언제나 똑같다. 한쪽에선 십계명이 초자연적 의미를 지니며 미국 역사의 중요한 부분이라고 주장한다. 십계명을 존중해야 한다는 의견이다. 다른 쪽은 십계명을 관청에 전시하는 것은 특정 종교를 촉진하는 행위며 따라서 헌법에 위배된다고 주장한다. 나는 이런 논쟁에는 별로 관심이 없다. 그보다는 십계명이 실제로 의미하는 것이 무엇인지에 대해 고민하는 기독교인이 왜 그렇게 적은가에 관심이 더 많다.

만일 십계명이 정말로 그렇게 중요하다면, 사람들이 십계명과 그 배경 이야기를 성경에 기록된 그대로 아는 것이 무엇보다 우선이다. 그러나 똑똑하고 아는 게 많은 기독교인들조차 십계명은 주일학교에서 가르치는 수준 이상으로 알지 못한다. 2007년의 한 여론조사에 따르면, 대부분의 미국인들은 십계명의 계율보다 빅맥 햄버거의 성분과 시트콤 '브래디 번치'(The Brady Bunch)의 아이들을 더 잘 알고 있었다.

오해하지 않기 바란다. 지금 나는 '토라'의 전문가가 아닌 사람들을 꾸짖기 위해 성경학자처럼 구는 게 아니다. 단지 기독교인들의 마음에 뭔가 제대로 돌아가지 않는 것이 있다는 경종을 울리기 위해 구약성경의 '출애굽기'를 틈틈이 읽는 것만으로도 충분하다는 점을 지적하고 싶을 뿐이다. 우리가 대중문화를 통해 듣는 십계명의 표현은 성경에 담겨 있는 내용과 일치하지 않는다. 다음 장에서 이 문제를 더 깊이 탐구할 것이지만(찰턴 헤스턴의 영화와는 같지 않다) 먼저 전통적인 버전의 십계명이 엄격한 분석을 버텨낼 수 있는지부터 보자. 기독교인들은 종종 왜 비기독교인들이 십계명을 받아들이지 않는지, 또 종교적 입장을 떠나서 왜 모든 사람들이 이 계율을 칭송하며 온 세상을 지배하기를 원하지 않는지 궁금해 한다. 그 같은 생각이 좋은 아이디어가 아닌 이유를 몇 가지 보도록 하자.

1. 너는 나 외의 다른 신들을 네게 있게 하지 마라.

첫 번째 계율부터 타협 불가능한 문제를 안고 있다. 미국 같이 자유가 보장되고 정부가 종교 문제에 중립을 지켜야 하는 나라에선 특히 더 그렇다. 이 십계명은 종교의 자유라는 개념과 노골적으로 충돌한다. 이 계율은 시민에게 숭배하거나 숭배하지 않는 권리를 부여하는 모든 나라에서 현실적인 법이 될 수 없다. 미국에 거주하는 힌두교(다신교) 신자가 200만 명이나 된다는 사실을 떠올리는 것만으로도 충분할 것이다. 힌두교 신자들이 "나 외의 다른 신들을 네게 있게 하지 말라"는 계율에 대해 어떤 느낌을 갖겠는가?

2. 너는 너를 위하여 어떤 형상도 만들지 말고, 또 위로 하늘에 있는 것이나 아래로 땅에 있는 것이나 땅 아래 물속에 있는 것의 어떤 모습이든지 만들지 말며, 그것들에게 절도 하지 말고 그것들을 섬기지도

말라. 이는 나 곧 주 네 하나님이 질투하는 하나님이기 때문이니, 나는 나를 미워하는 자들에게는 아버지들의 불법을 자손들에게 벌하여 삼사 대까지 이르게 할 것이고, 나를 사랑하고 내 명령들을 지키는 수천의 사람들에게는 긍휼을 베풀 것이니라.

다시 이 계율도 종교의 자유와 충돌을 일으킨다. 종교의 자유를 대부분의 기독교인들도 중요한 권리로 인정할 거라고 믿는다. 만일 누군가가 돌고래나 나무의 '우상'을 만들어 그 앞에서 절하기를 원한다면, 그렇게 할 자유를 누려야 하는 거 아닌가? 만일 그렇다면, 이 계율은 자유사회에 설 자리가 없다. 나는 잘 모르지만, 보석을 두른 십자가, 눈에 띄게 건물의 안이나 밖에 내걸린 기독교 십자가는 '우상'이 아닌지 궁금하다.

"나 곧 주 네 하나님이 질투하는 하나님이기 때문이다"라는 구절은 이상하게 들린다. 기독교인들에 따르면, 가장 막강한 존재이자 우주의 창조자이며 유일하게 진정한 신인 하나님이 어떤 것에든 질투하는 이유는 무엇인가? 또 "아버지들의 불법을 자손들에게 벌하여 삼사 대까지 이르게 할 것이며"라는 구절에서 보듯, 하나님이 자기를 미워하는 이의 자손들에게까지 사랑을 베풀지 않겠다고 협박하는 것도 문제다. 만일 하나님이 아버지나 어머니에게 불평을 품는 것은 그렇다 쳐도 왜 그것을 그 자손들에게까지 넘기는가? 대부분의 기독교인들도 자식이 아버지나 어머니 혹은 조부모가 한 행위 때문에 처벌을 받아서는 안 된다는 데 동의할 것이라고 나는 생각한다.

3. 주 네 하나님의 이름을 헛되이 사용하지 말라. 이는 주가 자신의 이름을 헛되이 사용하는 자를 죄 없다 하지 아니할 것이기 때문이니라.

하나님의 이름을 헛되이 사용하는 것이 무슨 의미인지 분명하지 않다. 어떤 사람은 단순히 하나님을 진정으로 청할 뜻이 없으면서도 하나님을 청하는 것을 금지한 계율이라고 풀이한다. 만일 이런 식이라면, 이 계율이 인류 역사상 가장 빈번하게 무시되어온 계율이 될 것이다. 'God'을 포함하는 세속적 표현은 너무 흔하다. "Oh, my god"이나 "God darn it" 같이 그 정도가 조금 덜한 표현은 더 흔하다. 여기서도 'God'이라는 단어나 이름을 쓰는 것을 제한하는 것은 표현의 자유에 위배된다.

어떤 사람들은 이 계율이 하나님의 이름으로 약속한 서약이나 계약을 존중하라는 것이라고 말한다. 그러나 어느 성직자는 나에게 이 계율은 입으로 한 말이나 법적 계약과는 아무런 관계가 없다고 말했다. 이 성직자는 이 계율이 기독교인의 길을 따라 사는 것에 관한 계율이라고 말했다. 기독교인이라고 주장하면서 도덕적으로 살지 않고 필요한 의식이나 요구 조건을 지키지 않을 때 그 사람은 이 계율을 깨뜨린 거라는 설명이다. 물론 이 같은 의견에도 문제가 있다. 기독교의 종파가 수없이 많으며 이 종파들이 서로 매우 다른 것들을 요구한다는 점이다. 그렇기 때문에 '기독교인답게' 살라고 정한 모든 계율은 모호하게 받아들여질 수밖에 없다.

4. 안식일을 기억하여 거룩히 지켜라. 엿새는 네가 수고하고 네 모든 일을 할 것이나 일곱째 날은 주 네 하나님의 안식일인즉 그날에는 너나 네 아들이나 네 딸이나 네 남종이나 네 여종이나 네 가축이나 네 문 안에 머무는 나그네나 아무 일도 하지 말라. 이는 엿새 동안에 주가 하늘과 땅과 바다와 그 안에 있는 모든 것을 만들고 일곱째 날

에 안식하였기 때문이니라. 그러므로 주가 안식일을 복되게 하여 그 날을 거룩하게 하였느니라.

이 계율도 기독교인과 유대인에게는 훌륭하지만 다른 사람에게 강요하기에는 부적절한 그런 계율이다. 나는 일주일에 정기적으로 하루씩 휴식한다는 생각을 좋아한다. 내 생각에는 마음과 몸을 닫고 재충전하는 것이 현명한 것 같다. 그러나 이 문제와 관련해 다른 사람에게까지 나의 관점을 강요하길 바라지는 않는다. 어떤 사람들은 하루 이상 쉬기를 원할 것이고 또 어떤 사람은 하루도 쉬지 않는 쪽을 택할 것이다. 어디까지나 그들의 선택이다. 그리고 나는 안식일에 일을 했다는 이유로 처벌받는 걸 원하는 사람은 아무도 없을 것이라고 확신한다. 그런데도 '출애굽기' 31장 14절에는 하나님이 처벌을 요구하고 있다. "너희는 안식일을 지킬지니, 이는 너희에게 거룩한 날이 됨이니라. 그날을 더럽히는 자는 모두 죽일 것이며 그날에 일하는 자는 모두 그 백성 중에서 그 생명이 끊어지리라." '민수기' 15장 35절은 이 계율을 집행하는 예를 보여주고 있다. "여호와께서 모세에게 이르시되, 그 사람을 반드시 죽일지니, 온 회중이 진영 밖에서 돌로 그를 칠지니라." 무슨 죄로? 그 사람은 안식일에 나무를 했을 뿐이다.

하나님은 이 날을 대단히 신경 쓰는 것 같은데, 내가 만일 기독교인이라면 이 점이 나를 끝없이 불안하게 만들 것 같다. 만일 땔감으로 나무하는 것이 돌로 쳐서 죽일 일이라면, 뜰의 잔디를 깎거나 설거지를 하거나 e메일을 체크하는 일은 어떻게 되는가? 그런 일을 하지 않으면서까지 안식일을 지키는 기독교인들을 나는 거의 보지 못했다.

기독교인들은 이렇게 말한다. 중요한 것은 일을 실제로 하지 않는 것이 아니고 그날의 정신이라고. 이런 식의 해석은 다른 계율을 대하는 기독교인들의 태도와 일치하지 않는다. 만일 안식일 계율을 엄격히 지킬 필요가 없다면, 다른 계율에도 마찬가지로 요령을 부릴 여지가 있다는 의미 아닌가? 만일 그렇다면 어느 계율에 어느 정도의 여지를 줄 수 있는가? 그렇지 않다면, 그 이유는 무엇인가? 오늘날 대부분의 기독교인들은 안식일을 지킨다 하더라도 하나님이 원래 의도한 그날에 지키지 않는다. 여기서 안식일이 토요일인가 일요일인가 하는 문제로 불편한 소동을 일으킬 뜻은 전혀 없다. 그러나 기독교인들이 안식일이 언제인지에 대해 의견 일치를 보이지 않고 있다는 사실을 지적하고 넘어갈 필요는 있다. 나는 제칠일안식일예수재림교 신자들과 대화하면서 이 계율이 대부분의 사람들에게는 심각하게 받아들여지지 않을지라도 일부 기독교인에게는 매우 심각한 문제라는 사실을 알게 되었다. 제칠일안식일예수재림교 신자들은 하나님이 안식일을 십계명에 넣을 정도로 중요하다고 여겼다면 사람들이 그걸 지키기를 바랐음에 틀림없다고 주장한다. 따라서 제칠일안식일예수재림교 신자들은 안식일이 유대인들과 이슬람교 신자들이 하는 것처럼 '원래의 날'인 토요일에 지켜져야 한다고 느끼고 있다.

5. 네 부모를 공경하라. 그리하면 주 네 하나님이 네게 주는 땅에서 네 날들이 길리라.

겉보기에 이 계율은 우리 모두 지지할 수 있을 만큼 좋아 보인다. 그러나 실상은 그렇지 않다. 십계명은 타협의 여지나 모호함이 전혀 없는, 흑과 백이 뚜렷한 최고의 도덕법으로 여겨진다. 그러나 이 계율은 십계명이 전혀 그렇지 않음을 보여준다. 부모에 대한 공경은 가족과 사회를 위한 훌륭한 사상이다. 단 그렇지 않은 때를 제외하고는 말이다.

모든 부모들이 다 이상적인 것은 아니라는 점을 우리 모두 잘 알고 있다. 실제로, 많은 부모들은 이상과 상당히 멀다. 매일 아이들이 부모에게 버려지고 두들겨 맞고 정서적으로 학대를 당하고 성적으로 학대를 당한다. 그런데 이 부모들 중 많은 사람들이 기독교인이다. 매일 이런 일이 일어난다. 나는 학대를 당하거나 버려진 아이들을 위한 시설에 살면서 일한 적이 있기 때문에 일부 부모들이 자식들을 아주 형편없이 다룬다는 사실을 잘 안다. 이 계율은 모든 부모들이 아이의 공경을 받을 자격이 있다는 뜻으로 받아들여질 위험이 있다.

6. 죽이지 말라.

이 계율 역시 언뜻 보기에는 사회에 결정적으로 중요하고 흠이 없는 것처럼 보이지만 조금만 생각해보면 그다지 명쾌하지 않다. 많은 기독교인들은 이 계율에 대해 조건적으로 접근하는 것 같다. 기독교인들 중에도 전쟁을 지지하는 사람이 있고 사형을 옹호하는 사람이 있기 때문이다. 많은 기독교인들은 또한 자기 방어를 위해서거나 다른 사람을 보호하기 위해서 사람을 죽이는 것은 괜찮다고 느낀다. 이 계율의 틈새 또한 십계명이 많은 기독교인들의 주장과는 달리 명쾌하지 않다는 점을 보여주고 있다.

일부 기독교인들은 "살인하지 말라"는 표현을 더 좋아한다. 그것이 널리 통하는 "죽이지 말라"는 표현보다 덜 모호한 것 같다는 이유에서다. 그러나 이것도 명쾌하지 않기는 마찬가지이다. 기독교인들은 전쟁 중에 무고한 사람들을 죽인다. 기독교인 조종사들이 몰던 미국의 B17이 제2차 세계대전 중에 유럽의 도시에 폭탄을 투하했다. 역시 기독교인 조종사들이 몰던 독일 항공기가 영국 도시에 폭탄을 떨어뜨렸다. 어린이들을 포함한 민간인들이 죽었다. 하나님과 십계명에 따르면, 이것은 금지된 살해인가 아니면 '허락할 수 있는' 죽임인가?

7. 간음하지 말라.

간음은 기독교인들에 따라 달리 정의된다. 일부는 결혼한 사람이 배우자 외의 다른 사람과 성관계를 갖는 것을 의미한다고 말한다. 또 일부는 간음이 결혼 이외의 모든 성관계를 의미한다고 말한다. 어느 쪽이든 이 계율은 자유와 프라이버시를 아주 중요하게 여기는 사회에서는 부적절하다. 물론 일부일처나 혼전 금욕이 많은 사람에게는 이상이 될 수 있다. 그러나 그것은 각자가 알아서 결정할 일이다.

8. 도둑질하지 말라.

나는 이 계율을 좋아한다. 훔치는 행위는 주민들이 평화롭게 살기를 바라는 모든 사회에서 큰 문제다. 그렇기 때문에 절도는 금지되어야 한다. 거기엔 이견이 전혀 없다. 그러나 언제나 예외는 있는 법. 하나님이 건별로 판단하는 것을 허용하는지 아니면 상황을 불문하고 모든 경우에 절도가 금지되는지가 분명하지 않다. 만일 내 딸 하나가 굶어죽을 판인데 당장 해결할 수 있는 방법이 슈퍼마켓에서 빵 한 조각을 슬쩍 해 오는 것밖에 없다면, 나는 이 계율을 어길 것 같다. 아마 여러분도 그럴 확률이 높을 것이다.

9. 네 이웃에게 불리하게 거짓 증언을 하지 않도록 하라.

이 계율은 합당해 보인다. 그러나 하나님이 뜻하는 바가 무엇인
지 명쾌하지 않다. 이 계율은 모든 일에 대해 누구에게도 거짓말
을 하지 말라는 뜻인가? 아니면 법정에서나 공식적인 상거래에
서 진실을 잘못 전하지 말라는 뜻인가? 그것도 아니면 나의 이
웃인 사람을 제외하고는 아무에게나 거짓말을 할 수 있다는 말
인가? 만약에 비만인 나의 친구가 몸에 착 달라붙는 옷을 입고
나타나 모양이 어떠냐고 묻는다면 어떻게 해야 하는가? 그녀의
기분을 좋게 해 주기 위해 약간의 거짓말을 할 수 있지 않은가?

10. 네 이웃의 집을 탐내지 말라. 네 이웃의 아내나 그의 남종이나 그의 여종이나 그의 소나 그의 나귀나 네 이웃의 소유 중 아무것도 탐내지 말라.

탐낸다는 것은 무엇인가를 바라거나 욕망하거나 갈망한다는 뜻
이다. 이 계명은 우리가 지나친 욕망을 품어서는 안 된다는 식으
로 해석될 수 있고 또 그렇게 해석되고 있다. 욕망이 우리에게
문제를 일으킬 나쁜 짓을 하는 첫걸음일 수 있기 때문이다. 예를
들어 이웃의 소나 호화 자동차를 탐내다 보면 언젠가 그것을 훔
치든가 심지어 시기심에서 이웃을 죽일 수도 있을 것이다. 그러
나 이것은 많은 사람들이 생각하는 것만큼 그렇게 간단하지 않
다. 물건을 원하는 것은 괜찮다. 우리 모두 그런 욕망을 품는다.
만일 나의 이웃이 큰 자동차를 갖고 있다면, 나는 그를 죽이지

않고도 그걸 바랄 수 있다. 아마 나는 그것을 너무나 갖고 싶어 언젠가 살 수도 있을 것이다. 그렇게 한다면 나쁠 게 뭔가?

이 계명 중 가장 나쁜 부분은 아내와 종이 소, 나귀, 이웃의 소유물과 함께 나열되고 있다는 사실이다. 수천 년 전의 문화에서는 이것이 분별 있는 것으로 받아들여질 수 있었을 것이며 슬프게도 오늘날에도 일부 사회에서는 여전하다. 그러나 여러분은 여자를 남자들의 재산으로 여기지 않는 발전한 사회에서 사는 사람이기를 바란다. 이 계명은 성경의 일부가 성차별을 얼마나 노골적으로 하는지 얼마나 케케묵었는지 잘 보여준다.

지금까지 말한 내용들은 십계명을 공립학교에 내걸어야 한다는 주장이 제기될 때마다 회의론자들이 십계명에서 확인하는 문제의 일부이다. 이 장에서 제기된 문제점에 동의하지 않을 사람들조차도 왜 십계명에 대해 적절하고도 논리적으로 따지지 않는지, 현재와 상관이 있다고 생각하지 않는지, 또 십계명이 공립학교와 관청에 내걸리는 것을 원하지 않는지, 그 이유에 대해 조금 더 잘 이해하게 되었을 것이다. 십계명을 공공장소에 내거는 것에 반대하는 것은 하나님을 모욕하거나, 누군가의 종교를 억압하거나, 사회적으로 기독교의 중요한 역할을 인정하지 않는 게 아니다. 일부 사람의 매우 구체적인 종교적 계율을 강요하는 것은, 모든 사람을 위한 정의를 훼손시킨다는 점을 보여주기 위한 것이다.

17

진짜 십계명을 아는가?

앞 장에선 낯익고 널리 알려진 십계명 버전 중 하나를 다뤘다. 당신이 주일학교에서 들었거나 액자나 돌에 적힌 십계명을 보았다면, 아마 이 십계명일 것이다. 이 장은 그것과는 많이 다른 십계명, '진짜' 십계명에 대해 이야기할 것이다. 정말로 하나님이 특별히 "십계명"이라고 부른 또 다른 계율이 있다. 그런데 정말 이상하게도, 기독교인 중에서 이 십계명에 대해 들어본 사람은 극소수다.

이 주제를 논하면서, 기독교인들의 실수를 잡아내려는 것은 절대로 아니다. 대부분의 기독교인들이 십계명의 다양한 버전과 의문점을 모른다고 해도 전혀 놀랄 일은 아니다. 나는 미국 남부에서 성장하면서 십계명에 대해 종종 들었지만 그걸 두고 사실 관계를 조사할 필요성은 한 번도 느끼지 않았다. 그래서 친구들과 가족, 설교자의 말만 듣고 십계명에 대해 그릇된 확신을 품기 쉽다는 점을 충분히 이해한다.

대부분의 사람들에게 익숙한 십계명은 아마 '출애굽기' 20장에서 끌어낸 계율의 이런저런 버전일 것이다. 유대민족의 지도자인 모세는 시나이 산에서 하나님을 만나 이 계율들을 받았다. 그런데 우리가 알고 있는 십계명의 번호는 성경에는 쓰여 있지 않다. 이 목록은 훨씬 뒤에 번호를 붙인 것이다. 유대인과 프로테스탄트, 가톨릭 버전이 서로 다를 수 있지만 계율의 합계는 10개인 이유가 거기에 있다.

모세는 계율을 갖고 산에서 내려와 자기 민족이 황금 우상을 숭배하는 것을 보고 화가 나서 석판들을 깨뜨렸다. 그래도 하나님은 모세에게 화를 내지 않고 다시 산으로 돌아와 다른 석판을 가져가라고 일렀다. 그런데 이상하게도 모세가 마지막으로 가져 온 계율은 기독교인들이 오늘날 십계명으로 알고 있는 것과 많이 다르다.

'출애굽기' 34장의 십계명

1. 너는 다른 신에게 절하지 말라. 여호와는 질투라 이름하는 질투의 하나님이니라.
2. 너는 신의 상(像)을 부워 만들지 말라.
3. 너는 무교병(無酵餠)의 절기를 지키라.
4. 너는 엿새 동안 일하고 일곱째 날에는 쉬어라.
5. 칠칠절 곧 맥추의 초실절을 지키고 연말에는 수장절을 지키라.
6. 모든 남자는 매년 세 번씩 주 여호와 이스라엘의 하나님 앞에 보일지라.
7. 내 제물의 피를 유교병과 함께 드리지 말라.
8. 유월절 제물을 아침까지 두지 말라.
9. 네 토지에서 나온 것 중 처음 익은 것을 가져다가 네 하나님 여호와의 전에 드려라.
10. 염소 새끼를 그 어미의 젖으로 삶지 말라.

이 목록을 제시하면, 대부분의 기독교인들은 즉각 의문과 회의적인 반응을 보인다. 이것이 진짜 십계명일 리가 없다고 생각한다. 이 계율 중 많은 것이 아주 이상할 뿐 아니라 지금까지 들어보지 못했던 이유를 제대로 알 수 없기 때문이다. 그러나 이것이 진짜 십계명이다. 이 계율에 뒤이은 '출애굽기' 34장 27절과 28절이 이렇게 암시하고 있기 때문이다. "여호와께서 모세에게 이르시되, 너는 이 말들을 기록하라. 내가 이 말들의 뜻대로 너와 이스라엘과 언약을 세웠음이니라 하시니라……여호와께서는 언약의 말씀 곧 십계명을 그 판들에 기록하셨더라."

하나님은 분명히 '출애굽기' 34장의 계율들을 "십계명"이라고 정하고 있다. 그는 오늘날 많은 사람들이 학교와 법정에 걸기를 원하는, 널리 알려진 '출애굽기' 20장의 버전을 두고 그렇게 말하지 않았다. 이에 대한 한 가지 설명은 '출애굽기' 34장의 계율들이 '출애굽기' 20장에 쓰여 있는 진짜 십계명을 보완하기 위해 덧붙였을 수 있다는 것이다. 그러나 이 설명도 말이 되지 않는다. 왜냐하면 '출애굽기' 34장의 목록이 널리 알려진 버전에 들어 있는 계율을 몇 가지 포함하고 있기 때문이다. 만일 이것들이 보완적인 법이라면, 왜 하나님은 계율 3가지를 되풀이하고 있는가? 기독교인들 사이에 '출애굽기' 20장의 버전이 인기를 끌고 '출애굽기' 34장의 버전이 그렇지 못한 데 대한 더 그럴듯한 이유는 '출애굽기' 34장의 버전이 좀 이상하고 케케묵은 계율을 담고 있기 때문인 것 같다. 예를 들어 오늘날 많은 사람들은 새끼 염소를 어미의 젖으로 삼지 말라는 계율에 관심도 없고 필요성도 느끼지 못한다.

나와 이 십계명을 놓고 논의한 기독교인들 일부는 이 법들은 유대인들을 위한 것이지 기독교인들을 위한 것이 아니라고 주장한다. 예수 그리스도가 아직 태어나기 전의 일이기 때문에, 합당한 주장처럼 보인다. 그러나 대부분의 기독교인이 잘 알려진 십계명 버전에 대해서는 오늘날에도 잘 적용될 뿐만 아니라 아주 중요하기 때문에 지켜야 한다고 주장할 때, 어떻게 이 버전의 십계명만은 기독교인에게 적용되지 않는다고 말할 수 있을까? 만일 '출애굽기' 34장의 십계명이 오늘날에 적용되지 않는다면, '출애굽기' 20장의 십계명이 적용되는 이유는 무엇인가? 신약성경을 보면 예수 그리스도가 이렇게 말한 것으로 나와 있다. "진실로 너희에게 이르노니, 천지가 없어지기 전에는 율법의 일점일획도 결코 없어지지 아니하고 다 이루리라."('마태복음' 5장 18절) 마치 예수 그리스도가 '출애굽기' 34장에서 십계명이라고 부른 계율과 구약성경의 계율을 우리가 따랐으면 하고 기대하는 것처럼 들린다. 그러나 대부분의 기독교인들은 이 십계명 버전에 대해 아는 게 없다.

중요한 것은, 전지한 신의 손이 개입되었다면 이 모든 십계명 버전들이 더 쉽게 이해되어야 한다는 점이다. 만일 계율이 정말로 중요하다면, 이 계율이 문명과 도덕의 바탕인 집단 역사에 어떤 전환점을 의미한다면, 하나님과 모세와 성경의 다른 저자들이 십계명을 알고자 하는 모든 사람들이 쉽게 이해할 수 있도록 명확한 목록을 제시하지 않은 이유는 뭔가? 왜 그렇게 많은 계율이 정의를 소중히 여기는 사람들을 고민하게 만드는가? 이웃의 아내를 탐하지 말라는 계율도 적절하지 않을 수 있지만, 그 여자를 재산과 가축과 같은 부류로 여기는 것은 더 부적절하지 않은가?

많은 사람들이 십계명을 받아들이지 않는 것은 이런 이유 때문이다. 많은 기독교 운동가들은 사람들이 십계명을 부정하는 건 책임을 회피하기 위한 것이라고 주장한다. 이는 사실과 거리가 한참 멀다. 이 계율과 관련한 문제는 우상을 갖겠다거나 안식일에 집안을 청소하겠다거나 염소 새끼를 그 어미의 젖으로 삶겠다는 은밀한 욕망과는 아무런 관계가 없다. 계율의 신빙성과 논리, 정의의 문제이지 그 외의 다른 것은 절대 아니다.

다음과 같은 단순하면서도 중요한 질문을 던지는 데 굳이 회의론자가 될 필요는 없을 것이다. '출애굽기' 20장의 십계명과 '출애굽기' 34장의 십계명 중 어느 것이 진짜인가? 만일 '출애굽기' 20장의 십계명이 맞다면, 유대인과 프로테스탄트, 가톨릭은 십계명을 제대로 삶에서 반영하고 있는가? 사람들은 각 계율을 글자의 뜻 그대로 따라야 하는가? 계율의 일부가 우리 삶의 복잡성을 제대로 설명하지 못하는 이유는 무엇인가? 많은 계율이 자유 민주사회에서는 절대로 통하지 않을 만큼 터무니없이 케케묵은 이유는 무엇인가? 만일 하나님이 우리 모두가 10개의 계율을 알고 이해하며 지키기를 원했다면, 하나님이 그걸 더 명료하고 현실과 더 부합되도록 만들지 않은 이유는 무엇인가? 오늘 우리가 처한 상황을 고려해보라. '출애굽기' 20장의 계율만이 다양한 버전으로 만들어져 인기를 끌게 된 이유를 찾아내기 위해서도, 신학이나 종교학 박사학위를 가져야만 한다.

바깥에서 안을 들여다보는 정직한 회의론자에게 이 모든 것은, 신의 지시를 받지 않은 고대인들이 쓴 작품이 아닌가 하는 의문을 품게 만든다. 십계명의 모든 버전을 포함한 구약의 계율들은 인간이 인간을 위하여 만든 것처럼 보인다. 만일 이런 식으로 받아들인다면, 십계명을 둘러싼 모순과 갈등이 설명될 것이다. 여하튼, 한 문화가 3000년 이상 동안 정보를 다른 문화로 전파하다 보면 혼동은 불가피하다. 역사의 특정 시기에 특별한 어떤 곳에 살던 특별한 집단의 사람이 자신들을 위해 만든 법들을 이해하고 평가하려 한다면, 거기엔 당연히 어려움이 따르게 마련이다. 신이 그걸 만들었다면 훨씬 더 잘 만들었을 것 같다.

18

기독교는 여성에게 친절한가?

종교에 회의적인 사람들이 그렇듯, 기독교가 여자들을 잘못 대하며 안 좋은 상황에 그대로 내버려두고 있다고 간단히 주장할 수는 없다. 기독교의 남자들과 제도들이 과거와 현재에 여자들에게 행한 차별과 학대뿐만 아니라 성경 전반에 나타나는, 여자들에 대한 부정적인 말을 고려한다면, 이런 주장은 나올 만하다. 그러나 그것이 전부는 아니다. 당시의 시대를 고려한다면, 여자들은 성경에서 상대적으로 두드러진 위치를 점한다. 예수 그리스도도 여자들과 함께 시간을 보내고 심지어 개인적으로나 공개적으로 여자들과 대화도 했다. 이 같은 행동은 당시의 신실한 유대인 남자들이 흔히 하던 행동은 아니었다. 오늘날엔 여자들과 이야기를 나누고 여자들의 존재를 인정하는 것이 그다지 대단한 것처럼 보이지 않는다. 그러나 고대에는 여자를 너무 형편없이 대했다. 종교에서 더 그랬다. 때문에 당시엔 예수 그리스도가 한 행동도 두드러질 수 있었다.

새로운 연구 덕분에, 기독교 초창기에 남자들이 모든 일을 처리하는 동안에 여자들은 옆에서 기다리며 시중이나 들던 그런 하인 같은 존재가 아니었다는 사실이 점점 밝혀지고 있다. 듀크 대학의 종교학 교수인 엘리자베스 클라크(Elizabeth Clark)는 여자들이 기독교의 발달에 중요한 역할을 했다고 생각하고 있다. 교회가 있기 전에, 초기의 기독교인들은 가정에서 만났다. 학자들은 이 주택들이 여자의 소유였다는 사실을 알게 되었다. 클라크 교수는 "이 사실이 중요하다고 생각한다. 왜냐하면 이 집을 소유한 여자들이 단순히 기독교 공동체를 위해 커피나 과자만을 내놓고 있었을 것이라고는 생각하지 않기 때문이다. 나는 이런 현실이 여자들에게 권력에 닿을 길을 제시했을 것이라고 생각한다"고 말한다. 클라크는 여자들이 초기 기독교의 글에 두드러지게 나타났으나 뒤에 기독교가 자리를 잡고 남자들이 남자들만의 권력 구조를 형성함에 따라 그 힘을 잃게 되었다고 덧붙인다. 그래도 여자들은 빈민을 도운 수도원 창설 같은 일에서는 여전히 영향력을 행사했다고 그녀는 말한다. 그럼에도 여자들은 언제나 불공평한 상황에 직면했다. "고대 교회 이야기에서 전해져 오는 유명한 여자 중에 일단의 남자들로부터 엄청난 반대에 부딪치지 않았던 사람은 한 사람도 없다."

하버드 신학대학 교수인 캐런 L. 킹(Karen L. King)은 여성이 언제나 개입했고 기여하고 있었다는 것을 발견한다. "제도화된 지도부에서 여성의 역할을 공식적으로 배제했다고 해서 그것이 기독교 전통에서 여자의 중요성이 사라졌다는 것을 의미하지는 않는다. 여성이 기독교에 기여할 수 있는 능력이 매우 떨어진 것은 확실하지만 말이다. 놀라운 것은 여성을 역사에서 지우고 그렇게 함으로써 여성 지도력의 근거와 본보기를 없애려는 노력이 체계적으로 시도됐다는 증거가 많다는 점이다."

만일 평등정신에 투철한 현대의 기독교인들이 기독교가 여자들을 형편없이 대하는 남자들을 두둔하는 데서 벗어나겠다는 의지가 있다면, 이 모든 긍정적인 주장에도 불구하고, 여성의 지위를 추락시키고 여자들의 발전을 가로막은 기독교의 횡포를 간과하거나 용서해서는 안 된다. 어느 기독교인도 간단히 그건 과거의 일이고 현재의 기독교는 여자를 남자와 똑같이 대접한다고 말할 수 없다. 왜냐하면 아직도 여자를 이류 인간으로 보는 전통적 관점을 선호하는 사람들이 전 세계적으로 수없이 많기 때문이다. 이 같은 사실은 어느 누구에게도 뉴스가 아니다. 그러나 일부 기독교 지도자들은 여성이 열등하며 여성들의 적절한 역할은 남자들의 하인이라고 생각하는 증거로 성경을 제시하고 있다. 다음에 인용한 구절들은 여자들을 억압하려는 남자들에게 성경이 그 근거가 되는 이유를 명쾌하게 보여주고 있다.

- "여자에게 이르시되, 내가 네게 임신하는 고통을 크게 더하리니 네가 수고하고 자식을 낳을 것이며, 너는 남편을 원하고 남편은 너를 다스릴 것이니라 하시고."('창세기' 3장 16절)
- "그러나 나는 너희가 알기를 원하노니 각 남자의 머리는 그리스도요, 여자의 머리는 남자요, 그리스도의 머리는 하나님이시라."('고린도전서' 11장 3절)
- "여자는 교회에서 잠잠하라. 여자들에게는 말하는 것을 허락함이 없나니, 율법에 이른 것 같이 오직 복종할 것이요. 만일 무엇을 배우려거든 집에서 자기 남편에게 물을지니, 여자가 교

회에서 말하는 것은 부끄러운 것이니라."('고린도전서' 14장 34-35절)

- "남자가 여자에게서 난 것이 아니요, 여자가 남자에게서 났으며. 또 남자가 여자를 위하여 지음을 받지 아니하고, 여자가 남자를 위하여 지음을 받은 것이니."('고린도전서' 11장 8-9절)

- "아내들이여, 자기 남편에게 복종하기를 주께 하듯 하라. 이는 남편이 아내의 머리됨이 그리스도께서 교회의 머리됨과 같음이니, 남편이 바로 몸의 구주시니라. 그러므로 교회가 그리스도에게 하듯, 아내들도 범사에 자기 남편에게 복종할지니라."('에베소서' 5장 22-24절)

- "여자는 일체 순종함으로 조용히 배우라. 여자가 가르치는 것과 남자를 주관하는 것을 허락하지 아니하노니, 오직 조용할지니라. 이는 아담이 먼저 지음을 받고 이브가 그 후며, 아담이 속은 것이 아니고 여자가 속아 죄에 빠졌음이라."('디모데전서' 2장 11-14절)

- "어떤 제사장의 딸이든지 행음하여 자신을 속되게 하면 그의 아버지를 속되게 함이니, 그를 불사를지니라"('레위기' 21장 9절)

고맙게도, 많은 기독교인들이 이 문제를 직시하면서 여성의 지위에 관한 한 성경을 따르지 않고 있다. 이는 기독교인들과 회의론자들이 공통의 입장을 발견하는 계기가 될 것이다. 여자들과 관련한 사항에서 성경을 글자 그대로 읽는 것은 부적절한 정도가 아니다. 이에 동의하는 기독교인들은 '여성을 위한 정의'를 고민하는 회의론자들과 힘을 합쳐 지금도 성경 속의 여성관을 고집하고 있는 사람들에게 도전해야 한다.

종교 비평가이며 작가였던 고(故) 루스 허멘스 그린(Ruth Hurmence Green)은 성경이 여성에게 최대의 장애물이라고 느꼈다. 그녀는 이렇게 썼다.

"성경이 여자의 품격을 떨어뜨리고 여자에게서 자존심뿐만 아니라 신체에 대한 권리까지 박탈한다. 성경이 여자를 노예로, 재산의 하나로, 남자의 사랑과 변덕에 휘둘리는 존재로, 그리고 남편에게 완전히 복종하는 존재로 추락시키고 있다. 그러면 남편은 아내의 학대자로 행세할 것이다. 여자는 성경에 의해 남자의 정자 저장소와 인간의 생식수단으로 여겨지고 있다. 이것이 여자의 유일한 역할이다."

여성의 발전이 부분적으로 성경을 비판하는 선한 기독교인들에게 달려 있는지 나는 잘 모른다. 아니면 성차별적인 기독교인이 여자에게 불리한 쪽으로 성경을 인용할 때 그 말을 부정하면서도 침묵하는 사람들에게 달려 있는지도 모른다. 그러나 나는 기독교의 문제 중에서 남녀 차별만큼 중요한 것도 없다고 생각한다. 미국을 포함한 일부 국가에서 기독교인 남자들이 여성에게 반감을 많이 품고 있는 것으로 드러나고 있다. 나는 남성 우위의 관점을 듣고, 그 관점이 행동으로 나타나는 것을 보았으며 그런 남자들의 태도에 충격을 받기도 했다. 그들 중 일부는 다른 면에서는 꽤 괜찮은 사람들이다. 그들은 자신의 행동이 받아들여질 수 있다고 느꼈고 숨기거나 부끄러워할 필요도 없다는 식으로 생각했다. 그런 식의 행동이 의무라고 느끼는 듯했다. 단지 "성경에 그렇게 쓰여 있다"는 이유로. 그런 사람들에겐 남자들이 여자들 위에 군림하는 것이 하나님의 뜻이었다. 선한 남자들이 좋은 일이라는 생각으로 나쁜 짓을 하는 것은 말이 되지 않는다고 나는 생각한다. 여기서 노벨 물리학상 수상자인 스티븐 와인버그(Steven Weinberg)가 한 말이 떠오른다. 그는 종교에 대해 이렇게 말했다.

"그것이 있든 없든, 선한 일을 하는 선한 사람이 있고 나쁜 짓을 하는 나쁜 사람이 있기 마련이다. 나쁜 짓을 하는 선한 사람이 없으려면, 거기엔 종교가 필요하다."

19

신자는 무신론자보다 똑똑한가?

지능은 논란의 여지가 많은 개념이다. 지능은 다방면으로 중요하다. 그런데도 우리는 지능에 대해 아주 조금밖에 이해하지 못한다. 과학 공동체 안에서도 지능에 대한 보편적 정의는 없다. 지능을 측정하는 최선의 방법이 무엇인지, 우리가 나름대로 측정한 지능을 공정하게 또 생산적으로 사용하는 방법이 무엇인지 의견의 일치가 이뤄지지 않고 있다. 요약하면, 인간의 지능은 우리가 아직도 이해하려고 노력하는 복잡하고 뜨거운 이슈다. 물론 지능은 어디에선가 종교와 교차하게 될 것이다.

불행히도, 증명되지 않은 가설들과 혼돈 때문에 지능과 종교의 문제를 더욱 어렵게 만들고 있다. 종교를 가진 사람은 무신론자보다 더 똑똑한가? 아니면 그 반대인가? 일부 신자들은 너무나 분명하게 보이는 것을 무신론자들이 보지 못하기 때문에 결코 더 똑똑할 수 없다고 생각한다. 반면 일부 무신론자들은 신앙에 대한 기독교의 인식을 반지성적이라고 지적하면서 종교적 믿음이 증거에 입각한 지식과 모순되는 예를 제시한다.

다른 한편으로 과학자들이 있다. 이들은 세상에서 가장 똑똑한 사람들로 평가받는 집단이다. 조사 보고서들은 과학자 중 신자의 비율이 다른 집단에 비해 낮다는 것을 지속적으로 보여주고 있다. 예를 들어, 세계 '최고의 엘리트 과학자' 집단인 영국왕립학회에는 무신론자들이 아주 많다. 2008년 현재 회원 중 3.3%만 신을 믿고 있다. 과학 분야 최고의 조직으로 꼽히는 또 다른 집단 '미국국립과학아카데미'를 대상으로 한 연구에서는 회원의 7%만 하나님을 믿었다.

지능에 대해 어떤 결론을 끌어낼 때, 우리는 언제나 조심스럽게 접근해야 한다. 예를 들어 과학자들의 하부 문화가 무신론자들에게 관대해서 과학계에 비신자들이 많은 것은 아닐까? 그래서 그런지 누가 아는가? 아마 정치인들 중 무신론자의 비율이 더 높을 수도 있겠지만 우리는 그 실상을 모른다. 이유는 정치인들이 거짓말을 하기 때문이다. 충분히 그럴 수 있는 일이다. 아마 신을 믿는 매우 지적인 사람들이 신을 믿지 않는 매우 지적인 사람들만큼 과학 분야로 진출하지 않을 수도 있다. 우리는 어떠한 것도 사실이라고 예단하지 못한다.

지능과 종교에 관한 극단적인 인식은 대체로 틀렸다. 종교는 바보들의 영역이 아니며, 무신론도 마찬가지로 똑똑한 사람들만의 배타적인 클럽이 아니다. 종교가 증거와 논리의 문제로 들어가면 여러 문제를 드러낼 수 있지만, 종교적 믿음이 흐릿한 정신에서 나온 것이라는 회의론자들의 암시는 틀렸다. 거기에는 예외가 너무 많다. 모두가 잘 알고 있듯이, 똑똑한 의사들과 변호사, 엔지니어, 예술가, 작가들 중에 신앙인들이 많다. 아이작 뉴턴은 아마 인류 역사상 가장 위대한 과학자로 볼 수 있을 것이다. 그런 그도 독실한

기독교인이었다. 그는 예수 그리스도가 돌아올 날(2060년)을 계산
하는 일로 시간을 보내기도 했다. 예외적일 만큼 똑똑했던 과학 사
상가들 중에도 그레고어 멘델과 루이 파스퇴르, 막스 플랑크, 프리
먼 다이슨 등 기독교인이 많다.

　종교에 회의적인 사람들은, 신의 존재를 입증하기에는 증거가
부족하다는 사실을 인정하지 않는 사람들을 만나면 무척 당혹스러
워한다. 그러나 이 경우에도 그 사람들의 지능을 탓해서는 안 된다.
왜냐하면 그러기에는 모순적인 증거가 너무나 뚜렷하기 때문이다.
회의론자들은 또 불충분한 교육이 문제이며 따라서 더 많은 교육
이 해결책이라고 주장할 수도 있다. 그러나 우리는 이것이 문제의
해결책이 아니라는 것을 잘 알고 있다. 왜냐하면 대학 졸업자들 중
에 종교를 가진 사람이 아주 많으며, 박사 학위를 가진 기독교인도
아주 많기 때문이다.

종교와 과학자

　기독교 대학들은 봄마다 교육 수준이 높고 신심이 돈독한 신자
들을 수천 명씩 배출한다. 다른 대학들도 기독교 신자들을 많이 배
출한다. 회의론자들은 이 졸업생들이 거친 교과과정에 동의하지
않을 수는 있지만, 누구도 4년 이상 대학 교육을 받은 이들을 놓고
교육이 안 되어 있다고 비난하지는 못할 것이다.

　C-SPAN 방송에서 버지니아 주 린치버그에 있는 리버티 대학의
창조학부 교수인 데이비드 드위트(David DeWitt)를 인터뷰하는 장

면을 본 기억이 난다. 드위트는 이 땅과 모든 생명이 약 6000년 전에 7일 동안 창조되었다고 생각하는 기독교 창조론자다. 터무니없이 부조리하고 반과학적인 입장을 보이는 사람이다. 과학계에서는 생명의 역사가 적어도 30억 년은 되며 이 지구가 형성된 것은 약 45억 년 전이라는 것이 정설로 통한다. 그런데 드위트는 분명히 특별한 정보를 성경에서 얻고 있으며 과학적 과정을 통해 얻은 게 아니다. 그럼에도 불구하고, 드위트는 전문적인 과학자다. 그는 어느 대학의 생물학 교수로도 활동한다. 또 케이스 웨스턴 대학의 박사학위를 가진 신경과학자이자 생화학자이기도 하다. 회의론자들은 그를 향해 낄낄댈 수는 있을지 몰라도 그가 교육을 받지 않았다는 말은 하지 못한다. 그리고 교육을 더 많이 받는다고 해서 그가 창조론을 바탕으로 지구와 생명의 연대를 판단하는 어리석은 생각을 바꿀 것 같지는 않다. 그가 증거의 질과 양에 대해 생각하고 평가하는 방식에 어떤 변화가 있어야 사고의 변화가 일어날 것이다.

나는 종교적 믿음의 방향을 잡아주거나 그 믿음을 급속도로 무너뜨릴 지식 분야 다섯 개를 언급하지 않을 수 없다. 인류학과 천문학, 생물학, 역사, 그리고 믿거나 말거나 종교적 교육이 그 분야다. 인류학과 마찬가지로 종교적 교육도 종교와 인류의 현실을 가르치는 데 유익하다. 수천 개에 달하는 종교 중에서 유독 어느 한 종교에만 심취한 신앙인 중에 우리 인간이 지난 몇 천 년 동안 신과 종교를 창조하느라 매우 바빴다는 사실을 깨닫는 사람은 거의 없다. 이런 깨달음만도 자신의 종교만 의미 있고 특별하다는 생각에 빠져 있는 일부 신앙인들에게 충격이 될 수 있다. 그러나 아무리 많은 교육이 이뤄지더라도 그런 신앙인을 비신자로 만들지는 못할 것이다. 확증편향의 역할을 기억하라. 모순되는 사실이 아무리 많이 나와도, 뿌리 내린 어떤 믿음을 파괴하는 것은 매우 어려운 일이다.

일부 기독교인들은 똑똑한 신자들이 무엇인가를 입증해주는 증거라고 주장한다. 그들은 교육을 많이 받은 지적인 기독교인들을 가리키면서 예수 그리스도에 대한 그들의 믿음이 어쨌든 기독교의 주장을 입증한다고 주장한다. 당연히 이 주장도 터무니없다. 왜냐하면 아주 똑똑한 사람들도 너무나 기이한 것들을 믿을 수 있기 때문이다. 대부분의 사람들보다 특별히 더 똑똑한 사람들은 예를 들어 UFO와 더없이 이상한 음모론을 믿는다.

교육과 신에 대한 믿음 사이에 어떤 상관관계가 있는 것처럼 보이지만, 그 가능성은 아주 희박하다. 2011년에 갤럽이 미국 성인들에게 "당신은 신 혹은 우주적 혼을 믿는가?"라고 물었다. 그랬더니 고등학교 졸업 이하 학력을 가진 사람들 중에서 97%가 "예"라고 대답했다. 대학교 졸업 이상의 학력을 가진 사람들 중에서도 87%가 "예"라고 대답했다.

종교와 지능의 상관관계

내가 볼 때 종교와 지능 사이에 상관관계가 있을 가능성은 전혀 없는 것 같다. 나는 직업상 지능이 대단히 탁월한 사람들을 자주 만났다. 대부분은 신을 믿는다고 대답했으며, 그렇게 말하지 않은 사람도 그들이 한 말에 비춰볼 때 신을 믿는 것 같다는 생각이 들었다. 나는 달 표면을 걸었던 사람을 포함해 유명 과학자나 정치 지도자

등 많은 사람들과 오랜 시간에 걸쳐 깊은 대화를 나눴다. 그들은 절대로 바보거나 우둔한 사람이 아니다. 마찬가지로 무신론자들과도 대화했다. 나는 무신론자인 탁월한 과학자들과 인터뷰를 했다. 그 과정에서 얻은 경험과 관찰을 바탕으로 할 때, 신을 믿는 것에 관한 한 지능은 아무런 의미를 지니지 않는 것 같다. 지능을 어떤 것으로 정의하든, 지능은 각 개인이 다양한 길을 걷도록 만드는 하나의 도구나 능력이라는 사실을 잊지 않도록 하자. 체스를 본업으로 삼는 천재도 있고, 계산법을 발명하는 천재도 있고, 집에서 지내며 아무 것도 이뤄내지 않는 천재도 있다. 탁월한 지능이 어떤 사람은 MIT의 인공지능 연구소에서 일하도록 하고, 또 어떤 사람은 아토스 산의 수도원에서 밤낮으로 기도하는 삶을 살도록 한다.

만일 어떤 사람은 신을 믿는데 어떤 사람은 신을 믿지 않는 이유를 찾는다고 할 때, 나는 그것이 문화에서 발견되지 않을까 생각한다. 아니면 어떤 사람들이 다른 사람들에 비해 신의 개념을 쉽게 받아들이게 하는 특별한 기능이나 구조가 뇌에 있지 않을까 싶다. 그러나 지능이 그 열쇠라는 점에 대해서는 아주 회의적이다.

2011년 하버드 대학에서 발표한 연구 중에서 아주 흥미로운 것이 하나 있었다. 이 연구서는 사고의 유형이 지능과 신앙의 관계를 밝혀줄 요소라고 주장한다. 연구원들은 조사 대상자들의 교육과 사회경제적 지위, 정치성향 등을 고려하고 분석한 결과 사고가 직관적인 사람일수록 신을 더 잘 믿고 분석적인 사람은 무신론자가 될 확률이 높다는 것을 발견했다. 그러나 이 발견은 결정적이지 않다. 왜냐하면 직관적이어서 신을 믿기보다 신을 믿음으로써 직관적인 사람으로 변할 수도 있기 때문이다.

또 다른 연구는 국가의 평균 IQ와 그 국가 안의 신자 비율을 분석함으로써 높은 IQ와 비신자 사이의 연결을 발견했다고 주장한다. 이 연구는 IQ가 높은 경우에 종교를 믿을 확률이 낮아지고 IQ가 낮을수록 종교를 믿을 확률이 높다고 주장한다. 그러나 또 다시 말하지만, 나는 이 지능과 신앙심의 관계라는 문제는 매우 복잡하기 때문에 그처럼 쉽게 해결될 수 없다. 국민의 평균 IQ라는 것도 믿을 수 있는 것인가? 모든 국가의 모든 사람들이 똑같은 교육과 동기부여, 기회, 영양섭취, 안전 등을 누리는 것도 있을 수 없는 일이다. 우리가 내면의 지능과 종교의 관계를 충분히 이해하기까지는 거기에 작용하는 문화적 환경적 요소들이 너무 많다. 낮은 평균 IQ가 어떤 나라의 강한 종교적 믿음과 관계있다는 것을 우리가 어떻게 확신할 수 있는가? 아마도 그 관계는 종교 교육의 의무화와 같은 문화적 차이나 역사적 요소들에 의해 설명될 수 있을 것이다. 아니면 어떤 인구가 다른 인구에 비해 특별히 영리할 수도 있지만 오염과 전쟁, 아니면 영양실조가 타고난 지능을 훼손할 수도 있다.

지능과 종교적 믿음에 대해 생각할 때, 사람들은 회의론이 높은 지능의 구성요소가 아니며 또한 고등교육의 산물로 저절로 생기는 것도 아니라는 것을 이해해야 한다. 회의론은 배워야 얻을 수 있는 다소 구체적인 기술이다. 회의론은 또한 의식적으로 채택하고 용기 있게 밀고나가야 하는 어떤 태도다. 어떤 사람은 똑똑하면서도 회의론에는 형편없을 수도 있다. 또한 대학교나 고등학교 졸업장이 없지만 회의론에 매우 훌륭한 사람도 있다.

많은 비신자들은 너무나 분명하게 잘못된 것 같은 사상에 매달리면서도 지적 성취를 이루는 사람이 있다는 사실 자체를 힘들어 한다.

내가 생각하기에 이 궁금증에 대한 해답은 많은 사람들이 인지부조화에 따른 마음의 불편을 피하기 위해 동원하는 방어기제인 '구획화'(compartmentalization)에 있는 것 같다. 서로 상충하는 2개의 사상이나 믿음이 같은 뇌에 들어 있을 때, 둘 사이에 불편한 충돌이 일어난다. 예를 들어 몸매 관리에 열중하면서도 담배를 피우는 사람이 있다고 가정해보자. 이 여자가 건강과 몸매에 그렇게 신경을 많이 쏟으면서 어떻게 담배를 피울 수 있을까? 그녀가 담배를 피울 수 있는 이유는 흡연 자체를 별도로 구획화하여 생각하기 때문이다. 흡연 행위는 뇌 안에서 이성이 닿지 못하는 어딘가에 가두어져 있다. 그래서 그녀가 식품의 상표를 살피며 칼로리를 계산하고 정수한 물만 마실 때에도 건강에 대한 걱정과 관심이 흡연에는 적용되지 않는다. 그녀의 뇌가 그녀의 삶 중에서 흡연과 관련된 부분을 다른 방에 넣어두고 있기 때문이다. 사려 깊고 분별력 있는 수많은 신앙인들이 증명되지 않은 특별한 주장에 대해 아무런 불편함 없이 동의할 수 있는 이유도 거기에 있을 것이다. 그러나 누군가가 이 사람들에게 주택이나 잔디 깎는 기계를 팔겠다고 나서면, 이들은 별안간 아주 회의적인 마음자세로 바뀐다. 이들은 수많은 질문들을 던지며 그 구매가 괜찮다는 사실을 입증할 만한 증명을 내놓으라고 요구한다.

　많은 신앙인들도 탁월한 비판적 사상가이고 회의론자다. 단지 종교적 신앙만은 예외다. 종교적 신앙이 '다른 구획' 안에 있기 때문이다. 나는 이 구획화가 건강하거나 안전하다고 생각하지 않는다. 어떠한 것도 분석과 의문의 대상에서 제외될 수 없다. 사고의 절대적 일관성은 불가능할 것이다. 하지만 사고의 일관성은 회의론자에겐 중요한 목표 중 하나다.

20

거듭나는 것, 기독교에만 있을까?

진실로 진실로 네게 이르니, 사람이 거듭나지 아니하면 하나님의
나라에 들어갈 수 없느니라.
- 예수 그리스도, '요한복음' 3장 5절

기독교인 사이에도 '거듭나는 것'에 대한 의견이 일치하지 않는
다. 일부 기독교인들은 극적인 순간에 예수 그리스도와 정서적으
로 가깝게 연결되는 게 구원에 필요하다고 믿는다. 그러나 다른 기
독교인들은 그렇게 믿지 않는다. 만일 당신이 '예수 그리스도를 아
는 기독교인'이 되려고 할 때 필요한 것이 무엇인지 알고 싶다면,
그 대답은 어떤 기독교인에게 묻느냐에 따라 달라질 것이다. 세계
에서 가장 인기 있는 종교인 기독교의 유연성과 다양성은 곧 신앙
의 중요한 요소들이 다양하게 해석되고 있다는 것을 의미한다.

수백만 명의 기독교인들은 거듭나는 경험을 전혀 하지 못했다. 그
들은 그런 경험이 없어도 자신의 믿음이 약해졌다는 느낌을 절대 받

지 않는다. 일부 사람들은 인생에서 아주 심오한 사건을 굳이 경험할 필요까지는 없다 하더라도 일종의 '영적 부활'은 필요하다고 믿는다. 예를 들면 교회에서 형식적으로 이뤄지는 세례의식 같은 것이 그런 부활의식이다. 이는 인생 자체를 바꿔놓는 분수령 같은 순간은 아니며 일상적으로 일어날 수 있는 의식이다. 그러나 많은 프로테스탄트 기독교인들은 자신의 삶 자체를 근본적으로 바꿔놓는 놀라운 방법으로 거듭난다고 주장한다. 이 경험을 통해서 프로테스탄트 기독교인들은 자신이 완전히 다른 사람이 되며 예수 그리스도의 존재와 중요성에 대해 더 이상 회의를 품지 않게 된다고 한다.

거듭나는 경험은 결코 사소한 일이 아니다. 거듭난 기독교인들은 가장 열정적인 신자가 된다. 거듭난 기독교인들은 미국 인구 중에서 상당한 비중을 차지한다. 2004년 갤럽의 조사에 따르면, 미국인들의 41%가 스스로를 거듭난 사람으로 여기고 있다. 2006년에 바나 그룹의 보고서도 이와 비슷한 숫자인 45%를 내놓았다. 실상이야 어떠하든, 거듭나는 경험이 많은 사람에게 일어나고 있는 것만은 분명하다.

나는 거듭나지 않았다. 예수 그리스도를 가까이서 조우하는 경험도 하지 않았다. 그런 경험을 했다는 사람들과는 대화했다. 그들의 주장을 들어보면 두 가지 사항이 지속적으로 두드러진다. 첫째 그들의 이야기에 열정이 느껴지고, 둘째 거듭난 순간을 예수 그리스도가 존재하는 증거로, 기독교가 유일하게 진정한 종교임을 입증하는 증거로 여긴다는 점이다. 거듭나는 경험은 기독교인에게 매우 중요하기 때문에 분석하고 검증할 필요가 있다.

거듭난다는 것은 현실 속의 사건인가 아니면 상상 속의 사건인가? 거듭나는 것이 어떻게 진정한 신의 증거인가? 나는 이 경험이 어떤 신과의 조우라고 확신하지 못하지만, 많은 사람들은 그 순간을 간절히 기대할 것이다. 수백만 명의 기독교인들은 거듭난 경험을 끊임없이 들으면서 성장했다. 기독교인들은 그 경험이 경이롭고 위대하며, 그런 경험을 못하면 지옥으로 가게 된다는 말을 들었다. 이런 식의 주입을 감안했을 때 그 결과는 어떤 식으로 나타날까? 그 깊은 감정을 느끼라는 식으로 자극과 압박이 가해진다는 점을 고려한다면, 많은 기독교인들이 그 감정을 느낀다고 말하는 건 하나도 놀랄 일이 아니다.

어느 기독교인은 이렇게 말했다. "당신은 이해하지 못해요. 거듭날 때, 당신은 그것이 진짜라는 것을 알아요. 의심의 여지가 없어요. 당신은 예수 그리스도와 당신이 절대로 옛날과 같지 않다는 사실을 알아요. 아주 강렬한 경험입니다. 정말입니다. 나는 전혀 의심하지 않아요. 나는 예수 그리스도와 개인적인 관계를 맺고 있어요. 나는 친구나 가족들에 대해 아는 것보다 그에 대해 더 많이 알고 있어요."

그래서 나는 물었다. "거듭난 경험이 실제로 예수 그리스도와의 초자연적 연결이었다는 것을 당신은 어떻게 아나요?" 그러면서 이런 식으로 덧붙였다. "아마 당신에게 일어난 일은 인간의 심리로, 우리의 뇌가 작동하는 방식이나 우리가 생각하는 방식으로 설명될 겁니다. 아마 그것은 모두 당신의 머리 안에 있을 것입니다. 사람들은 다양한 맥락에서 감정에 휩싸이면 무엇인가를 상상할 수 있어요. 당신이 미쳤다거나 거짓말을 한다는 뜻이 아닙니다. 누구나 진짜가 아닌 것을 진짜인 것처럼 상상할 수 있어요. 보다 단순한 설명, 대안적인 설명을 찾아보는 건 어떨까요?"

그랬더니 그는 이렇게 대답했다. "그건 정말 진짜입니다. 나는 거듭났어요. 순수한 기쁨을 느꼈어요. 믿을 수 없었어요. 한 번도 느껴보지 못한 최고의 감정이었어요. 그 순간에 예수 그리스도가 나를 사랑한다는 것을 알았어요. 틀림없어요. 그날 그가 내 가슴 안에 들어왔다는 사실에 조금의 의심도 없어요. 거듭난 다른 기독교인들에게도 그런 일이 일어났다고 믿어요. 가슴에 들어온 존재가 예수 그리스도라는 것을 아는 이유는 나 자신이 변했기 때문입니다. 몇 년이 지난 오늘도 예수는 나와 함께 있어요. 만일 당신도 그에게 당신의 가슴으로 들어오라고 부탁하면, 지금 내가 무슨 말을 하는지 알게 될 거예요."

나는 이 문제를 놓고 거듭난 기독교인들과 자주 대화했다. 그들 모두는 나를 매료시켰다. 왜냐하면 눈부신 문명을 이룬 외계인들을 처음 접한 우주비행사들로부터 보고를 듣고 있다는 느낌이 들었기 때문이다. 존경할 가치가 없다는 뜻은 아니다. 나는 정말로 나 자신이 다른 세계로부터 전보를 받는 듯한 느낌을 받았다. 그 거듭난 기독교인도 똑같은 기분을 느꼈을 것이라고 짐작한다.

그러나 회의론자의 관점에서 거듭난 경험을 논하는 것은 대단히 힘든 일이다. 왜냐하면 사람들이 자신의 감각과 개인적 기억을 근거 없이 확신하는 경향이 있기 때문이다. 사람들은 비범한 경험, 예를 들어 어떤 신과 밀접하게 연결되는 사건을 해석하는 데는 어느 정도의 회의론이 필요하다는 것을 잘 모른다. 우리의 뇌가 현실과 동떨어진 어떤 경험을 미화하거나 재건하거나 창조하는 방법은 여러 가지다. 따라서 예수 그리스도를 보았다거나 들었다거나 현존을 느낀다고 주장하는 신자들의 이야기에 의문을 품는 것은 타당하다.

당신의 뇌가 당신에게 거짓말을 한다

　모든 인간들은 뇌를 갖고 세상에 태어난다. 그런데 불행하게도, 우리들 중 어느 누구도 뇌를 적절하게 작동시키는 매뉴얼은 받지 못했다. 뇌가 곧잘 이상한 짓을 하는데도 우리는 뇌의 표준적인 특징밖에 모른다. 그 결과 길을 잃는 경우도 종종 있다. 보고, 듣고, 현실과 공상을 구분하고, 사건을 기억하는 것은 모두 우리에게 자연스럽게 주어진 능력이며 신뢰할 만하다. 그러나 대부분의 사람들이 이해하지 못하고 있는 게 있다. 우리의 뇌가 세상을 인지하고, 현실을 평가하고, 과거의 사건들을 회상하는 방법이 우리가 본능과 상식에 따라 생각하는 것과는 매우 다르다는 사실이다.

　거듭나는 경험을 어떤 신의 존재를 뒷받침하는 증거로 받아들일 수 있는지 공정하게 평가하기 위해, 우리는 우리의 머리 안에서 현실과 허구를 분리하는 작업이 신뢰할 만한지, 일관성은 있는지 고려해야 한다. 그러다 보면 우리가 그 일에 그다지 뛰어나지 않다는 게 확인될 것이다. 우리는 환경이나 다른 사람에게, 심지어 우리 자신의 생각에 아주 쉽게 속는다. 과학적인 방법이 매우 귀중한 이유가 여기에 있다. 과학적인 방법은 편향과 착각과 같은 인간의 약점을 극복하면서 현실을 발견하고 배우고 확증하는 한 방법이기 때문이다.

　이런 통계 중 어느 것도 인간의 뇌를 헐뜯기 위한 것은 아니다. 지적이지도 못하고 무심하기도 한 창조력의 산물이다. 우리가 두개골 안에 갖고 돌아다니는, 불기둥 같이 생긴 3파운드짜리 신경세포들 덕에, 인간은 언어와 수학, 과학, 음악, 미술, 아이스크림 등을 창조할 수 있었다. 이 막강한 뇌는 우리가 창조적인 방법으로

거듭난 기독교인들은 누구인가?

미국 인구의 절반 가까운 수가 자신을 거듭난 기독교인이라고 생각하고 있다. 다음은 자신의 종교적 정체성에 대해 '거듭났다'고 묘사하는 기독교인의 비중이다.

종파	
복음주의 프로테스탄트	62.4%
블랙 프로테스탄트	57.3%
메인라인 프로테스탄트	16.8%
가톨릭	4.7%

성별	
남자	23.6%
여자	32.8%

교육	
고등학교 이하	33.7%
대학 이상	22.9%

서로를 이용하고 죽이기도 한다. 그러니 뇌를 잘 사용하는 것은 매우 중요하다. 이런 부정적인 측면을 고려하더라도, 우리의 뇌는 계산과 상상력의 놀라운 기계다. 인간은 자연에서 육체적으로 가장 빠르거나 가장 강력한 존재는 아니다. 그러나 우리는 최고의 사상가들이다. 우리 중에서 가장 우둔한 사람도 두뇌의 힘은 대단하다. 이 지구상의 모든 생명체 위로 우뚝 솟아 있다. 우리는 정말 특별하다. 그러나 어디까지나 우리의 뇌가 특별하기 때문이다.

불행히도, 우리가 많이 의존하고 있는 뇌는 이상한 방식으로 작동한다. 그 방식 중 일부는 쉽게 탐지되지 않거나 인식되지 않는다. 때문에 대부분의 사람들은 우리가 지각과 분석, 판단, 계산의 실수에 아주 취약하다는 걸 잘 이해하지 못한다. 귀신과 UFO를 봤다는 사람들, 거듭나는 경험을 한 사람들이 자신이 "아는" 것에 대해 확신하는 것도 그 때문이다. 이 사람들은 누구나 쉽게 사물을 잘못 지각할 수 있으며 모든 것을 잘못 믿을 수 있다는 사실을 모른다.

엄연한 사실은, 당신이 인간 존재라면 현실에 존재하지 않는 것을 아주 쉽게 보고 듣고 느낄 수 있다는 점이다. 인간의 뇌는 과거의 매우 중요한 사건들도 엉터리로 기억하곤 한다. 게다가 어떤 사람이 품고 있는 믿음은 그 사람이 하는 경험에 엄청난 영향을 미칠 수 있고 또 종종 미치기도 한다. 예를 들어 보자. 전문적인 천문학자든 아마추어 천문학자든 그들 중에는 UFO를 보았다는 사람이 하나도 없는데 UFO를 믿는 많은 사람들이 외계인의 우주선을 그렇게 자주 보는 이유는 무엇일까? 모두가 똑같은 하늘을 바라보고 있는데 말이다. 영매를 이미 믿는 사람들이 어떤 무당이 스무고개 게임을 할 때 강한 인상을 받는 이유는 무엇인가?

거듭난 경험을 했다는 무수한 주장에 놀라서는 안 된다. 그 경험들은 이미 강력히 믿고 있던 믿음에 의해 일어나는 것이며 문화적 영향이나 동료의 압박에 의해 심화된 심리적 현상일 가능성이 크다. 이 경험들을 들어보면, 어떤 초자연적인 존재가 개입되었다는 점을 암시하는 게 전혀 없다. 거듭난 기독교인들에게는 이런 가능성을 부정할 근거가 하나도 없다. 거듭난 기독교인도 인간의 뇌를 갖고 있고, 인간의 뇌는 이런 종류의 착각을 일으킬 수 있다는 것을 우리가 알고 있기 때문이다. 이 중 어느 것도 모욕이나 비하로 해석해서는 안 된다. 만일 기독교인들이 자신의 종교 밖의 신비한 경험뿐만 아니라 정상적인 뇌의 기능과 기본적인 심리학을 더 많이 생각한다면, 다른 사람들의 이야기뿐만 아니라 자기 자신의 거듭난 이야기에 대해서도 보다 회의적으로 보게 될 것이다.

신을 만났다는 착각

만일 어떤 신의 방문이나 개인적 소통이 기독교인에게만 일어난다면, 거듭났다는 주장이 더욱더 힘을 얻을 것이다. 그러나 다른 문화권에 사는 수백만 명의 사람들도 이와 매우 비슷한 경험을 했다고 보고했다. 이 경험은 기독교인에게만 있거나 새로운 것이 전혀 아니다.

인간이란 그림을 보다 폭넓게 그린다면, 신자들이 이 문제를 보다 명확하게 볼 수 있을 것이다. 어느 한 종교의 주장만을 고려 대상으로 제시하는 것은 비논리적이며 공정하지 않다. 그래서 공정을 기하자면, 선사시대 무당들의 무아경도 그 무당들의 신이 존재하며 무당들의 마법이 유효하다는 것을 뒷받침하는 증거인가? 파르나소스 산의 무녀의 예언도 고대 그리스 신들의 실존에 관한 모든 의문들을 걷어내는가? 오늘날의 '신들린' 정령 신앙자들의 발작도 자연에 정령이 존재한다는 것을 증명하는 것인가? 미국의 어떤 사람들은 외계인에게 납치당한 경험이 자신의 삶을 크게 바꿔놓았다고 보고한다. 그렇다면 납치당했다고 주장하는 사람들의 정직과 확신이 외계인이 지구를 방문했다는 것을 뒷받침하는가? 나는 그렇다고 생각하지 않는다. 거듭난 기독교인 중에서 이 예들이 아무것도 증명하지 못한다고 생각하는 사람들은, 똑같은 사고와 회의론을 '초자연적 만남이 있었다'는 자신의 주장에 적용해 보면 그게 얼마나 비현실적인지 알게 될 것이다.

요약하면, 우리의 뇌는 공상과 현실을 잘 구분하지 못한다. 대단히 비범하거나 중요한 주장이 제기됐을 때, 아무 의문 없이 우리의 뇌를 덮어놓고 믿어서는 안 된다. 정직한 기독교인이라도 대단히 놀랍고 현실적인 무슨 일이 자신에게 일어났다고 확신할 수 있다. 그러나 확신만으로는 아무것도 증명하지 못한다. 비범한 사건들을 경험하는 것은 정상적인 인간의 활동이다. 수많은 문화권에서 수천 년 동안 수많은 사람들이 보아온 것처럼 말이다. 거듭났다고 해서 회의적인 사람들이 신자들을 무식하거나 정신병을 앓는 사람으로 보아서는 안 되는 이유이기도 하다. 그런 경험의 절대다수가 단지 인간적인 경험에 지나지 않는다고 나는 생각한다.

거듭나려고 했던 시도

일부 기독교인들은 거듭나는 경험에 대해 의문을 제기하려는 나의 시도에 화를 낼지도 모르겠다. 그러나 나도 한때 거듭난 기독교인이 되려고 노력한 적이 있다는 사실을 알면 분노가 조금 줄지 않을까? 내가 열세 살쯤 되었을 때, 어떤 독실한 기독교인이 전화번호부를 뒤지며 선교활동을 하다가 우리 집에 전화를 걸었다. 그 전

진정한 신자들

한 조사에 따르면, 거듭난 기독교인들이 기독교의 다양한 측면을 다른 부류의 기독교인에 비해 더 강하게 믿는다. 예를 들어서 거듭난 기독교인들은 가톨릭과 프로테스탄트 신자에 비해서 다음의 것들을 훨씬 더 강하게 믿는다.

하나님	97%
천국	97%
부활	97%
기적	95%
천사	95%
처녀 잉태	92%
혼의 생존	91%
지옥	89%
악마	89%
창조론	68%
진화	16%

화 선교사는 나에게 예수 그리스도를 가슴으로 받아들이고 거듭났는지를 물었다. 그런 일이 일어난 적이 없다고 대답하자, 그는 내가 죽으면 천국에 가지 못하고 지옥에서 영원히 고통을 받게 될 것이라고 설명했다. 그는 내가 안전하기 위해선 즉시 다시 태어나는 것이 중요하다고 말했다. 그에 따르면, 나는 죄가 많은 탓에 구원을 받을 가치가 없다는 것이다. 나 외에 집에 아무도 없어서 전화를 받았을 뿐인 순진한 중학생에게 이건 좀 지나친 말이었다. 그러나

나는 그 사람이 좋은 뜻으로 한 말이라고 느꼈으며 또 예의도 갖출 줄 알았다. 그래서 나는 그의 말을 계속 들어주었다. 그는 내가 죽고 나서도 계속 살려면 예수 그리스도를 나의 가슴속으로 초대하고 그에게 내 인생 13년 동안 저지른 무서운 짓들을 용서해달라고 간청하고 주기도문을 외워야 한다고 말했다.

처음에는 그저 이방인에게 예의를 갖추느라 저쪽 말에 대꾸했지만 이제는 "나라고 못할 이유가 있어?"라는 생각을 품게 되었다. 그때 내가 그의 경고를 믿었다고는 말할 수 없다. 그러나 나는 그 남자나 그의 주장을 전적으로 거부하지는 않았다. 그래서 그의 지시를 따라 나는 "예수 그리스도여, 저의 가슴 안으로 오셔서 저의 죄를 용서해주소서" 뭐 이런 말을 했다. 전화기 속의 목소리가 나를 기도하게 만들었다.

지금 회상하건대, 나는 매사에 아주 정직했다. 나는 언제나 신들의 실제적 존재에 대해 어느 정도의 회의를 품고 있었다. 그날 오후도 마찬가지였다. 그러나 나는 그의 지시를 따르려고 애를 썼다. 그 전화에 관한 기억 중에서 가장 두드러진 것은 그 남자가 이런 뜻으로 한 말이었다. "그것으로 충분해요. 자 이제 당신은 거듭 태어났어요. 당신은 모든 것을 용서받았고 지금이나 당신이 죽은 뒤에나 영원히 예수 그리스도와 함께할 것입니다." 그러나 나는 그의 말에 넘어가지 않았다. 나는 아무것도 느끼지 못했다. 예수 그리스도의 앞에 있다는 느낌도, 따스한 감각도, 형언할 수 없는 평화와 만족도, 나의 전신을 훑는 전율도, 떨림도 없었다. 아무것도 없었다.

나는 거듭나려고 시도하다가 실패한 이야기를 몇몇 기독교인에게 들려주었다. 그랬더니 대부분의 사람들이 그 이유를 간단하게 설명했다. 내가 예수 그리스도를 충분히 믿지 않았으며, 그렇기 때문에 예수 그리스도가 나에게 오지 않았다는 것이다. 그 말에 대해 나는 "왜 충분히 믿지 않았다고 생각하는가?"라고 물었다.

예수 그리스도가 현실적인 존재로 스스로를 드러내기 전에 먼저 예수 그리스도가 진짜라는 것을 믿어야 한다는 말은 좀 이상하게 들린다. 거꾸로 된 것이 아닌가? 증거가 결론보다 먼저 나와야 하는 것 아닌가? 누군가가 강력한 믿음을 품고 있고 그에 따라서 그 믿음을 뒷받침할 것 같은 특이한 경험을 할 때마다, 내면에서 어떤 경종 같은 것이 울려야 한다. 그것으로 그 사람이 회의론자가 될 수 있어야 한다.

전형적인 '거듭난 경험'은 흔히들 말하는 것처럼 그 개인의 삶에 급진적인 변화를 야기하는 것 같지는 않다. 그것은 TV의 채널을 바꾸는 것보다는 볼륨을 높이는 것과 비슷하다. 신심이 약한 기독교인이 독실한 기독교인이 될 수는 있을 것이다. 대부분의 사람들이 그 정도의 변화를 보인다. 앞에서 설명한 것처럼, UFO와 귀신의 문제에서 보듯 믿다 보면 종종 본 것 같은 착각이 일어나기도 한다.

거듭난 경험이라고 해서 이런 착각과 다르다고 생각해야 할 이유가 있을까? 기독교인들은 거듭나는 경험이 일어나기 전에 예수 그리스도를 받아들여야 한다는 점을 이미 인정하고 있다. 회의론자들에겐, 이 말은 마치 거듭나는 경험을 하기 전에 먼저 그 사람이 암시를 받아들이고, 회의론을 포기하고, 더 이상의 질문을 던지지 말아야 한다는 뜻으로 들린다. 비합리적인 믿음에 대한 방어 태세를 풀면 현실적인 무엇인가가 일어날 것이라고? 당신의 방어 태세를 풀면 오히려 비현실적인 무엇인가가 일어날 가능성이 더 크다.

나에게 전화를 걸었던 그 익명의 전도사에게 자극을 받아, 나는 거듭나는 경험을 하려고 최선의 노력을 기울였다. 물론 나는 의심을 품었고 절대적 신앙을 모방하지 못했다. 그러나 나는 말과 생각에 충실했다. 그렇게 했음에도 아무 일도 일어나지 않았다. 탄환을 장전하지 않은 총을 당기는 것이나 마찬가지였다. 어떠한 믿음도 생기지 않았고, 거듭나는 경험도 전혀 일어나지 않았다.

21

신앙은 좋은 것인가?

종교적 믿음이라는 맥락에서는 신앙을 부정적으로 비판하는 즉시 도전에 직면하게 된다. 신앙은 아주 높게 평가되기 때문이다. 신앙은 긍정적이고 분별력 있으며, 종교의 근본적인 요소라는 말을 들어온 사람 중에 신앙을 다시 생각하거나 포기할 사람은 거의 없는 것 같다. 몇 세기 동안 신앙이라는 개념의 마케팅이 대단한 성공을 거뒀기 때문에, 신앙 문제를 지적하면 많은 기독교인들은 엄마와 애플파이에 대한 악의적인 공격 정도로 여긴다.

신앙을 공격하는 행위는 지적으로나 정서적으로나 새끼 고양이를 발로 차는 행위나 다름없게 되었다. 그럼에도 신앙은 지적인 면에서 약한 개념이고, 특이한 주장에 대해 후진적으로 사고하는 방식이기 때문에 도전받아 마땅하다.

이 장은 기독교의 초자연적인 주장이나 기독교 신의 존재에 관한 게 아니다. 이 장은 어떤 신을 믿는 이유와 정당성의 차원에서 신앙의 문제를 다룬다. 신앙은 종종 근거 없는 결론에 도달하기 때문에 건전한 사고를 못하게 한다. 때문에 신앙에는 결함이 있을 뿐만 아니라 바람직하지 않은 것도 있다는 것을 보여줄 것이다. 기독교인이든 비기독교인이든 사고의 한 방식으로 신앙에 의존해서는 안 된다고 본다.

신앙을 분석하기에 앞서, 신앙이란 것이 정확히 무엇인지부터 살펴보자. 기독교의 특징들이 대개 그렇듯, 신앙과 관련해서도 많은 의견이 있다. 대체로 신앙에 대한 정의는 두 가지다. 대부분의 기독교인들이 동의하는 정의다. 첫째, 누군가를 아니면 뭔가를 신뢰하는 것이다. 둘째, 증거가 부족하거나 없을 때에도 어떤 신을 진짜라고 믿는 것이다.

이 문제를 더욱 복잡하게 만드는 것이 있는데, 신앙이 종종 종교의 동의어로 쓰이고 있다는 사실이다. 종교에 대한 신앙을 이해하려고 노력할 때에는 종교에 대한 정의와 신앙에 대한 정의를 분리해 일관성을 유지하는 것이 중요하다. 불행히도, 많은 기독교인들이 서로 다른 의미 사이를 아무런 거리낌 없이 마구 오가고 있다. 이것이 신앙에 관한 진지한 논의에서는 혼란의 요소가 될 수 있다.

어떤 신이 진짜라는 신앙은 어떤 사람이 신이나 친구, 가족에게 품는 믿음과는 다르다. 내가 내 아이들과 아내에게 품는 믿음 즉, 신뢰는 어떤 기독교인이 자신의 신을 진짜라고 믿도록 만드는 그런 유의 신앙과는 아주 다르다. 내가 잠을 잘 때 내 가족이 나를 죽이지 않을 것이며 내 서재에 불을 지르지 않을 것이라고 믿을 만한 증거와 경험을 나는 충분히 갖고 있다. 그 점에서 보면, 나는 가족에 대한 '신앙'을 갖고 있다. 그러나 인간 존재로서 그들의 존재에 대한 '신앙'은 필요하지 않다. 나는 그들이 존재한다는 것을 분명히 말할 수 있다. 왜냐하면 그들의 존재를 뒷받침할 증거들이 아주 많기 때문이다. 나는 아내와 아이들을 만지고 그들의 목소리를 듣고 또 그들을 본다. 나의 아이들은 자신들의 존재를 증명하는 추가 증거로 집안 곳곳을 돌아다니며 파괴의 흔적을 남기고 있다. 나는 평생 종교적 신앙을 한 번도 받아들이지 않고 있다. 나는 무엇이든 그것을 뒷받침하는 증거가 있으면 진실로 받아들일 것이다. 그러나 증거가 없다면, 나는 무엇이든 진실로 받아들이지 않을 것이다. 아주 간단한 문제다. 나는 신앙 같은 개념이 나의 머릿속을 복잡하게 떠돌도록 내버려두고 싶지 않다. 그 이유는 그것이 나로 하여금 알지도 못하는 것을 안다고 주장하도록 만들기 때문이다. 그런 식의 생각은 좋지 않은 사고일 뿐만 아니라 정직하지도 않다. 나는 여전히 많은 것이 진실이기를 바랄 수 있고 많은 것에 관해 꿈을 꿀 수 있다. 그러나 신앙이 나의 지식을 헛되이 부풀려놓도록 내버려두지는 않는다.

지식 없는 지식

다음은 신앙에 대한 전형적인 설명으로, 대중적인 어느 기독교

웹사이트에서 인용한 것이다. "신앙은 강한 확신을 가진 믿음이다. 신앙은 뚜렷한 증거가 전혀 없을 수 있는 뭔가에 대한 견고한 믿음이다. …… 신앙은 회의의 반대이다. 신앙은 기독교인의 삶에서 가장 중요한 요소이다."

성경은 신앙을 "바라는 것들의 실상이요 보이지 않는 것들의 증거"('히브리서' 11장 1절)라고 묘사한다. 대부분의 기독교인들은 신앙을 자신의 신이 진짜라는 것을 알 수 있는 길로 본다. 또 우주와 자신의 삶에서 신이 하는 역할에 대해 무엇인가를 알 수 있는 길로 본다. 다른 사람들에게 제시하거나 과학적 검증을 위해 내놓을 훌륭한 증거를 전혀 갖고 있지 않으면서도 말이다. 신에 대한 믿음을 갖는 것은 미덕으로, 다른 사람도 받아들이도록 권장할 자랑스러운 무엇인가로 여긴다.

그러나 이 중 어느 하나라도 말이 되는가? 진리와 현실을 중요하게 여기는 기독교인이나 비신도에게는 터무니없이 들려야 한다. 기독교인을 포함한 모든 사람들은 자신을 위해서라도 믿기 진에 먼저 생각부터 해야 한다. 믿음을 근거로 중요한 결론을 내리는 것은 위험한 도피다. 힘든 조사나 분석을 피하기 위해 속임수를 쓰는 하나의 지름길이다. 그런 행태는 복잡한 수학 문제를 풀지도 않고 답을 제시하려는 것이나 비슷하다. 하나 혹은 그 이상의 신이 진짜 있을 수도 있다. 그러나 믿음이 그 문제를 해결해줄 것이라고 말해서는 곤란하다. 확신을 품기 위해서는 훌륭한 토론이 가능해야 하고 그럴듯한 증거도 있어야 한다. 그렇지 않으면 진짜가 아닌 것을 믿으면서 실수를 저지르고 시간을 낭비할 수도 있다. 무엇인가를 결정하기 위해 이성이 아닌 믿음을 선택하는 것은 당신의 두개골 안에 들어 있는 위대한 생각의 기계를 무시하는 처사이다. 어떤 존재의 문제를 해결하기 위해 믿음을 이용하는 것은 조잡한 사고에 지나지 않으며, 조잡한 사고는 종종 실수를 낳고 문제를 낳는다. 기독교인이든 아니든, 우리 모두는 수많은 주장과 증거를 평가한 뒤에만 중요한 결론을 내리는 예리한 사상가가 되려고 노력해야 한다.

신앙의 개념을 부정한다고 해서 반드시 그 사람이 무신론자가 되는 것은 아니라는 점을 기억하라. 나는 신앙을 지적인 '막다른 길'이라고 인정하는 기독교인들과도 토론을 벌였다. 그들은 여전히 예수 그리스도를 믿고 있지만 그 믿음의 바탕을 스스로 "충분히 훌륭하다"고 생각하는 증거와 희망사항에 두고 있다. 문제가 전혀 없는 것은 아니지만 이런 자세가 "예수 그리스도가 진짜 신인 것은, 내가 예수는 진짜 신이라고 믿기 때문이다"라고 우기는 것보다 훨씬 더 낫지 않은가.

신앙은 이성으로부터의 도피인가?

마크 트웨인은 한 세기도 더 전에 자신의 책에 이렇게 썼다.

"신앙이란 당신이 생각하기에 사실이 아닌 것처럼 보이는 것을 사실이라고 믿는 것이다."

이 말은 앞에서 말한 것처럼 대중이 자신의 믿음을 정당화하는 행태의 잘못된 점을 한마디로 잘 요약하고 있다. 신앙의 문제는 신앙이 우리가 진정으로 알지도 못하는 것을 아는 것처럼 행동하도록 하고 터무니없는 것을 받아들이도록 한다는 데 있다. 신앙은 반

(反)사고적인 사고의 한 형태다. 신앙은 우리에게 중요한 무엇인가에 대해 정신적 노력을 전혀 들이지 않은 채 결정하라고 요구한다. 어떻게 그런 과정이 안전하고 생산적이고 현명할 수 있는가? 만일 신앙이 증거를 요구하지도 않고 어떤 결정을 내리는 수단이라면, 나는 길을 건너는 일조차 신앙에 의지하지 않을 것이다. 그러니 어떤 신이 진짜인지를 결정하는 문제에 있어서는 더더욱 신앙에 의지하지 않을 것이다.

기독교인을 비롯한 신자들은 종종 자신의 특별한 주장이 초래할 심각한 영향을 강조한다. 그들은 '영원한 구원'이 달려 있다고 말한다. 만일 그것이 그처럼 중요하다면, 어떻게 근거 없고 맹목적인 신앙이 그 논쟁에 개입하게 하는가? 인간의 활동 중에서 종교 외에 신앙의 개념을 소중히 떠받들고 사람들에게 그것을 품으라고 하는 게 따로 있는가? 만일 종교계에서 말하는 신앙이 합리적이고 제대로 통한다면, 과학자들이 우주의 다양한 측면을 설명할 때 신앙을 이용하지 않는 이유는 무엇인가? 어떤 천체생물학자가 이렇게 말한다고 가정해보라.

"나는 외계생명의 존재에 대한 믿음을 갖고 있기 때문에 외계생명이 진짜 있다는 것을 안다. 그러므로 아득히 멀리 떨어진 행성에 로봇을 보내 생명을 찾아 나설 이유가 전혀 없다. 나의 믿음이 나에게 외계생명이 있다는 확신을 심어준다."

또 믿음에 의존하는 의사가 있어서 이런 식으로 말한다면 어떻게 되겠는가?

"X-레이나 혈액검사를 할 필요가 전혀 없다. 나는 당신의 뇌 속에 종양이 있다는 것을 알고 있다. 그래서 뇌수술을 할 것이다. 믿음 덕에, 나는 당신의 뇌에 종양이 있다는 것을 100% 안다."

만일 신앙이 어떤 신이 진짜라는 것을 선언하기에 충분하다면, 외계인과 종양에 대해서도 그렇게 하지 못할 이유가 있을까?

다른 신이 있다는 것도 잊지 말라

신앙의 또 다른 중요한 문제는 그것이 하나의 신에게만 해당되는 게 아니라는 점이다. 신앙이라는 개념을 떠받드는 기독교인에게는 안됐지만, 신앙에 대해 특허를 낸 사람은 아무도 없고 따라서 다른 종교의 신자도 이 용어를 사용할 수 있다. 포틀랜드 스테이트 대학의 철학 교수인 피터 보고시안(Peter Boghossian)은 종교의 맥락에서 신앙은 누구도 믿지 못하는 사고(思考)의 대체물이라는 점에 동의한다.

만일 어떤 결론에 도달하기 위해 신앙을 이용한다면, 그 결론은 반드시 독단적일 것이다. '이상한 나라의 앨리스'에 나오는, 화가 나서 사방으로 달리는 말처럼, 신앙은 구체적인 어떤 방향을 가리킬 수 없다. 이렇게 되는 이유는 믿음을 정당화할 증거가 충분하지 않은 상태에서 어떤 구체적인 결론으로 초점을 맞추는 것은 불가능하기 때문이다. 예를 들어 세상에는 신앙의 전통이 아주 다양하다. 각 신앙의 전통 안에는 저마다 다른 주장이 있다. 이슬람 신자들은 모하메드가 마지막 예언자였다고 믿는다. 몰몬교 신자들은 모하메드 이후에 살았던 조지프 스미스가 예언자였다고 믿는다. 모하메스가 마지막 예언자라는 주장도 맞고 그의 뒤에 살았던 누군가가 마지막 예언자였다는 주장도 맞을 수는 없다. 적어도 어느 하나는 반드시 틀렸다. 만일 이 주장들을 평가하는 도구가 신앙이라면, 이 주장 중 어느 것이 틀렸는지 파악하는 것은 불가능하다. 신앙은 판결을 내리지 못한다. 신앙이 현실의 믿을 만한 중재자가 아니기 때문이다. 신앙은 사람들이 진실과 거짓을 구별하는 데도 도움을 주지 못한다. 신앙에 대해 할 수 있는 가장 관대한 말은 신앙이 사람들을 잘못된 방향으로 이끌기 쉽다는 것이다.

이처럼 신앙이 마음대로 사용되고 있고 신앙이 모든 신과 종교에 적용되고 있다는 사실은 정직하고 생각 깊은 기독교인의 마음을 불편하게 만들어야 한다. 왜냐하면 신앙이 그런 식으로 쓰임에 따라 원래의 힘이 사라져버렸기 때문이다. 만일 신앙이 예수 그리스도가 신이라는 믿음의 바탕이 되도록 허용한다면, 이슬람교 신자가 알라 신이 진짜 신이며 알라에게는 아들이 없었다고 말할 때 기독교인은 어떻게 할 것인가? 또 어느 유대인 랍비가 야훼가 아들을 두지 않았다거나 2000년 전에 인간의 형태로 이 땅에 오지 않았다고 말한다면, 기독교인은 또 어떻게 해야 하는가? 만일 어느 이교도가 올림포스 산의 신들에 대한 자신의 믿음을 옹호하면서 신앙을 들먹인다면, 기독교인이 강한 인상을 받게 될까? 나는 그렇지 않을 거라고 생각한다.

22

아이들은 기독교인이어야 하는가?

나는 지금 뉴델리에서 15마일 가량 떨어진 마을에 머물고 있다. 전날 나는 타지마할 앞에서 경외감을 느끼며 보냈다. 그처럼 찬란한 건물을 지금까지 한 번도 본 적이 없다. 하얀색 대리석 표면은 태양이 움직이는 각도에 따라서 하루 종일 빛을 바꾸며 반짝이고 있었다. 건물의 선들의 대칭과 흐름은 완벽에 가까워보였다. 그날은 전적으로 아름다움에 취해 보낸 드문 날이었다.

그러나 다음날은 그렇지 않았다. 혼자서 인도를 떠돌다 보면 어딜 가나 모순과 극단의 소용돌이를 목격하게 된다. 지구상 어느 나라도 호기심 많은 여행객에게 인도만큼 많은 것을 보여주지 못할 것 같다. 인도는 고요하고 평화롭다. 물론 혼란스럽거나 어지러운 때를 제외하고 말이다. 인도는 한 순간 믿을 수 없을 만큼 아름답다가도 금방 충격적일 정도로 추한 모습을 드러낸다. 인도 국민들은 아주 사랑스러우면서도 아주 형편없는 모습을 보이기도 한다. 어떻게 한 나라가 그렇게 다양한 모습을 보일 수 있을까? 나도 여러 번 인도를 싫어했다. 그러면서도 언제나 인도를 사랑한다.

현지에서 관광할 곳에 대해 조언을 청한 뒤, 나는 어떤 친절한 사람으로부터 근처에 마드라사(이슬람교의 교육기관을 일컫는다/옮긴이)가 있다는 소리를 들었다. 나로서는 이슬람교 학교가 관광명소로 꼽히는 이유가 궁금했다. 나는 직접 확인해보기로 마음을 먹었다.

인도 인구는 대부분이 힌두교 신자들이다. 그러나 이슬람 신자도 1억5000만 명을 넘는다. 내가 그곳으로 가던 길에, 어떤 소년이 낡은 건물의 폐허에서 나에게 접근해왔다. 조금 지나서 나는 그 장면을 이해할 수 있었다. 그는 팔과 다리로 기고 있었으며, 몸은 불가능하다 싶을 만큼 심하게 뒤틀려 있었다. 나는 그가 소아마비를 앓아 그렇게 되었을 것이라고 짐작했지만 확실하지는 않다. 소년은 활짝 미소를 지으며 손을 내밀었다. 그때까지도 충격에 빠져 있던 나는 혹시 있을지도 모르는 강도들을 살필 생각도 하지 않고 루피화 다발을 꺼내 그에게 전했다. 길을 계속 걸으면서, 나는 뒤를 돌아보며 "인생은 정말 불공평해"라고 생각했다.

마드라사를 발견한 즉시 나는 마음이 불편해졌다. 수업이 열린 공간에서 진행되고 있었다. 아름다운 날이었는데, 모두가 소년이었다. 아이들은 생각 없는 꼭두각시처럼 노래를 부르고 있었다. 선생이 뛰어나와 나를 맞았다. 그는 아주 친절했으며 나를 데리고 학교 곳곳을 구경시켜 주었다. 그가 설명했다. "우리는 코란만 이용하고 있어요. 그 외의 다른 것은 필요하지 않아요. 암송하는 소리 들리지요?" 나는 "수학은 어떻게 하죠?"라고 물었다. "문제없어요. 모든 것을 가르칠 수 있어요. 코란에 모든 것이 들어 있어요."

나의 시선은 30명의 소년들 쪽으로 옮겨갔다. 8세에서 12세 사이의 소년들이었다. 그들은 몸을 앞뒤로 흔들며 코란 구절을 운율까지 맞춰가며 외우고 있었다. 나는 아이들이 하루 종일 그러고 있다는 사실에 충격을 받았다. 도저히 믿기지 않았다. 하지만 이 아이들도 때때로 경전을 옆으로 밀쳐 두고 지도를 보거나 대륙이동이 어떤 식으로 이뤄졌는지 배우지 않을까? 나는 그 선생에게 다시 모든 교육을 코란으로 하고 있는지 물었다. 한 번 더, 그는 자기 학교는 다른 책이나 교재를 전혀 사용하지 않는다는 사실을 강조했다. 그러면서도 그는 부끄럽게 생각하지 않았다. 오히려 어떤 긍지를 느끼는 것 같았다. 나는 예산 때문이냐고 완곡하게 물었다. 어쩌면 이 학교가 생물학과 물리학을 커리큘럼에 넣고 싶지만 교과서를 장만하지 못했을 수도 있으니까. 만일 그런 문제에 직면해 있다면, 나는 즉시 내 주머니를 털었을 것이다. 그러나 그는 의도적으로 그렇게 한다고 했다. 그것이 유일하게 옳은 길이라고 말했다.

어른들의 지적 학대

전직 교사로서 나는 이 아이들을 보면서 마음이 찢어지는 아픔을 느꼈다. 그 장면에는 두 가지가 잘못되어 있었다. 첫 번째 잘못은 그 아이들이 받고 있던 교육이 벗어날 수 없는 빈곤의 덫 때문이 아니라 종교적 선택 때문에 불완전하고 부적절하다는 점이다. 두 번째 잘못은 그들이 기억에 관해서는 전혀 생각하지 않는다는 점이다. 그것은 주입이지 교육은 아니었다. 이 말을 이해하기 어려울지도 모르겠다. 그러나 우리 인간이 이런 식으로 낭비하는 두뇌가 얼마나 많은지 한번 상상해보라. 얼마나 많은 소년들이 코란을 외우면서 시간을 보내고 있는가? 또 얼마나 많은 아이들이 별에 대해 배우거나 미래의 우주여행에 대해 생각하지 않고 천국에 대해 생각하며 시간을 보내고 있는가? 우리가 직면한 도전이 얼마나 하찮기에 미래의 문제해결사들을 이런 식으로 낭비해도 괜찮단 말인가? 아니 그런데 어린 소녀들은 어디에 있는가? 나는 그 선생에게 물었다. 소년만 그 학교에 다닌다고 했다. 나는 소녀들이 집에서 요리를 하거나 빨래를 하고 있을 것이라고 짐작했다. 참으로 이상한 말이지만, 소녀들이 오히려 더 행복한지도 모르겠다. 나라면 나에게 아무런 의미가 없는 구절을 외우며 시간을 보내느니 차라리 카레를 만드는 것이 낫겠다.

흥미로운 것은 내가 기독교인에게 이 이야기를 들려줄 때마다 똑같은 대답을 들었다는 점이다. "아니, 어떻게 그럴 수가 있어!" "정말 무섭군!" "불쌍한 아이들 같으니." 내가 직접적으로 언급하기 전까지, 그들은 인도의 그 학교에서 이뤄지고 있는 것과 전 세계에서 수백만 명의 아이들이 매일 기독교를 배우고 있는 현실 사이에 아무런 유사성을 보지 못했다. 그들에게는 마드라사의 조건이 너무나 극단적이고 아이들에게 너무나 불공평했기 때문이다.

그러면 기독교가 대물림되는 방법은 어떤가? 아주 어린 아이들에게 기독교를 인생에 꼭 필요한 것으로 가르치고 있다. 대부분의 경우 무신론이나 비판적 사고에 대해서는 조금의 암시도 주지 않는다. 아이가 '레위기'와 '신명기'의 구절을 암송하며 몇 시간씩이나 앉아 있지는 않는다. 그러나 중요한 문제는 똑같다. 2세에서 12세 사이의 아이는 자연과 가족, 사회의 영향 때문에 부모나 선생

같은 권위 있는 인물이 들려주는 이야기를 받아들이고 내면화하는 경향이 강하다. 5세 아이들 중에서 예수 그리스도나 알라, 칼리 신이 진짜라거나 성경과 코란, 바가바드 기타가 순수한 진리의 책이라고 말하는 아버지에게 도전할 수 있는 아이는 거의 없다. 종교에 회의적인 사람들은 이 같은 사실에 큰 문제가 있다고 생각한다. 그것이 잘못이라고 느끼기 때문이다. 그건 지적 학대와 다를 게 하나도 없다.

기독교인들도 많은 이슬람교 신자들이나 다른 종교의 신자들과 같이 자신들이 옳고 필요한 일을 하고 있다고 느낄 것이다. 그들에게는 기독교야말로 궁극적 진리이고 선의 원천이다. 그렇다면 종교가 그 자체의 힘으로 서도록 가만두지 않는 이유는 무엇인가? 아이들이 스스로의 힘으로 생각하면서 특별하고 이상한 주장에 대해 판단할 수 있을 때까지 어른들이 기다려주지 않는 이유는 무엇인가?

사람들은 종종 경쟁적인 종교들 사이의 대조와 충돌에 대해 이야기한다. 그러면서 잘못된 점을 늘 강조한다. 기독교가 미래를 지배할 것인가 아니면 이슬람교가 미래를 지배할 것인가 하는 문제는 그 신봉자들의 주장이 신뢰할 만한 것인지와 아무 관계가 없다. 선교나 마케팅, 개종도 아이들의 교육/세뇌보다는 덜 중요하다. 무엇에든 인상을 강하게 받고 무방비 상태인 아이들의 마음에 종교를 잘 주입시키는 사람들을 거느린 종교가 인기 경쟁에서 분명히 승자가 될 것이다.

어린 시절에 주일학교에 몇 차례 다니면서 쾌활한 어떤 여자로부터 성경 이야기를 들었던 기억이 난다. 그녀는 시나이 산 위의 모세, 다윗과 골리앗, 홍수로 세상의 모든 것을 죽이던 하나님 등

에 관한 이야기를 웃으며 들려주었다. 그 이야기들은 시간적으로
나 공간적으로 아득히 먼 일이어서 나와는 아무런 관계가 없는 것
처럼 보였다. 그럼에도 불구하고 그 이야기들은 흥미진진했다. 다
른 아이들이 잠을 자거나 색연필을 깨물고 있을 때에도 나는 맨 앞
줄에서 눈을 동그라니 뜨고 앉아 있었다.

그러나 그런 일은 없어야 했다. 내가 이 이야기들을 들었거나 기
독교에 노출된 것이 문제가 아니었다. 그 여자가 이 이야기를 진리
라는 식으로 들려준 것이 문제였다. 그녀는 이 세상의 많은 사람들
이 이 이야기에 대해 의문을 제기한다는 말은 한 마디도 하지 않았
다. 나에겐 이 이야기들이 제2차 세계대전과 프랑스 혁명이 일어났
다고 가르칠 때와 똑같은 방식으로 제시되었다. 당연히 이 역사적
사건과 성경의 이야기 사이에는 엄청난 차이가 있다. 초자연적인
사건이나 존재들이 나오는 성경의 이야기들은 역사학자와 과학자
에 의해 입증되지 않았다. 증거에 기반을 둔 이야기들이 아니었다.

일부 기독교인들을 놀라게 만들지도 모르지만, 나를 포함한 많
은 무신론자/회의론자들은 자기 자식들에게 신을 믿지 말라고 가
르치지는 않는다. 만일 자기 아이들에게 신을 믿지 말라고 가르친
다면, 그것은 마드라사의 코란 구절 외우기나 성경의 이야기를 역
사적 사실로 오해하게 하는 주일학교와 다를 바가 하나도 없을 것
이다. 내 아이들이 아주 어렸을 때, 그들을 앉혀 놓고 성경 이야기
를 부정하라고 가르쳐야겠다는 생각은 전혀 떠오르지 않았다. 그
것은 주입이 될 것이다. 그것은 생각하는 방법을 가르치는 것이 아
니고 생각해야 할 것들을 알려주는 것이다. 내가 볼 때에는 아이들
이 종교에 대해 독립적으로 생각하고 스스로 결정을 내리도록 격

려하는 것이 더 바람직해 보였다. 그런데 진지한 숭배와 충성을 요구하는 신들은 예외 없이 그런 식의 접근을 바라지 않는다.

수백만의 신이 있는 때에 단 하나의 신에 대한 믿음을 강요하고, 또 수십만 개의 종교가 있는 때에 단 하나의 종교에 대한 충성을 강요하는 것은 아웃사이더에게는 속임수로 보인다. 아이에게 고려의 대상으로 단 하나의 종교를 제시할 때, 그 아이는 사실 속임수에 넘어가고 있는 것이나 마찬가지다. 부모나 선생은 아이에게 다른 선택을 숨기고 있다. 왜? 만일 정의가 중요하고 아이들의 마음도 존중돼야 한다면, 어른 신자들은 적어도 몇 개의 종교와 몇몇 신의 전기를 제시하며 아이들이 스스로 선택하도록 해야 한다.

이보다 더 나은 것은 아이들이 어른이 될 때까지 기다리는 것이다. 그러면 아이들의 마음도 그런 문제를 놓고 개인적으로 심사숙고하고 스스로 결정을 내릴 기회를 누리게 될 것이다. 아주 어린 아이들은 즐겁게 놀거나, 세상을 탐험하거나, 수학과 과학을 배우거나, 닥터 수스(미국 어린이들이 좋아하는 동화작가/옮긴이)의 책을 읽으면서 시간을 보내야 한다. 원죄나 지옥의 불, 십자가에 못 박힌 예수 그리스도에 대한 생각은 조금 더 적절한 나이가 될 때까지 기다릴 수 있다.

나는 이 장이 불필요하게 기독교인들의 심기를 건드리지 않기를 바란다. 많은 회의론자들이 무해한 주일학교를 두고 순진한 아이들을 이용하려는 '마케팅 세미나'라고 말할 때, 일부 기독교인들은 공격당한다는 느낌을 받을 것이다. 그러나 나는 단지 의심하지 않는 아이들에게 기독교를 강요하는 행위가 많은 회의론자에게는 아이에게 불공정한 처사로 보일 뿐만 아니라 신자들 스스로가 기독교의 약점을 인정하는 것으로 비친다는 것을 기독교인들이 이해해 주기 바란다. 만일 기독교가 궁극적 진리라면, 우리는 왜 그 가르침을 아이들에게 가르쳐야 하는지 궁금하다. 왜 아이들이 성장할 때까지, 그러니까 아이들의 생각이 더 깊어지고 덜 수동적으로 움직일 때까지 기다리지 않는가? 그렇게 느긋하게 기다리는 것이 젊은 이들의 뜻을 더욱 존중하는 것이고 종교에 대한 확신을 더 분명하게 나타내는 것 아닐까?

하루 종일 코란의 구절을 외우고 암송하는 어린 소년들 이야기를 들으면서 무엇이 잘못되었는지 간파한 기독교인들이라면 기독교가 세대를 이어 내려가는 그 방법에도 잘못된 점이 있다는 것을 알기 바란다.

23

예수 그리스도는 병자를 치료하는가?

기독교인들의 가장 흔한 주장 중 하나는 우리가 사는 세상에서 중요한 의미를 지닐 수 있는 특별한 주장이다. 2000년 동안 기독교인들은 예수 그리스도가 영혼뿐 아니라 육체까지 구원한다고 자신 있게 선언해왔다. 전부는 아니지만 많은 기독교인들은 우리가 기도를 올리면서 예수에게 병든 육신을 낫게 해달라고, 건강을 되찾게 해 달라고 간청하기만 하면 이뤄진다고 믿고 있다. 그러나 그게 정말일까? 만약에 기도가 통하지 않는다면, 그런 상황에서도 이 주장이 줄기차게 이어지고 있는 이유는 무엇인가? 마지막으로, 복음주의자들이 주장하듯이 예수 그리스도가 기도를 통해서 치료한다는 것을 믿지 않는 기독교인들은 왜 치료를 못하냐고 물을지도 모른다 만일 예수 그리스도가 진짜로 존재한다면, 그가 생명을 위협하는 질병을 앓거나 고통스런 부상을 입은 기독교 아이를 도우러 오지 않는 이유는 무엇인가?

지금부터 살펴볼 이유들 때문에, 회의론자들은 하나님이 치료한다는 주장에 의문을 품는 까닭을 쉽게 발견할 수 있다. 그러나 기독교인들이 이 도전에 대해 지나치게 방어적이어서는 안 된다. 오랜 세월이 지난 지금까지도 신앙치료가 입증되지 않는 이유를 묻고 거기에 대해 보다 세속적인 설명을 제시하는 것이 무례하거나 적대적인 행위로 비쳐서는 안 된다. 회의론자들도 질병에 취약하며 신앙ㅇ치료가 암이나 다른 불치병을 치료한다는 믿음이 생기면 틀림없이 신앙치료를 진정으로 받아들일 것이다. 모든 사람이 기독교인의 주장이 진실이기를 진정으로 바랄 그런 주장이다.

기독교의 신앙치료에 회의적인 사람들은 단지 모든 사람들에게 명백하게 드러나는 것만 언급하고 있다. 만일 예수 그리스도가 정말로 기독교인들을 돌보며 그들의 병이나 부상을 낫게 할 수 있다면, 무엇인가가 분명히 잘못된 것이다. 주위를 보라. 이 세상에는 병으로 고통 받는 기독교인들이 많다. 그들이 초자연적 구원을 받을 수 있는 유리한 입장에 있다면, 그들 중 많은 사람들이 무서운 병에 시달리다가 젊어서 죽는 이유는 무엇인가? 만일 그들 중 전부는 아니더라도 대부분의 위험의 첫 징후가 나타났을 때 예수 그리스도에게 도움을 청하는 기도를 올렸다면, 도대체 무엇이 문제이기에 병이 낫지 않는가? 이건 간단한 질문이다.

기독교인들의 일반적인 대답은 회의론자들을 만족시키지 못하고 있다. 하나님은 신비한 방법으로 일을 한다는 식의 대답 말이다. 무슨 일이든 다 이유가 있어서 일어난다. 병이 낫지 않는 것은 하나님의 처벌이다. 하나님은 우리를 시험하길 좋아한다. 하나님은 병든 사람들을 천국으로 데려감으로써 그들의 기도에 대답했다. 하나님은 병든 사람들에게 평화를 주었고 그들이 죽어 있을 동안에 그들을 위로해 준다. 우리의 좁은 마음은 하나님이 하는 것을 아마 이해하지 못할 것이다. 도움을 간청하는 기도를 올린 사람들은 충분한 믿음을 갖지 않았을 것이다. 우리의 기도에 대한 하나님의 대답이 '노'일 때가 간혹 있다. 우리는 고통을 받다가 죽어 마땅하다. 아담이 사과를 한입 물었기 때문이다.

예수 그리스도에게 기도하는 행위는 사람들의 기분을 더 좋게 하거나 더 빨리 낫도록 할 수 있는가? 물론 그럴 수 있다. 하지만 확실히 말할 수 있는 것은 다른 신에게 하는 기도보다 더 나은 것은 하나도 없다는 점이다. 엄연한 현실은 기도를 즐겨하는 기독교인들이 비기독교인에 비해서 질병이나 자연재해, 전쟁이나 사고를 덜 당할 이유가 전혀 없다는 사실이다. 예수 그리스도가 건강과 관련 있는 기도에 대답한다는 주장이 수 세기 동안 내려오고 있음에도 불구하고, 이런 식으로 치료되었다는 사실을 설득력 있게 보여준 사람은 아직 아무도 없다.

그런 주장이 입증되었더라면, 아마 오늘날 이 지구상에 기독교인이 70억 명이나 되었을 것이라고 생각한다. 사람들은 어리석지 않다. 어느 종교가 다른 종교보다 우수한 건강계획을 갖고 있다는 사실이 확인되었다면, 사람들이 그 계획에 서명하려고 우르르 몰려들었을 것이다. 기독교를 실천해 유대인이나 불교 신자, 시크교교도보다 훨씬 건강해졌다면, 모든 경쟁적인 종교들은 곧 사라지지 않았을까? 그것은 그야말로 대단한, 이 세상이 결코 무시할 수 없는 강점일 것이다.

신앙치료가 효력을 발휘한다고 말하는 기독교인들은 자신의 주장을 입증할 때까지 노력을 게을리 해서는 안 된다. 회의적인 기독교인들은 이 주장의 사실 여부를 적절히 테스트하자고 주장해야 한다. 신앙치료나 기도치료가 거짓 주장이라면, 그것은 장기적으로 기독교에 이롭지 않다. 기독교의 신뢰도를 떨어뜨리기 때문이다. 만일 진실이라면, 그것은 하룻밤 사이에 세상을 바꿔놓을 것이다. 탁월한 기독교 신앙치료자들이 신뢰할 만한 크기의 실험집단을 통해서 의료 기록들을 수집하고 치료 내용을 세부적으로 기록하고 분석한 다음에 그 결과를 권위 있는 의학잡지에 기고한다고 가정해보라. 기독교 신앙치료에 대한 과학적인 확증은 생명을 구하고 향상시키는 것 외에도 예수 그리스도의 존재를 증명하는 방법 중에서 가장 과학적이고 의미 있는 것이 될 것이다.

여기서 내가 과학적 증명을 강조하는 이유는 과학적인 과정이야말로 중요하고 특별한 주장을 입증할 수 있는 유일한 길이기 때문이다. 무작위적인 사건을 둘러싼 극적인 이야기는 증거가 아니다. 여기저기서 나오는 치료 사례를 선택적으로 편집한 것은 증거가 아니다. 감독과 세부사항에 관한 주의가 필요하다. 편향과 플라시보 효과를 배제하지 않은 실험 또는 연구는 증거가 아니다. 간혹 사람들은 기도와 함께 약을 먹으면서 건강이 좋아지기라도 하면 그것을 기도의 공으로만 돌린다. 충분한 시간이 지나 몸이 회복될 때에도 그 공을 기도로만 돌린다. 간혹 의사들이 실수를 저지른 탓에 사람들이 처음에 생각했던 것만큼 아프지 않을 수도 있다. 그리고 가끔은 아무런 이유 없이 나아지기도 한다.

당연히 중보기도에 관한 연구도 있었다. 그러나 결정적인 무엇인가를 증명하는 데는 실패했다. 원칙적으로 말한다면, 이 믿음을 계속 지켜나가길 가장 강하게 원하는 탁월한 설교자들과 신앙치료자들이 자신의 주장에 기본적인 과학을 적용할 필요가 있다. 그렇게 하면 그 주장의 실상이 무엇인지 그들도 알 수 있고 우리도 알 수 있다. 혹시라도 내게 마법의 힘이 있어서 나의 손길이 닿아 치료가 된다면, 나는 가능한 한 빨리 그 사실을 입증해서 의료계의 승인을 받으려고 노력할 것이다. 그리하여 모든 병원이 텅텅 비게 만들고 병든 사람을 집으로 보내 다시 야구를 하거나 자전거를 타도록 할 것이다. 나는 지금처럼 TV에 출연하거나 연단 뒤에서 이런저런 말을 하면서 시간을 낭비하고 있지는 않을 것이다. 나는 고통받는 사람을 돕고 구할 기회를 최대한 넓히려고 할 것이다.

설교자들과 신자들이 이 문제를 해결하려 나서지 않는 것은 말이 되지 않는다. "그것이 진짜라는 것을 알고 있으니, 나는 회의론자들의 말에 신경 쓰지 않는다"고 말하는 것으로는 충분하지 않다. 예수 그리스도가 치료를 한다는 사실을 입증해보라. 그러면 모든 것이 바뀔 것이다. 종교방송에 수백 만 달러를 투입하는 것도, 선교사를 세계에 파견하는 것도, 웹사이트도, 기독교 뮤직 밴드도 필요 없다. 예수 그리스도를 위해 영혼을 구하길 원한다고? 예수에게 기도하는 것만으로 에이즈와 백혈병을 치료하고 절단된 사지를 복구할 수 있다는 것을 증명해보라. 그것으로 임무 끝이다.

예를 들어서 어떤 어린이 암병동에서 비기독교 아이들만 죽어간다고 상상해보라. 전 세계의 기독교인들이 소득과 주거환경, 영양 섭취, 운동, 건강보험 등과 관계없이 비기독교인보다 30년 내지 40년 더 오래 산다고 상상해보라. 물론 현실은 아니다. 우리가 목격하는 세상은 기독교인들에게 건강상 이로울 것이 하나도 없다. 만일 이 같은 주장을 뒷받침할 무엇인가가 있다면, 탄자니아의 시골 지역에 사는 가난한 기독교인이 뭄바이의 저택에 사는 백만장자 힌두교 신자보다 길고 건강한 삶을 살 가능성이 더 커야 하지 않을까? 그러나 현실은 그렇지 않다.

강진이 아이티를 덮치면, 기도하는 기독교인들도 상처를 입고 죽는다. 토네이도가 오클라호마의 도시를 휩쓸면, 기도하는 기독교인들도 상처를 입고 죽는다. 남부 수단의 기독교인들이 군용기의 공격을 받으면, 그들도 다른 비기독교인들과 마찬가지로 피를 흘린다. 우리는 일부 사람들이 다른 사람들에 비해 더 건강하고 더 오래 사는 이유를 밝히려 할 때 기도 습관을 비교하지는 않는다. 대신에 위생상태와 영양섭취, 안전, 스트레스, 환경독소, 유전적 특징, 의료수준 등을 살핀다. 이런 것들이 사람들을 치료하고 생명을 구할 수 있다는 걸 증명해주는 요소들이다. 신앙치료는 그런 요소가 아니다. 수천 개의 종교들이 수천 년에 걸쳐 주장해왔음에도, 신앙치료가 정말 효력을 발휘한다는 증거는 아직 없다. 그런 효력이 있었다면, 신앙치료는 이미 오래 전에 모든 병원에 받아들여졌을 것이다. 아니다. 아마 오늘날 병원이 존재하지 않을 것이다. 우리는 매일 건강하게 살게 해 달라고 기도만 하고 있을 것이다.

기독교의 신앙치료가 안고 있는 또 다른 상식적인 문제는 그것이 기독교에만 있는 게 아니라는 점이다. 지금까지 존재한 거의 모든 종교가 똑같은 주장을 한다. '우리의 신들이 당신을 보호해줄 것이다. 우리의 신들이 당신을 치료해줄 것이다. 기도하라. 그러면 신들이 도와줄 것이다.' 그러나 기독교와 똑같이, 이 종교들의 초자연적인 주장도 아직까지 과학적 확증을 얻지 못했다.

세계를 여행하면서 다양한 종교를 가진 사람들과 대화할 때, 매우 많은 비기독교인들이 자신의 신이 초자연적인 치료 능력을 갖고 있기 때문에 진짜 신이며 그 신을 "알고" 있다고 말하는 것을 확인하고는 무척 놀랐다. 아마 북아메리카와 남아메리카, 카리브해의 기독교 사회에서 사는 기독교인들에게는 자신들이 50억 명의 비기독교인들과 공유하고 있는 세상의 현실을 간과하기 쉬울 것이다. 그러나 사실 신앙치료는 기독교에만 특별히 있는 게 아니다. 힌두교 신자들도 치료를 위해 기도를 올리고 기도의 목적을 달성한다고 말한다. 이슬람 신자들도 병에 걸리면 구원을 위해 기도를 하고 또 그 목적을 달성한다고 말한다. 정령 신앙자와 산테리아(아프리카 기원의 쿠바 종교/옮긴이) 신자도 기도를 하여 목적을 달성한다고 말한다. 이 같은 주장의 사실 여부를 알고 싶어 하는 회의론자는 단지 신앙치유에는 매우 인간적이고 매우 자연적인 무엇인가가 작동하고 있다고 결론 내릴 수 있다. 신들의 개입은 일어나지 않는다.

어쨌든 우리 모두가 원인과 결과를 곧잘 혼동한다는 것은 다 아는 사실이다. 우리는 사건을 해석할 때 잘못을 저지를 수 있는 극단적인 편향을 갖고 있다. 기억의 정확성도 신뢰할 수 없다. 사람들이 그렇게도 많은 엉터리 치료를 믿게 만드는 문제가 바로 선한 사람까지도 신앙치료를 믿도록 만드는 그 문제다. 정상적인 인간의 뇌가 작동하는 방식에다가 문화적 믿음이 미치는 영향까지 고려한다면, 수백만 명의 사람들이 자연적이고 현실적인 사건들을 마법적인 사건들로 여기는 건 언제든 가능하다. 여러 경우에서 확인할 수 있듯이 우리 자신의 생각 때문에 길을 잃게 되는 상황을 예방하려면 회의론과 과학적 방법에 기대야 한다.

회의론자든 기독교인이든 신앙치료 행위가 일으킬 수 있는 감정적인 힘을 과소평가해서는 안 된다. 나는 TV 복음전도사 베니 힌의 '기적 운동'에 참석했다가 그 장면의 열기에 깜짝 놀란 적이 있다. 힌이 치료 행위를 하는 것을 TV를 통해 여러 차례 보았고 신앙치료에 대해 완벽하게 연구했음에도, 나는 그날 밤 경험이 너무나 압도적이라는 사실에 무척 놀랐다. 무대 가까이에서 지켜본 힌은 그를 비난하는 사람들의 주장대로 한 사람의 어릿광대에 불과했다. 개인의 입장에서 보면 그가 실제로 하는 짓을 파악하는 건 쉽다. 그는 말과 음악, 하나님에 대한 믿음을 적절히 섞어서 수천 명의 마음을 흔들어놓을 줄 아는 탁월한 쇼맨이다. 회의론자가 그 모든 것을 터무니없는 짓이라고 무시하기는 쉽다. 그러나 많은 사람들이 이 행사가 벌어지는 동안 무엇인가를 진정으로 느낀다는 점을 지적해야 할 것이다.

기도를 하거나 기도의 대상이 되거나 "주의 기름 부음을 받은" 신성한 사람의 손길을 받는 것은 시시하고 무의미한 행위가 아니다. 신앙 치료사의 손길과 정직한 기도의 말에는 진정한 힘이 담겨 있다. 물론 그 어느 것도 신의 존재를 증명하는 것은 아니다. 하지만 그것은 믿는 행위의 힘에서 나타나는 무엇인가를 증명한다. 많은 사람들이 자신의 신앙에 순응하고 싶은 충동을 느끼고 또 신앙을 입증할 욕구를 느낀다.

힌의 행사가 벌어지는 동안에 간혹 청중을 당기는 힘이 강하게 일어난다. 나도 느꼈기 때문에 그 힘을 안다. 아마 그 스타디움에서 가장 회의적인 사람이었던 사람은 아마 나였을 것이다. 그런데도 그런 힘이 느껴졌다. 많은 사람들에게 그것은 저항하기 힘든 힘이었을 것이다. 하나님의 축복을 받고 싶고, 치료를 받고 싶고, 그보다는 정도가 약하지만 치료사를 즐겁게 해주고 싶은 욕망이 일부 사람들에게는 있었다. 나는 그날 밤 많은 것을 보았다. 그러나 '치료 시간' 동안 무대 위에서나 청중 속에서 인간의 환상과 흥분, 자연적인 충동으로 설명할 수 없는 것은 하나도 보이지 않았다.

나는 그날 사람들이 힌의 헌금 양동이에 현금과 신용카드 영수증을 집어넣는 것을 보면서 기분이 언짢았다. 그러나 나는 그날 힌과 예수 그리스도가 자신의 병을 낫게 했다는 믿음을 안고 집으로 돌아가서 약물 치료를 그만두는 사람이 나오지 않을까 싶어 더 걱정이었다.

세계는 무엇을 믿는가?

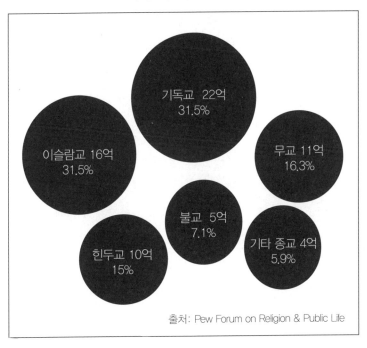

기독교 22억
31.5%

이슬람교 16억
31.5%

무교 11억
16.3%

불교 5억
7.1%

기타 종교 4억
5.9%

힌두교 10억
15%

출처: Pew Forum on Religion & Public Life

24

인간 예수가 존재했다는 것을
어떻게 알 수 있는가?

대부분의 기독교인들이 터무니없다며 손사래를 칠 질문이다. 기독교인들은 처녀잉태나 부활 문제를 놓고 인내심을 발휘해가며 논쟁할 수 있을 것이다. 하지만 이 질문에 대해서는 어떨까? 기독교인들의 마음에 약간의 의문도 없는 문제다. 당연히 그는 존재했지! 역사상 가장 많은 신자를 자랑하는 종교는 이 사람의 삶과 죽음에 근거하고 있다. 그런 그가 어떻게 존재하지 않았을 수가 있겠어?

그러나 예수 그리스도가 과거와 오늘날의 수많은 사람에게 지니는 그 중요성 때문에라도 충분히 고려하고 조사해볼 만한 생각이다. 나는 인간 예수 그리스도의 존재 또는 부존재에 대해 깊이 생각했으며 양쪽을 다 연구했다. 오늘 내가 이 문제에 대해 취하고 있는 자세는 기독교와 회의론자 둘 다를 놀라게 할 수도 있다.

나는 예수라는 이름의 유대인 설교자가 1세기에 팔레스타인에서 살았었다는 것을 확신하지 못한다. 그가 그 시대에 그곳에서 살았을 것이라고 짐작은 하지만 말이다. 지금 나는 어떤 종교를 일으킨 예수라는 이름의, 초자연적이지 않은 인간 존재에 대해 거론하고 있다. 기적을 행했고, 죽었다가 살아났고, 기독교인들의 일상생활에 관여하고 있는 그 신에 대해 이야기하고 있는 게 아니다.

예수 그리스도를 묘사하는 내용의 신뢰도가 떨어진다는 점을 감안하면, 예수 그리스도에 대한 나의 회의론은 당연히 더욱 깊어진다. 그러나 나는 이 문제에서 명확한 입장을 취하는 게 당연하다고 생각한다. 회의론자로서 나는 나 자신이 모르는 것을 아는 척 하지 않는다. 나는 "예수 그리스도가 존재했다"고 믿는 집단이 자신들의 주장을 결정적으로 입증했다고 생각하지 않는다. 그들이 그러려고 노력하지 않았기 때문이 아니라 그럴 만한 지력(知力)을 갖고 있지 않기 때문이다. 그 시대에 부자도 아니었고 또 권력에 고분하지도 않았던 어떤 특정한 사람이 살았다는 사실을 입증하는 것은 엄청난 과제다. 마찬가지로 "예수는 존재하지 않았다"고 믿는 집단도 그 시절에 예수 그리스도라는 이름을 가진 사람이 없었다는 것을 입증해야 하는, 거의 불가능한 도전에 직면해 있다.

부정명제를 증명하는 것은 대체로 어렵고 종종 불가능하다. 그들이 할 수 있는 최선의 길은 의심할 이유를 보여주는 것이다. 나는 이것이 수적으로 공평한 논쟁이라고 생각하게 하고 싶지는 않다. 예수 그리스도가 살았다고 확신하는 사람들이 예수 그리스도가 실제로 세상을 살지 않았다고 믿는 사람들보다 훨씬 더 많다. 그럼에도 불구하고, 2000년 전에 산 예수 그리스도라는 인간의 존재를 증명하는 도전은 의미 있는 일이다.

역사적인 예수 그리스도(인간)에 회의적인 사람들은 그의 존재를 입증하는 물리적인 증거가 전혀 없다는 점을 지적한다. 옷도, 손으로 쓴 편지도, 그의 이름을 내건 집도, 어떠한 종류의 공예품도 없다. 아무것도 없다. 그러나 그 지역에서 그렇게 오래 전에 살았고 매우 탁월하지도 않았고 부자도 아니었던 존재라면 놀랄 일은 아니다. 누군가가 인간 예수 그리스도를 직접 목격했다는 사실을 보여주는 문서도 하나 없다. 이것은 중요한 결함이다. 일부 사람들은 예수 그리스도는 평범한 출신에도 불구하고 지역에서 어느 정도의 명성과 평판을 얻었기 때문에 실제로 예수를 아는 사람이 남긴 기록이 있어야 한다고 주장한다. 그러나 그런 문서는 하나도 없다. 만일 누군가가 그에 대해 썼다면, 기나긴 역사 속에 망각되었거나 아직 발견되지 않고 어딘가에 숨어 있을 것이다.

일부 독자들은 왜 복음서들이 신뢰할 만한 문서가 되지 못하는지 궁금해 할 것이다. 그러나 성경의 내용이 예수 그리스도를 직접 알았던 누군가가 설명한 것이라고 믿는 학자들의 숫자는 극소수다. 심지어 복음서까지도 예수 그리스도의 죽음 뒤에 그를 본 적 없는 사람들이 기록한 이야기로 여겨지고 있다. '그를 본' 사람이란 말은 글자 그대로 예수가 죽기 전에 자신의 눈으로 예수를, 신이나 성령으로서가 아니라 살점을 가진 인간 존재인 예수를 직접 목격한 사람을 뜻하는 말이다.

신약성경의 전문가인 바트 D. 어만(Bart D. Ehrman)은 자신을 불가지론자라고 말한다. 그는 예수가 신이었는지 혹은 신인지 확신하지 못하고 있다. 그러나 그는 예수가 2000년 전에 살았다고 믿고 있다. 어만의 저서 『예수 그리스도는 존재했는가?(Did Jesus Exist?)』는 예수 그리스도가 역사적 인물이라고 주장한 자신의 글을 모은 책이다. 그가 흥미로운 주장을 펴긴 하지만, 결정적인 증거라고 할 만한 것은 아무것도 없다. 그 시대를 감안하면 충분히 이해가 된다. 이는 나폴레옹이나 조지 워싱턴이 역사 속의 인물인가 하는 문제와는 다른 차원이다. 나폴레옹이나 워싱턴의 삶에 대해서는 수많은 사람들이 글을 남겼다. 우리도 직접 그 글들을 읽을 수 있다. 저자 중 일부는 그들을 좋아했고 일부는 싫어했다. 나폴레옹이나 워싱턴이 남긴 유물도 있다. 그들이 입었던 옷도 남아 있다. 우리는 그들의 무덤도 방문할 수 있다. 정말로 필요하다면, 우리는 심지어 그들의 육신까지 분석할 수 있다. 아마 그들의 낡은 빗에 남은 머리카락에서 샘플을 채취하여 DNA를 대조할 수도 있을 것이다.

예수 그리스도와 관련해서는 이런 것이 전혀 없다. 반면 투린의 성의(聖衣)는 신뢰할 만한 과학자들로부터 전혀 인정받지 못했으며 예수 그리스도나 부활에 대해 아무것도 입증하지 못하고 있다. 우리가 가진 모든 것은 예수 그리스도를 알지 못했던 사람들이 그의 생애에 대해 쓴 이야기가 전부다. 그러나 이것으로도 충분하다고 어만과 다른 신약성경 학자들은 말한다. 그들은 지금까지 전해오는 예수 그리스도의 삶에 대한 이야기가 한 가지만 있는 게 아니고 여러 가지라는 점을 지적한다. 어만은 이렇게 쓰고 있다.

지금까지 전해지고 있는 복음서는 여러 개다(어만은 7개로 꼽는다). 이 복음서들은 서로 완전히 별개이거나 여러 이야기들에서 별개이다. 이 모든 것은 예수 그리스도의 존재를 뒷받침한다. 게다가 개별적인 증언들이 똑같은 근본적인 자료가 있음을 확증하고 있다. 예를 들면 예수 그리스도는 실제로 살았던 인물이었을 뿐만 아니라 예루살렘의 유대인 당국의 사주를 받은 로마인에 의해 십자가에 못 박힌 유대인 선생이었다는 내용 등이다. 더 중요한 것은 이 개별적인 증언들이 상대적으로 많은 양의 문서들, 말하자면 지금은 존재하지 않지만 한때 존재한 것이 거의 확실한 복음서들을 바탕으로 했다는 점이다.

어만은 가장 오래된 텍스트 중 일부는 1세기 전반기까지 거슬러 올라가며 저자들이 서로 협력했다는 흔적은 어디에도 보이지 않는다고 덧붙인다. "만일 역사학자들이 공동연구를 했다는 증거를 남기지 않으면서도 서로의 주장을 확증할 많은 증언들을 더 선호한다면, 문서들 속에 역사적 인물인 예수 그리스도의 존재를 입증할 증언들이 아주 많이 들어 있다."

어만은 또한 예수 그리스도의 이야기를 계속 지켜온 구전을 제시한다. 그는 여기서도 마찬가지로 역사적 인물 예수에 대한 증거를 보고 있다. "수적으로 의미 있고 광범위하게 퍼져 있으며 서로 별개인 이 이야기들은 적어도 예수 그리스도가 실존한 인물이라는 확신을 갖게 한다."

그러나 예수의 이야기들이 나를 불편하게 만드는 것은 그것이 역사가 아니라는 점이다. 그 이야기들은 예수를 언급한 공식적인 기록이 아니다. 그것들은 예수라는 이름을 계속 적은, 친구들 사이의 편지도 아니다. 아니, 그것들은 '선전'이다. 그렇다고 내가 부정적인 뜻으로 이 말을 쓴 건 아니다. 내가 선전이라는 단어를 쓴 이유는 예수 그리스도를 두고 신이라고 말하면서 다른 사람들도 그렇게 믿어주길 바랐던 사람들이 적은 이야기라는 뜻에서다. 그 이야기들은 과거 사건들에 대한 객관적이고 불편부당한 설명과는 거리가 멀다. 어떤 목적을 가진 기독교인들이 쓴 것으로서 아주 편향적이다. 이 때문에 세부적인 사항과 기적이 사실인지에 대해 우려하게 만들고 예수 그리스도의 존재 자체에까지 의문을 품게 만든다. 만일 그의 이름이 당파성이 덜한 문서 어딘가에 등장했더라면, 회의론자들은 더 만족했을 것이다. 불행하게도, 그런 문서는 존재하지 않는다.

성경 외에 예수 그리스도에 대해 길게 논한 인물은 두 명이다. 유대인 역사학자인 플라비우스 요세푸스와 로마 역사학자인 타키투스이다. 두 사람의 설명은 예수 그리스도의 죽음 이후에 쓴 것이다. 그러나 각 저자는 예수 그리스도가 진짜 인물이라는 확신을 품었다. 회의론자들은 이 문서들이 고쳐졌을 수도 있어서 신뢰할 수 없다고 반대한다. 그럴 이유는 있다. 예수가 살았던 것으로 여겨지는 그 시기 이후로 여러 세기를 내려오는 동안, 예수를 언급한 문서들은 모두 세월의 풍파와 다른 요인의 영향을 받았다. 우리는 그 시대에 관한 역사적 기록들 모두가 예수를 언급하지 않는다는 사실은 이해할 수 있다. 왜냐하면 그의 생애에 일어났다는 사건들은 이미 오래 전의 일이어서 그 시대 그곳에 관한 포괄적인 역사를 기대하기 어렵기 때문이다. 그 시대의 로마 역사는 예수의 시대에 그 지역에서 살았던 가장 막강한 인물인 폰티우스 필라투스에 대해서도 전혀 언급하지 않았다. 그래서 그 시대의 로마 역사가 예수를 언급하지 않았다는 사실은 놀라운 일이 아니다.

어만은『예수는 존재했는가?』에서 신약성경 전문가인 대학의 교수 대부분과 초기 기독교 전문가들은 예수가 존재했다는 데 동의하고 있다고 강조한다. 물론 전문가들 의견은 중요하다. 그러나 진리와 현실은 머릿수로 결정되지 않는다. 다수가 잘못되었을 때도 자주 있다. 모두가 잘못되었을 때도 간혹 있다. 우리는 또한 이 학자들 사이에 분명히 존재할 강력한 편견도 고려해야 한다. 어쨌든 기독교학에서 박사학위에 필요한 장기간의 연구를 감내하겠다고 나설 사람은 누구이겠는가? 당연히 기독교인들이다. 신(神) 예수 그리스도를 믿는 사람들이 독실한 이슬람교 신자들이나 힌두교 신자들에 비해 예수와 그의 생애를 연구할 확률이 월등히 더 높을 것이다. 그러므로 신약성경 연구 분야는 이미 예수를 신이라고 믿는 사람들의 지배를 받을 가능성이 크다.

UFO 착륙이나 외계인 납치, 빅풋 발견, 아틀란티스 발견, 죽은 자와의 대화 등에 관한 이야기들을 연구하면서 많은 시간을 보낸 사람으로서, 나는 사람들이 이야기들을 풀어놓고는 즐겨 믿으려 한다는 걸 알고 있다. 이야기들은 우리에게 많은 정보를 주고, 우리를 과거와 미래의 사람들과 연결시킬 뿐만 아니라 우리들끼리도 단결하게 만든다. 우리는 기분을 좋게 만들거나 우리의 믿음을 강화하거나 우리를 고무하는 이야기들을 믿어버리는 경향이 강하다. 나는 아무것도 없는 데서도 모든 것에 관한 이야기가 지어져 짧은 시간에 많은 사람의 신뢰를 끌어낼 수 있다는 사실을 잘 알고 있다. 그래서 예수 그리스도라는 사람이 존재했다는 증거로 동원되는 예수에 관한 이야기에 회의적일 수밖에 없다. 만일 예수가 다른 존재라면, 예컨대 물 위를 걷고 손길로 사람을 치료하고 죽어서 부활한 그런 인물이 아니라면, 나는 예수 그리스도가 실제로 존재했다는 주장을 훨씬 더 편하게 받아들일 수 있을 것이다. 그러나 예수 그리스도는 사실이든 아니든 사람 그 이상이다. 예수는 세상에 엄청난 영향을 끼쳤다. 그 영향은 당연히 앞으로도 이어질 것이다.

나는 예수 그리스도가 역사 속에 존재했다는 확신을 갖지 못하고 있다. 내 예감은 그가 존재했을 것이라는 쪽이다. 내가 볼 때에는 어떤 진정한 설교자가 물의를 일으키다가 처형되었고, 그를 좋아한 몇 사람이 그의 이름으로 새로운 종교를 시작했던 것 같다.

또 다른 가능성은 일부 유대인이 모든 것을 지어냈을 수도 있다. 물론 이것도 사실일 수 있지만, 우리는 모든 사람이 만족할 수 있을 만큼 확실하게 진실 여부를 가려내지는 못할 것이다. 내가 확실히 말할 수 있는 것은 나는 모른다는 점이다. 내 의견으로는 누구라도 확실히 말할 수 있는 것은 이것뿐인 것 같다. 왜냐하면 만일 예수 그리스도가 진짜 사람이었다 하더라도 인간 예수는 오래 전에 역사의 그늘에 묻혀버렸기 때문이다. 오늘날에는 오직 신 예수만이 우리에게 남아 있다.

25

다른 신은 어떻게 봐야 하는가?

인류 역사의 상당 부분은 지역성으로부터의 점진적 해방, 즉 이 세상은 우리 조상이 믿어온 것보다 훨씬 더 넓다는 사실을 알아가는 것으로 설명할 수 있다. —칼 세이건, 『브로카의 뇌』

무신론자들과 회의론자들이 기독교인들과 종교에 대해 논하면서 흔하게 저지르는 실수 하나는 논의 대상이 되는 신도 하나고 종교도 극소수밖에 없는 것처럼 생각한다는 것이다. 그러나 기독교를 진공 속에서 논의하는 것은 말이 되지 않는다. 마치 헤아리기 힘들 정도로 많은 종교와, 역사의 지평 그 너머로까지 이어지는 다양한 신들의 집단, 그리고 매우 다르고 종종 모순적인 종교적 주장들이 모두 없는 것처럼 그럴 수는 없다. 이는 많은 기독교인들이 자신들의 신앙체계에 대해 생각할 때 저지르는 것과 똑같은 실수다. 보호의 울타리 안에서 믿는 것은 기분 좋게 만들지는 몰라도 진실ㅈ과 이성을 소중히 여기는 사람에게는 가치가 없다. 나는 더

246

많은 기독교인들이 종교의 풍경을 실제 모습 그대로 이해하려는 노력이 중요하며 반드시 필요하다는 것을 인정했으면 한다.

대부분의 기독교인들이 다른 모든 신과 종교를 의도적으로 무시하지는 않을 것이라고 믿는다. 그보다는 우리 모두 갖고 있는 확증 편향의 결과가 아닌가 의심해본다. 기독교인들의 편향은 설교자와 주일학교 선생들이 청중에게 정보를 제시하는 그 배타적인 방식 때문에 더 심화되고 있다. 사려 깊고 정직한 기독교인이라면 종교를 주제로 토론하거나 생각할 때 모든 신과 종교의 99.999%가 언급할 가치가 없다고 전제하는 걸 달가워하지는 않을 것 같다. 만일 기독교인들이 잠시 여유를 내서 그 문제에 대해 조금 더 깊이 생각한다면, 그들도 비기독교인들의 종교와 신들을 포함시킬 필요성을 깨달을 것이라고 믿는다.

세상엔 얼마나 많은 신이 있을까? 나는 이 질문에 대답할 자격을 다른 사람보다는 많이 갖고 있다. 나는 역사와 인류학으로 학위를 받았고 수십 년 동안 종교를 연구했다. 많은 종교의 신자들을 인터뷰했다. 또한 세계의 성지 대부분을 방문했다. 성경과 코란, 바가바드 기타는 물론이고 종교적 믿음에 관한 다른 책들도 많이 읽었다. 다양한 종교 의식에도 참여했다. 이런 배경을 고려해도, 나는 이 물음에 조금도 망설이지 않고 '모른다'고 대답할 수 있다.

무엇보다 대부분의 신들은 사라지지 않는다. 따라서 신들이 몇 세기 전에 자신들의 숭배자들이 중요한 전쟁에서 패배했거나 경제적 몰락을 겪었다는 이유로 고려 대상에서 배제되어서는 안 된다. 그런 고난을 겪었다고 해서 그 신들이 현재의 지배적인 문화의 신에게 흡수되지는 않는다. 많은 신들은 눈에 보이지 않고 영원한 것

으로 여겨진다. 아무도 이 신들의 이름을 불러주지 않고, 어디에서
도 이 신들을 보지 못한다고 해도 이 신들이 지금 인기 있는 신들
보다 현실성이 더 떨어진다고 말할 근거는 되지 못한다.

비신자들에게 어떠한 과학자나 무신론자도 신이 존재하지 않는
다는 걸 입증하지 못했다고 주장하는 기독교인들에게 들려줄 말이
있다. 어느 누구도 다른 신들이 존재하지 않는다는 걸 입증하지 못
했다는 사실이다. 이는 지난 몇 천 년 동안 신들이 아주 더 많아졌
다는 것을 의미한다. 옛날로 거슬러 올라갈수록, 지구에 존재한 사
람들 숫자는 적었다. 그러나 인류 역사 대부분의 기간 동안에 인간
들이 흩어져 살았다는 사실은 각 지방의 신앙에 오늘날보다 훨씬
더 독특한 신들이 있었다는 것을 의미한다.

정령 신앙자들이란 사람들이 있다. 자연 자체를 '신들의 합창'
비슷한 것으로 보는 이들이다. 이를 테면 신들이 바람과 시내, 동물
등 거의 모든 곳에서 발견된다는 식이다. 이 신들을 목록으로 만들
어보라. 다양한 형태의 정령 신앙은 선사시대 최초의 신앙체계 중
하나였을 테지만, 문명의 발달로 정령 신앙이 사라졌다는 것을 뜻
하지는 않는다. 아직도 전 세계에 정령 신앙자가 무수히 많다.

마지막으로 힌두교를 고려해야 한다. 화려하고 역동적이고 역사
깊고 매우 인기 있는 이 종교는 21세기에도 10억 명의 신자를 거느
리며 생생하게 살아 있다. 내가 인도에서 만난 힌두교 신자 몇 명
은 누구나 태어나면서 힌두교 신자가 된다고 설명했다. 그러니 어
쩌면 내가 이 종교를 제대로 파악하지 못했을 수도 있다.

힌두교가 신의 숫자를 늘린 공은 대단하다. 힌두교가 숭배하는
신의 숫자가 얼마나 많은지 누구도 정확히 파악하지 못하는 것 같

다. 그렇다. 힌두교 신은 하도 많아서 힌두교 신자들도 숫자를 헤아리다가 헷갈리게 된다. 힌두교 신의 숫자는 수십만에서 300만 이상이라는 이도 있다. 이 신들의 존재를 입증하고 나선 사람은 아직 하나도 없다.

이쯤 되면, 인간은 신을 창조해내는 존재라는 것이 명확히 드러나야 한다. 이 신들 모두가 진짜로 존재할 수는 없다. 어떤 신이 천지창조를 했다는 식이라면, 그건 논리적으로도 있을 수 없는 일이다. 이를 테면 우주를 창조한 신이 여럿일 수는 없다. 유일한 선택은 대부분의 신이, 어쩌면 모든 신이 인간이 공상한 산물이라는 것이다. 그러므로 신을 만들어내는 것이 인간이 즐겨하는 짓, 인간이 아주 잘하는 짓이라는 주장을 부인할 수 없다.

너무도 모호한 신

충격적인 관점도 있다. 무신론자 같은 것은 절대 없다는 거다. 그렇다. 리처드 도킨스와 다른 회의론자들이 여러분에게 거짓말을 했다. 무신론자들도 어떤 신을 믿는다고 말이다. 그렇다고 신자들이 흡족한 표정을 지어서는 안 된다. 왜냐하면 이 말이 진실인 유일한 이유는 신에 대한 의미 있는 정의가 없기 때문이다.

엄격히 말해, 교육을 잘 받은 사람도 자신을 명쾌히 무신론자라고 밝히지 못한다. 알렉산더 대왕과 율리우스 카이사르, 람세스 2세가 실제로 존재한 인물이면서도 신이었다는 점을 인정해야 한다는 사실 때문이다. 이 사람들은 현대 서구의 기준 즉, 마법의 힘을 가진 불멸의 신이라는 기준에 맞지 않으며, 우리의 신은 아니었다.

옛날에는 많은 신들이 사람들 틈에서 걸어 다녔다. 어떤 문화와 어떤 신자들 사이에는 오늘날까지도 그렇게 걸어 다니는 신이 있다. 예를 들어 플로리다 주 남부에는 몇 년 동안 자신이 신이라고 말해온 설교자가 있다. 호세 루이 드 예수 미란다는 자신이 예수라고 주장한다. 그의 교회를 채우는 사람은 그를 믿는 것 같다. 물론 대부분의 기독교인들은 그의 주장을 부정할 것이다. 하지만 무슨 근거로? 신에 대한 보편적인 정의가 없으면, 누구나 이런저런 형태로 신이 될 수 있는 것이다. 나는 신/파라오 람세스 2세를 이집트 카이로에서 보았다. 그렇기 때문에 그 박물관이 혹시 다른 존재의 시신을 전시하고 있지 않다면, 그 신은 확실히 현실의 존재다.

그렇다면 과거에 본인 스스로 아니면 타인에 의해 신으로 선언된 사람들이 많은데 무신론이 말이 되는가? 만일 어떤 사람이 자신이 신이라고 말한다면, 그리고 주변 사람들이 그의 말을 믿는다면, 그러면 그 사람이 신 아닌가? 신의 의미가 너무나 모호하고 제한이 없기 때문에 정의하는 사람에 따라 다 달라질 수 있다. '신들은 마법의 힘을 보여준 사람 혹은 그런 존재'라는 정의도 말이 안 된다. 왜냐하면 지금까지 어느 누구도 합리적인 과학적 탐구를 만족시킬 만한 마법의 힘을 충분히 보여주지 못했기 때문이다.

반면에 많은 사람/신은 그들의 추종자에 따르면 초자연적인 힘을 여러 차례 발휘했다. 그렇다면 우리가 기독교나 이슬람교의 입증되지 않은 신의 주장들은 받아들이면서 힌두교나 정령 신앙자의 입증되지 않은 신의 주장들을 부정하는 게 과연 타당한가? 기독교인들은 다른 사람들의 눈으로 신을 정의하지 않는다. 유대인과 이슬람교 신자, 힌두교 신자, 사이언톨로지 신자, 무신론자들도 마찬가지다. 우리가 논리와 공정성이라는 이름으로 할 수 있는 최선의 것은, 신이 어떤 존재인가 하는 문제를 다양한 종교에 넘기는 것이다. 그런 다음 사람들은 증명되지 않은 신들의 긴 목록에 타인의 신을 받아들이면 된다. 만일 당신이 누군가 혹은 무엇인가가 신이라고 말한다면, 그것이 곧 신이다. 그러나 기준을 그처럼 낮출 경우에 신에 대한 믿음에 많은 문제가 생길 것이다.

일신교는 다신교보다 더 합리적인가?

일부 기독교인과 이슬람교 신자와 유대인들은 다신교의 주장을 들으면서 자신들의 종교가 조금 더 우월하다는 태도를 취한다. 왜 그럴까? 하나의 신에 대한 믿음이 다수의 신에 대한 믿음보다 더 낫다고 믿는 이유는 무엇일까? 이것이 혹시 신을 믿는 것이 어리석은 짓이고 신의 숫자에 따라 그 어리석음 또한 커진다는 것을 암묵적으로 인정하는 것은 아닐까? 일신교 신자들이 동의할 수 없는 의견이라는 것을 안다.

그러나 뭔가 좀 이상한 점이 있다. 이 문제는 일부 기독교인들이 기독교와 이슬람교나 유대교를 비교하면서 자신의 종교가 진리이고 다른 종교를 거짓이라고 주장하는 것처럼 간단하지 않다. 기독교인들은 공통의 뿌리와 가장 중요한 일신교적인 입장을 강조하면서 이슬람교와 유대교가 잘못되긴 했지만 그렇게 많이 잘못되지는 않았다는 식으로 말한다. 반면에 여러 신들을 믿는 사람들은 다소

원시적인 사람으로 취급한다.

성경을 보면 기독교/유대교 신이 다른 신의 존재를 인정하는 듯한 구절이 더러 보인다. 기독교 신은 다른 신이 존재한다고 노골적으로 언급하지는 않는다. 그보다는 자신이 질투를 느낄 줄 알며 백성들이 자신의 경쟁자를 숭배하는 것을 원하지 않는다는 식으로 말한다. 믿음과 숭배를 혼동하지 않도록 하라. 신의 존재를 믿는 것이 곧 그 신을 숭배한다는 뜻은 아니다. 이를 테면 어떤 사람이 유일신 알라를 숭배할 때조차도, 그 사람은 여전히 다른 신도 존재한다고 생각할 수 있다.

천사들과 악마들도 고려해야 한다. 기독교인들은 이들을 절대로 신으로 여기지 않는다. 하지만 왜? 천사와 악마가 신과 같은 힘이 있다는 점을 감안한다면, 그들을 작은 신으로 보는 게 타당할 것 같다. 타락한 천사인 사탄은 지옥을 지배하는 신처럼 보이지 않는가? 그는 명계(冥界)를 다스리는 것으로 믿어지는 고대 그리스 신 하데스와 크게 다르지 않다.

이런 식으로 보자. 만일 기독교에 대해 아무것도 모르는 사람이 마법의 힘을 갖고 날아다니는 천사와 악마에 대한 설명을 듣는다면, 이 설명이 다양한 역할을 하는 신들을 갖고 있는 종교에 관한 이야기라고 생각하는 게 합당해 보이지 않는가?

대부분의 기독교인들이 다양한 신에 대해 생각하고 말하고 있다는 사실 때문에라도 기독교가 다신교로 분류되어야 한다는 점도 언급할 필요가 있다. 나는 삼위일체의 원칙이 세 신들이 하나의 신으로 결합하는 것을 설명해주는 것으로 이해하고 있다.

그렇듯 기독교인들은 여러 신을 믿는 것 같다. 대부분의 기독교인들에게 세상에 홍수를 일으킨 것은 예수 그리스도가 아니다. 아버지 하나님이 십자가에 못 박힌 것도 아니다. 기독교인들이 흔히 말하는 것처럼 아버지 하나님이 자신의 유일한 아들을 희생시키고 있었다면, 어떻게 그럴 수 있는가?

대부분의 사람들이 종교에 대해 이야기할 때, 그들은 단수의 '신'에 대해 말한다. 신을 복수로 사용하는 경우는 무척 드물다. 그러나 신을 복수로 사용하지 않는 것은 정확하지도 않을 뿐만 아니라 오도하는 측면도 강하다. 유일신만이 고려할 가치가 있다고 믿는 수십억 명의 마음에 오해를 불러일으킨다. 이는 틀렸을 뿐만 아니라 다른 사람들을 모욕하는 짓이기도 하다. 힌두교 신자들도 현대인들이다. 힌두교 신자들은 미치지도 않았고 어리석지도 않다. CNN 보도나 '타임' 커버스토리가 종교문제를 다룰 때, 우리는 신의 개념이 단수로 묘사된다는 점을 확인할 수 있을 것이다. 정령 신앙자들은 종교적 믿음에 대한 대화에서 다른 사람들에 비해 형편없는 사람들로 여겨진다.

다양한 믿음이 공존하는 종교의 세계에 둘 이상의 신이 거주한다는 사실을 언급한다고 해서 무시하거나 망각하는 것은 과거 사람들의 지능을 얕보는 것이다. 하나의 신이 아닌 다수의 신을 믿은 아리스토텔레스는 바보였단 말인가? 다신론자인 페리클레스와 율리우스 카이사르는 종교적 믿음에 관한 주제에서 언급할 가치조차 없는 지적장애자들인가? 단 하나의 신만이 논쟁과 토론에 중요하다고 말하는 것은 지적으로도 옹호할 수 없는 생각이다. 그 생각은 교만과 자기만족에 지나지 않는다. 그 생각은 기독교인과 유대인, 이슬람 신자들에게는 매우 편리하다. 자신의 신이 존재하는 이유

뿐만 아니라 다른 신들이 존재하지 않는 이유까지 설명해야 한다면, 일이 얼마나 더 복잡해지겠는가?

　나는 기독교인들이 신의 숫자에 보다 현실적인 시각을 가졌으면 한다. 가치가 있는 믿음체계라면 어떠한 것이든 신의 개념에 대한 독점권을 주장해서는 안 된다. 그리고 자신을 존중하는 신자라면 어떠한 사람도 자신의 신이 유일하게 진짜 신이라는 생각을 버려야 할 것이다.

26

기독교인은 더 행복한가?

성령의 열매는 사랑과 희락과 화평이로다.
-'갈라디아서' 5장 22절

행복은 많은 기독교인들이 자신의 종교와 연결시키는 것 중 하나다. 기독교인들은 차분한 만족감에서부터 형언할 수 없는 희열에 이르기까지 이 모든 걸 예수 그리스도에게서 받는 선물이라고 한다. 이는 오늘날 세계에서 가장 인기 있는 종교가 오랫동안 내세웠던 최고의 셀링 포인트다. 거기에는 편향된 기독교인의 의견 이상의 그 무엇이 담겨 있는 것 같다. 여러 과학적 연구들이 그 점을 뒷받침하는데, 기독교에 관한 무엇인가가 정말 행복을 주는 것처럼 보인다.

이와 관련해 기독교인들과 비기독교인들에게 똑같이 중요한 질문이 있다. 도대체 진실은 무엇인가? 기독교인이 정말로 비기독교인보다 더 행복한가? 만일 그렇다면, 왜 그런가? 이 행복의 원인 중에 예수 그리스도 아닌 다른 것이 있는가? 기독교인들이 다른 신을 믿는 사람들보다 더 행복한가? 행복한 기독교인들이 존재한다는 사실이 많은 사람들의 주장처럼 예수 그리스도가 진짜 신이라는 것을 입증하는가? 신자들을 더 행복하게 만드는 기독교에서 비종교인이 배울 점은 있는가?

나는 내면에 행복을 일으키는 기독교의 능력에 대해 전혀 의문을 품지 않는다. 나는 여러 곳에서 여러 번 내 눈으로 직접 그것을 확인했다. 미국 남부와 카리브 지역의 격정적이고 떠들썩한 교회 예배에서부터 정적이지만 그 희열은 결코 작지 않을 바티칸과 예루살렘에서의 고요한 숭배까지, 나는 정말로 많은 곳에서 기독교의 그런 능력을 보았다.

그러나 내가 의심을 품는 것은 그 모든 것의 뒤에 진짜 신이 반드시 있다는 생각이다. 물론 진짜 신이 있을 수도 있다. 충분히 가능한 일이다. 그러나 내가 볼 때에는 신이 당신을 사랑한다고 스스로 믿는 것, 같은 믿음을 갖고 있는 신자들이 모여 숭배하고 교류하는 절차, 이 두 가지에 기독교인을 행복하게 만드는 무엇인가가 있다는 설명이 더 그럴듯하다. 그중 어느 것도 신의 존재를 필요로 하지 않는다.

기독교인의 행복에 초자연적인 원인이 있다는 주장을 의심하는 중요한 이유는 비기독교 신자도 행복할 수 있기 때문이다. 나는 이런 현상을 내 눈으로 직접 보았다. 시리아에서 기도를 끝낸 이슬람교 신자들의 얼굴에서 순수한 환희를 보았다. 네팔과 인도의 사원에서, 나는 힌두교 신자들과 대화했다. 이들의 행복을 측정한다면 10점 만점에 9점 정도는 될 것 같았다. 언젠가는 자메이카에서 힌두교 의식에 참석한 적이 있는데, 몇 시간 동안 웃음을 지었고 며칠 동안 좋은 기분을 느낄 수 있었다. 그러나 나는 힌두교 신들보다는 사람과 음악, 훌륭한 음식 덕분이었다고 생각한다. 나는 카리브해 지역에서 독실한 래스터패리언들(Rastafarian: 에티오피아 황제 하일레 셀라시에를 신으로 숭배하는 흑인을 일컫는다/옮긴이)과 시간을 보낸 적이 있다. 그들 중 일부는 자신들이 "진짜 기독교인들"이 아니라고 말했지만, 그들은 예수 그리스도를 찬양하고 성경의 말을 인용하면서 많은 시간을 보내는 행복한 집단이었다. 이들의 행복의 근원은 진짜 예수 그리스도인가 아니면 공동체 의식과 목표일까?

미국의 이슬람교 신자들은 예수 그리스도를 신으로 생각하지 않고 숭배도 하지 않는다. 그렇다고 해서 이 이슬람교 신자들이 다른 종교 집단만큼 현재에 만족하지 않는 것도 아니다. 그들은 다른 종교 집단보다 미래에 대해 더 낙관하고 지금도 훌륭하게 살아가고 있다고 말한다. 갤럽 여론조사에 따르면 미국의 이슬람교 신자들은 5년 후의 삶이 10점 만점에 8.4를 기록할 것이라고 예측한다. 이는 미국의 다른 종교집단보다 높은 수치다. 갤럽의 '삶 평가 지수'(Life Evaluation Index)는 미국 이슬람교 신자의 60%가 스스로 "번영을 누리고 있다"고 평가했다. 이는 미국 유대인의 수치와 거의 같고 미국 가톨릭(54%)보다 높고 프로테스탄트 신자들(52%)보다 높다.

부처의 미소

불교 신자들도 있다. 전 세계적으로 5억 명의 신자를 거느린 불교에 대해 많은 오해가 있다. 아마 가장 흔한 오해는 부처가 초자연적인 신이라는 생각일 것이다. 부처는 신이 아니다. 2000년 이상 이어져오고 있는 원래의 부처인 싯다르타 고타마는 절대로 자신을 신이라고 주장하지 않았다. 물론 정통 불교 신자들은 그를 숭배하지만 기독교인들이 예수를, 이슬람교 신자가 알라를 보는 것과는 달리 그를 신으로 보지 않는다. 혼란을 피하기 위해, 신을 신앙체계로 흡수한 불교의 종파도 있다는 점은 언급해야겠다. 그러나 이는 놀라운 일이 절대 아니다. 불교가 다신교인 힌두교와 밀접한 관계가 있으며 어느 종교 할 것 없이 시간이 흐르면 다양한 버전이 생겨나기 때문이다.

그러나 정통 또는 주류 불교는 엄격히 말하면 무신론적인 믿음 체계다. 신자들은 윤회 같은 초자연적인 주장들을 믿을 수 있다. 그러나 그들은 신앙생활의 중심에 신을 두지는 않는다. 그렇다고 해서 불교 신자의 행복을 훼손하는 것 같지는 않다. 나는 태국에서 승려들을 만나보았다. 한결같이 환희에 넘치는 표정이었다. 그들 곁을 떠나면서 우리 모두가 미래의 생보다 더 많은 과거를 갖고 있다는 확신을 품지는 않았지만 이 승려들은 행복과 만족에 대해 나보다 훨씬 더 많은 것을 알고 있다는 확신을 가질 수 있었다.

UC 샌프란시스코 메디컬 센터의 뇌 연구원들은 불교 신자들의 행복을 측정하는 방법을 발견했다. 그들의 결론은 내가 태국에서 관찰한 것과 일치한다. 과학자들은 뇌 스캔을 이용하여 명상을 자주 하는 경험 많은 불교 신자들이 대부분의 사람들보다 더 평온하고 행복하다는 점을 발견했다. 불교 신자들은 또한 대부분의 사람들과 비교하여 덜 동요하고 화도 덜 내는 것 같았다. 불교의 예불/명상이 '공포의 기억'을 처리하는 뇌의 측두엽에 있는 신경 덩어리인 편도를 차분하게 다스리고 길들이는 게 분명하다. 불교는 신을 두지 않았고 예수 그리스도나 성경과도 아무런 관계가 없지만 신자들을 높은 수준의 행복으로 안내했다. 연구원 폴 에크먼(Paul Ekman)에 따르면, 불교를 수행하는 행위에 신자를 기쁨과 만족으로 이끄는 무엇인가가 있는 것 같다. 위스콘신 대학의 과학자들이 실시한 연구에서도 이와 비슷한 결론이 나왔다. 불교 신자들의 뇌는 긍정적인 기분과 관련 있는 부위에서 많은 활동을 보였다. 기독교에게 던지는 명백한 암시는 기독교의 신앙 행위 자체에 기독교인들을 행복으로 안내하는 무엇인가가 있을 것이라는 점이다. 진짜 신은 필요하지도 않다.

　기독교와 행복에 관한 또 한 가지 재미있는 사실은 기독교가 지배하는 사회의 행복도가 그리 높지 않다는 점이다. 만일 예수 그리스도가 흔히 주장하는 대로 신자에게 행복을 안겨준다면, 기독교 성향이 강한 국가들이 지구 위에서 가장 행복한 곳이 되어야 한다고 보아도 무방할 것이다. 그러나 그런 것 같지 않다. 영국 레스터 대학 심리학자 아드리안 화이트(Adrian White)는 자신의 세계행복지도를 갖고 구체적인 이슈를 다룰 생각은 하지 않았지만 의미 있는 결과를 내놓았다. 전 세계의 시민 80000명을 대상으로 실시한 100여 개의 연구를 바탕으로, 화이트는 행복의 수준으로 국가별 순위를 매겼다. 톱 10 국가에 꼽힌 국가들은 다음과 같다.

1. 덴마크	6. 핀란드
2. 스위스	7. 스웨덴
3. 오스트리아	8. 부탄
4. 아이슬란드	9. 브루나이
5. 바하마	10. 캐나다

이 목록에 오른 국가들은 비신자의 비율이 가장 높은 국가들이다. 예를 들어 덴마크는 비신자의 비율에서 3위로 높다. 스웨덴은 비신자의 비율이 가장 높다. 캐나다는 20위다. 부탄 국민은 거의 전부 불교 신자이고, 브루나이 국민은 거의 대부분 이슬람교 신자다. 그렇다면 이 국가들의 높은 행복은 기독교 덕분이 아니다. 행복한 인구들 중에서 바하마만 기독교 성향이 강하고 비기독교인과 비신자의 비율이 낮다. 이 척도의 반대쪽 끝에서 우리는 가장 행복하지 않은 사회들이 모두 비신자가 거의 없으며, 종교 성향이 지극히 강하다는 사실을 발견한다. 콩고민주공화국(176위)과 짐바브웨(177위), 부룬디(178위)가 거기에 포함되어 있다.

갤럽의 '세계 행복 지수'(Global Wellbeing Index)는 주민들 중에서 오늘 "번영을 누리고 있다"거나 "고통을 겪고 있다"고 답한 사람, 미래에 비관적인 사람과 낙관적인 사람의 비중을 따져 매년 국가별 서열을 매기고 있다. 번영을 누린다는 것이 행복과 동의어는 아니지만 어쨌든 고통을 받는다는 표현보다는 행복에 더 가까울 것이다. 이 지수의 톱 10도 기독교 신자의 비율이 낮다는 점에서 세계행복지도와 비슷하다.

1. 덴마크	6. 오스트레일리아
2. 캐나다	7. 핀란드
3. 네덜란드	8. 뉴질랜드
4. 이스라엘	9. 오스트리아
5. 스웨덴	10. 브라질

톱 10에 오른 국가들 중에서 브라질만이 무신론자의 비율이 가장 높은 25개 국가에 포함되지 않는다. 물론 이 중 어느 것도 무신론이 행복을 보장한다거나 기독교가 기독교 신자들을 행복하게 만들지는 않는다는 점을 증명하지 않는다. 그러나 행복과 불행의 원인은 초자연적인 것이기보다는 자연적인 것일 확률이 더 크다는 점을 암시한다.

'아메리칸 소시오로지컬 리뷰'(American Sociological Review)에 실린 '종교와 사회적 네트워크, 그리고 삶의 만족'이라는 제목의 연구서는 많은 기독교인들을 행복하게 만드는 것이 무엇인지 밝힐 열쇠를 찾았을지 모른다. 이 연구를 주도한 임채윤은 "매일 교회에 나가지만 교회에 친한 친구를 전혀 두고 있지 않다고 밝힌 사람들이 교회에 전혀 나가지 않는 사람보다 결코 더 행복하지 않다"고 설명했다. "한 달에 한 번 미만으로 나가면서 교회에 두 명 정도의 친한 친구를 둔 사람들이 매주 나가지만 절친한 친구가 하나도 없는 사람보다 더 행복한 경향을 보인다."

임채윤은 "우리의 연구는 삶의 만족을 주는 것은 신학이나 영성보다는 종교의 사회적 측면이라는 점을 보여주는 증거를 제시하고 있다"고 결론 내렸다. "종교적 집단 안에서 형성된 우정이 사람을 더욱 행복하게 만드는 은밀한 요소다."

이 연구에 따르면, 매주 교회에 나가면서 절친한 친구 3~5명을 둔 기독교인들 중 33%가 자신의 삶에 "극도로 만족한다"고 대답했다. 한편 매주 교회에 나가지만 교회에 친한 친구를 전혀 두지 않은 기독교인들 중에서는 "극도로 만족한다"고 대답한 비율이 19%로 뚝 떨어졌다. 종교의식에 전혀 참여하지 않는 사람들 중에서 "극도로 만족한다"고 답한 사람의 비중(19%)은 매주 교회에 나가지만 교회에 친한 친구를 하나도 두지 않은 사람들과 비슷하다. 그러므로 결론은 교회에 가거나 예수 그리스도를 믿는 것이 아니라 교회에 나가서 친한 친구를 사귀는 것 같다.

여기에 기독교 신자들과 비신자들을 위한 중요한 삶의 교훈이 있는 것 같다. 친한 친구들을 주기적으로 만나고, 그들을 통해 당신 자신이 중요한 무엇인가의 일부라는 사실을 느끼고, 누군가와 함께하는 경험에 참여하는 것이 우리 모두 행복의 길로 올라가는 효과적인 길 같다.

27

미국은 기독교 국가인가?

인류에 영향을 미치는 모든 전제정치 중에서 종교의 전제정치가 최
악이다.

　-토머스 페인, 「건국의 아버지」(Founding Father)

　미국이 기독교 국가라는 주장에는 분명히 논란의 여지가 있다.
그러나 어느 누구도 미국이 완전한 기독교 신정국가가 되는 것을
원하지 않기 때문에 기독교인들과 비기독교인들 사이에 공개적으
로 인정하지 않은 것이 많다. 일부 사람들은 신정국가를 원할지 모
르지만, 자유와 정의를 높이 평가하는 합리적인 기독교인들은 분
명히 원하지 않는다. 합리적인 기독교인들은 미국이 사우디아라비
아나 이란 같은 형태의 기독교 국가가 되는 걸 원하지 않는다.
　기독교 국가 안의 기독교 정부는 종교를 갖지 않은 미국인들에
게도 나쁠 뿐만 아니라 기독교인에게도 마찬가지로 좋지 않을 것
이다. 분별력 있는 기독교인 중 누가 자신의 종교에 정부가 개입하

기를 원하겠는가? 의회가 당신 교회의 의제를 결정해주는 게 마음에 드는가? 당신은 국세청이 십일조에 관여하기를 진정으로 바라는가? 연방 상원이 주일학교의 커리큘럼을 놓고 논쟁을 벌이고 표결을 하는 것은 어떻게 생각하는가?

일부 기독교인들은 교회와 국가의 분리가 종교에 대한 위협인 것처럼 그것에 맞서 싸운다. 사실은 교회와 국가의 분리가 건국의 아버지들이 종교를 위해 한 최고의 업적인데도 말이다. 종교를 갖지 않은 미국인들과 미국인 기독교 신자들은 정부가 신의 문제에 관한 한 법적으로 어떠한 호의도 베풀지 못하는 그런 국가에서 살면서 똑같이 덕을 보고 있다. 오늘날 기독교가 퇴조의 기미를 보이는 다른 나라에서와 달리 미국에서 번창하고 있는 주요 이유는 정부가 기독교를 거의 건드리지 않기 때문이다.

미국이 기독교 국가이거나 기독교 국가가 되어야 하는지를 결정하기 전에, 우리는 먼저 '기독교 국가'가 의미하는 바를 명확히 밝혀야 한다. 만일 기독교 국가라는 것이 단순히 자신을 기독교인이라고 밝히는 인구가 많은 국가를 가리킨다면, 미국은 기독교 국가다. 그러나 정부가 강요하는 성경 관련법을 두고 예수 그리스도를 국가 차원에서 촉진시키고 기독교 시민들이 비기독교 시민보다 더 많은 혜택을 누리는 일종의 신정국가를 의미한다면, 미국은 분명 기독교 국가가 아니며 과거에도 아니었고 미래에도 절대 아닐 것이다.

미국의 실험이 지금까지 제대로 성공을 거두고 있는 중요한 이유 중 하나는 미국 헌법이 종교와 정부를 완전히 떼어놓았다는 사실이다. 만일 미국에 세속적인 정부를 만든 수정헌법 제1조가 없었더라면, 미국은 지금과 매우 다른 나라가 되었을 것이다. 수정헌법 제1조는 "의회는 특정 종교의 창설에 혜택을 주는 법을 만들지 못하고, 자유로운 종교 활동을 금지하는 법도 만들지 못하며, 표현의 자유나 언론의 자유나 사람들이 평화롭게 모일 권리나 정부에 탄원할 권리를 축소하는 법을 절대로 만들지 못한다"고 정하고 있다. 수정헌법 제1조에 종교와 관련된 내용이 두 가지 있다는 점에 주목하라. 헌법의 틀을 만든 사람들이 모든 미국인들을 위해서 정부가 기독교나 다른 종교에 간섭하지 말아야 한다는 점을 분명히 해두려고 했던 게 아닌가 싶다.

미국 건국의 아버지들은 성자나 초인이 아니었다. 그러나 그들은 미국을 세속적인 정부로 만들지 않으면 국내적으로나 국제적으로 피 튀기는 종교적 갈등을 겪을 거라는 걸 알았던 현명한 사람들이다. 건국의 아버지들은 교육수준이 높았으며, 또한 유럽의 기독교인들이 여러 세기에 걸친 노력에도 불구하고 종교와 정부를 평화롭게 결합시키는 방법을 알아내지 못했다는 것을 잘 알고 있었다는 점을 기억하라.

이를 근거로 볼 때, 나는 기독교가 미국에서 번성한 것은 놀라운 현상이 아니라고 본다. 세속적인 정부가 기독교를 과도하게 이용하거나 경시해서 기독교에 피해를 입히는 일은 없었다. 오히려 기독교가 자유롭고 다소 보호를 받는 환경에서 번창할 수 있도록 만들었다. 기독교는 이 지구상에서 가장 종교적인 선진국 미국의 지배적 종교다. 기독교 정부를 갈망하는 기독교인들은 "웬만하면 고치지 말고 그대로 쓰라"는 옛말을 생각해볼 수 있을 것이다.

기독교와 기독교인들이 언제나 미국의 형성과 발전에 주요 요소였던 것은 분명하다. 그러나 기독교의 영향이 언제나 좋기만 한 것이었을까? '기독교 유산'에 근거하여 기독교 국가를 옹호하는 사람들이 절대로 생각하지 않을 질문이다. 기독교는 노예제도를 폐지하기 위해 노력한 사람들에게 힘을 실어주고 강하게 만들었다. 그러나 기독교는 인간을 소유하는 것에 도덕적 정당성을 찾던 노예소유자들이 자기 방어를 위해 내세우는 첫 번째 증거가 되기도 했다. 기독교는 일부 사람들이 이웃을 사랑하고 보살피도록 이끌었지만 또 다른 사람들에게는 이웃을 증오하고 학대하고 죽이는 동기가 되기도 했다. 진정한 기독교 유산은 자선단체와 대학에서 끝나지 않는다. 기독교 유산은 편견과 증오, 차별과 폭력도 동시에 담고 있다.

미국이 역사적 공식적 측면에서 기독교 국가라는 주장을 가장 강력하게 반박하는 것은, 기독교가 발견되지 않는 어떤 중요한 장소를 제시하는 것이다. 미국이 기독교 국가라면 하나님 아버지와 예수 그리스도, 성령과 성경이 미국의 가장 중요한 문서인 헌법에 영원히 모셔져야 할 것이다. 그러나 거기에는 그런 자리가 없다. 헌법에는 그런 것들에 관한 것이 전혀 없다. 이것이 많은 것을 말해준다.

일부 주장처럼 만일 건국의 아버지들이 모두 신생 국가와 정부를 외형과 실제 차원에서 기독교적으로 만들겠다는 뜻을 공식적으로 갖고 있던 독실한 기독교인이었다면, 아마 헌법의 어딘가에 적어도 어떤 암시를 담았을 것 같지 않은가? 어쨌든 기독교는 그들이 건설한 국가에 가장 큰 기여를 했다.

그러나 헌법에는 예수 그리스도나 다른 신에 관한 언급이 하나도 없고 기독교를 다른 종교에 비해 더 선호한다는 내용도 없다.

시민들에게 종교를 의무화한다거나 촉진시킨다는 내용도 전혀 없다. 분명 매디슨과 제퍼슨, 프랭클린, 워싱턴을 비롯한 건국의 아버지들은 신세계에 기독교 신정국가를 세우지 않는 것이 최선이라고 생각했다. 대신에 건국의 아버지들은 종교에 손을 대지 않고, 국민들이 종교를 믿고 안 믿고를 스스로 결정하도록 허용하는 그런 국가를 창조하는 쪽에 초점을 맞췄다. 그들은 종교를 정부로부터 떼어놓는 한편 모든 이들에게 종교의 자유를 보장하는 것이 공정하고 분별력 있고 더 안전하다고 생각했다. 그들의 판단은 옳았다.

다음의 인용은 미국이 기독교 정부를 갖는 기독교 국가가 되어야 한다는 주장이 얼마나 터무니없는지 잘 보여주고 있다.

> 나는 종교의 자유를 지지하며 어느 한 종파를 다른 종파보다 우세하게 하는 모든 책략에 반대한다.
> -토머스 제퍼슨(초대 미국 대통령)

> 미합중국 정부는 어떠한 의미로도 기독교 종교 위에 세워지지 않았기 때문에 …….
> -미국 연방 상원이 1797년에 만장일치로 비준한 '트리폴리 조약' 제11조 중에서.

> 나는 정치와 종교를 가능한 한 결합시키지 않는다.
> -존 애덤스(초대 미국 부통령이자 2대 대통령)

> 우리의 경험은 종교 조직들이 종교의 순수함과 효율성을 지키

기보다는 그 반대로 활동해왔음을 알려준다. 15번의 세기가 지나는 세월 동안 기독교를 법적으로 제도화하려는 노력이 시도되었다. 그 결과는 어떤가? 성직자에게서 다소의 자만과 나태가, 평신도에게서 다소의 무지와 비굴이 나타났고 둘 다 모두에서 미신과 편협과 박해가 나타났다.

-제임스 메디슨(미국 제4대 대통령)의 '종교 평가에 대한 항의 각서'(1785년) 중에서.

종교는 인간과 신 사이의 문제이며, 인간은 자신의 신앙이나 숭배에 대한 책임을 스스로 지며, 정부의 입법권은 의견이 아니라 행동에만 영향을 미친다고 믿으면서, 나는 의회가 특정 종교의 창설에 혜택을 주는 법을 만들지 못하도록 하고 자유로운 종교 활동을 금지하는 법도 만들지 못하도록 했다. 따라서 교회와 국가 사이에 장벽을 세워야 한다고 선언한 전체 미국 국민의 행위에 경의를 표한다.

-토머스 제퍼슨(미국 3대 대통령)이 댄베리 침례교 신자들에게 보낸 편지(1802년) 중에서.

목소리만 크면 옳은가?

그래도 미국을 기독교 국가로 만들고자 노력하는 사람들은 두 가지 점에서 재고해야 할 것이다. 첫째, 그 같은 노력이 비열하다는 점이다. 만일 내가 고등학교 체스 클럽에 소속되어 있는데 회원 중

80%가 무신론자라 하더라도, 나는 그 팀이 무신론자 체스 팀이라고 떠들며 돌아다니지 않을 것이다. 왜 떠들지 않을까? 그 이유는 다른 회원 20%가 80%와 달리 팀의 구성에 적절하지 않다거나 구성원이 아니라는 것을 암시하기 때문이다. 그것은 불공평하고 야박하다. 둘째, 미국은 기독교의 긍정적인 영향 때문에 기독교 국가로 봐야 한다는 생각은 모든 실상을 다 보여주지 못한다. 기독교가 미국 역사에서 한 역할은 아무리 좋게 보아도 복합적이랄 수밖에 없다. 앞에서 언급한 바와 같이, 기독교는 좋기도 하고 나쁘기도 했으며, 건설적이기도 하고 파괴적이기도 했으며, 통합적이기도 하고 분열적이기도 했다. 이를 테면 미국의 기독교인들이 예수 그리스도에 대한 믿음으로 언제나 단결하는 모습을 보였다고 주장하는 것은 가소로운 일이다. 미국 역사에는 기독교인이 특별히 종파의 이름으로 기독교인을 괴롭히는 슬픈 예들이 연이어 일어났다. 미국의 기독교 유산에 대한 정직한 평가라면 이 같은 박해와 폭력을 반드시 포함시켜야 한다.

　미국인본주의자협회(AHA)의 데이비드 노이즈(David Noise) 회장은 미국의 기독교 종파들 사이에 이뤄지고 있는 현재의 평화는 연약한 평화라고 믿는다.

　이 같은 기독교 단합의 유산은 허구에 가깝다. 미국 역사의 상당 기간 동안 종교적 불관용과 불화가 오히려 정상이었기 때문이다. 또한 오늘날 보수주의 가톨릭 신자들과 보수적인 프로테스탄트 신자들의 분명한 단합도 둘 사이의 역사적 관계에서 일탈한 것으로 볼 수 있다. 공식적으로 누구의 성경이 사용되고 누구의 기도문을 외울 것인가 하는 문제를 놓고 더 이상 싸움을 벌일 수 없기 때문에, 양 진영은 그 대신에 공적인 기도문을 전혀 바라지 않는 세력들과 싸우려고 힘을 모으고 있다. 세속주의를 공격하며 자신들의 의제에 맞게 역사를 수정하기 위해 서로 힘을 합하고 있지만, 만일 공통적인 세속의 적이 제거된다면 두 집단 사이에 교리를 둘러싼 분쟁이 금세 나타날 것이라는 데 의문의 여지가 없다.

마지막으로, 몇 가지 키워드를 여기저기 세심하게 배치한 것이 기독교인들로 하여금 기독교 국가라는 믿음을 갖도록 하지 않았나 생각한다. 연방정부는 그 효과가 엄청날 수 있는 곳에 신을 언급하도록 허용했다. 두드러진 예로 화폐와 충성의 맹세가 있다. 그렇다면 헌법과 건국의 아버지에 대한 지식이 거의 없는 전형적인 미국인의 경우 기독교인이라면 쉽게 오해하게 되지 않을까? 충분히 그럴 만하다. 나는 기독교인들로부터 "미국은 당연히 기독교 국가다. 화폐를 보고, 대통령 취임선서를 들어보라"라는 소리를 자주 들었다. 그러나 사실을 들여다보면 이 문제는 완전히 달라진다. "여럿이 모여 하나가 되자"라는 구호는 공식적인 것은 아니었지만 미국의 존립에 가장 중요하고 인기 있는 것이었다. 이 구호는 미국 주화에 나타나며, 미국의 국장(國章)에도 1782년 이후 계속 적혀 있다.

그렇다면 "우리는 하나님을 믿는다"는 표현은 언제 미국의 공식 표어가 되었는가? 냉전 기간에 의회가 어떤 법을 마련하기 전까지는 아니었다. 그 전에도 이 표어는 일부 주화에 등장하긴 했지만 "신을 믿지 않는 공산주의자들"의 위협에 자극을 받은 의회에 의해 1956년에 공식 표어로 인정받기에 이르렀다. 그 일이 있기 겨우 2년 전에 역시 연방정부가 동서 냉전의 긴장에 따라 공식적으로 법을 마련함에 따라, "신 아래 하나의 국가"라는 표현도 충성 서약에 삽입되었다. 이 말이 맞다.

프랜시스 벨라미(Francis Bellamy)라는 사회주의자가 쓴 원래의 서약은 신이나 종교에 대한 언급을 전혀 담지 않았다. 하지만 대통령 취임식과 선서, 그리고 성경 위에 손을 얹고 마지막에 "하나님이시어 저를 도와주소서!"라고 간청하는 표현은 어떻게 되는가? 이 형식적인 전통은 미국의 건국 초기로 거슬러 올라가는 것이며 건국의 아버지들이 기독교 정부 혹은 적어도 종교적인 정부를 원했다는 것을 보여주는 것인가? 그렇지 않다. 미국 헌법 2조 1항 8절은 이렇게 적고 있다.

"나는 미국 대통령의 직무를 성실히 수행하며, 최선을 다하여
미국 헌법을 보전하고 보호하고 수호할 것을 엄숙히 선서한다."

이게 전부다. 성경에 손을 올려놓거나 "하나님이시어 저를 도와주소서!"라는 말을 해야 한다는 규정이 전혀 없다. 다시 말하지만, 헌법의 틀을 만든 이들은 미국 정부의 가장 중요한 문서를 작성할 때 여러 곳에 신이나 예수 그리스도, 성경 혹은 기독교를 끼워넣을 수 있었을 것이다. 그러나 그들은 대신에 신을 언급하지 않는 헌법을, 말하자면 종교를 촉진하거나 개인의 종교적 자유를 제한하지 않는 헌법을 만드는 쪽을 택했다. 그들은 현명하게도 시민들의 결정에 따라 기독교 국가가 아닌 모든 종교의 국가를 선택했다.

28

예수의 기적을 어떻게 확신할 수 있나?

나를 믿지 아니할지라도 기적들은 믿으라.

-'요한복음' 10장 38절

신약성경에 따르면, 예수 그리스도의 삶 중에 가장 두드러진 특징 하나는 그가 기적을 행했다는 점이다. 예수에게 있었을 카리스마와 용기를 고려한다면, 그가 행한 것으로 믿어지는, 눈길을 사로잡는 기적은 아닐지라도, 것을 잘 했을 것이다. 기적들이 그에게 해(害)가 되지는 않았다. 2000년이 지난 오늘날에도 기독교인들은 여전히 그의 신비력에 경외감과 존경심을 갖고 있다. 많은 기독교인들은 기적을 그가 신이었음을 보여주는 증거로 제시한다. 다른 기독교인들은 기적이 어느 정도 사실일 수 있지만 상징적인 이야기로 받아들여야 한다고 생각한다. 물론 기적이 어떤 과정이나 속임수에 지나지 않는다고 의심하는 회의론자와 비신자도 있다.

앞에서 기적에 대해 이야기하면서 나는 예수 그리스도의 유명한 행위들이 마법의 속임수에 지나지 않을 수도 있다는 의문을 제기했다. 기독교인들을 모욕하려는 게 아니다. 나는 예수 그리스도가 사람들에게 초자연적인 힘을 갖고 있다는 걸 믿도록 하기 위해 속임수를 썼는지는 아는 바가 전혀 없다. 회의론자뿐만 아니라 진실과 현실을 중시하는 현대의 기독교인들도 그런 가능성을 고려해야 한다. 이런 이야기들을 평가할 때, 그것을 되돌아보며 결론을 끌어낼 수 있는, 스무 번의 세기라는 긴 세월이 있다. 거기서 우리가 발견하는 것은 기적을 행했다고 주장하는 신앙체계가 무수히 많으며 또 많은 사람들이 그런 것을 믿는다는 사실이다. 아마 기적들 대부분은 정말로 일어났을 수도 있으며, 초자연적인 사건일 수도 있다.

그러나 나는 그 점에 의문을 품는다. 실제로 우리는 많은 것들이 거짓 주장이며 나쁜 믿음이라는 것을 알고 있다. 사람들을 속이려고 싸구려 속임수를 쓰다가 현장에서 걸린 예언자들과 설교자가 많기 때문이다. 나는 언젠가 플로리다 주 탬파에 있는 어느 교회의 신앙치유 행사에 참석한 적이 있다. 거기서 나는 어느 설교자가 눈앞에서 기적을 행하는 것을 보고 있었다. 축제처럼 분위기가 달아오른 가운데, 그는 등의 통증 때문에 앉아 지냈다던 어느 남자의 두 다리를 검사한 뒤에 두 다리의 길이가 다르다고 선언했다. 이 설교자는 이 남자의 두 다리를 심하게 흔든 다음에 두 발을 나란히 놓으며 청중에게 두 다리의 길이가 기적적으로 같아졌다고 말했다. 주변에 있던 사람들은 숨을 헐떡이며 박수갈채를 보냈다. 사람들은 그 기적을 인정했다.

예수 그리스도가 살았던 것으로 여겨지는 시대는 기적의 시대였다. 신도 많았고, 악마도 도처에 널려 있었고, 어딜 가나 마법이 있었다. 거의 모든 사람이 기적에 대해 듣고 보았으며 또 느꼈다. 기적을 믿는 사람의 비율은 아마 지금보다 더 높았을 것이다.

그렇다고 기적이 유행하던 시대가 지났다는 뜻은 아니다. 2009년에 해리스 폴이 실시한 여론조사에서 미국 성인의 76%가 기적을 믿는 것으로 나타났다. 다른 나라를 여행하고 살아본 나로서는 전 세계의 주민 중에서 기적을 믿는 비율은 이보다 더 높을 것이라고 추산한다. 회의론자라면 모로코에서 마이애미까지 대부분의 사람들이 기적을 믿는다는 사실을 무시해서는 안 된다. 기적을 믿는 사람들이 너무나 많기 때문에 우연의 일치에 대해서, 우주의 운행에 대해서, 그리고 사기꾼에게 속거나 망상에 빠진 사람에 의해 오도될 위험에 대해서, 생각하지 않으려는 경향이 있지 않나 하는 의문이 들 정도다. 예수 그리스도가 사기꾼이거나 망상에 빠진 사람이었다는 말은 아니다. 그렇게 오래 전에 살았던 사람에 대해 내가 어떻게 알 수 있는가?

그러나 그 시절이라면 작은 일로도 사람들에게 강한 인상을 남기기 쉬웠을 것이라는 점은 부정하지 못한다. 자연과 물리학에 대한 일반적인 지식 수준은 지금보다 훨씬 낮았다. 사람들은 자연적인 원인과 기이한 사건을 제대로 연결시키지 못했다. 게다가 비판적으로 생각하거나 증거를 요구하거나 현명한 질문을 던질 용기가 없었다. 오늘날에도 여전히 부족한, 회의론적인 사고(思考)의 기술은 분명히 그 당시에는 턱없이 부족했을 것이다.

21세기인 오늘날에도 나이지리아의 한 여인은 교회에서 예배를 올리던 중에 말(馬)을 낳았다. 적어도 그곳에 있었던 사람들에게는 이런 일이 일어났다. 책임 목사인 실바 웰스 이야무는 언제나 기적들을 보고 있다. 그러나 이 기적은 그런 그마저도 놀라게 만들었다.

"우리는 예배를 올리는 중에 몇 가지를 토해내는 사람을 보았다. 그러나 이런 것을 토하는 경우는 없었다. 신이 예언과 기적으로 우리의 목회를 축복해왔다."

겨우 몇 명의 사람들만 이 일이 목사가 믿는 것처럼 일어났다고 믿을 것이다. 그러나 만일 이 주장이 2000년 전에 나왔다면 어떻게 되었겠는가? 그 시절이었다면 얼마나 많은 사람들이 그 일을 믿었겠는가?

회의론자라면 매우 많은 기독교인들이 기적을 진실로 받아들이는 이유를 이해하기 어렵다. 예수 그리스도는 많은 기적을 행했다. 물 위를 걷기도 하고, 물을 포도주로 바꿔놓기도 하고, 열로 고생하는 여자를 치료하기도 하고, 한센병 환자를 낫게도 하고, 악마들을 쫓기도 하고, 맹인을 치료하기도 하고, 죽은 사람을 살리기도 했다. 기적의 목록이 아무리 인상적일지라도, 예수 그리스도의 기적과 관련해 그에게만 특별한 것은 아무것도 없다. 다른 사람들도 이와 비슷한 기적을 주장하고 있으며 또 많은 사람들이 그렇게 믿고 있다. 나는 카리브 해 제도에서 열린 베니 힌의 치료 행사를 무대 옆에서 지켜보면서 그곳에 있던 수천 명의 감정을 휘어잡는 힌의 능력에 놀랐던 적이 있다. 사람들이 그의 손길이 닿거나 닿으려는 순간 쓰러지고 있는 순간에도, 그는 겸손을 떨면서 그 모든 것을 신의 공으로 돌렸다.

그러나 그에겐 매우 특별한 무엇인가가 있음에 틀림없었다. 그날 밤 그곳에 있었던 대부분의 사람들에게 그는 기적을 행한 사람이었다. 그 광경을 지켜보면서 떠오른 생각 하나는 힌이 고대의 인물이었다면 어떻게 되었을까 하는 것이었다. 만일 그가 과학과 이성이 발달하고 온갖 정보를 접촉할 수 있는 이 시대에 여러 나라를 돌면서 체육관에 청중을 불러 모아 자신의 손가락으로 초자연적인 치료의 힘을 보여준다고 설득할 수 있다면, 아마도 그는 옛날 같으면 신으로 여겨졌을 것이라고 생각해도 무리는 아닐 것이다.

예수 그리스도의 기적을 믿는 기독교인들은 물론 계속 그렇게 믿을 수 있다. 그러나 많은 사람들이 기적에 회의적인 입장을 보이는 이유를 기독교인들이 이해하길 바란다. 모든 사람들이 다 성경을 정확한 보도의 근거로 여기지는 않는다. 세계 각국의 사람들은 기적에 관한 모든 주장이 물질적 증거 없이는 받아들여질 수 없다고 믿고 있다. 그렇기 때문에 단순히 성경의 어떤 구절을 제시하는 것으로는 충분하지 않다. 어떤 사람이 시신을 건드려 다시 살아나게 했다는 걸 믿기 위해서는 먼저 증거가 필요하다. 누군가가 폭풍을 잦아들게 했다는 것을 받아들이기 전에 먼저 증거가 제시되어야 한다. 기적을 믿는 사람들은 기적을 믿지 않은 사람들에 대해 신경 쓸 필요가 없다. 그러기에는 그 기적이 너무 오래 전의 일이다. 목격자를 인터뷰할 수도 없고, 세부사항을 따지고 들 수도 없다. 회의론자가 할 수 있는 일은 의심하는 이유를 보여주는 것밖에 없다.

그런 의미에서 보면, 예수 그리스도의 기적은 지금보다 과거 속에서 더 안전하다. "나를 믿지 아니할지라도 기적들은 믿으라"('요한복음' 10장 38절)고. 예수 그리스도는 말했다. 그러나 아이러닉하게도 회의론자에게는 예수 그리스도의 기적을 믿는 것보다 예수를 믿는 것이 더 쉬울 것이다. 왜냐하면 지금이나 그때나 기적을 주장하는 경우가 아주 흔하다는 것을 잘 알고 있기 때문이다. 회의론자들은 또한 인간이 기적을 행했다고 주장하기가 얼마나 쉬운지 알고 있다. 기적을 행했다고 주장하려는 용기와 그것을 믿으려는 청중만 있으면 충분히 가능한 것이다.

29

무신론자인 독재자들의 악행을 어떻게 볼 것인가?

무신론자가 빠져나갈 수 없을 정도로 명백하게, 지독하게 혐의를 받고 있는 게 하나 있다. 신자들이 무신론과 사악한 독재자들을 연결 짓는다는 것이다. 두 개의 점을 선으로 잇는 것도 이보다 쉽지는 않다. 이오시프 스탈린과 아돌프 히틀러, 마오쩌둥, 폴 포트. 이들 때문에 죽은 사람은 수백만 명에 달한다. 이들은 무신론자들이었다. 교훈은 우리 눈앞에 너무 분명하게 보인다. 누가 그 교훈을 부정할 수 있겠는가? 지난 세기 최악의 범죄들은 신의 존재를 믿지 않는 사람에 의해 저질러졌다. 실제로, 인류 역사에 있었던 그 어떤 잔혹한 종교적 광신자도 이 광인들만큼 많은 사람을 희생시킨 적은 없다. 맞는 말이다.

이 같은 사실은 오직 한 가지만 의미한다. 종교는 선하고 무신론은 매우 나쁘다는 점이다. 당신의 신은 진짜 신이고, 그 신이 없을 경우 무시무시한 일들이 벌어지게 되어 있다. 기독교인들이 이 문제를 끊임없이 제기하는 이유는 쉽게 알 수 있다. 절대로 패할 수 없는 논쟁의 모든 속성을 갖고 있기 때문이다. 이 문제는 역사의 무게를 무신론자들의 어깨 위로 던지며 그런 괴물들과 철학적으로 얽히게 된 이유를 설명해 보라고 요구한다.

나는 그렇게 많은 신자들이 '무신론자 독재자'란 카드를 갖고 노는 이유를 이해한다. 하지만 그런 주장은 아무런 의미도 없다. 자주 거론되는 주장이라고 해서 훌륭한 것은 아니다. 엄청난 희생자의 숫자에 흠칫한다면, 이 논쟁을 논리적으로 끌고 갈 수 없다.

이 주장은 여러 가지 이유로 잘못되었다. 곧 알게 되겠지만, 이 논쟁에는 결함이 아주 많기 때문에 사려 깊은 기독교인이라면 절대 그런 의견을 가져서는 안 된다. 이 논쟁을 기독교에 유리하게 끌고 갈 수 있는 다른 훌륭한 방법들은 많다.

무엇보다 먼저, 우리는 무신론자 독재자들의 명단을 제대로 만들 필요가 있다. 앞에서 거론한 이름 중 하나는 무신론자가 아니다. 히틀러는 물론 사악한 독재자였지만 그를 무신론자 독재자로 묘사하는 것은 정확하지 않다. 그가 했던 말을 살펴보면, 히틀러는 분명히 유대/기독교 신의 어떤 종파를 믿었던 것 같다. 그의 활동을 고려해도 그는 신을 믿었던 것 같다. 그가 죽고 60여 년이 지난 지금까지, 어느 누구도 그가 무신론자라는 점을 명쾌하게 밝혀내지 못했다. 스탈린과 마오쩌둥과 폴 포트는 비신자였을 확률이 매우 높다. 물론 나는 히틀러가 확실히 무신론자였다는 사실을 알고 있다고 주장하지 않는다. 그가 무신론자일 수도 있다. 여하튼, 사람의 개인적인 믿음에 대해 우리가 확실히 알기는 힘든 일 아닌가?

그럼에도 불구하고, 히틀러가 남긴 글이나 말이 있다. 그것을 분석하면 된다. 이 자료들은 그가 성경의 신을 믿었다는 점을 강력히 보여준다. 물론 역사 속의 다른 정치인들과 마찬가지로, 히틀러도 당시의 목적에 따라 거짓말을 했을 수도 있다. 믿음이란 것은 어떤 개인의 마음 안에서 은밀히 이뤄진다. 그렇다면 우리가 히틀러를 포함한 사람들의 믿음에 대해 어떻게 100% 정확히 말할 수 있겠는가? 히틀러는 지방의 가톨릭교회에서 복사로 활동했으며, 기독교를 공개적으로 부정한 적이 한 번도 없었다. 『나의 투쟁』에 다음과 같이 적었다. "오늘부터 나는 나 자신이 전능한 창조주의 의지에 따라 활동하고 있다고 믿는다. 유대인에 맞서 나 자신을 옹호함으로써, 나는 주(主)의 일을 위해 싸우고 있다." 히틀러가 기독교인일 수 있다는 점을 암시하는 구절은 이것만이 아니다.

히틀러가 무신론자라고?

- 우리의 무기들이 인도적인가 아닌가 하는 문제는 중요하지 않다. 만일 그 무기들이 우리에게 자유를 안겨준다면, 그것들은 우리의 양심과 우리의 신 앞에서 정당화된다.
  -아돌프 히틀러의 연설 중에서, 1923년 8월 1일 뮌헨

- 우리는 국가 안의 모든 교파에 대해 자유를 요구한다. 교파들이 국가에 위험이 되지 않고 독일 민족의 도덕성에 반하지 않는 이상, 종교의 자유는 보장되어야 한다. 당(黨)은 그 자체로 기독교를 대표하지만 신념의 문제에 있어서 어떤 특별한 교파에 얽매이지 않는다.

- 우리는 언젠가 하늘이 게르만족을 제국으로 만들어놓을 것
  이며 그러면 거기에는 소련의 별도 없고 다윗의 유대인 별도
  없고 독일 노동의 상징 즉 만(卍)자만 있게 될 것이다. 그것은
  5월 1일이 진정으로 왔다는 것을 의미할 것이다.
  -아돌프 히틀러의 연설 중에서, 1923년 5월 1일 뮌헨

- 하나님의 강력한 지지로 우리가 다시 한 번 진정한 게르만족
  이 되었다는 것이 너무도 자랑스럽다.
  -아돌프 히틀러의 연설 중에서, 1933년 3월

- 국가사회주의는 교회에도 반대하지 않고 종교에도 반대하지
  않는다. 반대로 오히려 진정한 기독교의 바탕 위에 서 있다.
  -아돌프 히틀러의 연설 중에서, 1934년 8월 26일 코블렌츠

- 꼿꼿하게 결단력을 발휘하고 누구도 두려워하지 않고 임무를
  수행하라! 그러면 주님은 우리 민족을 절대로 버리지 않을 것
  이다.
  -아돌프 히틀러가 1936년 9월 14일 빛의 성당 아래에서 행한
  선서 중에서

- 인간은 신에 의해 몰락할 운명에 처한 이들에게 마지막 결정
  타를 날려야 한다고 정한 또 다른 계율이 있다는 것을 나는

알고 있다.

-아돌프 히틀러가 1942년 4월 6일 독일의회에서 한 연설 중에서

● 전능하신 신이 이 나라를 만들었다. 이 나라의 존재를 지킴으
　로써 우리는 신의 작품을 지킨다.

-아돌프 히틀러가 1945년 1월 30일 한 라디오 연설 중에서

히틀러는 조직화된 기독교에 대해서는 거친 말을 했지만 통치하는 동안 독일 교회들이 계속 활동하도록 허용했다. 권력이 절정에 이른 시기에도, 히틀러는 유럽에서 기독교를 박해하려는 움직임은 전혀 보이지 않았다. 그가 무신론자임을 보여주는 증거는 전혀 없다. 히틀러의 종교적 믿음에 대해 말할 수 있는 것은, 우리가 그의 믿음에 대해 모른다는 것밖에 없다. 히틀러를 20세기 무신론자 독재자의 목록에 올리는 게 정당하지 않다는 얘기다.

히틀러는 천국에 있을까?

가톨릭교회가 히틀러를 공개적으로 파문한 적은 없었으며, 대부분의 기독교 종파의 믿음에 따르면 히틀러는 지금 천국에서 은혜를 입고 있을 것이다. 그가 해야 했던 것이라곤 1945년 베를린 벙커에서 최후의 순간을 맞는 동안 예수 그리스도를 믿으며 6000만 명의 사망자를 낸 전쟁을 일으킨 죄를 뉘우치는 것뿐이다. 불행하게도, 이와 똑같은 논리에 따라 그에게 죽은 600만 명의 유대인 어린이들과 남녀 성인들은 아마 지금 지옥

일부 신자들은 이 모든 자료를 부정하면서 히틀러는 아주 나쁜 인간이라는 이유로 "무신론자여야 한다"고 주장한다. 히틀러의 말이나 글과 상관없이, 그 증거가 그의 행동 안에 있다는 주장이다. 기독교인들은 그런 행동을 할 수 없기 때문에, 히틀러가 기독교인이었다면 그런 행위를 절대 할 수 없었을 것이라고 판단하는 것이다. 히틀러의 악마적인 행위는 그가 무신론자라는 주장을 충분히 뒷받침한다는 인식도 있다. 이 같은 생각이 평화를 사랑하는 선한 무신론자들에게 얼마나 모욕적인가 하는 문제는 잠시 옆으로 제쳐놓도록 하자.

이 같은 생각은 우리로 하여금 악마 같은 무신론자 독재자를 논의할 때 검토해야 할 중요한 사실을 직시하게 만든다. 무신론자 독재자들은 결코 진공상태에서 존재한 게 아니라는 것이다. 독재자가 직접 모든 경쟁자를 쏘아 죽이지도 않았고, 모든 희생양을 처형하지도 않았고, 정치체제를 비판하는 모든 사람들의 등을 칼로 찌르지도 않았다. 하물며 수백만 명을 노예로 잡아들이거나 살해하는 일을 독재자가 직접 했을 가능성은 더 적다.

히틀러가 기독교 신자가 아니었다 하더라도, 그게 어쨌단 말인가? 나치 제국 안의 거의 모든 사람이 기독교 신자였다. 독일 군인들은 버클에 "주와 함께 하리라"는 글이 새겨진 혁대를 매고 전쟁터로 나갔다. 히틀러의 병력 중에는 육군과 해군, 공군을 위해 기독교 예배를 이끈 성직자들도 있었다. 나는 1930년대와 1940년대의 메달이나 장식판, 주화 중에서 기독교 십자가와 나치의 글귀와 이미지를 같이 새긴 것들을 보았다. 히틀러는 많은 나치 집회에 기독교의 대형 십자가가 내걸려도 개의치 않는 것처럼 보였다. 히틀러 통치 기간에 공공 예배와 성찬식을 포함한 다른 기독교 의례는 독일 문화의 공통적인 특징이었다. 결혼과 장례식도 성직자들의 주도로 진행되었다. 기독교 휴일도 히틀러 통치 기간에 지켜졌다. 독일인들은 집이나 공공장소에서 박해의 위협을 느낄 필요 없이 기독교 노래를 불렀다. 독일 군인들은 기독교 십자가가 표시된 무덤에 묻혔다. 나는 히틀러가 독일 군인들과 함께 크리스마스를 축하하는 모습을 담은 사진을 보았다. 절대 권력의 지위와 그의 기질을 감안할 때, 무신론자인 그가 이 모든 것을 참아주는 것은 상상하기 어렵다. 게다가 나치 점령 당시 죽음의 수용소를 운영한 사람들은 무신론자들이 아니었다. 지역과 시대를 고려한다면, 수용소 지휘관에서부터 경비까지 거의 모든 자리가 기독교인들의 차지였음에 틀림없다. 만일 무신론을 갖고 있던 가상의 나치 독일이 신과 기독교에 관한 긍정적인 무엇인가를 증명한다면, 현실로 존재했던 기독교 나치 독일은 무엇을 증명하는가?

무신론이 대학살을 낳는가?

히틀러에서 시작하여 앞으로 계속 나아가다 보면, 무신론을 곤란하게 만들 것이 많다. 스탈린과 마오쩌둥과 폴 포트 같은 인간들은 수백만 명의 희생자가 생기게 하는 명령을 내렸다. 그들은 반대자들을 탄압하고 자유를 질식시켰다 그들은 어떤 신도 믿지 않는 가운데 이런 일들을 저질렀다. 많은 기독교인들은 여기서 부정하기 힘든 어떤 방정식을 본다. 신에 대한 믿음이 전혀 없는 상태와 악마 같은 지도자가 결합되면 대량살상이 일어난다는 것이다. 예수 그리스도에 대한 믿음의 부재가 이 인간들의 무서운 행동을 직접적으로 야기했거나 적어도 가능하게 만들었다는 주장이다. 그러나 여기서 고려해야 할 방정식이 하나 더 있다. 예수 그리스도에 대한 믿음과 악마 같은 지도자가 결합될 경우에도 대량살상이 벌어진다는 것이다.

역사가 우리에게 진정으로 보여주는 진리는 두 가지 방정식 모두가 꽤 잘 들어맞는다는 것이다. 이는 곧 예수 그리스도를 믿었던 그 많은 지도자들이 악랄한 짓을 자행한 역사가 있는 상황에서, 기독교인들이 예수 그리스도에 대한 믿음의 부재와 살인행위를 연결시키는 것은 어렵다는 것을 의미한다. 유럽 역사의 상당 부분은 유혈이 낭자한 혼란으로 점철됐다. 기독교 왕이나 여왕, 교황들이 주도한 대량살상이었다. 남북미 대륙과 카리브 연안의 탐험과 정복 역시 조금도 더 낫지 않았다. 당시 신대륙의 기독교 통치자들과 주지사, 장교, 기업가들에게는 살인과 학대, 착취가 표준적인 절차였다.

미국 역사에서도 수많은 기독교인들이 원주민들을 상대로 대량학살을 자행했다. 기독교 정치인들과 노예 소유자들은 인간 존재를 소유할 권리를 지키기 위해 미국 역사상 최악의 전쟁을 일으켰다. 아주 많은 기독교인들이 주장하는 바와 같이, 몇 사람의 악마적인 무신론자 지도자가 무신론은 나쁘다는 것을 의미한다면, 그보다 훨씬 더 많은 사악한 기독교 지도자들의 존재는 기독교에 어떤

의미를 지니는가? 역사는, 믿음이 있느냐 없느냐에 관계없이 인간
은 선하기도 하고 악할 수도 있다는 점을 분명히 보여주고 있다.

기독교가 일으킨 끔찍한 전쟁

지난 몇 년 동안 나는 기독교인들과 무신론, 독재자 등에 대해 흥
미로운 대화를 나눴다. 그 결과 일부 기독교인들이 사망자의 숫자
를 거론하길 좋아한다는 사실을 발견했다. 마치 사망자수가 악의
객관적인 척도인 것처럼 말이다. 그런 식으로 생각하고 싶은 충동
을 이해한다. 그러나 무신론자 스탈린이 최악의 기독교 왕이나 교
황보다 더 많은 사람을 죽였다고 해서 반드시 스탈린이 그들보다
더 비열한 인간이라는 뜻은 아니다. 그래, 맞다. 스탈린은 기독교
의 종교재판보다 더 많은 사람을 죽였다. 마오쩌둥의 정책은 직·
간접적으로 5000만 명을 죽였다. 이는 우르바노 2세가 십자군 전쟁
을 일으켜 죽은 사람 수보다 훨씬 더 많다. 그 바람에 200만 명 내지
300만 명의 사망자를 낸 전쟁을 주도한 기독교 지도자보다 무신론
자 마오쩌둥이 더 사악하다고 생각하는 사람도 있다.

그러나 사망자수를 단순 비교하는 것은 무의미하다. 왜냐하면
그 시대의 역사적 맥락이나 전체 인구에 대한 고려가 전혀 없기 때
문이다. 거기에는 서로 다른 시기의 무기 기술에 대한 고려도 없다.
역사 속에서 대규모의 폭력을 행사한 기독교 통치자들의 대부분은
창과 검으로 무장한 병사들로 전쟁을 벌여야 했다. 반면 스탈린은
자신의 의지를 강요하기 위해 폭탄과 선박, 잠수함, 전투기, 탱크,

자동소총, 권총을 사용할 수 있었거나 사용하겠다고 협박했다.

만일 기독교 왕이나 여왕, 교황들이 그런 파워를 소유했다면, 그들 중에서 수백만 명의 살해를 망설였을 사람이 과연 몇 명이나 되었을까? 많은 기독교 지도자들은 자신의 권력을 남용하고 대량살상을 저지를 의지를 보여주었다. 만일 기독교 지도자들에게 20세기의 무기가 주어졌더라면, 그들이 얼마나 많은 사망자를 냈을 것 같은가? 십자군 중에서 기독교의 엘리트 전투 집단인 성전 기사단은 전투에서 후퇴하느니 죽음을 택하는 것으로 유명한, 타락한 전사들이었다. 그런 그들이 핵무기를 가졌더라면, 예수 그리스도에 대한 믿음이 그들로 하여금 핵무기 사용을 자제하도록 만들었을 것 같은가?

해리 트루먼 미국 대통령은 어디로 보나 독실한 기독교인이었다. 그러나 이 같은 사실도 그가 제2차 세계대전 동안 도시 2곳에 원자탄을 투하하라는 명령을 내리지 못하도록 막지 못했다. 그는 기독교인이 민간인을 상대로 막강한 무기를 사용한 예를 제시하고 있다. (물론 이 폭탄이 전쟁을 빨리 종식시킴으로써 더 많은 민간인의 생명을 구했다는 주장도 가능하다.) 그렇기 때문에 과거의 많은 기독교 지도자들이 적에게 자신의 의지를 강요하기 위해 대량파괴의 치명적인 무기들을 사용하지 않았을 수 있다고 생각할 근거는 없다.

중세의 군사 지도자들이 자신의 성에 현대의 무기를 쌓아놓고 있다고 한번 상상해보라. 그들이 기독교의 믿음 때문에 자제력을 보였을 것이라고 믿을 만한 이유를 나는 한 번도 들어보지 못했다. 그들 중 매우 많은 사람들은 칼과 도끼를 가졌을 때 자제력을 보이지 않았다. 칼로 사람을 두 조각으로 베겠다고 나서는 사람은 자동소총으로 사람을 둘로 가르는 데 아무런 문제를 느끼지 않을 것이다.

14세기와 15세기에 걸쳐 벌어진 백년전쟁은 영국의 기독교인들과 프랑스 기독교인들이 다툰 전쟁이었다. 이때 양측이 보인 잔인성을 생각한다면, 그때 20세기나 21세기의 기술이 가능했더라면 사망자 수는 당시의 300만 명보다 훨씬 더 많았을 것이라고 생각한다. 그때 기독교 군 장교들이 네이팜탄을 가졌더라면, 그들 중에서 그 무기의 사용을 주저했을 장교가 과연 몇 명이나 있었을까? 땅에 지뢰를 부설하는 문제를 놓고 두 번 생각했을 장교는 또 몇 명이나 되었을까? 많지 않았을 것이다. 다시 말하지만, 인류의 과거는 사람을 죽이고 전쟁을 벌인 살인자들과 전사들로 가득하다. 예수 그리스도를 믿고 안 믿고를 불문하고 살인자와 전사는 늘 있어왔다.

스탈린이 기독교인이었다면 사람들을 죽이지 않았을까?

스탈린과 마오쩌둥 혹은 폴 포트가 만일 하나님을 진정으로 믿었다면 얼마나 더 많은 사람들을 죽였을지 생각해보는 것도 나쁘지 않다. 아마 그들이 사람들을 더 적게 죽였을 수도 있겠지만 더 많이 죽였을 수도 있다. 그들이 권력과 통제에 대한 욕구뿐만 아니라 자신들이 진정으로 믿는 어떤 신성한 계획을 성취하고 싶은 욕구에 휘둘리고 있다고 한번 상상해보라. 기독교 같은 대중적인 종교와 그들의 의제가 결합될 때, 역사 속의 많은 지도자들이 보여주는 것처럼, 아마 그들도 사람을 더 쉽게 죽였을 것이다. 어떤 신이 자신의 편에 서 있으며 사후에 자신의 행동을 보상받게 될 것이라고 믿었다면, 이 인간들이 얼마나 더 적극적으로 사람을 죽이려고 나섰겠는가? 만일 그들이 사람들의 집단을 서로 반목시키는 종교의 힘을 악용했다면, 그들이 자기들 대신에 부하들을 내세워 사람들을 죽이는 것이 얼마나 더 쉬웠겠는가?

무신론자 대량학살자들과 종교적 열정을 가진 대량학살자에 관한 결정적인 진실을 직시할 필요가 있다. 신을 믿는지 여부와는 상관없이, 절대 권력을 쥔 매우 나쁜 사람들은 사람들을 곧잘 죽이려 든다는 사실이 바로 그 진실이다. 만일 우리가 무신론자 대량학살자와 종교적 열정을 가진 대량학살자의 예를 똑같이 제시할 수 있다면, 이것을 믿음의 여부와 관계있는 문제라기보다는 인간의 문제로 보는 것이 더 적절하지 않을까?

미안한 일이지만, 이 문제에서 기독교인들은 참 곤란한 처지에 놓여 있다. 만일 무신론자의 공포통치가 기독교의 긍정적인 무엇인가를 입증한다면, 역사에서 기독교 지도자들이 자행한 무수한 대량살인은 기독교의 부정적인 것을 증명한다. 여기에는 근본적인 불균형이 있다. 많은 기독교인들은 무신론자 살인마들의 예를 제시함으로써 사회에서 신의 존재와 종교의 필요성을 강화하려고 할 것이다. 하지만 나는 기독교인이었던 폭력 지도자들의 예를 제시하면서 이들의 행동이 신이 존재하지 않는다거나 기독교가 불가피하게 악을 낳게 되어 있다는 식으로는 주장하지 않을 것이다.

그럼에도 내가 자신 있게 말할 수 있는 것은 여러 세기에 걸쳐 기독교 지도자들과 그 부하들이 저지른 사악한 행동은 많은 사람들이 말하는 것과 달리 기독교가 고차원적인 도덕적 행동을 보장하지는 못한다는 점이다. 더욱이, 어떤 나쁜 사람이 구체적으로 예수 그리스도의 이름으로 사람들을 죽이고 있다는 점을 강조한다면, 이때는 기독교의 역할을 강조하는 것이 바람직하다. 역사 속에 이런 식으로 예수 그리스도의 이름을 내세우며 살인을 자행한 예들은 많다. 그러나 무신론의 이름으로 사람들을 죽인 나쁜 지도자들의 예를 찾는 것은 불가능하지는 않아도 매우 어렵다.

무신론은 단지 어떤 신 혹은 신들에 대한 믿음의 부재라는 점을 잊지 말라. 무신론은 클럽도 아니고 철학도 아니고 또 다른 종교도 아니다. 일부 무신론자들은 신들이 있을 수 있다고 말하고, 또 다른 무신론자들은 신들은 절대 있을 수 없다고 말한다. 또 일부 무신론자들은 착하고 또 다른 무신론자들은 사악하다. 그러나 그런 것들은 무신론자가 되거나 신자가 되는 데는 전혀 중요하지 않다. 무신론자의 특성으로 그 이상을 거론하는 것은 무엇이든 주관적이다. 또 사악한 무신론자 독재자들의 문제와는 아무런 관계가 없다.

나는 어떠한 신도 믿지 않는다는 점에서는 스탈린과 같은 무신론자일 수 있다. 그러나 그 이상으로 우리 둘 사이에 무슨 공통점이 있는가? 아무것도 없다. 나는 나 자신의 의견에 동의하지 않는 사람들을 죽이거나 수용소에 보내야 한다고 생각하지 않는다. 스탈린과 마오쩌둥, 폴 포트와 달리, 나는 자유로운 사고가 법으로 보호되어야 할 중요한 자유라고 생각한다. 모든 사람들은 자신의 뜻에 따라 믿거나 믿지 않을 수 있어야 한다. 우리 모두는 철학적으로 서로 멀리 떨어져 있지 않다. 20세기의 사악한 무신론자 독재자들과 오늘날의 모든 무신론자들을 분리시키려는 시도가 터무니없는 이유도 바로 거기에 있다. 회의론자들은 종종 스탈린과 히틀러가 똑같이 콧수염을 길렀다는 사실을 지적한다. 그렇다면 우리는 대량살해와 수염의 연결성에 대해 걱정해야 하는가?

아주 재미있는 방식으로, 사악한 독재자들이 신이 되어 자신의 종교를 퍼뜨렸다. 독재자들이 이야기를 지어내고 계율을 만들고 모두가 두려워하며 숭배하는 신이 될 수 있는 한, 그들은 분명 종교와 아무런 문제가 없었다. 오늘날 북한은 개인 숭배가 얼마나 기괴할 수 있는지를 단적으로 보여주고 있다. 공식적으로, 이 나라는 국경 안에 어떠한 종교도 없는 무신론 국가이다. 그러나 현실은 그렇지 않다. 북한 주민들은 종교를 갖고 있으며 어떤 신을 숭배하고 있다. 그곳의 사람들은 사망한 '위대한 지도자' 김일성이 인간이 아니고 신이라고 믿는 것 같다. 그들은 김일성에게 기도하고, 좋은 일이 생기면 그에게 감사하고, 그를 두려워하고, 전통적인 종교적 의식과 다를 바 없는 의식을 갖는다.

몇 년 전에 내셔널 지오그래픽의 다큐멘터리를 본 기억이 난다. 시력을 잃은 북한 주민들이 북한을 방문한 외국 의사의 도움을 받아 시력을 회복하는 내용의 프로그램이었다. 북한 주민들은 붕대를 풀고 세상을 다시 보게 되자마자 의사들을 무시하고 김일성과 그의 아들 김정일의 대형 초상화 앞으로 다가가 울며 감사의 뜻을 표했다. 그들이 손을 흔들고 소리를 지르는 행태는 매우 익숙했다. 나는 많은 교회에서 그런 모습을 여러 차례 보았다.

이제 이 문제의 핵심을 보도록 하자. 20세기 무신론자 독재자들의 범죄는 기독교에 관해 무엇을 증명하고 있는가? 그 범죄들은 기독교의 주장이나 다른 종교의 주장이 유효한지에 대해서는 아무것도 증명하지 못한다. 물론 이들의 범죄는 무신론에 대해서도 아무것도 증명하지 못한다. 다시 말하지만 무신론은 단지 신에 대한 믿음의 부재라는 점을 기억하라. 그것은 철학도 아니고, 삶의 길도 아니고, 규칙이나 원칙도 아니다. 한 두 명의 두드러진 무신론자나 무신론 조직들과 무신론의 의미를 혼동하는 실수를 저지르지 않도록 하자.

거의 모든 기독교인들은 예수 그리스도가 신이라거나 천국이 존재한다거나 하는 몇 가지 중요한 주제에는 동의한다. 그러나 거의 모든 무신론자들의 경우에는 신을 믿지 않는 것 외에는 공통점이 전혀 없다. 기독교인들이 스탈린의 숙청과 캄보디아의 킬링필드와 무신론자들을 연결시킬 때, 대체로 무신론자들은 감정을 상하기보다는 혼란스러워 한다. 무신론은 많은 기독교인이 말하는 것과 달리 나쁜 생각과 행동으로 이어지는 것 같지 않다. 공식적으로 밝히자면, 나는 스탈린의 행동이나 세계관을 숭배한 무신론자들을 한 번도 보지 못했다. 나는 폴 포트와 지적 연결을 느끼는 회의론자들을 한 사람도 보지 못했다. 나는 믿거나 믿지 않는다는 이유로 사람을 감금하는 것이 옳다고 믿는 자유사상가들을 아직 한 사람도 보지 못했다.

그러나 나는 짐 존스나 데이비드 코레시, 우르바노 2세 교황(십자군 운동을 사주했다), 조지프 코니(아프리카 군벌) 등과 중요한 믿음을 공유하는 기독교인들을 많이 알고 있다. 코레시나 우르바노 2세 등은 예수 그리스도가 천국으로 가는 유일한 길이고, 성경이 이 땅 위의 신의 말씀이고, 십계명은 지켜져야 하고, 기독교가 유일하게 진정한 종교라는 점을 믿었거나 믿고 있다. 그렇다고 모든 기독교인들이 그들의 행동을 용서한다는 뜻은 아니다. 그러나 여기에는 공통의 철학적 바탕이 있다. 이 바탕은 전형적인 무신론자가 20세기의 사악한 무신론자 독재자들과 공유하는 것보다 훨씬 더 넓다.

30

우주는 우리와 딱 맞게 창조되었는가?

전 세계를 여행하는 동안, 나는 다양한 종교를 가진 사람들에게 그들의 신이 존재한다고 확신하는 이유가 뭐냐고 물었다. 가장 흔한 대답은 우주와 지구가 너무 복잡하고 아름답기 때문에 절대로 "우연히 생겨났을 수 없다"는 것이었다. 어떤 신이 그걸 창조했음에 틀림없다는 것이다. 그들은 또 자연적으로 별들이 하늘에 떠 있고 행성들이 지금처럼 존재하게 되었다는 생각은 터무니없다고 말했다. 오직 신만이 우리가 사는 이 경이로운 생명의 오아시스를 만들었을 것이라는 말이었다. 오직 신만이 우리 인간이 살면서 번영을 누릴 수 있도록 물리의 법칙을 확립했을 것이라는 거다. 만일 지구와 우주의 조건들이 약간이라도 달랐다면, 거기에는 어떠한 생명도 존재하지 못했을 것이라고 말이다. 하지만 생명에 적합하도록 설계된 것이 틀림없는 이 복잡한 우주에 생명이 존재하고 있다. 만일 어떤 설계가 있다면, 설계자가 있음에 틀림없다. 당연히 그 설계자는 신이다.

이 같은 '설계론'은 수십억 명의 사람에게 매우 강한 호소력을 발휘하고 있다. 설계론은 다양한 버전으로 한동안 있어 왔으며 가까운 시기에 사라질 조짐은 전혀 없다. 생물학을 중심으로 전개된 지적설계 운동의 바탕에는 당연히 설계론이 자리 잡고 있다. 이 지적설계운동을 많은 기독교인들은 과학 강의에 통합시키길 원하고 있다. 일반적인 설계론 중에서 가장 인기 있는 것은 영국의 기독교 철학자 윌리엄 페일리(William Paley: 1743-1805)가 제기한 것이다. 페일리는 소위 말하는 시계의 유추를 내세우며 설계론을 전파하려고 했다. 그는 어떤 사람이 시계를 발견한다면 그 장치의 복잡성 때문에 어떤 지적 창조자가 설계를 했다는 것을 인정하지 않을 수 없다고 썼다. 이 시계보다 훨씬 더 복잡한 우주는 신이 반드시 존재한다는 것을 말해주고 있다고 주장했다.

그러나 기독교인들은 회의론자들이 지적설계론에 강한 인상을 받지 않는 이유를 알아야 한다. 많은 사람들이 설계론을 받아들이지 않는 것은 매우 큰 허점이 있기 때문이다. 이 허점들을 들여다보기 전에, 설계론이 신을 가리킨다는 것은 별 문제가 아니라는 것을 기독교인들은 이해해야 한다.

훌륭한 회의론자들은 단지 무엇이 진실이고 현실인지 알기를 원할 뿐이다. 이를 테면 나는 우주에 매료돼 있다. 우주와 관련 있는 모든 것들이 나를 흥분시킨다. 나는 우주의 기원과 그 구조, 외계생명의 존재 가능성, 그 모든 것들의 미래에 대해 가능한 한 많은 것을 알고 싶다. 만일 신이 우주를 만들어 운영하고 있다면, 나는 당연히 그 사실을 알고 싶다. 만일 우주가 지적설계에 의해 이뤄진 것이라면, 나는 절대로 우주의 지적설계자에게 반대하지 않을 것이다. 나는 단지 그것이 증명될 때까지 그것을 믿지 못할 뿐이다. 이 같은 태도는 나에게만 있는 것이 아니다. 회의론자들은 특별한 사상에 열린 마음을 갖고 있다. 다만 중요한 사실은 회의론자들의 경우 증거가 없으면 신자가 되지 않는다는 점이다.

왜 지구에만 생명이 있을까?

지구가 이 우주에서 매우 특별한 위치를, 말하자면 생명이 번창할 수 있도록 태양에서 완벽한 거리만큼 떨어진 곳을 차지하게 된 것은 결코 우연이 아니라는 주장은, 생각하는 것만큼 인상적이지 않다. 분명, 지구는 우리가 '거주 가능한 지대'라고 부르는 곳에 있고 우리의 존재는 거기에 의존하고 있다. 하지만 그게 무슨 의미인가? 회의론자들은 묻는다. 왜 지구의 위치를 두고, 어떤 신이 의도적으로 지구를 그곳에 놓았다는 증거로 받아들여야 하는가. 태양계 안의 무수히 많은 행성들은 인간이 '거주 가능한 지대' 안에 있지 않다. 그렇다면 그것들은 신의 존재를 부정하는 증거들이란 말인가?

그러면 달은 어떤가? 우리가 아는 한, 달에는 토착 생명이 전혀 없다. 그것은 신이 달을 생명이 없는 곳으로 설계했다는 뜻인가? 달에 생명이 있는 것을 원하지 않아서 그런 특징을 신이 부여했단 말인가? 만일 일부 기독교인들의 입장이 이런 식이라면, 모든 것이 신의 증명이라는 얘기다. 왜냐하면 기독교인이 무엇이든 잡고 "이건 신이 이런 식으로 원했기 때문에 이렇게 되어 있어"라고 말하면 되기 때문이다. 우리가 화성에서 미생물을 발견한다면, 신이 화성을 특별히 미생물만 살도록 설계했음에 틀림없다는 뜻인가? 화성에 아무런 생명이 없다면, 우리는 신이 그 행성을 생명이 없는 곳으로 설계했다고 결론 내려야 하는가? 이는 엉터리 추론이다. 왜냐하면 어떠한 증거도 제시하지 않고 어떠한 연결조차 보여주지 않는 상황에서 모든 것을 신의 행위로 돌리고 있기 때문이다.

세스 쇼스탁(Seth Shostak)은 SETI(외계지적생명탐사) 연구소의 선임 천문학자다. 그는 열 살 때부터 외계생명에 대해 생각해온, 재기 넘치고 재미있는 과학자다. 그러나 지난 몇 년 동안 그는 호기심을 자극하는 그 이상의 일을 해오고 있다. 그는 외계인을 적극적으로 찾고 있으며 지구 외에 생명이 존재할 만한 곳이 어딘지 연구하고 있다. 쇼스탁도 우리의 행성이 아주 특별하기 때문에 초자연적인 설계만이 그 존재를 설명할 수 있다는 주장을 여러 차례 들었지만 확신을 품지 못하고 있다.

최근의 추산에 따르면 3조 개의 행성을 가진 은하에서, 어쨌든 우리 행성만 특별할 수 있을까? 지구만이 지적 생명이 살 수 있는 유일한 곳일까? 이는 우리의 세계가 액체의 대양과 건강에 좋은 대기는 말할 것도 없고 커다란 달과 평평한 구조, 자장과 같은 호의적인 특징으로 축복받았다는 점을 부각시키려는 일부 사람들의 의견이다. 그러나 이 특성들을 놓고 은하에 있는 수백만 개의 다른 세계는 공유하지 않을 거라고 생각할 이유는 전혀 없다. 그렇기 때문에 우리의 행성이 생명에 아주 호의적이라는 사실은 우연의 문제이며 거기에 어떤 계획이 관여됐다는 것을 암시하지는 않는다. 어쨌든 당신이 복권에 당첨된다면, 복권에 당첨되지 못한 사람들을 둘러보면서 누군가가 당신이 당첨되도록 설계해놓았다고 주장하는 게 맞는가? 그것은 행운일 뿐이다.

생명이란 도대체 무엇인가?

우리는 생명의 모든 특징을 갖고 있다고 거만하게 주장하지 않도록 조심해야 한다. 또 생명이 존재하는 데 필요한 모든 것을 다 알고 있다고 생각해도 안 된다. 이는 일부 사람들에게는 새로운 소식으로 들릴 수도 있지만, 과학자들은 생명에 대한 정의를 놓고도 의견 일치를 보지 못하고 있다. 생명에 대한 정의는 아직 해결되지 않고 있다. 우리에겐 아직 배워야 할 것이 너무나 많다. 지금 우리는 단 하나의 행성에서 사는 생명에 대해서만 그것도 일부만 알고 있다. 전부를 다 알기까지는 아직 한참 멀었다. 그것은 매우 인상적인 크기의 표본이 아니다.

만일 이 우주의 다른 곳에 생명이 있는 것으로 드러난다면, 그것은 '서식 가능한 지대'라는 개념이 인간과 민들레 외의 다른 것에는 아무런 의미를 지니지 않는다는 뜻이다. 요컨대 우리의 은하나 다른 은하에는 지구에 갖다 놓으면 10초도 못 살 생명의 형태가 있을 수 있다는 가정이 터무니없는 생각은 아니다. 이 생명의 형태가 지구에서 오래 살지 못하는 것은 서식 가능한 지대의 조건이 우리의 것과는 매우 다르기 때문이다. 우주에 있을 생명의 99.999%의

필요조건은 아마 절대 암흑과 아주 강한 방사능, 물이 전혀 없는 환경일 것이다. 아마 우리는 우주의 변종일 것이다. 지난 몇 십 년 동안에 우리 행성에서 발견된 극한생명체들을 근거로 할 때, 만일 우리가 어느 날 다른 곳에서 발견할 생명의 형태가 우리와 극히 다른 방식으로 살아간다는 사실이 확인되어도 나는 크게 놀라지 않을 것이다.

요컨대 우리는 지구가 특별하다거나 우주가 생명을 위해 지적으로 설계되었다고 주장하기에는 아직 우주나 생명 자체에 대해 충분히 알지 못한다. 만일 우주에서 살고 있는 생명체가 우리뿐이라고 확인된다면 어떻게 되는가? 이 우주에 우리 외에는 아무런 생명이 없다고 한번 상상해보라. 그 같은 사실 앞에서 우리는 우주가 우리 인간의 안락과 즐거움을 위해 만들어졌다는 사상을 어떻게 받아들여야 하는가? 그렇게 넓은 빈 공간과 치명적인 방사능, 그렇게 많은 적대적인 환경은 도대체 뭔가. 그 같은 우주는 지적으로 설계되기는커녕 우리 인간과는 무관하다는 인상이 더 강해진다.

창조설과 설계론을 믿는 사람들이 지구가 생명에 아주 적합하기 때문에 결코 우연의 결과물일 수 없다고 말할 때, 그들이 당신의 주의를 잡아당긴다는 것을 부정할 수는 없다. 어쨌든 아주 많은 것들이 우리 인간에게 유익하게 작용하고 있다. 지구의 크기, 풍부한 물, 지구를 안정시키는 달의 존재, 대기의 구성성분, 심지어 소행성을 지구로부터 멀리 끌어당김으로써 충돌을 막아주며 큰형 노릇을 하는 목성까지, 많은 것들이 우리를 돕고 있다. 만일 이런 것들을 포함한 많은 요소 중 어느 것이라도 없었더라면, 우리는 여기에 존재하지 못했을 수도 있다.

이에 대한 회의론자들의 반응은 단순하다. 그러면 우리가 여기에 있지 않았을 수도 있다는 거다. 이것은 이해하기 어렵지 않다. 만일 그런 것들이 달랐다면, 그것들은 달리 작용했을 것이다. 회의론자는 생명이 지구에 꽤 잘 맞는 이유는 생명이 이 행성의 환경 안에서 진화했기 때문이라고 생각한다. 지구에 공기를 호흡하는 동물들과 태양에 의존하는 식물들과 바다 생명체들이 아주 많은 이유는 여기에 공기와 많은 햇빛과 많은 물이 있기 때문이다. 만일 이 행성에 공기나 햇빛, 바다가 전혀 없었다면, 그 모든 생명의 형태는, 적어도 지금과 같은 형태의 생명은 존재하지 않았을 것이다.

추가로 강조해야 할 사항은, 지구가 우리 인간을 포함한 모든 생명에 완벽한 조건은 아니라는 점이다. 멸종됐다고 알려진 실패도 정상적인 결과라는 사실을 명심해야 한다. 종(種)의 90% 이상이 지금 사라진 것으로 추산된다. 그 종들이 생존하기에는 환경이 너무 척박하고 변화가 너무 빠르거나 경쟁이 지나치게 치열했다. 기독교에서 이 지구가 생명을 위해 지적으로 설계되어 완벽하다는 주장이 나올 때마다, 회의론자는 이 같은 사실을 가장 먼저 떠올린다. 만일 우리의 행성이 생명에 적합하게 창조되었다면, 생명이 여기서 그렇게 시련을 겪는 이유는 무엇인가?

지구는 아름답기만 한가?

기독교인들 사이에 두드러지는 또 다른 의견 차이는 세상의 현 상태를 평가하는 방식이다. 일부 기독교인들은 세상이 죄의 만연으로 '타락'해 종말에 가까워지고 있다고 말한다. 그러나 다른 기독교인들은 아름다움만을, 아니면 적어도 세상에서 우연이 아닐 만큼의 아름다움을 본다. 이들에겐 신이 그렇게 만들지 않았더라면, 경이감을 불러일으키는 폭포도, 황홀한 일몰도, 귀여운 강아지도 절대로 있을 수 없을 것이다. 재미있는 사실은 두 가지 관점을 다 가진 기독교인들이 있다는 점이다. 그들은 세상이 꽤 타락하여 조만간 붕괴할 것이라고 말하는 한편으로 세상이 너무나 아름다워 결코 우연히 만들어졌을 수 없다고 말한다.

나는 신문사에 다닐 때 그 유명한 독수리 성운 사진을 동료에게 보여주었다. 그의 즉각적인 반응은 "이렇게 아름다운 것을 보면서 어떻게 신이 존재한다는 것을 부정할 수 있어?"였다. 하지만 독수리 성운이 아름다운가? 그렇다. 나는 허블 망원경이 찍은 그 유명한 이미지가 아름답다고 생각한다. 그러나 만일 나 자신이 착륙할 곳을 찾으면서 독수리 성원의 가운데를 떠돌고 있을 때에도 그렇게 느낄 수 있을지 자신하지 못하겠다. 이는 아름다움이 설계를 입증한다는 주장 앞에서 회의론자들이 겪는 한 가지 문제다.

아름다움은 주관적이다. 그것은 맥락과 관점에 의해 결정되는 의견이다. 목성은 찬란한 행성이다. 그러나 나는 목성에 가까이 다가가고 싶지 않다. 나는 아프리카의 사자도 똑같이 느낀다. 아름다움은 객관적이지도, 기온처럼 쉽게 양을 잴 수 있는 것도 아니다. 그래서 신의 존재를 뒷받침하는 증거로 삼기에는 부적절하다. 세상에는 이 같은 주장을 상쇄시킬 만큼 공포와 추한 것이 많다.

만일 아름다운 해바라기가 기독교 신의 증거가 될 수 있다면, 아이들의 눈알을 먹는 기생충은 무엇의 증거인가? 정직하도록 하자.

자연(당신이 원한다면 신으로 바꿔도 좋다)이 우리를 위해서 황홀한 일 몰을 연출할 수도 있다. 그리고 들판에 흐드러지게 핀 야생화들을 보는 즐거움이나 한 마리의 고양이 새끼가 인간의 가슴에 일으킬 수 있는 감정에 대해 반박할 사람은 거의 없을 것이다. 일부 바위 나 산맥, 해안선의 자연스런 아름다움은 우리 눈을 즐겁게 해줄 것 이다. 하지만 표면 아래에 숨어 있는 그 공포들은 어떤가? 예측을 불허하는 지진과 허리케인, 토네이도, 홍수 말이다.

차분하게 우리에게 다가오는 아름다움은 분명히 우리를 즐겁게 한다. 그러나 그런 아름다움에 현혹되어 지구 위에서 생명이 살아 가는 진정한 방식을 보지 않으면 안 된다. 고통을 느낄 줄 아는 생 명체들을 살해하는 일이 끊임없이 이어지고 있다. 매순간 동물들 이 다른 동물에 의해 괴롭힘을 당하고 산 채로 먹히고 있다. 기껏 해야, 우리는 이 행성이 아름다움과 추함을 동시에 가진 곳이라고 말할 수 있을 뿐이다. 오히려 이 세상이 무심하고 무지한 자연의 힘에 휘둘리고 있는 것처럼 보인다.

인류는 더 성숙해야 한다

가장 중요한 질문은 방사능 수치나 대기 가스, 행성의 궤도 같은 것과 관련 있는 것이 아니라 인류의 성숙과 더 관계가 있을 것이 다. 설계론의 인기가 인간의 마음 깊은 곳에 자리 잡고 있는 공포 와 관계있는 것은 아닐까? 우주는 생명을 위한 안성맞춤이며 지구 는 인간을 염두에 두고 설계된 것이라는 믿음은 인간 중심적인 생각처럼 들린다. 세상이 인간을 중심으로 돌아간다고 믿는 것은 인간의 천성에 지나지 않는다. 우리는 성숙해져서 다른 관점을 받아들일 수 있을 때까지 그런 시각에서 벗어나지 못한다.

"우주는 나를 위해 만들어졌어." 이 같은 기이한 주장은 아장아장 걷던 아이가 스스로 특별한 존재라고 느끼길 원할 때 하는 말과 비슷하다. 설계론이 불안의 비명처럼 들리지 않는가? 모든 것이 나를 위해 설계되었다고 말하는 것은, 아마 자연이 우주를 향해 아무렇게나 던진 우연의 결과가 바로 지구라는 무시무시한 생각을 해소해줄 것이다. 이 같은 생각이 일부 사람들에게는 유쾌하지 않을 수도 있다. 그러나 그것이 더 현실적인 설명 아닌가? 이 현실을 직면하면서 자신이 사는 환경을 최고로 만들겠다고 결심하지 않는 이유는 무엇인가?

31

더 나은 세상을 만들 순 없었을까?

당신이 신이라면, 이 세상과 그 위에 살 생명을 창조할 수 있는 최첨단 기술을 소유하고 있다면 어떻게 할까? 당신은 세상을 창조할 것인가? 여기서는 그냥 당신이 세상을 창조한다고 가정하자. 그럴 경우 정말로 흥미로운 질문이 있다. 당신은 어떤 종류의 세상과 어떤 종류의 생명을 창조할 것인가?

이는 소중한 사고(思考)실험이다. 왜냐하면 우리로 하여금 이 지구와 그 위의 모든 생명을 창조했다는 기독교 신의 성취에 대해 새로운 방향으로 생각할 수 있게 유도하기 때문이다. 만일 신이 전능하다면, 그는 온갖 것을 창조할 수 있을 것이다. 창조의 신이 있다는 것을 확신하지 못하는 회의론자들에게, 이런 가정은 신보다 더 나은 것을 해보려고 시도할 수 있는 기회다. 어떤 신을 능가하려고 노력하는 것은 누군가에겐 거만하게, 아니 무례하게 보일 수도 있을 것이다. 그러나 그럴 뜻은 전혀 없다. 그저 단순히 종교적 믿음에 관해 새로운 통찰을 얻을 목적으로 상상력을 발휘하는 것이다.

기독교인들에게도 신이 세상을 이런 식으로 만든 이유에 대해 깊이 생각해볼 기회가 된다.

즉시 많은 생각이 떠오른다. 무엇보다 먼저, 우주가 인간의 도전을 허용하지 않겠다는 듯이 그렇게 추운 이유는 뭔가? 공기를 호흡하는 연약한 인간들이 보다 편하게 느낄 수 있는 대기로 우주를 만들지 않은 이유는 무엇인가? 우주의 열린 공간을 사용자에게 편리하도록 만들지 않은 이유는 무엇인가? 치명적인 방사능도 없고, 소행성들도 없고, 유성진(流星塵)도 없고, 걱정할 감마선 폭발도 없는 그런 곳으로 말이다. 당신이 우주 뗏목을 타고 태양계를 가로질러, 은하를 가로질러 따스하고 부드러운 태양계의 바람에 머리카락을 흩날리면서 항해한다고 상상해보라.

하지만 여기서 멈추도록 하자. 너무 멀리 나가고 있다. 이는 초콜릿 우유가 흐르는 강과 핥아 먹을 수 있는 벽지가 있는 동화의 나라 윌리 웡카(동화『찰리와 초콜릿 공장』에 나오는 초콜릿 공장/옮긴이) 같은 곳을 꿈꾸는 연습이 아니다. 우리는 적어도 막연하나마 현실적인 지구를 창조하여 지금 존재하고 있는 것과 유사하지만, 가능하다면 더 훌륭한 생명의 형태로 채우길 원한다.

내가 창조주 신으로 가장 먼저 할 것은 현재의 지구보다 훨씬 덜 폭발적인 행성을 고안하는 일이 될 것이다. 지진과 토네이도, 허리케인, 홍수, 산사태, 화산폭발, 쓰나미, 폭풍, 산불, 심지어 가뭄까지도 행성의 운영이라는 큰 그림에서 보면 긍정적이고 어느 정도 필요한 것일 수도 있다. 그러나 나는 신이다. 때문에 나는 그것들이 나 자신이 창조하려는 생명의 형태에는 그다지 즐거운 일이 아닐 거리고 예측할 수 있다. 따라서 보다 안정적이고 차분한 행성을 만들 것이다. 신이 창조했다고 믿어지는 지구 위에서, 자연재해가 일상적으로 일어나고 생물과 무생물이 치르는 대가가 너무 크다.

이런 사건들이 불가피하다는 것을 알고 있음에도 불구하고, 사람들은 죽게 될 것이다. 1556년에 중국에서 발생한 지진은 80만 명 이상의 목숨을 앗아갔다. 1931년의 홍수는 400만 명의 사망자를 냈다. 1970년에 방글라데시에서 일어난 사이클론은 50만 명에서 100만 명의 사람을 죽였다. 1976년에 중국의 탕산에서 지진이 일어나 50만 명의 목숨을 앗아갔다. 최근인 2010년에는 아이티에서 23만 명이 지진에 목숨을 잃었다. 2004년에는 인도양에서 쓰나미가 일어나 25만 명가량의 사람을 죽였다. 이것은 최악의 재해 중 몇 가지에 지나지 않는다. 자연재해는 인간 존재의 모든 영역에 걸쳐 수백만 명의 생명을 앗아가고 있다. 합리적이라고 보기에는 희생자의 숫자가 지나치게 많다. 나는 나 자신이 창조하는 세계에서는 그런 파괴와 불행이 주기적으로 일어나도록 내버려두지 않을 것이다. 내 양심이 허락하기에는 너무 고통이 크고 사상자의 숫자가 터무니없이 많다. 만일 내가 행성을 설계하고 있다면, 지진과 홍수, 토네이도 등 치명적인 재해를 제거할 수 있는 방법을 찾을 것이다.

삶을 위한 생명

생명과 관련해서도 지금과 아주 달리 배열하고 싶다. 내가 가장 먼저 할 일은 일부 생명들이 다른 생명들을 발톱으로 낚아채거나,

찌르거나, 목을 조르거나, 독을 넣거나 씹어서 영양분을 섭취할 필요가 없는 생태계를 마련할 것이다. 가능한 일이다. 아마 나는 모든 동물과 미생물의 생명을 식물에 의존하도록 만들 것이다. 그런 다음에 식물이 전혀 고통을 느끼지 않는 쪽으로 식물의 생명을 창조할 것이다. 나의 세상은 채식주의자들의 평화로운 땅이 될 것이다. 괴롭힘을 당하는 일도 없고 사냥을 당할 공포도 없을 것이며, 어떤 존재도 살아 있는 상태로 먹히는 일이 절대로 없을 것이다. 물론 이는 내가 이룩한 창조의 진화를 매우 흥미로운 것으로 만들 것이다. 먹이 약탈에 따른 경쟁이 없는 상태라면, 나는 지적으로 멍청한 채식 동물들만 있는 행성을 만들 우려가 있다. 그러나 터무니없이 지루한 세상이 될 우려가 있지만 그로 인해 제거될 불행을 고려한다면 도박을 걸어볼 만한 계획이다.

내가 특별히 관심을 쏟을 또 다른 중요한 문제는 전염병이다. 거대한 생명체계의 창설자로서, 미생물 침략자들의 무한한 병력이 나의 다른 창조물을 공격하여 질병과 고통과 죽음을 겪도록 내버려두지 않을 것이다. 만일 내 세상을 세균으로 채울 필요성이 있다는 판단이 선다면, 그 결과로 생물전이 끝없이 전개되는 일이 벌어지지 않도록 어떤 조치를 취할 것이다. 아마도 창조물의 면역체계를 강화하거나 미생물들이 지금 지구에서 보듯이 모든 생명을 고문하고 살해하는 행위는 저지르지 못하도록 유전자를 바꿔놓을 것이다.

우리는 지금 나쁜 박테리아와 무서운 바이러스에 맞서 늘 전쟁을 벌이고 있다. 미생물이 우리가 알고 있는 이상으로 이 세상과 우리를 위해 좋은 일을 한다는 사실을 나도 안다. 그러나 나쁜 미생물들은 우리가 존재하는 내내 무자비하게 우리를 괴롭힌다. 매일 수억 명의 사람들이 세균과 기생충 때문에 일을 못하고 있다. 예를 들어 전체 인간의 3분의 1이 매 순간 기생충에 감염되어 있다. 이들 중에서 3억 명 가량은 심각하게 아프다. 이 중 50%가 어린이들이다. 말라리아의 원인이 되는 원생동물은 특히 사악하다. 세계 인구의 절반가량이 이 원생동물의 위협을 받고 있으며, 매년 수십만 명이 이 병으로 사망한다. 박테리아와 바이러스, 기생충에 오염된 식수로 죽는 사람이 매년 200만 명을 넘는다. 대부분 아이들이다. 나는 지구 위의 보다 큰 생태계에서 미생물이 지니는 중요성을 이해한다. 하지만 이 생각실험에서 나는 신이기 때문에, 세상을 미생물의 저주를 받지 않는 곳으로 창조하는 방법을 발견할 것이다.

창조물들의 생명을 너무 안전하고 편하게 만든다면, 이 지구를 너무 많은 생명으로 넘쳐나게 할 수도 있을 것이다. 생명체들이 지나치게 오래 살 것이기 때문이다. 그러나 번식률을 조정하면 인구과잉을 피할 수 있을 것이다. 아마 나는 죽음을 아예 없애버리겠다고 결정할 수도 있을 것이다. 물리적 공간이 절대로 도전이 되어서는 안 된다. 내가 엄청나게 큰 우주를 창조하는 어려움을 감수한다면, 지구 위의 창조물들 중에서 가장 지적인 존재들이 은하계 사이를 여행할 능력을 개발할 정도로 오래 살도록 허용하지 않을 이유가 있을까? 그러면 그들은 내가 만든 수조 개의 다른 행성들을 이용하면서 우주의 여러 곳을 탐험해 정착할 수 있을 것이다.

나의 창조물들은 나를 믿을까?

내가 보다 지적인 나의 창조물에게 숭배 형식의 종교로 괴롭힐 것인지는 자신 있게 말하지 못하겠다. 그저 창조물이 진화하고 발전하는 것을 보는 것만으로도 충분히 만족할 것 같다. 나는 나 자신이 매일 그들의 감사와 숭배에 젖을 필요를 느끼리라고는 상상하지 못하겠다.

나는 또한 그들이 나의 도움을 바라며 주변을 두리번거리지 않게 자신들의 힘으로 설 수 있게 만들고 싶다. 그러나 만일 그들이 나라는 존재에 대해 알 수 있도록 만들기로 결정한다면, 혼란이나 혼동이 일어나지 않는 쪽으로 확실하게 해둘 것이다. 내가 할 수 있는 최악의 일은 나 자신을 쓸데없이 모호하고 신비한 존재로 부각시키는 것이다. 그러면 의문만 낳게 될 것이다. 내가 진짜라고 믿는 사람들이 있는가 하면 내가 진짜가 아니라고 믿는 사람도 있을 것이다. 나는 이렇게 되면 나 자신과 생명을 만든 나의 의도를 둘러싼 불확실성 때문에 긴장과 불화, 심지어 전쟁까지 일어날 수 있다는 점을 알 만큼 통찰력을 갖고 있다. 만일 내가 그들과 소통하기로 결정한다면, 나의 첫걸음은 그들 모두가 나의 존재를 확신하도록 만드는 것이 될 것이다. 그렇게 된 이후에만 우리는 앞으로 나아가게 될 것이다.

그러면 나는 무슨 말을 하게 될까? 아마 나에 대한 경외심 때문에 일상적인 대화는 힘들 것이다. 그래서 나는 나의 사자(使者)로 그들 몇 사람을 쓸 것이다. 아니다. 다시 생각해 보니 예언자는 아주 위험한 제안이다. 왜냐하면 예언자의 동료들 일부가 예언자에게 의심을 품을 가능성이 있기 때문이다. 충분히 이해할 수 있는 일이다. 예언자들이 메시지를 스스로 만들거나 진짜 메시지를 왜곡하는 가짜 예언자들이 아니라고 어떻게 사람들이 믿을 수 있겠는가? 아마 직접적 소통이 아니면서 가장 바람직한 방법은 글을 전하는 것이다. 여기서도 다시, 첫걸음은 글의 정통성을 증명하는 일이다. 그래서 나는 글 안에 어느 누구도 알지 못할 무엇인가를 포함시킬 것이다. 나는 이 증거를 매우 분명하고 의미 있게 만들어 아무도 그 신빙성에 대해 의문을 제기하지 못하도록 만들 것이다. 아마 나는 현재의 기술보다 3조 년 앞서 있는 어떤 에너지 생산 기계의 설계도를 제시할 것이다. 아니면 나는 창조물들에게 다른 은하로 안전하고 빠른 여행을 허용하는 '웜홀'(블랙홀과 화이트홀을 연결하는 가상의 연락통로를 뜻함/옮긴이)을 선물로 주거나 전체 우주를 담은 지도를 줄 것이다. 그러고 나선 뭘 하나? 나의 창조물들에게 무슨 말을 해야 할까?

아마 나는 그들에게 살아가면서 서로 어울려 잘 지내는 데 필요한 권고사항을 말할 것이다. 나는 그것을 계율이라고 부르고 싶지 않다. 지나치게 억지스럽게 들린다. 나는 내 창조물들이 가능한 한 자신의 두 발로 서서 영리한 두뇌로 생각하길 원한다. 나는 그들이 충직한 로봇처럼 쭉 일렬로 늘어서기보다는 나의 말에 담긴 지혜를 깨닫고 그에 따라 스스로 행동하기를 바랄 것이다. 분명, 명령과 협박은 최선의 길이 아니다. 그래서 간단한 권고사항을 제시하고 그 선에서 끝낼 것이다. 권고사항은 아마 이런 사항들이 될 것이다.

창조주의 10가지 권고사항

1. 용서하라

2. 호기심을 가져라

3. 다른 사람을 도와라

5. 너 자신을 향상시켜라

6. 독립적으로 생각하라

7. 친절하고 또 친절하라

8. 생물이든 무생물이든 절대로 해치지 마라

9. 꿈꾸고, 상상하고, 새로운 것들을 시도하라

10. 우주에 없는 것들을 창조하라

지금 당신이 무슨 생각을 하고 있는지 나는 안다. 물론 어떤 우주를 종이 위에 그리는 것은 쉬운 일이다. 그러나 계속 앞으로 나아가면서 시도하다 보면, 당신은 그것이 보기보다 훨씬 더 어려운 작업이라는 것을 확인하게 될 것이다. 그러나 나의 세상과 나의 생명이 내가 바라던 만큼 차분하고 창조적이고 평화롭지 않은 것으로 드러날지라도, 우리의 지구에서 목격하는 세계와 자연의 시스템보다 더 나쁜 무엇인가를 만들게 될 것이란 생각은 들지 않는다. 우리의 행성은 언제나 유동적이다. 우리 인간에 대한 걱정은 전혀 하지 않은 채 지축을 흔들고, 화산을 폭발시키고, 거센 바람을 일으키고, 무서운 홍수를 일으키고 있다. 자연의 세계는 피에 목말라 하는 폭력과 고통의 연속이다. 목숨을 노리는 괴물들이 안과 밖으로 모든 생명을 괴롭히고 있다. 그렇다. 이 세상에서도 위대한 아름다움과 멋진 협동이 틀림없이 있다. 그러나 지구촌 생태계를 훼손시키는 고통과 때 이른 죽음들이 이런 긍정적인 측면을 마음 놓고 축하하고 즐길 수 없도록 만든다. 마치 우리를 제외하고는 어느 누구도 우리에게 신경을 쓰지 않는 것 같다.

32

고고학은 무엇을 입증했는가?

　나는 고고학의 열광적인 팬이다. 인류학으로 학위를 받았고 고고학 강의를 들었으며 몇몇 발굴 작업에서 손에 흙을 묻히기도 했다. 언젠가는 카리브 제도의 더러운 무덤에서 18세기의 술병을 발굴했다. 그 발견이 금전적으로나 역사적으로 특별히 소중한 것은 아니었을지라도, 나를 한동안 과거와 연결시켜주었다. 잊을 수 없는 순간이었다. 고고학은 특별하다. 과거의 빈 공간을 채워준다. 역사 속의 말을 점검하고 우리의 먼 과거에 관한 질문에 해답을 주는 고고학자와 고인류학자들이 없었다면, 우리 자신과 우리의 이야기에 대해 아는 게 무척 빈약했을 것이다. 생각만 해도 끔찍한 일이다. 그러나 내가 고고학에 대해 품고 있는 애정과 존경은 부정적인 측면을 갖고 있다. 이 중요한 과학 분야가 잘 알지 못하는 사람들에 의해 악용되는 것을 볼 때, 필요 이상으로 흥분하게 된다. 오늘날엔 고고학 이야기가 많이 들린다. 그러나 고대의 외계 우주비행사나 버뮤다 삼각지대 같은 증명되지 않은 주장들을 진짜 과학자들, 종종 고고학자들의 연구로 돌리는 사이비 다큐멘터리만큼 나를 불편하게 만드는 것도 드물다.

전직 과학 선생으로서 나는 아이들이 이런 프로그램에 아주 취약하다는 사실을 경험을 통해 잘 알고 있다. 아이들은 이런 프로그램 때문에 자신들이 살고 있는 세상과 역사에 대해 왜곡된 견해를 갖게 된다. 여러분도 이미 짐작할 수 있듯이, 나는 고고학이라는 이름이 종교의 주장을 증명하려는 사람들에 의해 악용되는 것을 좋아하지 않는다. 사람들은 종교의 이름으로 종종 그렇게 한다. 그러나 열정을 갖고 그런 일을 하는 사람은 하나도 없다. 그저 고고학을 성경에 봉사하게 할 뿐이다.

성경 고고학은 얼핏 보면 아주 좋은 아이디어처럼 보이지만 결함투성이고 위험하기 짝이 없다. 왜냐하면 세상에는 예수 그리스도나 성경 이야기에 따르게 마련인 흥분을 이용해서 한몫 챙기려고 모조품을 만드는 돌팔이 예술가들이 너무나 많기 때문이다. 이들 외에도 자신의 기독교 믿음을 증명하는 쪽으로만 너무 기울어 과학적 작업을 제대로 하지 못하는 사람도 있다. 다른 한편엔 다른 종교를 믿지만 고고학적 작업에 충실한 전문적인 고고학자들도 있다. 이들은 결론이 증거에서 나와야 한다는 점을 잘 이해하고 있다.

그런데 왜 성경 고고학인가? 그 이름만으로도 회의론자의 마음 안에서는 경종이 울린다. 고고학 분야에서는 유물을 억지로 어떤 종교와 일치시켜 놓고 자신을 과학자라고 주장하지 못한다. 성경 고고학자라고 자처하는 많은 사람들은 오랫동안 묻혀 있던 고대의 유물을 발굴하는 일보다 자신의 종교적 신념을 뒷받침하는 일에 더 많은 관심을 쏟는 아마추어들이다. 성경 고고학의 팬들 중에서 아주 많은 사람들은 진정으로 과학적 방법을 수용하지도 존중하지도 않으면서 자신의 종교를 과학적인 연구방법과 결부시키려고 애쓰고 있다. 만일 외계인 제왕인 지누(Xenu)가 7500만 년 전에 인류를 학살하려고 했다는 점을 뒷받침하려는 '사이언톨로지 고고학' 같은 것이 있었다면, 전형적인 기독교인은 이 고고학의 활동을 믿으려 들지 않았을까? 여기서 일단의 무신론자들이 두 눈 부릅뜨고 '무신론자 고고학'의 기치를 걸고는 종교적 주장을 반박할 유물을 찾기 위해 흙손을 들고 중동 지역을 돌아다닌다고 한번 상상해보라. 나는 그들의 작업에 매우 회의적인 입장을 보일 것이다. 왜냐하면 그들이 자신들의 기존의 생각을 강화하기 위해 윤리와 프로페셔널리즘과 과학을 훼손시킬 것이란 의심이 들기 때문이다. 고고학은 과거에 호기심을 가진 사람들에 의해, 그 과거가 어떤 것으로 나타나든, 그 모습 그대로 드러내려는 사람들이 해야 한다.

　나는 기독교인들을 포함한 모든 사람들에게 고고학과 종교를 생각할 때에는 건전한 회의론자가 되기를 권한다. 만일 정직하게 임한다면, 당신은 자신의 종교가 과학으로 가장한 거짓말과 난센스의 도움을 받을 필요성을 전혀 느끼지 않을 것이다. 그렇지 않은가? 주의하도록 하라. 성지에서 놀라운 발견이 이뤄졌다는 보고를 수시로 접할 것이다. 그 뉴스들은 "예수의 무덤 발견되다!"라거나 "투린의 성의는 진짜였다!"라는 식의 헤드라인을 달고 있을 것이다. 지나치게 튀는 제목을 단 기사는 쉽게 믿지 않는 게 좋다. 기사의 내용을 꼼꼼하게 검토해야 한다. 대체로 기사는 아무것도 아닌 것을 갖고 요란하게 떠들어댈 것이다. 그렇다면, 인터넷을 뒤져가며 신뢰할 만한 전문적인 고고학자들이 그 문제를 어떤 식으로 논평하는지 살피라.

이런 중요한 발견을 뒷받침하는 증거로 등장하는 기록은 그다지 훌륭하지 않다. 예를 들어 에덴동산과 노아의 방주는 거듭 '발견' 되었지만 무슨 이유에선지 아직 그것이 어디에 있는지 아니면 존재하는지조차 우리는 모른다. 언젠가 나는 몰몬교에 관한 특집 기사를 위해 몰몬교 신자 2명을 인터뷰한 적이 있다. 그 중 한 사람이 내가 여러 번 들었던 말을 했다. "고고학이 이 주장들 중 많은 것을 증명했어요." 그렇지 않다. 아직까지 고고학은 몰몬교는 물론이고 다른 종교의 중요한 주장을 확인하지 못했다. 증명된 것이 있다면, 고고학이 몰몬교의 주장에 재앙이 되고 있다는 점이다. 예를 들어 몰몬 경전을 보면 신대륙에서 수천 년 전에 존재한 것으로 되어 있는 말과 소, 염소, 돼지, 밀과 보리에 대한 설명이 고고학 기록과 상충한다. 고고학에서는 이것들이 불과 500년 전 유럽인들이 신대륙에 왔을 때 등장한 것으로 보고 있다.

성경 고고학의 헛발질

대부분의 기독교인들은 성경 고고학자를 자처하는 사람들의 연구를 추적하지 않는다. 그러나 많은 사람들의 머릿속에 성경 고고학이 기독교를 확인했고 기독교의 주장 중 많은 것을 증명했다는 터무니없는 믿음이 있다. 그들의 믿음이 맞을 수도 있지만 어디까지나 아주 조금만 맞을 뿐이다.

문제는 성경 고고학이 고대의 유대인과 기독교 문화에 대한 지식을 확장하는 데 기여했지만 이 종교의 초자연적 주장들을 뒷받침하거나 증명하는 결과물은 전혀 내놓지 않았다는 사실이다. 이는 많은 사람들이 간과하고 있는 결정적인 사실이다. 수천 년 전에 중동에서 살았던 사람의 증거를 발견하는 것은 신과 기적, 천사와 악마의 증거를 발견하는 것과는 다르다.

엄연한 현실은, 종교를 불문하고 초자연적인 주장을 증명할 만한 것은 하나도 발견되지 않았다는 점이다. 어디에서도 그런 유물이 발견되지 않았고 어떠한 증거도 발견되지 않았다. 그러나 1세기까지 거슬러 올라가는 어떤 배가 갈릴리 호숫가에서 발견되어 '예수의 배'라는 이름으로 전시되었을 때, 일부 사람들은 엉터리 결론을 내리며 그 배의 존재가 예수 그리스도가 기적을 행하고 천국으로 올라갔다는 주장을 뒷받침한다고 생각한다. 그러나 그렇지 않다. 그것은 고대의 사람들이 사용했던 배다.

나는 사해문서를 보고 강한 인상을 받았다. 그것이 작성된 시대 하나만으로도 충분히 경외감을 불러일으킨다. 그 문서를 바라보면서, 나는 2000년도 더 전에 그 글을 남기기 위해 양피지 위를 섬세하게 움직인 어떤 손을 상상했다. 그러나 이 문서에는 마법적인 것은 전혀 없다. 두말할 필요 없이 이 문서는 중요하고 또 수백만 명의 사람에게 소중하다. 이 문서는 우리가 공유하는 과거의 일부를 밝혀준다. 그러나 이 문서는 초자연적인 것이나 신의 존재에 대해서는 아무것도 밝혀주지 않는다. 나는 로마와 아테네에서 박물관에 전시된 눈부신 유물뿐만 아니라 고대의 건축물을 많이 보았다. 그 어떤 것도 주피터나 제우스, 아테나의 존재를 증명하지는 않는다. 그런 눈부신 발견은 다만 살아 있는 신이 아니라 죽은 사람의 이야기를 들려준다.

기독교인들에게 기독교의 중요성은 초자연적인 사건들과 초자연적인 존재들, 천국과 지옥에 관한 신성한 메시지, 신의 미래 계획에 관한 예언에서 나온다. 만일 기독교가 2000년 전에 살았던 유대인들과 몇 명의 제자를 거느린 어느 유대인 설교자에 관한 이야기에서 그쳤다면, 기독교는 대단한 종교가 되지 못했을 것이다. 틀림없이 기독교는 오늘날 20억 명 이상의 신자를 거느린 종교로 성장하지 못했을 것이다. 기독교를 흥미롭고 자극적이며 중요한 종교로 만든 것은, 기독교가 바로 어떤 신에 대한 이야기와 정보의 유일한 원천이라는 주장이다. 그 신도 그냥 신은 아니다. 언젠가 당신과 함께 걸었고 이 세상이 끝나는 미래의 어느 날 다시 나타날 그런 신이다. 기독교는 또한 천국에 이르는 유일한 길을 제시한다고 주장한다. 이는 대단한 주장이다. 그러나 고고학자들이 지금까지 발견한 것 중에서 이 주장을 뒷받침할 증거는 하나도 없다.

지난 몇 년 동안 나는 기독교인들과 대화하다가 고고학이 성경을 증명했다거나 기독교 주장의 신빙성을 입증했다는 식으로 말할 때면 언제나 똑같은 방법으로 대응했다. 나는 그들의 말을 바로잡으려 하거나 가르치거나 반론을 제기하지 않았다. 그냥 간단한 질문을 던지기만 했다. 고고학적 발견 중에서 가장 중요한 것이 뭐죠? 그러면 기독교인은 거북하게 침묵을 지킨다. 대체로 보면 기독교인들은 사해문서, 예리코의 벽, 노아의 방주를 언급한다. 이에 대해 나는 사해문서는 고대인들이 글을 쓸 수 있었다는 사실만을 보여줄 뿐이라고 대답한다. 예리코의 벽은 고대인들이 석벽을 쌓을 수 있었다는 걸 입증한다. 그리고 거듭 발견되는 노아의 방주는 오직 성경 고고학 분야에 아마추어가 넘치며 이 아마추어들 중 일부는 거짓말을 한다는 점을 입증할 뿐이다.

만일 기독교인들이 고대 유대인과 기독교를 다듬은 초기 기독교인들의 삶과 관행에 대해 더 많은 것을 알고 싶다면, 중동 지역의 진짜 고고학을 따르면서 학문적 토대를 다진 전문가들의 과학적 발굴을 지지해야 한다. 이것이 우리가 배우는 길이다. 건전한 연구를 수행할 만큼 훈련돼있지 않거나 감수성이 풍부하지 않거나 비도덕적인 사람들을 지원하거나 그들에게 관심을 쏟는 것은 배움의 길이 아니다. 한순간 기분이 좋아질지라도, 거짓말에 속거나 오도되기를 원하는 사람은 없다. 이 점에 대해서는 대부분의 기독교인들도 동의할 것이다.

33

왜 모든 사람은 기독교인이 아닐까?

기독교인들과 비기독교인들이 똑같이 생각해볼 간단한 질문은 왜 예수 그리스도가 세계를 납득시키지 못했냐는 것이다. 세상 사람들의 대다수는 그가 땅을 걷고 기적을 행하다가 죽어서 살아난 뒤 2000년이 지난 지금까지도 그의 존재나 그의 이야기를 받아들이지 않고 있다.

몇 세기에 걸쳐서 기독교 선교사들과 전사, 탐험가, 정착민들이 지구상의 거의 모든 지역을 여행하며 현지 주민들에게 예수가 그들 대신 죽었기 때문에 지옥에서 구조되어 천국에서 영원히 살게 되었다는 좋은 소식을 전했다. 기독교인이 많은 국가들, 미국과 영국, 독일, 프랑스, 스페인, 포르투갈, 이탈리아 같은 국가들은 지구상의 거의 모든 국가에 엄청난 권력과 영향력을 휘둘렀다. 이 국가들은 자국의 문화를 세계 각국에 강요했다. 당연히 기독교도 포함되었다.

지난 1000년 사이에 문맹률은 크게 낮아졌다. 세계 인구의 다수가 영원한 베스트셀러인 성경을 읽을 능력이 있다. 한 세기 동안에 무수히 많은 기독교 라디오 프로그램이 전 세계에 전파를 보냈다. 지난 몇 십 년 동안 기독교 텔레비전 네트워크들은 지구촌 전체에 방송을 내보내기 위해 인공위성을 이용했다.

기독교는 지금 2000살쯤 되었다. 이 시점에서 이 신앙체계가 어느 정도 성공을 거두었는지 평가하고 이 종교가 진리라는 확신을 왜 사람들이 품지 못하는지 분석해보는 것도 좋을 것이다.

기독교의 핵심 교리는, 예수 그리스도의 생과 잔인한 죽음은 우리 모두에게, 적어도 구원의 기회를 받아들이려는 사람들에게 구원을 제공하기 위한 것이었다고 가르친다. 전통적인 기독교에 따르면, 우리 모두는 원죄를 가진 채 태어나며 그렇기 때문에 불가피하게 나쁜 짓을 하게 되어 있다. 그러나 예수 그리스도만은 예외다. 예수 그리스도는 우리가 이생에서 마음의 평화를 얻는 길이고 다음 생에서 천국에 이르는 길이다. 그는 우리가 구원을 받게 하기 위해 죽었다. 그러나 여기서 말하는 우리가 세계인들을 가리킨다면, 이 말이 제대로 통하지 않기 때문에 뭔가 크게 잘못된 것이다.

기독교인에 따르면, 예수 그리스도는 스무 번의 세기 전에 인간으로 왔다가 갔다. 그는 우리를 구원하기 위해 고문당하고 십자가에 매달렸다. 그러나 우리는 구원을 받지 않았으며 지금도 받지 못하고 있다. 우리 대부분은 지옥행이다. 예수 그리스도가 유일한 구원의 길이라는 주장에 따르면, 적어도 우리 무신론자들은 지옥행이다.

무엇이 잘못되었는가? 예수 그리스도의 메시지와 그 길이 제대로 통하지 않은 이유는 무엇인가? 예수 그리스도의 시대 이후로 모든 세대의 대다수가 비기독교인으로 무덤에 묻힌 이유는 무엇인가? 분명히 큰 문제가 있는 것 아닌가.

이 문제에 대해 기독교인에게 물으면 흔히 나오는 대답은 '자유의지'였다. 신이 우리에게 스스로 결정하는 능력을 주었다고 기독교인들은 말한다. 그래서 일부 사람들은 예수 그리스도를 부정할 것이다. 그것은 그들의 선택이다. 그렇지 않은가?

그러나 그렇지 않다. 이것은 훌륭한 설명이 아니다. 왜냐하면 이 설명이 비기독교인들의 머릿속에서 돌아가고 있는 현실을 오해하고 있기 때문이다. 그런데 교리와 의례를 둘러싼 논쟁이 너무나 흔하고 억지스럽기 때문에, 여기서 말하는 비기독교인은 다른 기독교인들의 눈에 사이비로 보이는 기독교인들이 아니라, 스스로를 기독교인으로 규정하지 않는 사람들을 가리킨다. 이런 식으로 구분하는 이유는 모든 기독교인들이 적어도 일부 기독교 종파의 눈에는 변절자로 보이기 때문이다.

많은 사람들이 믿는 것과 반대로, 역사가 흘러오면서 기독교인이 아니었거나 지금 기독교인이 아닌 수십억 명의 사람들은 천국에 이르는 유일한 길 즉, 신으로서의 예수 그리스도를 부정하지 않았다. 비기독교인들은 단지 그 이야기에 확신을 품지 못했다. 그렇다. 사람들은 조직화된 기독교 종교를 부정하고, 기독교인에게 반대하고, 심지어 예수 그리스도라는 존재를 외면할 수 있다. 그러나 이런 것들은 예수 그리스도라는 이름의 진짜 신을 부정하는 것과는 다르다.

예수 그리스도가 진짜 신이라고 믿고 성경이 정확하다고 생각하고 또 천국으로 들어가는 길은 예수 외에는 달리 없다고 믿으면

서도 스스로를 기독교인이 아니라고 거부하는 사람들이 어딘가에
는 있을 것이다. 하지만 이런 사람들이 과연 몇 명이나 되겠는가?
많지 않을 것이다. 그들은 다른 비기독교인들과 매우 다른 심리를
가진 사람들일 것이다. 모든 비기독교인들이 자신의 입장을 스스
로 선택한다는 평범한 주장은 수십억 명의 사람들이 자신들이 진
짜라고 알고 있는 신에게 등을 돌렸다는 암시를 풍긴다. 이 관점은
정확하지는 않다. 그러나 이 관점이 그렇게 널리 퍼져 있는 이유는
쉽게 이해될 것이다.

만일 이 세상 사람들 대부분이 예수 그리스도를 믿는 것을 거부
하는 바람에 심각한 고통을 받게 된다면, 그건 어디까지나 그 사람
들의 잘못이다. 인간이 확신할 수 있는 이야기를 들려주지 못한 신
에게는 어떠한 잘못도 없다.

사람들이 예수 그리스도를 믿는 것을 선택한다는 생각에는 문제
가 있다. 이를 테면 전형적인 무신론자는 진정으로 비신자가 되는
쪽을 선택하지 않는다. 그 사람이 무신론자인 것은 예수 그리스도
나 다른 신들이 존재한다는 확신을 갖지 못하기 때문이다. 이 사실
이 매우 중요하다.

기독교인들은 종종 예수 그리스도를 믿지 않는 것과 예수 그리
스도를 부정하는 것을 혼동한다. 그러나 둘은 많이 다르다. 만일 제
우스가 진짜로 드러났다 하더라도, 오늘날의 기독교인들에게 제우
스를 부정한다고 비난하는 것이 정당한가? 그렇지 않다. 기독교인
들은 제우스가 고대의 그리스인들이 만들어낸 상상의 신이라고 생
각한다. 기독교인들은 제우스가 실제로 존재한다고 생각하지 않는
다. 그렇다면 어떤 신이 진짜로 존재한다는 것을 아는지 여부가 중

요해진다. 나 자신을 예로 제시할 수 있다. 나는 기독교에 의해 직접적으로 피해를 입은 적이 한 번도 없다. 내가 기독교의 이름으로 행해진 어떤 일 때문에 곤란했던 적은 있을지 몰라도, 나 자신의 경험 때문에 내가 개인적으로 기독교에 적의를 품었던 적은 한 번도 없었다.

내가 기독교인이 아닌 이유는 지난 2000년 동안에 어느 누구도 예수 그리스도가 신이라는 것을 입증하지 못했기 때문이다. 나는 예수 그리스도를 부정하지 않는다. 나는 예수 그리스도가 있지 않기 때문에 부정하고 말고 할 것이 없다고 생각한다. 이는 내가 기독교에 등을 돌리는 쪽을 택하지는 않았다는 것을 의미한다. 나는 나 자신이 아직 발견하지 못한 무엇인가를 외면할 수 없다.

문제는 내가 예수 그리스도 '알기'를 원하지 않거나 기독교인의 삶을 원하지 않는다는 게 아니다. 그저 나 자신이 기독교의 중요한 주장을 사실이라고 확신하지 못하는 데 있다. 만일 내가 그 주장을 믿었다면, 나는 기독교인이 되거나 예수 그리스도를 부정 혹은 선택할 수 있는 입장이 되었을 것이다. 이 상황은 이슬람교 신자들과 힌두교 신자들, 시크교 교도, 정령 신앙자들을 포함한 비기독교인들이 직면한 것과 똑같다. 이들 대부분은 예수 그리스도를 받아들이거나 거부할 위치에 있지 않다. 왜냐하면 아무도 예수 그리스도가 진짜라는 것을 이 사람들에게 납득시키지 못했기 때문이다.

예수 그리스도의 존재가 증명된다면

기독교의 핵심적인 주장을 방해하는 근본적인 문제는 모든 종교가 직면하고 있는 것과 똑같다. 기독교의 중요한 주장들이 합리적인 기준에 의해 증명되지 않았다는 것이다. 특히 이생과 다음 생에도 매우 중요한 주장이 입증되지 않고 있다. 이야기의 주장에 걸맞은 증거가 충분하지 않은 것이다.

증거도 없이 신앙을 요구하는 것은 예수 그리스도에 이르는 합리적인 길이 아니다. 어린 시절에 기독교에 들어가지 않았거나 개인적으로 확신을 품을 종교적/심리적 경험을 하지 않은 사람들에게는 기독교를 받아들이는 것이 매우 힘든 일일 수 있다. 믿기 전에 깊이 생각하거나 이미 다른 종교를 확신하게 된 사람들은 예수 그리스도를 천국에 닿는, 유일한 열쇠를 쥔 진정한 신으로 받아들이기 전에 그 이야기 이상의 것을 요구하는 경향이 있다.

그렇다. 많은 기독교인들은 자신의 감정을 근거로 기독교가 입증되었다고 느낀다. 그러나 이 같은 주장은 공정하고 정직한 검증을 버텨내지 못한다. 예수 그리스도와 개인적 연결을 느끼거나 예수 그리스도가 매우 현실적인 존재로 보이게 만드는 어떤 심오한 사건을 경험했다는 주장도 그런 검증을 버텨내기 힘들다. 신들을 가까이서 느끼고 신들과 조우하는 것은 시대와 문화를 불문하고 아주 흔한 주장이기 때문에 인간 존재에게 일상적으로 일어나는 일일 뿐 증거로는 아무런 의미를 지니지 못한다.

응답받은 기도나 기적, 실현된 예언, 신의 방문 그리고 환상도 그런 것들을 경험하고 해석하는 사람들에게는 강한 인상을 줄 것이다. 그러나 그런 것들도 예수 그리스도의 존재를 증명하는 증거로는 무의미하다. 왜냐하면 다른 수천 개의 종교들도 자신들의 신에 대해 똑같은 '증명'을 주장하고 있기 때문이다. 만일 그 같은 주장이 다른 종교에 통하지 않는다면, 마찬가지로 기독교에도 통하지 않는다.

기독교인들은 힌두교의 기적과 사이언톨로지의 치료 능력에 아무런 감동을 받지 않는다. 그런 주장에 감동을 받고 개종하려는 기독교인은 없다. 기독교인들이 그런 주장에 의심을 품을 정도로 충분히 회의적이기 때문이다. 그렇다면 비기독교인들이 기적과 신성한 치료를 둘러싼 기독교의 주장을 받아들이지 않는 것과 뭐가 다른가?

증명되지 않은 위대한 이야기

신/예수의 목적이 무엇인지 한번 생각해보자. 대부분의 기독교 종파에 따르면, 사람들이 타고난 죄인의 천성에서 벗어날 수 있는 길을 예수가 제시해주길 원했다. 우리가 걷고 말하는 것을 배우기도 전에 지옥으로 가도록 저주 받은 그 죄에서 벗어날 수 있게 해주길 원한 것이다.

예수의 죽음이 우리의 죄를 흡수하였기 때문에 우리는 지옥을 면하고 천국에 갈 기회를 가질 수 있게 되었다. 우리가 할 일은 죄를 회개하고 예수 그리스도를 유일한 주와 구세주로 받아들이는 것뿐이었다. 불행하게도 이 사건 혹은 이 사건의 이야기는 엄청난 실패가 되었다. 분명히 뭔가 크게 잘못되었다. 예수 그리스도를 가슴에 받아들인 채 죽은 사람보다 그를 받아들이지 않은 채 죽은 사람이 훨씬 더 많기 때문이다. 만일 신이 인류에게 사랑을 베풀기를 원하고 최대한 많은 사람들을 구원하길 원했다면, 그 같은 결과는 엄청난 실패일 수밖에 없다.

만일 기독교가 맞다면, 지금 수천억 명의 사람들이 지옥에서 영원히 고통에 시달리고 있을 것이ㅇ다. 그 사람들이 예수 그리스도를 부정하거나 그에게 반란을 일으켰기 때문이 아니다. 그 이야기에 대해 한 번도 들어보지 못했거나 들었다 하더라도 그럴듯한 증거가 없어서 그 이야기에 확신을 품지 못했기 때문이다.

지금 살아 있는 10억 명의 힌두교 신자는 예수 그리스도에 대해 들었다. 그러나 힌두교 신자들 중에서 자신의 신에 대한 믿음을 거둬들이고 예수 그리스도를 천국으로 가는 유일한 신으로 받아들이는 사람은 거의 없다. 힌두교 신자들이 악의에서건 기독교의 기준을 맞출 수 없을 것 같아서건 예수 그리스도를 받아들이지 않는 것이 아니다. 절대로 그렇지 않다. 그들이 힌두교 신자로 계속 남는 것은 가족과 문화의 영향 때문에 힌두교 신들을 믿고 힌두교를 실천하기 때문이다. 실제로, 확증편향이라는 보편적 특징 때문에 힌두교 신자는 힌두교가 가장 믿을 만한 종교인 이유를 많이 제시할 것이다.

모든 사람들이 예수 그리스도에 귀의하지 않는 이유를 이해하려고 노력하는 기독교인들은 자신들이 가네샤에게 달려가지 않는 이유에 대해 생각해보면 된다. 어쨌든 가네샤와 다른 힌두교 신들도 기적을 행하고, 기도에 응답하고, 병든 사람을 치료하고, 자신의 현존을 느끼게 만든다. 적어도 수많은 힌두교 신자들은 수천 년 동안 그런 이야기를 들려주고 있다.

많은 기독교인들은 성경을 완벽한 작품으로 여긴다. 기독교인들은 신의 영감으로 쓴 책들을 모은 성경이 지금까지 존재해온 진리를 전파하는 가장 중요한 도구라고 말한다. 성경은 우리 모두를 위한 신의 메시지이며, 사는 방법과 죽음을 퇴치하는 방법을 적은 안내서다. 그 어떤 책도 삶을 바꿔놓고 영감을 불어넣는 능력 면에서 성경에 근접하지 못한다. 성경은 절망한 사람에게 희망을 주고 이교도를 천국 쪽으로 돌려놓는다. 정말 그럴까?

어떤 사람은 성경이 역사에서 가장 과대평가된 책이라고 주장할 수도 있다. 어쨌든 성경의 중요한 목적은 보다 많은 영혼을 구원하기 위해 신의 이야기를 전달하는 것인 것 같다. 신자들이 사용하면서, 성경은 두말할 필요도 없이 많은 곳의 많은 사람들에게 확신을 심어주었다.

그러나 전반적으로 보면 성경은 실패작이다. 인쇄물과 온라인을 통해 폭넓게 접할 수 있음에도 불구하고, 세계 인구의 다수가 이 세기나 다음 세기에 기독교인이 될 것이라는 암시는 전혀 없다. 오히려 코란이 금세기 말에 가장 널리 읽히는 경전이 될 것이다. 만일 기독교 신이 세계의 주목을 받기를 원했고, 대부분의 사람들에게 중요한 어떤 이야기가 진실하다는 확신을 심어줄 책을 원했다면, 그 신은 이 목표를 이루지 못했다.

어떤 것을 믿기 전에 먼저 생각부터 깊이 하는 사람에게는 증거가 아주 중요하다. 예를 들어서, 다른 많은 이야기들이 똑같이 특이한 주장을 펴는 가운데 유독 예수 그리스도 이야기의 초자연적인 요소들을 믿어야 하는 이유는 무엇인가? 만일 당신이 예수 그리스도가 죽은 뒤에 살아나 승천했으며 따라서 그의 무덤이 비었다는 이야기를 믿는다면, 조지프 스미스가 뉴욕에서 천사를 만났고 몰몬교가 가장 완벽한 형태의 기독교라는 주장을 믿지 않는 이유는 무엇인가? 주류 기독교인들은 진정으로 '증거 부족'을 들고 나올 수 없다. 그렇지 않은가?

모든 기독교인들이, 플로리다 주의 설교자 호세 루이 드 예수 미란다가 자신이 신이라고 주장하는 것을 받아들이지 않는 이유는 무엇인가? 몇 년 동안 그는 자신이 메시아라고 말해왔으며 지지자로 가득한 교회를 갖고 있다. 대부분의 기독교인들이 이 사람의 주장을 받아들이지 않는 것은 분명히 그럴듯한 증거가 부족하기 때문이다. 단순히 그가 메시아라는 믿음을 갖지 않는 이유는 무엇인가? 기독교인들은 간혹 증거에 신경을 쓴다. 모든 합리적인 사람들처럼, 그들도 배에 올라타기 전에 먼저 특이한 주장에 대한 증거를 원한다. 그럼에도 대부분의 기독교인들은 자신이 성장하면서 믿게 된 종교의 핵심 주장에 대해서는 예외로 생각한다. 이런 모순을 인정하기는 어려울 것이며 모순을 바로잡는 것도 결코 쉽지 않을 것이다. 그러나 사려 깊은 기독교인이라면 그 문제에 대해 더 깊이 생각해야 한다.

기독교인들은 예수 그리스도의 중요한 이야기를 둘러싸고 불확실성과 미스터리가 왜 그렇게 많아야 하는가 물을 수도 있을 것이다. 만일 기독교의 신이 우리를 사랑하고 우리가 자신을 알기를 원한다면, 왜 그 이야기를 그렇게 쉽게 의심받도록 만드는가? 2000년이라는 엄청난 세월이 지난 지금도 그 이야기는 지구상의 인구 중 절반도 확신시키지 못하고 있다. 지금이야말로 우리가 신의 정원으로 볼을 넘겨야 할 때이다.

만일 우리가 신을 알기를 원한다면, 신이 우리에게 자신의 모습을 보여주지 않는 이유는 무엇인가? 우주의 창조자가 모든 사람들에게 자신의 존재를 보여주는 게 힘들어서는 안 될 것이다. 예수 그리스도는 우리 모두가 볼 수 있도록 모습을 드러내고 자신의 존재에 대한 과학적 검증을 허용할 수 있을 것이다. 아니면 예수 그리스도는 한 점 의심을 남기지 않은 방식으로 우리의 뇌에 자신을 주입시킬 수도 있을 것이다. 예수 그리스도의 존재가 처음으로 확인되기만 하면, 그 후로 예수 그리스도를 따르거나 숭배하거나 부정하거나 반대하거나 무시하거나 하는 결정은 개인의 몫이 될 것이며 그에 따른 결과도 당연히 개인이 감당해야 할 것이다.

34

진화론이 왜 문제인가?

동아프리카를 방문하는 동안, 나는 상상력을 한껏 풀어놓으면서 고독의 시간을 즐겼다. 도시에서 멀리 벗어나 한때 우리 모두가 알았을 그런 야생에 가까운 곳에서 나는 선사시대 이전의 인간들이 자신들이 피운 불로 고기를 요리하는 것을 본다. 한 사람이 돌도끼로 뼈를 부순다. 그 사람들은 서로 잡담을 하면서 내가 이해하지 못하는 소리를 낸다. 나는 단지 그것이 언어라는 것만 안다. 언어가 밤의 대기를 채운다. 거대한 콘서트홀에서 연주되는 아름다운 음악 같다. 좁은 이마와 짙은 눈썹, 석기 등을 보면서, 나는 그 사람들이 호모 에렉투스라고 짐작한다. 아마 우리 시대보다 50만 년 정도 전일 것이다. 그들은 분명히 인간이지만 해부학적으로 현대인과는 거리가 다소 멀다.

한 엄마가 보채는 아기를 달래고 있다. 아기가 귀찮게 굴어도, 엄마는 별다른 힘을 들이지 않고 아기를 가까운 곳에 잡아둔다. 분명하진 않지만 그 어머니가 낄낄 웃는 소리가 들렸다는 생각이 든다.

나이 많은 아이가 석기를 하나 집어 든다. 그 아이는 석기로 작은 막대기들을 자른 다음 한동안 동작을 멈추고 감탄하듯 자신이 한 일을 내려다보고 있다.

그 사이에 한 남자 어른은 오두막 밖에 서 있다. 힘이 세고 건장해 보인다. 선사시대에도 올림픽이 있었다면, 10종경기 선수가 되었을 것 같다. 나는 그 사람이 똑똑하고 자신감 있다는 느낌을 받는다. 그는 흘러가는 구름을 올려다본다. 날씨를 예측하거나 구름에서 동물의 형상을 찾고 있거나 아니면 그냥 나처럼 상상력을 한껏 발휘하면서 꿈을 꾸고 있는 것일까? 아마 그 사람은 지금부터 50만년 정도 뒤에 세상이 어떤 모습일 것인지 생각하고 있었을지도 모른다. 저 멀리로 더 많은 사람들이 보인다. 그들은 매우 느린 걸음으로 달리고 있다. 어떤 동물을 쫓고 있을지도 모른다. 아니면 어딘가로 가는 중인지도 모르겠다. 우리 사이에 육체적 차이와 거대한 시간적 거리가 있음에도, 내가 본 모든 것들은 익숙하다.

그러나 불행하게도, 케냐의 사파리 여행 동안에 누린 개인적인 시간여행은 확실한 과학과 증거에 입각한 것임에도 논란의 여지가 많다. 기독교 때문에, 많은 사람들은 그런 장면을 좋게 보면 어리석은 공상이고 나쁘게 보면 위험한 이단이라고 생각한다. 타임머신이든 아니든, 상상 속의 나의 방문은 절대로 일어날 수 없는 일이라고 수많은 기독교인들은 말한다.

기독교인들의 관점에서, 오늘날의 모든 생명은 지질학적 연대에 비춰보면 아주 짧은 시간에 해당하는 몇 천 년 전에 창조된 그대로다. 지구상에는 오직 한 가지 형태의 인간만 있었는데, 그것이 바로 우리다. 먼 과거 자체가 없기 때문에, 먼 과거에 사람과(科)의 동물

같은 것이 존재할 수 없었다. 이 세상의 나이는 1만 년도 채 되지 않는다고 일부 사람은 말한다. 게다가 현대의 인간들이 몇 백만 년의 세월을 두고 다른 인간 종과 인간 이전의 동물에서부터 진화한 것이라는 사상은 불가능할 뿐만 아니라 모욕적이기까지 하다. 이상한 일이지만, 최초의 인간이 흙으로 만들어졌다는 성경의 주장에는 어떠한 반론도 불가능하다. 그러나 사람들이 무엇을 믿든, 우리를 포함한 생명은 진화해왔다.

다윈의 발견을 뒷받침하는 증거들은 지금 압도적이라 할 만큼 아주 많고 다양하다. 증거가 너무 많아서 다윈의 발견을 부정하는 것은 사실상 불가능하다. 진화의 사실은 과학의 어떤 것 못지않게 확실하고 분명하다.

미국 성인 절반이 부정하는 진화론

그러나 놀랍게도 미국의 성인들 중 거의 절반가량이 진화론에 동의하지 않는다. 2012년 갤럽의 여론조사에 따르면, 미국인 46%가 자신의 신이 "지난 1만 년 사이의 어느 시점에 지금과 같은 모습으로 인간을 창조했다"고 생각하고 있다. 조사는 또한 이 믿음이 교회의 출석률에 따라 다르다는 것을 발견했다. 매주 교회에 나가는 사람들의 70%가 이 믿음을 갖고 있다.

진화의 문제는 종교적이고 문화적이라는 점을 분명히 이해할 필요가 있다. 과학과는 아무런 관계가 없다. 진화론에 문제가 있다고 생각하는 사람들은 대부분 과학을 믿고 과학의 발견을 기꺼이 받아들이며 일상의 삶에서 과학의 기술에 의존하고 있다. 그러나 똑같은 과학적 과정이 생명의 변화에 대한 이야기를 들려줄 때면, 브레이크를 꽉 밟고는 앞으로 나아가기를 완강히 거부한다. 그러나 이는 불필요한 태도다.

생명의 진화와 지구가 45억 년 동안 존재해왔다는 사실은 모든 과학적 지식 중에서도 가장 근본적이고 믿을 만한 사실에 속한다. 이는 세계의 거의 모든 전문적인 과학자들이 인정하는 바다. 그런데 이 과학자들 중 많은 수가 종교를 갖고 있다. 전 세계의 수많은 박물관과 연구실에는 늘 진화하는 생명의 길고도 복잡한 이야기를 들려주는 화석이 수백만 개 전시되고 있다. 그 화석들이 들려주는 이야기는 진화론이 아니고는 이해되지 않는다. 나로서는 이 증거가 1만 년도 채 되지 않는 어느 시점에 모든 생명이 현재의 모습으로 창조되었다는 주장과는 정반대의 이야기를 들려준다는 말밖에 달리 더 명확하게 할 말이 없다. 그런 식이라면 어떤 사람은 이 세상이 지난주에 창조되었다고 믿을 수도 있을 것이다.

진화론에 문제가 있다고 생각하는 기독교인들은 진화론이 오늘날 과학계에서 전혀 논란의 대상이 되지 않는다는 사실을 이해할 필요가 있다. 과학자들은 세부사항을 놓고 의견의 불일치를 보이며 논쟁할 수 있다. 그러나 믿을 만한 전문가들은 생명이 유전적 변이와 자연선택에 의해 변화한다는 사실 자체를 부정하지는 않는다. 진화는 오직 과학 밖에서 논란이 되고 있을 뿐이다. 진화론에 반대하는 사람들은 무신론자와 과학자들을 상대로 싸움을 벌이는 것이 아니다. 그들은 증거와 현실을 상대로 싸움을 벌이고 있다.

만일 수십억 년에 걸친 진화 이야기를 들려주는 화석들이 수백만 개나 되는데도 쉽게 설득되지 않는다면, 달리 고려해 볼 것들이 많다. 미생물과 곤충, 심지어 물고기의 진화까지 관찰되었다. 의학과 현대 농업과 같은 중요한 활동 분야는 일상적으로 진화의 현실에 의존한다.

건강관리와 식량생산은 생사가 걸린 문제다. 이 분야는 진화에 관한 실용적 지식이 성공의 열쇠다. 우리 모두의 안에도 증거가 있다. DNA의 해독도 똑같이 생명은 진화한다는 결론을 제시하고 있다. 이처럼 많은 근거에도 불구하고, 일부 사람들은 지구의 나이가 젊으며 진화는 잘못되었다는 주장을 굽히지 않는다. 왜 그럴까?

많은 기독교인들이 진화를 부정하는 이유는 당연히 그들의 특별한 기독교 때문이다. 그들이 우둔하거나 교육을 받지 않은 사람이라서 그런 게 아니다. 똑똑하고 교육 수준이 높으면서도 진화론을 부정할 만한 사람들을 나는 많이 알고 있고 또 많이 만났다. 그들은 그 증거들을 열린 마음으로 주의 깊게 검토한 끝에 진화론 반대자가 된 것이 아니다. 대체로 진화론을 강하게 반대하는 사람일수록 진화에 관한 자료들을 이용하지 않는다. 그들은 진화론 전문가가 쓴 신뢰할 만한 책들을 읽지 않았다. 만일 이런 책을 읽었다면, 그들도 아마 과학계 전반에 걸쳐서 가장 강력한 이론의 하나인 진화론을 부정하지는 못할 것이다.

불행하게도, 현대 생물학의 바탕을 부정하는 이 기독교인들은 의문스러운 자료 때문에 그런 쪽으로 흐르는 경향을 보인다. 또 그들이 신뢰하는 사람들은 그들로 하여금 진화는 무신론이나 신에 반대하는 입장과 동의어라는 식으로 믿도록 호도하고 있다.

나와 진화론에 대해 가볍게 토론한 친구 한 사람은 몇 가지 사항을 마치 식품 목록 읽듯이 나열했다. 그 사항들 중에서 인상적인 것은 하나도 없었다. 나는 마지막에 친구에게 그 자료를 어디서 구했는지 물어보았다. 그러자 친구는 척 콜슨(Chuck Colson)이 진화론에 대해 쓴 글을 최근에 읽었다고 했다. 아니, 이럴 수가. 진화론에 대한 이해가 현대 생물학의 전문가에게서 얻은 것이 아니고 1970년대 정치적 자객 같은 사람에게서 얻은 것이라니. 고인이 된 콜슨은 워터게이트 스캔들과 관련해 교도소 생활을 하기 전에 리처드 닉슨의 특별보좌관을 지냈다. 교도소 생활을 하는 동안에 그는 자신이 거듭난 경험을 했다고 밝힌 뒤 독실한 기독교인이 되었다. 콜슨이 지적인 사람이 아니라는 말이 아니다. 하지만 진화론에 관한 것을 그에게서 배우려 드는 게 도대체 말이 되는가?

참으로 슬픈 일이지만, 친구의 경험과 비슷한 예가 너무나 흔하다. 호기심 많은 선의의 기독교인들이 과학을 배우기 위해 비과학자들에게 의존하고 있다. 많은 선한 기독교인들이 그릇된 정보원에 의지할 때 그릇된 정보들을 얻게 되는 것은 너무나 분명한 사실이다. 어린이 TV 스타였던 커크 캐머런(Kirk Cameron)은 성인이 되어 진화론 반대자로 나섰다. 지금 그는 TV와 책에 등장하고, 호기심 많은 수백만 명의 기독교인들에게 현대 생물학의 가장 중요한 이론을 가르치는 웹에도 등장한다.

진화의 문제는 종교와 문화에 있는 것이지 과학에 있지 않다. 그것이 바로 진화를 둘러싼 모든 논쟁이 연구실이 아니라 교육위원회와 정치운동, 법정에서 이뤄지는 이유다. 생명이 진화하는지에 관한 물음에 대한 답은 이미 나와 있다. 문제는 일부 사람들이 자신에게는 그 대답을 받아들이는 것이 허용되지 않는다고 잘못 생각한다는 데 있다. 기독교인들이 현대 생물학을 받아들이는 것이 전혀 문제가 되지 않는 이유를 파악하기 전에, 진화가 무엇인지부터 확실히 알아두도록 하자.

진화는 무엇인가?

일부 사람들에게는 진화가 지독히 복잡한 개념으로 보일 수도 있다. 어떻게 보면 그 말이 맞다. 어쨌든, 우리는 이 지구의 표면 위나 아래에 사는 수조 개의 생명체들이 수십억 년 동안 거쳐 온 과정을 이야기하고 있다. 그러나 진화는 놀랄 정도로 단순한 개념이기도 하다. 진화는 변화다. 정말로, 그것이 전부다. 진화는 세대마다 변화하는 동물과 식물, 미생물에 관한 이야기다. 이 말에 부정할 것이 있는가? 만일 사람들이 이것을 받아들인다면, 그 외의 모든 것은 세부사항에 지나지 않다.

세대를 내려가면서 유전자들이 섞이고, 긍정적이거나 부정적인, 아니면 어느 쪽도 아닌 유전적 변이가 일어나 생명에 다양성을 불어넣는다. 이처럼 늘 변화하는 종(種)은 당시의 환경에 의해 어느 정도 혜택을 입거나 방해를 받게 된다. 당시에 이롭게 작용하는 유전자를 갖게 된 생명의 형태들은 이점을 누리며 생존할 가능성이 높다. 아울러 주변의 다른 형태들보다 번식에 성공할 가능성 또한 높다. 그렇게 된다면, 이로운 유전자를 가진 생명체들은 이 새로운 특징들을 후손에게 물려줄 것이고 후손도 그 과정을 되풀이하게 될 것이다. 이런 과정이 수십억 년 동안 이어진다면, 생물의 다양성이 놀랄 정도로 확산될 것이라는 상상은 쉽게 할 수 있을 것이다. 오늘날 우리가 이 지구상에서 보는 것과 같이 말이다.

일부 기독교인들이 진화론을 부정하는 나쁜 이유 5가지

- 진화는 하나의 이론일 뿐이다

  대중문화가 '이론'이라는 단어를 유머러스하게 정의하고 이용하는 방식 때문에 혼란을 일으키지 않도록 하라. 일상에서 사람들은 이런 식으로 말할 수 있다. "죄송합니다만 당신의 개가 나의 휴대폰을 삼켰을지도 모르겠습니다. 그러나 확실하지는 않아요. 그냥 이론일 뿐이지요." 과학에서 이론의 사용은 이와 매우 다르다. 이론은 짐작 같은 것과는 완전히 다르다. 과학에서 말하는 이론이란 자연의 세계 안에 있는 무엇인가에 관한 검증된 강력한 설명을 뜻한다. 과학 분야에서 이론은 아주 많은 사실과 관찰, 실험에 의해 뒷받침돼야 한다.

- 증거가 부족하다

  그렇지 않다. 절대로 증거가 부족하지 않다. 진화론은 과학 분야에서 가장 증명이 잘 되고 확고한 이론의 하나이다. 수많은 연구 분야와 엄청난 양의 증거가 진화론을 확증했다. 진화는 한 개의 화석이나 과학자 한 사람의 아이디어에 근거한 것이 아니다.

- 화석 기록에 단절이 있다

  물론 단절이 있다. 화석 기록의 모든 단절을 제거하는 유일한 길은 지금까지 존재한 모든 생명체들의 화석을 발견하는 것이다. 그것은 불가능한 일이다. 그러나 지난 40억 년 동안 세상에서 일어난 일들을 확인하지 못할 정도로 큰 단절은 아니다. 우리가 확보하고 있는 화석기록은 마치 진화론이 화석기록을 예측이라도 하고 있는 듯하다. 그러나 만일 40억 년 된 새의 화석과 5000년 된 트리케라톱스 공룡의 화석이 발견된다면, 진화론이 그 화석들을 설명할 무엇인가를 갖고 있을 것이다. 그러나 지금까지 그런 화석들은 발견되지 않았다.

- 진화는 사악하다

일부 기독교인들은 진화가 사악한 개념이며 따라서 그것을 아이들에게 가르치면 마약중독에서부터 폭력까지 도덕적 타락이 불가피하다는 주장을 편다. 일부 사람들은 또 히틀러의 터무니없는 아리안 우월주의를 ,진화론이 사악하다는 생각의 증거로 내세운다. 난센스다. 제2차 세계대전 동안 나치 폭격기들은 비행기에 실은 폭탄을 유럽 도시의 지붕 위에 떨어뜨리기 위해 중력에 의존했다. 그렇다면 중력이론을 살인과 관련 있다는 이유로 아이들에게 가르치지 않아야 하는가? 이 기묘한 주장에 대한 최선의 대응은 간단히 이런 식으로 말하는 것이다. 우리 모두 각자의 행동에 책임져야 한다고. 과학이론은 다른 사람들을 살해하거나 학대하는 것을 정당화하지 않는다. 일부 사람들은 다윈 이전에도 나빴고 다윈 이후에도 나빴다. 다윈을 탓하는 것은 어리석은 짓이다.

- 기독교인이라서 진화론을 받아들일 수 없다

현대 생물학의 수용을 막는 진정한 장애는, 예수 그리스도와 진화론 중 하나를 선택해야 한다는 그릇된 생각이다. 진화론을 그런 식으로 독실한 기독교 신자에게 제시한다면, 당연히 진화론이 패할 것이다. 그러나 기독교인들이 좀처럼 듣지 못하는 말이 있다. 선택을 해야 한다는 생각 자체가 거짓말이라는 것이다. 그 선택은 엉터리며 그런 선택은 할 필요조차 없다. 생명이 진화한다는 사실을 부정하지 않고도 기독교인이 될 수 있다. 이것은 나의 의견이나 짐작이 아니다. 전 세계에 기독교인 수백만 명이 진화의 현실을 받아들이면서도 예수 그리스도에 대한 믿음을 지키고 있다.

진화에 관한 간단한 설명에 기독교 신이나 다른 신에 대한 언급이 전혀 없었다는 사실을 독자들이 눈치 챘을 것이다. 그 이유는 종교를 가진 사람들이 '진화와 종교가 관계있다'고 말하기 전까지는 진화와 종교는 아무런 관계가 없기 때문이다. 진화론은 생명이 세월을 두고 어떻게 변하는지 이야기해준다. 그것은 종교와 신에 관한 진술이나 믿음이 아니다. 진화에 관한 모든 이야기는 종교와는 아무런 관련이 없는데도 일부 신자나 비신자들에 의해 종교적 논쟁 안으로 끌어들였다.

역사를 보면 지구가 태양을 도는 궤도와 지구가 우주 속에 서 있는 위치가 치열한 관심 대상이던 때가 있었다. 그것은 기독교인들에게 큰 의미를 지닌다고 많은 기독교인들이 말했다. 그러나 생명의 진화와 마찬가지로, 지구의 위치는 신학자들과 성직자들과 설교자들의 문제가 절대 아니었다. 그것은 과학이 대답을 내놓아야 할 문제였다.

지구가 태양을 돈다는 사실이 모든 사람에게 명백해졌다고 해서 예수 그리스도에 대한 믿음이 시들거나 죽지 않은 것과 똑같이, 진화를 받아들인다고 해서 기독교가 파괴되지는 않을 것이다. 오늘날 거의 모든 기독교인들은 지구가 태양계나 우리의 은하, 혹은 우주의 중심이 아니라는 사실에 아무런 문제를 느끼지 않는다. 그러나 신의 이름으로 이를 부정하는 것이 아주 중요했던 때가 있었다. 지금은 그렇지 않지만 말이다.

지구가 우주에서 어디를 도는가에 관해 과학적으로 설명한다고 해서 기독교인들이 자신들의 신앙을 깨뜨릴 필요까지는 없다는 것을 깨달았다. 그들은 예수 그리스도와 근본적인 천문학의 지식을 동시에 지킬 수 있다는 것을 확인했다. 이와 같이, 일부 설교자와 진화론 반대자들이 어떤 주장을 펴든 예수 그리스도에 대한 믿음이 진화론 때문에 살거나 죽지는 않는다. 같은 마음 안에 예수 그리스도와 다윈이 공존할 수 있다. 우리는 이것이 사실이라는 것을 알고 있다. 왜냐하면 전 세계의 기독교인 수백만 명이 현대 생물학을 받아들이면서도 자신의 종교를 여전히 잘 실천하고 있기 때문이다. 오늘날 어떤 기독교인이 종교 때문에 진화를 받아들일 수 없다고 말한다면, 나는 그들에게 지구가 태양 주위를 돈다는 이론은 어떻게 받아들일 수 있는지 설명해달라고 부탁한다. 진화론도 똑같이 문제가 되지 않는다. 기독교인들은 진화를 거부할 필요가 없다.

진화론과 종교는 병존할 수 없는가

그러나 진화론은 기독교의 모든 종파와 양립하지 못한다는 점은 분명히 밝혀야 한다. 진화론은 반종교적이고 반현실적인 태도를 요구하는 형태의 기독교와는 조화를 이루지 못한다. 이 세상의 나이가 1만 년 정도라고 믿으면서 동시에 현대과학을 받아들일 수는 없는 노릇이다. 또 지구의 진짜 나이를 받아들이면서 여전히 생명이 진화한다는 이론을 부정하는 사람들도 있다. 또 세균 같은 일부 생명은 진화하지만 인간 같은 보다 큰 형태의 생명은 진화하지 않는다고 말하는 기독교인들도 있다. 이는 물리학의 법칙은 실제로 존재하지만 오직 주중에만 적용된다고 말하는 것이나 마찬가지다. 아니면 중력이 현실 속의 현상이지만 오직 낮에만 작용한다고 말하는 것이나 비슷하다. 말이 되지 않는다. 또한 신이 진화를 이끈다는 믿음을 뒷받침하는 증거도 없다. 아마 신이 그렇게 할지도 모른다. 그러나 그것은 증거가 전혀 없는 기이한 주장이다.

진화론 문제로 힘들어하는 기독교인들을 위해 나는 다른 모든 것들과 똑같이 종교도 새로운 지식에 적응할 수 있다는 점을 받아들이라고 제안하고 싶다. 인간이 인간 자신과 세계, 우주에 대해 많이 배울수록, 종교도 더 많이 변했다. 종교가 고정되어 변화하지 않는 것처럼 보일 수 있다. 설교자들은 종종 자신의 종교가 고대와 똑같다고 주장한다. 그러나 이는 절대로 진실이 아니다. 생명처럼, 모든 종교도 진화한다. 새로운 발견들과 자기수정은 부정하거나 피해야 할 나쁜 것이 아니다.

반대로, 새로운 발견과 자기수정은 종종 힘과 지혜의 증거다. 과학이 그처럼 잘 돌아가는 이유는 더 훌륭한 증거가 나타날 때 그에 따라 조정하겠다는 의지가 있기 때문이다. 변화가 우리로 하여금 실수에서 벗어나 더 나은 길로 들어서게 만들 때, 우리 모두는 그 변화가 좋은 것이라는 데 동의할 수 있지 않은가? 이것이 다른 분야처럼 종교에 적용되지 않아야 할 이유가 있을까?

35

후회하는 것보다 안전한 게 더 나은가?

기독교인 친구의 말이 느려졌다. 목소리에는 힘이 들어갔다. 종교에 관한 내 질문에 다소 피로와 당혹감을 느낀 듯, 그는 마지막 결전에 들어갈 때라고 판단했다. 그가 에이스 카드를 뽑아서 테이블 위로 던졌다. 내 입을 영원히 닫아버리길 바라면서 말이다.

"내 판단이 잘못되었다고 가정하자. 그렇다 한들 뭐가 문제야? 내 삶은 예수 그리스도에 대한 믿음으로 더 나아졌어. 기독교 신앙 때문에 인간성도 더 나아졌고. 내가 잘못했다고 해도 잃은 게 뭐야? 내가 뭘 얻는지 알아? 나는 천국에서 영생을 얻어. 반면에 무신론자들은 모든 것을 잃어."

나는 그가 "후회하는 것보다야 안전한 게 더 낫잖아"라는 말을 덧붙였는지는 기억하지 못하겠다. 그러나 그가 뜻한 바는 바로 그것이었다. 물론 내가 "후회하는 것보다 안전이 더 낫다"는 식의 주장을 들은 것이 그때가 처음은 아니었다. 마지막도 아닐 것이다. 그나마 그 말은 점잖은 편이다.

친구는 만일 나의 선택이 잘못으로 드러난다면 내가 어떤 식으로 지옥에서 영원히 불타고 고통을 받을 것인지 세세하게 설명하려 들지는 않았다. 비기독교인으로서 나의 삶이 다소 비도덕적이고 표준 이하라는 말도 하지 않았다. 그러나 그의 말엔 그런 암시가 들어 있었다. 단지 내 친구는 그걸 구체적으로 말할 필요성을 느끼지 않았을 뿐이다.

그렇다면 이 같은 주장에 뭐가 잘못되었는가? 기독교가 위험이 낮고 보상이 큰 도박이라는 이유로 기독교에 당신의 인생을 거는 게 말이 되는가? 얼핏 보면 이 주장은 예수 그리스도를 믿는, 기독교인이 되려는 논거로 합리적인 것처럼 보인다. 절대로 그렇지 않다. 그 이유를 제시하고자 한다.

예수를 믿는 근거로 안전을 내세우는 주장에는 몇 가지 결점이 있으며 많은 기독교인들이 생각하는 것과 달리 게임에서 이기는 게 아니다. 그 주장에는 사람들이 볼링 시합에 참여하거나 로터리 클럽에 가입하기로 결정하는 것과 똑같은 방법으로 정직한 기독교인이 될 수 있다고 생각한다는 전제가 깔려 있다. 그러나 기독교인이 되는 것은 그리 간단한 문제가 아니다.

많은 기독교인들은 무신론자의 내면에서 벌어지고 있는 것을 오해하는 것 같다. 무신론은 신에 대한 믿음의 부재라는 것을 기억하라. 어떠한 믿음도 없다. 어떠한 신도 없다. 무신론자는 예수 그리스도가 진짜 신이라는 것을 알면서도 어쨌든 그를 외면하는 쪽을 선택한 사람이 아니다. 무신론자는 예수 그리스도나 다른 초자연적인 신들이 진짜라는 확신을 갖지 않고 있다. 무신론자에게는 이 세상에 믿지 않거나 좋아하지 않거나 미워하거나 부정할 신들이 하나도 없다. 당신이 매달 둘째 토요일 토성에서 모임을 갖는 누드 배구 클럽에 가입하라는 권유를 받았다고 상상해보라. 만일 그 것이 재미있게 들리고 당신이 다른 회원들과 잘 어울릴 것 같다면, 당신은 회비와 시간 약속에 대해 깊이 생각하게 될까? 그렇지 않다. 누군가가 나서서 토성에서 모이는 그런 클럽이 진짜 존재한다는 점을 확신시킬 때까지는 그 문제에 대해 고민하지 않을 것이다. 그런 클럽이 존재한다는 확신을 갖는 것이 첫 단계이다.

마찬가지로, 무신론자는 지옥이나 천국, 기도, 교회 등에 대해 그리 신경을 쓰지 않는다. 그가 첫 번째 단계에서 막혀 있기 때문이다. 예수 그리스도가 진짜 신이라는 확신을 품지 못하는 것이다. 따라서 무신론자가 기독교 신자가 되는 것이 안전한 베팅이라는 생각을 받아들인다 하더라도, 무신론자는 먼저 믿음에 닿는 다리를 건너지 않고는 그런 베팅을 할 수 없다.

비기독교 신자들의 경우도 마찬가지다. 비기독교 신자들은 신이나 신들을 믿을 수 있을 것이다. 그러나 그들은 예수 그리스도가 천국에 닿는 유일한 길이라는 것을 믿지 않는다. 그렇기 때문에 그들이 종교를 바꿔 기독교인이 되는 것은 그리 쉽지 않은 일이다. 비록 개종이 안전을 보장 받는 길이거나 멋진 도박일지라도 그렇다. 많은 기독교인들은 자신들의 종교가 진짜라고 매우 강하게 확신하고 있다. 그렇기 때문에 그들은 다른 사람들이 그렇게 멋진 도박을 하지 않는 이유를 도무지 상상하지 못한다.

그러나 사실은 예수 그리스도가 신이라고 생각하지 않는 사람들이 수십억 명에 이른다는 것이다. 비기독교인들은 어리석지도 않고 완고하지도 않다. 증거나 논거를 통한 확신을 갖지 못했을 뿐이

다. 이 사람들은 단순히 사후 안전을 누리기 위해 기독교인이 될
수는 없다. 그들은 먼저 기독교의 중요한 주장이 진짜라는 확신부
터 품어야 한다.

예수 그리스도의 격려

내 친구의 주장 중에서 기독교인이 예수 그리스도를 믿는다는
이유 하나만으로 더 나은 삶을 살 수 있다는 대목은 어떤가? 설령
예수 그리스도가 진짜 신이 아니고 성경의 주장이 엉터리라 하더
라도, 사람의 삶이 고양될 수 있을까? 물론 그럴 수 있다. 만일 어
떤 사람이 기독교 신자가 됨으로써 긍정적이고 생산적인 삶을 살
동기를 얻는다면, 기독교가 그 사람에게 이롭게 작용하고 또 그것
이 좋은 일이라고 나는 생각한다. 만일 기독교를 통해서 마약 중독
에서 벗어나거나 직장에서 일을 더 잘하거나 훌륭한 부모가 될 힘
을 얻는다면, 기독교가 그 사람들에게 이롭게 작용했다고 봐야 할
것이다. 이런 경우에 나는 기독교의 영향을 부정하지 않는다.

그러나 많은 사람들이 기독교를 믿지 않아도 그 이상을 성취한
다는 사실을 간과해서는 안 된다. 굳이 언급하지 않아도 되는 말이
지만, 많은 무신론자들과 비기독교인들도 동기부여를 강하게 받으
며 선하고 생산적이다. 그들 중에는 대단히 훌륭한 부모도 있고, 중
독을 극복한 사람도 있고, 직장에서 승진하는 사람도 있다. 만일 인
간의 실제 모습을 정직한 눈으로 본다면, 우리는 기독교가 선한 삶
에 꼭 필요한 요소는 아니라는 사실을 확인할 것이다. 멋진 삶을

이끄는 요소로 예수 그리스도와 성경을 꼽는 사람들의 전부는 아니더라도 대부분은 자신을 과소평가하고 있지 않나 싶다. 나는 그들이 스스로 알고 있는 것보다 더 강하고 더 유능하다고 생각한다. 그들이 특별한 종교가 없어도 장애를 극복하고 훌륭한 일을 성취할 수 있었을 것이라고 믿는다.

기독교를 믿는 대가

기독교가 가짜로 드러난다 하더라도 기독교인이 됨으로써 잃는 것은 하나도 없다는 생각은 인간 생명이 짧다는 걸 고려하지 않고 있다. 오늘날 평균 수명은 70년 내지 80년이다. 아이나 십대에게는 아주 긴 세월처럼 보일 수 있지만 우주나 행성, 그리고 모든 인간 존재의 맥락에서 보면 그다지 길지 않다. 사후의 생명이라는 입증되지 않은 주장들을 제쳐둔다면, 우리가 확실히 아는 유일한 것은 우리 모두는 상대적으로 짧은 시간 동안 존재한다는 사실이다.

물론 인간 생명의 질은 아주 다양하다. 그러나 대단한 고통이나 아픔이 없는 삶이 소중하고 아름다운 것으로 여겨진다. 그런 인생의 매순간은 감사할 가치가 있다. 따라서 종교가 엉터리라 하더라도 기도를 올리고 성경을 읽고 기독교에 대해 생각하고 말하면서 보내는 시간이 "전혀 상실이 아니다"는 주장은 그다지 설득력이 없다. 많은 것이 상실된다. 거의 아무런 가치가 없거나 전혀 가치가 없는 일에 시간을 낭비할 수도 있다. 에너지도 낭비되고 돈도 잘못 쓰일 수 있다.

사실이 아닌 종교적 주장들을 고수하는 데서도 긍정적인 것들이 생길 수는 있다. 오늘날 전 세계에 걸쳐 서로 모순되는 다양한 종교에서 확인되듯이 말이다. 그러나 종교의 혜택 대부분은 종교 없이도 훨씬 더 효과적인 방식으로 경험할 수 있는 것들이다. 사회화와 자선활동, 기도(이완이나 명상의 한 형태로), 역사나 전통과의 연결, 크고 중요한 무엇인가에 대한 소속감, 심지어 초월의 순간까지도 종교나 초자연적인 믿음 같은 것이 없어도 일어날 수 있다.

내기를 걸 곳은 너무 많고, 시간은 너무 적고

"후회보다 안전이 더 낫다"는 주장의 마지막 문제는 기독교와 무신론이 도박판의 유일한 내기는 아니라는 점이다. 이 세상에는 당신의 생명을 걸 종교가 수십만 개이고 신들이 수억이나 있다. 자그마한 공이 들어갈 검정색과 빨간색 눈금이 수백만 개나 되는 룰렛 회전판을 한번 상상해보라. 확률이 그다지 높지 않다. 이 시나리오라면, 나는 10센트도 걸지 않을 것이다. 그런데 하물며 어떻게 나의 인생을 걸겠는가.

기독교 안에서조차도 모든 게 간단하지 않다. 기독교 안에도 종파가 수만 개에 이른다. 각 종파에 충실한 사람들에 따르면, 종파 간의 차이는 매우 중요하며 따라서 사후의 생도 달라진다. 그렇다면 그 종파 중에서 어느 것이 내기를 할 때 가장 안전할까? 가톨릭일까, 프로테스탄트일까? 동방정교회일까, 오리엔탈 정교회일까? 침례교일까, 오순절교회파일까? 몰몬교일까, 감리교일까? 여호와의 증인일까, 제7일 안식일 예수 재림교회일까? 크리스천 사이언스 교회일까, 그리스도의 교회일까?

어떤 선택을 하든 당신은 저마다 다른 경전과 계시를 갖고 있다고 말하는 독실한 기독교인들에 의해 지옥의 저주를 받게 되어 있다. 지금 당신은 무엇을 기다리고 있는가? 어서 나서서 당신의 인생을 걸도록 하라.

"후회보다는 안전"이라는 주장의 문제를 가장 쉽게 보여주는 방법은 그 룰렛 회전판을 그런 주장을 펴는 사람 앞에서 돌리는 것이다. 만일 어떤 이슬람교 신자가 세상에는 오직 하나의 신밖에 없고 예수 그리스도를 숭배하는 것은 이단이라면서 "만일 당신이 알라를 믿고 코란을 충실히 따랐는데 나중에 이슬람이 엉터리로 확인된다 하더라도, 당신은 잃을 것이 하나도 없을 것이다. 그러나 만약에 이슬람이 진짜인데 당신이 알라를 믿지 않았다면, 당신은 모든 것을 잃고 말 것이다. 그러니 그때 후회하는 것보다 지금 안전하게 이슬람교를 믿는 것이 낫다"고 주장한다면, 이 말에 강한 인상을 받을 기독교인은 별로 없을 것이다. 전형적인 기독교인이 이슬람교 지옥의 위협에 잠을 설치거나 사후 안전을 위해 이슬람교 신자가 되지 않듯이, 무신론자도 사후의 안전을 위해 예수 그리스도를 숭배하라는 기독교인의 요구에 별다른 인상을 받지 못한다.

36

왜 하나님은 아들을 희생시켰는가?

하나님이 세상을 매우 사랑하셔서 독생자를 주셨으니.
- '요한복음' 3장 16절

율법을 따라 거의 모든 것들이 피로써 정결하게 되나니 피를 흘리지
않고는 용서가 없느니라. - '히브리서' 9장 22절

지구상의 사람들을 구원하기 위해 아들을 희생시킨 신에 관한
이야기만큼 자주 회자되는 이야기도 드물다. 역사적 사실로 제시
되는 이 이야기는 세월을 거쳐 오면서 수많은 사람을 사로잡았고
그 사람들로 하여금 예수 그리스도를 믿고 사랑하게 했으며 천국
에서 그와 함께 영원히 살 것이라는 확신을 갖게 만들었다. 그러나
이 이야기는 많은 문제를 안고 있다. 기독교인들이 믿고 있는 대
로 그런 일이 일어났다는 것을 뒷받침할 증거가 성경 외에 아무것
도 없다. 이 이야기의 설득력에는 더 큰 문제가 있다.

나를 비롯한 많은 회의론자들이 예수 그리스도의 십자가형 이야기를 들을 때, 가장 먼저 떠올리는 물음이 바로 '왜?'이다. 하나님이 우리에게 천국에 닿는 길을 제시하기 위해 그런 사건을 필요로 했던 이유는 무엇인가? 만일 창조주가 우리 모두 원죄를 안고 있어서 우리를 구해야 할 필요성을 느꼈다면, 그냥 우리를 바로잡아주거나 우리 스스로 바로잡도록 도와주지 않은 이유는 무엇인가? 만일 우리의 죄에 대한 용서가 필요했다면, 창조주가 그냥 용서하는 것으로 만족하지 않은 이유는 무엇인가? 우리가 천국에 갈 수 있기 전에 예수 그리스도가 고문을 당하고 죽임을 당해야 했던 이유는 무엇인가? 도대체 누가 이런 규칙을 만들었는가?

세상을 창조하고 전체 시나리오를 구상한 존재가 하나님이라는 사실을 잊지 말자. 천국과 지옥은 하나님의 아이디어였다. 이상하게 들릴지 모르지만, 어느 시점에 하나님의 전능한 팔이 묶였단 말인가? 그래서 하나님이 자신이 내릴 처벌로부터 인간을 구원하기 위해 인간의 제물을 바칠 수밖에 없었단 말인가?

기독교인들은 이 중요한 이야기의 근본적인 틀에 대해 별로 의문을 제기하지 않는 것 같다. 그러나 기독교인들이 의문을 제기해야 한다고 믿는다. 이 문제를 놓고 토론이 공개적으로 자주 벌어져야 한다. 예수 그리스도의 죽음이야말로 기독교의 핵심이기 때문에 하는 말이다. 이 이야기를 맹목적으로 받아들일 것이 아니라 먼저 간단한 질문들을 던져야 한다.

여하튼 이 이야기는 지구상의 모든 사람들에게 중요하다. 이 이야기는 세계 역사에 엄청난 영향력을 행사했고 지금도 영향력을 행사하는 종교의 한 바탕이다. 많은 사람들은 이 이야기를 알고 있다. 그러나 이 이야기의 의미에 대해 깊이 설명할 수 있는 사람은 얼마나 될까? 왜 이 이야기가 필요했는가? 하나님은 우리를 구원할 수 있는 더 좋은 방법을 구상할 수 없었던 것인가? 야만적인 희생 같은 것은 필요 없는 방법 말이다.

세상을 위해 내 아들을 희생시킬 수 있을까?

당신의 아들을 희생시킨다는 것은 무슨 뜻인가? 그것은 모든 사람의 주의를 잡아끌 만한, 강력하면서도 마음을 불편하게 만드는 아이디어다. 아들을 죽음으로부터 보호할 수 있는데도 뒤로 멀찍이 물러앉아서 아들이 죽도록 내버려두는 것보다 더 힘든 상황을 나는 상상하지 못하겠다. 그러나 만일 하나님이 2000년 전에 처한 것과 똑같은 상황에 처한다면, 나도 별로 고민하지 않고 내 아들의 목숨을 내놓았을 것 같다. 절대로 가볍게 이야기하는 게 아니다.

내 아들은 어릴 때 건강 문제로 많이 힘들어 했다. 어쩌면 아들을 잃을 수도 있었다. 그래서 지금 아들이 나와 호흡을 함께하고 있다는 사실에 특별히 감사한다. 나는 아들과 포옹할 수 있다는 사실에 감사하지 않는 날이 하루도 없다. 그럼에도 만일 아버지 하나님이 자신의 아들 예수 그리스도를 포기할 때와 똑같은 조건이 나에게 제시된다면, 나는 나의 아들이 고문당하고 처형당하는 것을 받아들일 것이다. 하나님은 현재와 미래의 세대가 구원을 받고 천국으로 가도록 하기 위해 자신의 유일한 아들을 '희생'시켰다. 이는 곧 내 아들의 희생이 수십억 명, 아니 미래까지 수조 명의 사람들을 구원할 것이라는 의미다. 분명 인간을 도울 동기는 아주 많을 것이다. 그러나 나는 내 아들이 어려서 죽어 나와 헤어진다는 사실에 힘들어할 것이다.

잠깐! 이런 식으로 일이 전개될 필요가 없을 수도 있다. 하나님처럼, 나는 머지않아 나의 아들을 곧 안전하고 건강한 상태로 만나게 된다는 걸 알 것이다. 분명 아들의 처형에 동의하는 것은 힘든 일일 것이다. 그러나 전체적인 상황을 고려한다면, 그러니까 영원히 나와 함께할 나의 아들을 포함해 수조 명의 사람들이 영원한 고문에서 구조될 것이라는 점을 고려한다면, 거기에 동의하지 않을 아버지가 있을까? 생각해볼 필요조차 없는 문제다.

상상의 시나리오를 하나 더 생각해보자. 어느 작은 국가의 형편없는 독재자가 수도의 광장에서 인간 제물을 바치기로 돼 있는데 그 제물이 아무런 죄를 저지르지 않은 자신의 외동아들이 될 것이라고 선언한다면 어떻게 되겠는가? 당신은 이 뉴스가 세상에 어떻게 받아들여질 것이라고 생각하는가? 나는 기독교인들을 포함한 대부분의 사람들이 이 독재자에 대해 미치광이 살인마라고 비난할 것이라고 확신한다. 그러나 그 사건은 독재자를 하나님보다 더 높은 도덕적 차원으로 올려놓을 여지를 안고 있지 않을까?

만일 그 독재자가 그런 짓을 한 이유가 그렇게 하지 않을 경우에 자기 나라의 다른 모든 시민들이 처형되어야 했기 때문이라면? 그의 아들을 제물로 바치는 것이 그 나라 국민들의 목숨을 구할 수 있는 유일한 길이 될 것이다. 분명한 질문은 '왜?'이다. 내가 기독교의 바탕이 된 인간의 희생에 대해 던진 것과 똑같은 질문이다.

궁극적 권력을 가진 존재가 아이와 아기를 포함한 모든 사람들을 죄인으로 저주하는 규칙을 정한 다음에 그 규칙을 피하는 한 방편으로 야만적인 인간의 희생을 구상해내는 이유가 무엇인가? 만일 독재자나 신이 사람들을 자신의 분노로부터 구하고 싶다면, 그는 사람들을 그냥 용서하고 가만 둘 수는 없는 것인가?

누가 십자가에 못 박혔는가?

하나님이 유일한 아들을 희생시킨 이야기의 또 다른 근본적인 문제는 십자가에 실제로 못 박히게 되어 있었던 것이 누구인지 분명하지 않다는 점이다. 예수 그리스도의 죽음에 관한 이야기에는 삼위일체라는 개념이 중요하다. 왜냐하면 하나님 아버지가 자기 아들을 희생시키고, 그 아들이 부활하여 천국에서 자기 아버지와 결합하는 이야기가 너무나 자주 회자되기 때문이다. 성직자들과 설교자들이 수 세기 동안 사람들을 감동시키기 위해 이 이야기를 들려주고 있다는 사실을 기억하라. 성직자들과 설교자들은 "하나님이 우리를 얼마나 사랑하시기에 자신의 유일한 아들까지 기꺼이 희생시키려 했는지 상상해보라"는 식으로 거듭 말하고 있다. 그러나 삼위일체론은 하나님 아버지가 희생시킨 것이 과연 무엇인가 하는 의문을 품게 만들었다.

삼위일체론에 따르면, 기독교 신은 세 개의 독특한 존재가 하나로 결합되었다. 하나님 아버지와 예수 그리스도, 성령이 그것이다. 이들은 서로 다르면서도 똑같다. 평신도와 프로테스탄트 설교자와 가톨릭 성직자들이 나에게 삼위일체에 대해 여러 차례 설명해주었지만 나는 아직도 여전히 이 문제로 힘들어 하고 있다. 기독교인들의 설명은 하나의 신이 3개의 다른 형태를 취한다는 것이었다. 물이 얼음이나 증기 아니면 액체가 되는 것과 비슷하다고나 할까?

그러나 신의 버전이 세 개 있다 할지라도, 기독교에는 단 하나의 신이 있다는 것을 기억하는 것이 중요하다. 이것이 십자가 처형에 관한 이야기에서 한 가지 문제를 제기한다. 하나님 아버지와 예수 그리스도가 똑같은 신성한 존재인데 어떻게 하나님 아버지가 자신의 유일한 아들인 예수 그리스도를 희생시킬 수 있는가? 만일 예수 그리스도가 십자가에 못 박혔다면, 그것은 그들 셋이 함께 있었다는 의미인가? 만일 하나님 아버지와 예수 그리스도가 같은 존재라면, 예를 들어 만일 당신의 아들이 실제로 당신이라면, 당신의 아들을 희생시킨다는 것은 진정 무슨 의미인가? 사소한 세부사항을 과장하거나 트집 잡으려는 게 아니다. 삼위일체는 기독교의 중요한 교리다. 이 교리는 하나님이 인간을 구원하기 위해 "독생자를 주었다"는 주장을 들을 때 느끼는 감정과 관계가 깊다. 하나님이 정확히 무엇을 포기했는가? 하나님은 이 땅에서 자기 자신을 일시적으로 희생시키고 나중에 천국에서 다시 자기 자신과 결합한 것인가? 만약에 그렇다면, 그건 희생처럼 보이지 않는다.

구원이 제대로 되지 않은 이유는?

마지막으로, 하나님이 우리를 구하기 위해 예수 그리스도가 고통 받아 죽게 하려고 이 땅에 보냈다는 이야기에는 가장 큰 문제가 있다. 그때도 이야기대로 되지 않았고 지금도 여전히 되지 않고 있다는 것이다. 만일 예수 그리스도가 성경에서 언급한 것처럼 천국에 가는 유일한 방법이라면, 십자가형은 2000년 전에도 비극적인 실패였고 그 이후 세대를 거듭하면서도 여전히 실패였다. 지금 세계 인구의 대다수는 기독교 신자가 아니기 때문이다.

비기독교인들은 예수 그리스도의 희생에 관한 이야기를 듣지 않았거나 들었다 하더라도 그를 믿을 정도로 강한 인상을 받지 못했다. 기독교는 20억 인구를 거느리고 있는, 수적으로 세계에서 가장 인기 있는 종교다. 그러나 50억 명은 여전히 예수 그리스도에게 깊은 인상을 받지 않고 있다. 기독교를 믿지 않는 사람의 숫자가 그렇다는 말이다. 하나님이 예수 그리스도를 희생시켰다는 이야기마저도 그들을 개종시키지 못했다. 이 사람들에 관한 한, 예수 그리스도의 고통과 죽음은 헛된 것이었다. 이 숫자에다가 과거에 산 사람과 미래에 살 비기독교인까지 더한다면, 잃어버린 영혼의 숫자는 훨씬 더 커진다. 사람들은 예수 그리스도가 구원을 했다고 말하지만, 구원이 썩 괜찮지 않은 게 분명하다.

21세기인 지금도 사람들은 여전히 예수 그리스도가 배타적 숭배에 대한 보상으로 사후의 영생을 보장하는 신이라는 데 확신을 갖지 못하고 있다. 전 세계의 비기독교인들이 이 제안을 받아들이지 않을 정도로 어리석거나 완고하다고 치부하는 것은 곤란하다. 분명히 기독교 밖에도 자신의 행복에 등을 돌리지 않을 만큼 지적이고 사려 깊은 사람들이 수십억 명 있다. 문제는 이들의 회의(懷疑)적 성향이 너무 강한 데 있는 게 아니다. 그 주장의 신빙성에 있는 것이다. 사람들은 단지 이 이야기가 진짜라고 믿지 못할 뿐이다. 그들을 탓하지 않도록 하자. 대신에 메시지를 탓하자.

37

하나님은 대홍수를 일으켰는가?

　대홍수와 노아의 방주 이야기는 모두가 알고 있는 이야기다. 하나님이 세상에 홍수를 일으켰고 그 위에 있던 대부분의 생명을 죽였다. 하나님은 자신이 창조한 인간들이 미래에 어떤 식으로 변할 것인지 알았다. 그럼에도 불구하고, 하나님은 인간들의 불복종과 나쁜 행동에 크게 실망하여 지구 전체에 홍수를 일으켜 그들 모두를 물에 빠뜨려 죽이기로 결심했다. 그러나 몰살시키는 것은 아니었다. 하나님은 노아라는 노인과 그 가족을 구해주었다. 하나님은 노아에게 가족들을 안전하게 지킬 배를 건조하라고 지시했다.

　하나님은 또한 노아에게 동물을 "종류별로 2마리씩" 배에 태우라고 지시했다. 노아의 가족처럼 동물들도 홍수에서 화를 면할 것이다. 물이 빠진 뒤에 지구에 다시 동물이 살도록 하기 위해서였다. 장대비가 40일 동안 쏟아진 뒤 노아와 그의 승객들은 몇 개월 동안 물 위를 떠다녔다. 그러다 물이 빠지고 방주는 어떤 산의 꼭대기에 걸렸다. 홍수 이후의 세상인 여기서 지금 살고 있는 모든 육상 동물과 사람들은 이 방주에 탔던 승객들의 후예들이다.

역사인가 신화인가?

회의론자들은 이 이야기를 기독교인들과 매우 다르게 본다. 회의론자들은 이 이야기에 대해 집단학살의 공포스러운 이야기(하나님은 지구상의 거의 모든 존재를 죽였다)로 보는 반면, 기독교인들은 하나님의 사랑의 증명(그는 우리를 너무나 사랑하셔 또 다른 기회를 주었다)으로 본다. 주관적인 해석을 잠시 옆으로 밀쳐놓는다면, 가장 간단한 질문은 이렇다. 과연 이 일이 정말로 일어난 이야기인가?

먼저 우리는 누구의 홍수 이야기를 논하고 있는지부터 밝혀야 한다. 모든 기독교인들이 성경의 모든 세부사항을 다 믿지는 않는다. 일부 기독교인에게는 노아의 방주 이야기가 글자 그대로 받아들여지지 않는다. 그들은 이 이야기에 중요한 의미를 담아서 받아들이고 있다. 진짜 일어난 사건을 정확히 설명한 것은 아니라는 입장이다. 일부 기독교인들은 이 같은 일이 일어났을 수도 있지만 그 규모와 사건의 전개 방식은 '창세기'에 적힌 것과는 달랐을 것이라고 짐작한다. 그러나 이런 기독교인들은 소수파 같다.

ABC 뉴스의 여론조사에 따르면, 미국인의 60%는 대홍수가 성경에 묘사된 것과 똑같이 일어났다고 믿는다. 이 미국인들은 이 홍수가 지구 전체에 일어났으며, 지구 위의 거의 모든 육상 동물이 사실상 멸종되었다고 생각한다. 이 수치는 중요하다. 왜냐하면 이 여론조사가 사실이라면 미국인의 다수가 지질학과 생물학의 가장 근본적인 결론들에 대해 의견 불일치를 보이고 있다는 의미이기 때문이다. 이 홍수가 미국인의 대다수가 생각하는 대로 일어났다면, 과학이 많은 것에서 대단히 틀렸다는 말이 된다. 일부 회의론자들은 노아의 방주에 관한 믿음을 부차적인 것으로 보고 대단한 관심을 쏟을 필요가 없다고 생각한다. 나는 이에 동의하지 않는다. 이 믿음에 대한 도전이 필요하다. 왜냐하면 우리가 지구와 자연과 인간의 역사에 대해 알고 있는 내용과 너무나 많이 다르기 때문이다.

**미국 성인들 중 노아의 방주 이야기에 대해
"묘사된 그대로 사실"이라고 대답한 사람들의 비율**

전체	60%
가톨릭	44%
프로테스탄트	73%
복음주의 프로테스탄트	87%
비(非)복음주의 프로테스탄트	50%

지구 전체를 휩쓴 홍수를 숨길 순 없다

홍수가 성경에 묘사된 것처럼 일어났다는 데 동의하는 기독교인 중에서조차도, 홍수가 일어난 시기에 대해서는 의견 일치가 이뤄지지 않고 있다. 일부 기독교인은 홍수가 "아주 오래 전에" 일어났다고 말한다. 또 일부는 그 일이 1만년도 채 안 되는 시기에 일어났다고 말한다. 또 다른 사람들은 홍수가 구체적인 어떤 해에 일어났다고 자신 있게 선언한다. 나는 세상이 2011년 어느 날 종식될 것이라고 예측한 캘리포니아 주민 해럴드 캠핑(Harold Camping)의 추종자였던 어떤 여인과 대화한 적이 있다. 그녀는 나에게 그 홍수가 B.C. 4990년에 "확실히" 일어났다고 말했다. 그녀는 "거기에 한 점의 의문도 없다"고 선언했다.

만일 이 견해들 중에서 선택해야 한다면, "아주 오래 전에" 일어났다는 것이 최선의 선택일 것이다. 왜냐하면 그 홍수가 1만 년 이전에 일어났을 수는 없기 때문이다. 1만 년의 세월은 지질학적으로 보면 얇은 은박지 같은 시간에 지나지 않는다. 1만 년 전의 일이었다면, 현대의 지질학자들이 그 홍수를 확인하지 못할 리가 없다. 전 지구적인 홍수는 지구의 역사에 엄청난 영향을 미칠 특이한 사건이었을 것이다. 그만한 규모였다면 매우 분명한 흔적을 남겼을 것이다. 그 증거는 곳곳에 있어야 할 것이고, 세계의 지질학자들이 아마 가장 먼저 증거를 보았을 것이다.

그런 어마어마한 대홍수 뒤에 남았을 거대한 침전물의 층을 한번 상상해보라. 수백 만 톤의 죽은 식물들과 동물들이 가라앉으면서 분명한 층을 이루었을 것이며, 지질학자들은 결코 그것을 놓칠 수 없을 것이다. 그런 홍수가 명백한 증거를 남기지 않고 일어날 수는 없다. 신뢰할 만한 전문 지질학자들은 지난 1만 년 안이나 수십만 년 전에, 아니면 100만 년 전에 그런 규모의 대홍수가 일어났다는 증거를 하나도 발견하지 못했다. 게다가 전문적인 고고학자들도 이 지구의 모든 인간 사회를 한꺼번에 쓸어버린 홍수가 있었다는 증거를 찾지 못했다.

홍수 이야기를 믿는 일부 기독교인들은 진실을 알고 있으면서도 무신론적인 믿음과 모순되거나 일자리를 잃을까봐 그것을 인정하지 않는 과학자들도 있다는 이야기를 내게 들려주었다. 이는 난센스다. 만일 어느 지질학자라도 이 사건이 일어났다는 것을 증명할 수 있다면, 그 사람은 즉시 학계의 슈퍼스타가 됨과 동시에 대중에게도 유명인이 될 것이다. 명성과 부(富)가 노아의 홍수를 증명하는 지질학자를 기다리고 있다. 그럼에도 지금까지 아무런 증거도 나오지 않았다. 물론 증거를 확보하고 있다거나 대홍수가 일어났다는 것을 입증했다는 창조론자들이 있다. 그러나 지금까지 창조론자의 주장은 과학적 검증을 버텨내지 못했다. 창조론자들의 중요한 주장은 지질학자들에게 부정당했다.

과학계에서 성경에 묘사된 대홍수에 대해 침묵하고 있는 사람들은 지질학자들만이 아니다. 화석인류학자와 미생물학자, 고고학자, 생물학자, 해양생물학자, 파충류학자 등도 그리 멀지 않은 과거에 거의 모든 생명의 죽음을 초래한 세계적 대홍수의 증거를 발견했을 법한데도 아직 이렇다 할 성과를 내지 못하고 있다.

중요한 것은 인간이 존재하던 과거의 어느 시점에 지구 전체에 대홍수가 일어났다는 이 주장이 증명되지 않았고 또 일어났을 가능성이 아주 낮기 때문에 이 홍수가 지구를 가장 잘 알 만한 지질학자들과 다른 전문가들에게 진지하게 받아들여지지 않고 있다는 점이다. 유전과 화석의 증거는 인류의 역사가 15만 년 내지 20만 년 되었음을 말해주고 있다. 만일 지금의 인류가 살던 시기에 홍수가 일어났다면, 그것을 증명하기는 쉬울 것이다. 지금까지 아무도 그것의 증명에 인접하지도 못하고 있다는 사실은 그 홍수가 일어나지 않았다는 의미다.

노아는 그 지시를 어떻게 따랐을까?

국지적으로 몇 차례 일어나는 홍수는 고대와 선사시대에도 흔했을 것이 분명하다. 지금 홍수가 일어나는 것과 똑같이 말이다. 홍수는 많은 생명을 앗아갈 수 있어서 언제나 수많은 생명을 위협했다. 일부 홍수는 특별한 지역에 재앙이 될 수도 있다. 이런 경우 홍수의 규모가 아주 크기 때문에 희생자들은 그 파괴에 대해 설명하기가 지극히 어려웠을 것이다. 그렇다면 수천 년 전에 거대한 홍수로 고통을 겪은, 비과학적이고 대부분 문맹이었던 사람들은 그것이 지구 전체에 걸친 재앙이라고 상상했을 수도 있다. 극히 제한적인 그들의 관점을 고려한다면, 그런 미개인들에게 대규모 홍수는 지구를 삼키는 홍수로 보였다.

노아의 방주 이야기가 언제 일어났는지는 내버려두더라도, 어떤 식으로 일어났는지는 이해하려고 해야 한다. 인간 8명과 기린 2마리, 고릴라 2마리, 코끼리 2마리 등이 다시 지구를 채울 목적으로 지구의 홍수를 피하기 위해 배에 올라탔다는 주장은 주일학교 어린이에게는 먹힐 것이다. 그러나 성인들은 몇 가지 간단한 질문을 던질 만큼 지적 책임감을 느껴야 한다. 첫째, 이 동물들이 어떻게 배에 올라탔는가? 대륙들 사이의 대양은 어떻게 되었는가? 남미의 나무늘보는 방주에 타기 위해 어떻게 대서양을 건넜는가? 나무늘보들은 꽤 느리게 움직인다. 오스트레일리아의 코알라는? 남극의 펭귄은? 일부 사람들은 대륙이 아직 분리되지 않았으며 동물들은 땅을 걷기만 하면 되었다고 말한다. 그러나 이는 학계에서 인정을 받은 대륙이동의 역사와 수백 만 년의 차이가 난다. 동물들이 방주에 어떻게 올랐는가 하는 질문에 대한 최선의 대답은 기적이었다는 것이다. 세계 각지에 흩어져 있던 동물들이 하나님에 의해 옮겨지고 또 일시적으로 순해졌다는 것이다. 그러나 무엇인가를 단지 마법으로 설명하는 것은 진정한 설명이 아니다.

대홍수 이야기에 대한 또 하나의 단순한 도전은 방주에 탔을 종(種)의 숫자이다. 글자 그대로 해석하길 좋아하는 대부분의 기독교인들은 방주의 길이가 400 내지 500피트였다고 주장한다. 그 규모라면 분명히 작은 배다. 그런데 그 만한 배로 모든 육상 동물을 종류별로 2마리씩 싣는 것이 가능했을까? 턱도 없다. 지구에 서식하는 종의 숫자는 어마어마하다. 실제로 종의 수가 아주 많기 때문에 누구도 정확히 모른다. 지금도 과학자들은 생물의 수에 대해 짐작만 할 수 있을 뿐이다. 지구 전체에 1000만 내지 1억 종류의 생물이 살고 있을 것으로 추산된다. 지금도 과학자들은 새로운 종을 발견하고 있으며 앞으로도 오랫동안 그런 발견을 계속할 것 같다. 다른 모든 도전을 논외로 하고, 만일 누군가가 지금 동물을 종류별로 2마리씩 모아 배에 싣기를 원한다면, 그 배는 아마 오스트레일리아만큼은 커야 할 것이다.

그렇게 많은 동물들이 어떻게 배 한 척에 다 탈 수 있는가 하는 의문이 제기되면, 노아의 방주를 믿는 많은 사람들은 재빨리 '창세기'에 적힌 글귀를 제시한다. 정말로, '창세기'를 보면 노아의 배가 모든 종의 암컷 한 마리와 수컷 한 마리에 피신처를 제공했다고 선언하지 않는다. 그냥 모든 종류(kind)의 동물이 두 마리 있었다고 말하고 있다. 그러면 노아가 딱정벌레 수십 만 종을 각각 두 마리씩 배에 실을 필요가 없었다는 주장이 가능해진다. 그는 딱정벌레

2마리에게 안전한 피난처만 제공하면 된다는 식이다.

그러나 이 설명에도 문제가 있다. 오늘날 우리가 보는 세상에는 설치류와 영장류, 도마뱀, 개미뿐만 아니라 수많은 종의 딱정벌레들이 있다. 만일 오늘의 모든 육상생명이 이 방주에 탔던 종들로부터 내려온 것이라면, 이 생명체들이 어떻게 존재할 수 있는가? 2마리의 개미에서 어떻게 수천 종의 개미들이 나왔을까? 이에 대한 유일한 설명은 개미들이 돌연변이를 일으켜 적응했으며, 일부 고립되었던 개체가 다른 환경에서 다른 번식률을 보였다는 것이다.

잠깐, 이런 설명이 진화론처럼 들리기 시작한다. 노아의 방주 이야기를 글자 그대로 해석하길 원하는 사람들은 진화를 통한 종형성(種形成)을 거론할 뜻은 없었을 것이다. 그러나 이 문제에 대해서는 걱정하지 않아도 된다. 왜냐하면 6000년 아니 심지어 20만 년도 모든 종류의 동물 두 마리가 지금과 같은 수준으로 종의 다양성을 이루기에는 충분하지 않은 세월이기 때문이다. 종형성이 일어나지 못했을 수도 있다.

사람도 잊지 않도록 하자. 노아의 가족 8명이 지난 5000년 동안의 모든 위대한 문명을 다 일으켰다는 뜻이다. 이에 대해 생각해보자. 바빌론인, 이집트인, 그리스인, 로마인, 아즈텍족, 마야족 등이 특정한 곳에 있었던 한 가족에서부터 2000년도 안 되는 시간 동안 나왔단 말인가? 세계의 신뢰할 만한 전문적 유전학자와 고고학자, 역사학자, 인류학자들은 말한다. 불가능한 일이라고.

또 노아의 방주가 발견됐어!

빅풋과 아틀란티스의 경우와 마찬가지로, 사람들은 노아의 방주를 계속 발견하고 있다. 그러나 방주가 실제로 발견된 적은 한 번도 없었다. 방주가 발견되었다는 기사가 일 년이 멀다 하고 나온다. 그러나 이 보도들 뒤에 중대한 발견의 결과물이 세상에 실제로 공개된 적은 아직 없다. 선언과 확증 사이에 언제나 무슨 일인가가 벌어진다. 방주 역시 대중문화가 끊임없이 추구하면서도 결코 손에 넣지 못하고 있는 또 다른 성배(聖杯)인 것 같다. 나는 어릴 적에 노아의 배가 발견됐다는 이야기를 들은 기억이 있다. 그 이후로도 줄곧 그 이야기를 듣거나 읽었다.

방주가 거듭 발견되면서도 공개된 적이 한 번도 없는 이유는 이런 주장을 하는 사람들이 고고학자들이 아니고 단지 종교적 믿음에 자극을 받는 사람들이고 따라서 과학적 절차를 제대로 밟지 않기 때문이다. 그 결과 방주를 찾으려는 마음이 간절한 사람들의 마음에선 산꼭대기의 나무 한 조각이 곧잘 방주가 된다. 불행히도 많은 사람들이 무책임한 보도로 오해가 쌓이면서 노아의 방주가 발견되었다는 믿음을 굳히게 되었다. 나는 방주가 발견된 해까지 구체적으로 밝히면서 그 이야기가 확증되었다고 말하는 기독교인들을 많이 만났다. 이런 터무니없는 견해에 대한 대응은 간단히 이런 질문들을 던지는 것이다. 누가 방주를 발견했어요? 어디서 발견되었어요? 그 방주가 진열되거나 전시되고 있는 곳은 어딘가요?

이런 경우에 대체로 듣게 되는 대답은 사람들이 터키의 아라라트 산에서 발견했다는 것이다. 그러나 정말로 그것을 발견했다면,

우리가 그 사람들의 이름을 알아야 하지 않을까? 고고학자 하워드 카터(Howard Carter)는 1922년에 투트 왕의 무덤을 발견했으며 그 발견으로 지금 꽤 널리 알려져 있다. 인디애나 존스는 현실에 존재하지 않는 고고학자인데도 모두가 이 이름을 알고 있다. 만일 지구의 역사에서 가장 중요한 사건의 하나일 뿐만 아니라 성경 이야기 중 하나인 노아의 방주가 발견되어 과학적 검증을 거쳤다면, 우리는 방주를 발견한 팀을 이끈 사람의 이름 정도는 알고 있어야 하지 않을까?

노아의 방주가 지닌 진정한 의미

노아와 그의 방주가 존재했는지의 여부를 떠나서, 이 이야기는 몇 가지 질문을 던지게 만드는 무시무시한 죽음의 이야기로 들린다. 실제의 이야기인지는 논외로 하고, 이 이야기가 그렇게 널리 읽히고 있는 이유는 무엇인가? 대홍수를 유쾌한 분위기로 그린 어린이 책이 많은 이유는 무엇이며, 만화 속의 동물 중에서 미소를 짓고 있는 동물도 있고 노아가 방주의 갑판에 앉아서 지구의 대량살해에서 탈출하는 것이 아니라 유람을 떠나는 것 같은 모습으로 그려지는 이유는 무엇인가? 불편한 감정을 일으키는 이 이야기가 주일학교 커리큘럼의 주요 과목으로 꼽히는 이유는 무엇인가? 나는 많은 기독교인들이 이 이야기를 인간에 대한 하나님의 사랑을 증명하는 것으로 본다는 사실을 알고 있다. 그럴 수도 있겠다. 하나님은 8명의 인간을 더 죽이고 생명을 완전히 멸종시킬 수도 있었다.

그런데도 그렇게 하지 않았다. 하나님은 인간에게 또 다른 기회를 주었다. 멋진 견해인 것 같다. 그러나 '창세기'에 따라 하나님이 실제로 한 것이 무엇인지를 보도록 하자.

그는 폭우를 쏟아서 이 땅에 홍수를 일으켰다. 마른 땅은 어디에도 없었다. 그는 "모든 종류 중에서" 운이 좋았던 "두 마리"와 노아의 가족을 제외하고 모든 육상 생명을 물에 빠뜨렸다. 물에 빠뜨리는 것은 멋진 방법이 아니다. 원치 않는데 물을 들이키는 것은 무섭고 고통스럽다. 미국 중앙정보국(CIA)의 경우 테러 용의자들을 물로 고문한다. 이유는 물에 빠뜨리는 것이 참을 수 없는 두려움과 공포, 고통을 불러일으키는 데 가장 효과적이기 때문이다. 딱 한 가족을 제외하고 땅 위의 모든 존재들이 머리를 물 밖으로 내밀려고 결사적으로 버둥거리다 결국에는 지쳐 가라앉는 모습을 한번 상상해보라. 그 존재들이 물속으로 가라앉으며 폐에 물이 찰 때까지 내질렀을 그 절망의 외침을 한번 상상해보라. 많은 사람들이 나무 조각에 매달려 며칠을 떠돌다가 탈수증이나 저체온증으로 죽어갔을 것이다. 물론 당시의 인구가 적었다 하더라도 아주 많은 사람들이 어느 한 순간에 무시무시한 죽음을 맞았을 것이다.

모든 어른들이 사악하고 불복종했기 때문에 하나님이 세상에 홍수를 일으킨 건 정당하다고 치자. 비록 전지전능한 하나님이 인간을 창조하기 전에 인간이 이미 그런 식으로 행동할 것을 잘 알고 있었다 하더라도, 성인들 모두가 그런 고통스런 죽음을 맞을 만했다고 가정하자. 그러나 아이들은 어떻게 되는가? 아기들은 무슨 나쁜 짓을 했는가? 땅 위의 모든 아이가 동시에 물에 빠져 죽는 모습을 상상해보라. 수천 구의 아이들 시신이 몇 날 몇 주일 동안 파도에 이리저리 떠다니는 모습을 한번 그려보라.

　그리고 동물들, 특히 인간들처럼 공포를 겪고 고통을 느끼는 동물들은 무슨 죄인가? 침팬지와 오랑우탄, 고릴라, 원숭이, 코끼리, 말, 개, 강아지, 고양이, 새끼 고양이, 토끼 등도 무시무시한 죽음을 맞았을 것이다. 왜? 동정심 많은 신이라면 이 고등동물들이 구제될 수 있도록 어딘가에 몇 개의 섬은 그냥 남겨둬야 하는 것 아닌가?

　회의론자들이 이 이야기를 실제로 일어난 긍정적 사건으로 전파하는 사람들에게 이런 의문에 대한 설명을 요구할 때, 회의론자들은 적대적인 마음을 품고 있지 않다. 회의론자들은 단지 이 이야기를 이해하지 못하고 있을 뿐이다. 2004년 인도양에서 일어난 쓰나미와 2011년 일본을 강타한 쓰나미를 기억하는가? 그와 같은 수준의 공포와 파괴가 같은 날 지구 전체에서 일어난다고 한번 상상해보라. 인간의 행실과 숭배 태도가 어떠했든, 오직 한 가족만을 제외하고 왜 모든 사람들이 공정하고 사랑하는 존재로 묘사되는 신에 의해 그런 잔인한 종말을 맞아야 하는지 그 이유를 이해하기가 어렵다.

38

신 앞에서 왜 출생지가 중요한가?

만일 내가 기독교 신자라면, 그 종교가 진실한지를 두고 품었을 가장 큰 의문은 사람들의 출생지가 왜 그렇게 중요한가 하는 것이다. 만일 성경이 정확하고 예수 그리스도가 정말로 천국으로 가는 유일한 길이라면, 전체 체계 자체가 아주 불공평해 보인다. 예를 들어 사우스캐롤라이나 주의 작은 마을에 있는 기독교 가정에 태어난 아기는 예멘이나 뭄바이의 이슬람교 혹은 힌두교 가정에서 태어난 아기보다 훨씬 더 많은 혜택을 누리게 될 것이다. 만일 신과 종교의 선택에 따라서 사후의 영원한 운명이 결정된다면, 모든 사람이 똑같이 신과 종교에 접근할 기회를 누리지 못하는 이유는 무엇인가?

세계 각지의 사람들은 오늘날 과거 어느 때보다 기독교에 대해 잘 알고 있다. 그러나 기독교인들이 극히 적거나 전무한 사회에 사는 사람들의 다수가 기독교를 알 수 있는 기회는 얼마나 적은가? 외국의 낯선 종교를 믿기 위해 가족과 사회 분위기를 거스르는 것은 또 얼마나 어려운 일인가? 이런 사람들에게 기독교를 믿는다는 것은 정서적 힘과 결단의 문제만은 아닐 것이다. 다른 종교를 강요하는 가족과 사회 분위기 때문에, 기독교인이 된다는 생각 자체를 품어보지 못했을 가능성이 크다. 비기독교 사회의 사람들은 자신들이 이미 바른 선택을 했다고 느끼기 때문에 기독교인이 되어야 할 충동을 전혀 느끼지 못한다.

새로운 기독교인들의 숫자가 중국 같은 일부 지역에서 늘어나고 있다. 그러나 기독교를 믿게 되는 가장 쉬운 길은 여전히 기독교인이 대부분인 사회의 기독교 가정에서 태어나는 것이다. 그러니 기독교인들은 이런 상황을 걱정해야 한다. 기독교가 더 많은 사람들을 끌어들이지 못하는 이유는 무엇인가? 기독교가 신자 확충을 위해 어린이를 대상으로 한 노출, 영향, 가르침, 주입, 코칭, 전도(아무것이나 선택하라)에 지나치게 의존하는 이유는 무엇인가?

기독교인의 절대 다수가 예수 그리스도와 천국에 관한 꿈과 지옥에 대한 두려움을 아주 어릴 때부터 들어온 사람들이라는 점을 고려한다면, 기독교가 세계에서 신자를 가장 많이 거느린 종교라는 사실은 아무런 의미가 없다. 만일 모든 아이들에게 가장 인기 있는 종교 10개 내지 15개를 편향된 의식 없이 가르친다면, 오늘날 종교적 풍경은 어떻게 될 것 같은가? 한 세대나 두 세대 뒤에 각 종교의 신자 수가 어떤 식으로 변할 것 같은가? 미국 어린이들 중에서 불교도나 이슬람교도가 될 사람들은 얼마나 될까? 기독교가 여전히 1위를 지킬 것이다. 기독교에는 보편적으로 호소력을 발휘하는 요소들이 있다. 그러나 종교가 부모에게서 자식에게로 직접 넘어가는 행태는 그런 시나리오에서는 살아남지 못할 확률이 매우 높다.

이슬람교가 21세기에는 신자 수가 가장 많은 종교로 기독교를 추월할 수도 있다. 이런 일이 일어나더라도, 이슬람교가 기독교보다 더 합리적이거나 증거가 많아서, 혹은 논리적이라서 그런 것은 절대 아니다. 개종(改宗)도 한 가지 요소이지만 현재 이슬람교가 상승세를 보이는 주요한 이유는 인구 통계 즉, 출생률 때문이다. 여기서 사려 깊은 기독교인들은 자신들이 어린 시절에 노출돼 권유받았던 신앙체계를 지금도 고수하고 있다는 사실을 생각해보아야 한다. 사우스캐롤라이나 주에서 태어난 아기는 어쨌든 기독교 신자가 될 확률이 아주 높다. 이 아기가 파키스탄의 농촌 지역에 태어났더라도 이론적으로는 기독교인이 될 수 있겠지만, 실제로 그렇게 될지는 심히 의문스럽다.

기독교인들에게 나는 조심스럽게 이런 질문을 던지고 싶다. 왜 가격을 비교하면서 쇼핑하는 게 불가능한가? 모하메드의 말을 제대로 듣지 않은 상태에서 예수 그리스도가 옳거나 최선의 답이라는 확신을 어떻게 품을 수 있는가? 코란을 전혀 읽어보지 않은 상태에서 성경이 가장 중요한 진리들을 담고 있는 최고의 책이라고 어떻게 믿을 수 있는가? 고대 그리스인과 로마인들도 수천 년 전에 자신의 신들이 기도에 응답했다고 말했고 지금의 힌두교 신자들도 자신의 신에 대해 그런 식으로 말하고 있는 때에, 예수 그리스도가 당신의 기도에 응답했기 때문에 진짜 신이라는 주장이 무엇을 의미하는가?

다수의 연구 보고서들은 대부분의 미국 기독교인들이 자신의 종교뿐만 아니라 다른 종교에 대해서도 대체로 무지하다는 사실을 폭로했다. 그렇다고 해서 미국 기독교인들이 부끄러워할 필요까진 없다. 오늘날 종교적 무지는 세계적인 현상이며 동시에 공포 불신 증오의 원천으로 여겨지고 있다. 만약 세계의 기독교인들이 현존하는 종교 몇 개와 사라진 종교 몇 개를 어느 정도 이해한다면, 기독교인들은 세계 역사와 현재의 문제, 그리고 이 땅에 함께 어울려 살고 있는 인간에 대해 조금 더 잘 알게 될 것이다.

종교적 무지는 공포와 증오의 원천

많은 기독교인들을 접하면서 관찰한 바에 따르면 타종교에 대한 그들의 호기심은 놀라울 정도로 작았다. 어떤 사람이 우주 안에 초자연적 차원이 있고 초자연적 존재가 하나 이상 진짜로 있다는 확신을 품고 있다면, 지구인의 대다수가 그 문제에 대해 어떤 식으로 말하는지 알려고 하지 않는 이유는 무엇인가? 당신의 종교가 무엇이든, 이 세상의 대다수는 다른 것을 믿고 있다는 사실을 기억하라. 기독교를 포함한 어떠한 종교도 수많은 사람에게 진짜라는 것을 확신시키지 못했다.

이런 사실이 일부 기독교인에게는 언짢게 여겨질 것이지만 이 사실에 귀를 기울일 필요가 있다고 생각한다. 당신이 당신을 위해서라면 무엇이든 해주려는 유복한 가정에 태어났다고 가정해보자. 가족의 보살핌과 보호와 사랑을 무조건적으로 받을 것이다. 그런데 가족들은 모두 시크교도다. 당신의 가족은 기억할 수 없을 만큼 오랫동안 시크교를 믿어왔다. 당신도 태어나자마자 시크교도로 키워진다. 겨우 걸음마를 시작할 때부터 당신은 영광의 이야기를 듣고, 기도하고 숭배하는 법과 옷 입는 방법을 배웠다. 당신에겐 주일학교 같은 것은 없었다. 이런 경우 기독교가 시크교의 주입이 이뤄지고 있는 그 성채(城砦)를 뚫고 들어갈 가능성이 있을까? 그럴 수도 있겠지만 실제로 일어날 가능성은 거의 없을 것이다.

　방송에서 종종 과학과 회의론에 대해 인터뷰를 할 때면, 호스트나 전화를 걸어온 청취자가 예수 그리스도나 신에 대해 묻는다. 내가 서구에 산다는 문화적 위치 때문에, 사람들은 언제나 신에 대해 묻지 신들에 대해 묻지 않는다. 언제나 예수 그리스도에 대해 묻지 모하메드나 부처에 대해 묻는 사람은 없다. 이에 대해 대답을 하기 전에 세계 인구의 반이 유대교/기독교/이슬람교 신을 믿지 않고 있으며 세계의 3분의 2가 예수 그리스도가 신이라고 확신하지 못하고 있다는 사실을 어떤 식으로든 전하려고 노력한다. 이 같은 기본적인 사실들 때문에 대화가 엉망이 되는 경우가 간혹 있다. 만일 그 문제에 끼어들 기회가 추가로 나에게 주어진다면, 만일 내가 사우디아라비아나 파키스탄의 TV나 라디오 쇼에 출연하게 된다면 예수 그리스도는 전혀 언급되지 않을 것이지만 알라와 코란은 확실히 논의될 것이라는 점을 덧붙인다.

　종교의 문제에 관한 한, 문화가 지배하는 것이 분명하다. 열린 마음으로 세계를 여행하는 사람은 이 같은 사실을 놓칠 수 없다. 거꾸로 종교에 회의적인 사람은 가족이나 문화적 위치를 불문하고 종교에 회의적이다. 비판적 사고의 기본적인 기술을 고수하는 사람이거나, 특별하고 중요한 주장이 제기될 때 증거를 요구하는 사람은 어떤 사회든 어떤 시대든 그 자세를 바꾸지 않는다. 회의론은 언제 어디서나 훌륭한 사고다. 회의론이 아주 강력하고 아주 소중한 이유는 바로 그 점에 있다.

39

왜 기독교와 과학은 자주 갈등하는가?

여러 세기에 걸쳐 과학과 기독교 사이에 이상한 전쟁이 벌어졌다. 과학의 발견들이 신앙의 기초를 흔들어놓을 때, 사람들은 이 갈등의 전선에서 육체적으로 고통을 받고 심지어 죽기도 했다. 그 대가가 인간의 목숨이 아니고 전체 인류의 진보일 때도 간혹 있다. 그렇다면 이 같은 갈등이 일어나야 하는 이유는 무엇인가? 정확히 전사들은 누구이며 그들이 성취하고자 하는 것은 무엇인가? 기독교와 과학은 영원히 충돌해야 하는가, 아니면 기독교와 종교가 같은 우주 안에서 평화롭게 공존할 수 있는 길은 있는가?

물론 평화는 가능하다. 우리는 그 증거를 보고 있다. 과학을 끌어안은 수백만 명의 기독교인들이 있다. 존경 받는 많은 과학자들 중에는 기독교인이 있다. 이들은 종교와 과학 사이에서 둘 중 하나를 선택하게 만드는 차이를 발견하지 않은 것 같다. 모든 기독교인에게 갈등은 피할 수 없는 게 아니다.

과학은 종교나 신에 반대하지도 않고 무신론을 옹호하지도 않는다. 과학은 거짓 주장에 반대하고 착각에 반대하고 현실을 옹호한다. 만일 어떤 종교가 스스로 증명하지 못하는 자연에 관한 무엇인가를 아는 척 하지 않는다면, 그리고 종교가 안다고 주장하는 것이 증거에 근거한 결론과 충돌을 빚지 않는다면, 과학은 아무런 문제를 제기하지 않는다.

그러나 종교가 지나치게 멀리 나가는 경우가 자주 있다. 종교를 가진 사람들은 자신들이 증명하지 못할 특별한 것들을 주장한다. 그러면서도 증거와 검증을 통해 나온 과학적 결론을 부정한다. 기독교의 많은 종파들은 과학을 믿을 만한 발견의 방법이자 늘 변화하는 지식의 총체로 받아들이는 것을 공개적으로 금지하지 않는다. 그러나 불행하게도 그 외의 기독교 종파들은 과학을 발견의 방법으로 인정하지 않는다. 기독교의 일부 종파들이 과학과의 전쟁을 선택하기 때문에, 기독교와 과학 사이에 심각한 문제들이 존재한다. 그런 기독교인들은 신앙이 과학에 근거한 이성을 물리칠 수 있고 또 물리쳐야 한다고 생각한다. 또 믿음이 회의보다 훨씬 더 낫다고 생각한다.

일부 종교 신자들이 과학을 대하는 태도는 기본적으로 이렇다. "회의는 건전하고 모든 것에 의문을 품어야 한다"는 과학의 기본적인 인식은 현실과 환상을 구분하는 최선의 길이 아니라 종교에 대한 공격이라는 식이다. 그러기에 21세기인 지금에도 신앙과 사실, 믿음과 지식 사이에 교전이 벌어지고 있다. 이 충돌은 사소하기는커녕 세계에 엄청난 피해를 입힌다. 우리 모두가 그 충돌로 힘들어 하고 있다.

모든 인류가 종교와 과학의 갈등 때문에 치르는 대가를 생각할 때, 흔히 기도의 효과가 의학보다 낫다는 이유로 병든 자식을 위한 의료 행위를 거부하는 부모들을 떠올린다. 이런 예만 있는 것이 아니다. 자신의 지역구 주민뿐만 아니라 자신의 신들에게도 봉사해야 한다고 생각하는 정치인들과 여러 지도자들이 낭비하는 에너지와 시간은 아주 큰 대가다. 그러나 가장 큰 대가는 건설적인 꿈과 생각을 상실하는 것이다. 이 꿈과 생각이 우리 세상을 보다 나은 세상으로 변화시킬 수 있는데도 말이다.

우리가 입증되지 않은 종교적 주장 때문에 현실과 도전으로부터 이탈하게 될 때마다, 인간의 지적 보물 일부가 헛되이 쓰이게 된다. 우리는 매순간 의식하지 못하는 가운데서도 아이디어들을 잃고 있다. 기독교나 다른 종교가 과학과 과학적 사고를 방해할 때, 우리 모두 패자가 된다.

앞의 어느 장에서 나는 마드라사를 방문한 경험을 적었다. 거기서 나는 어린 소년들이 코란의 구절을 외우고 암송하는 것을 보았다. 나를 슬프게 만든 장면이었다. 나의 눈앞에서 건강한 정신들이 상실되고 있거나 적어도 병들고 있다는 느낌이 들었기 때문이다. 그 순진무구한 소년들은 종교에 의해 일종의 정신적 죽음이라는 저주를 받고 평생 동안 신앙에 충실한 좀비로 살아갈 것이라는 느낌이 들었다.

과학과 종교의 전쟁이 낳는 대가

아마 그들 중 일부는 자유를 얻을 기회와 힘을 발견할 수도 있을 것이다. 그러나 그럴 수 있는 아이들이 과연 몇 명이나 되겠는가? 이것이야말로 과학과 종교의 전쟁에 따르는 대가다. 종교가 완승을 거둘 때, 아이들을 잃을 것이고 인간성도 큰 타격을 입을 것이다. 우주에 대해 배우고 새로운 방식으로 대담하게 생각하도록 격려를 받아야 할 소년들이 신의 이름으로 로봇이 되었다. 이런 말이 일부 사람에게 거칠게 들릴 수 있다는 것을 안다. 그러나 그 장면이 나를 괴롭히고 있다. 이런 식으로 아이들을 희생시키는 것은 아이들에게도 나쁠 뿐만 아니라 세계에도 나쁘다.

언젠가 기독교 학교를 방문한 적이 있다. 그 학교의 목적은 비판적인 생각은 절대 하지 않고, 세상을 보다 나은 곳으로 바꿔놓을 생각도 절대 하지 않을 졸업생을 배출하는 것처럼 보였다. 기독교 학교는 마드라사만큼 기계적이거나 비인간적인 것처럼 보이지는 않았다. 그럼에도, 이 학교는 그들의 목표에 대해 부끄러워하지 않았다. 벽의 포스터에서부터 교과서와 학생들의 거듭되는 기도까지, 기독교 학교의 커리큘럼을 보면 하나님이 최우선이고 다른 것들은 하나님보다 한참 밑이었다. 그렇다고 내가 독실한 기독교인이나 이슬람교 신자 중에 독창적 사고를 하거나 세상을 긍정적으로 변화시키고 있는 사람이 전혀 없다는 것은 아니다. 물론 많은 기독교인과 이슬람교 신자들이 역사 내내 그런 변화를 추구했다. 나는 단지 최악의 마드라사와 성경 학교에 의해 현실로부터 유리되어 있는 사람들에 대해 말하고 있을 뿐이다. 이런 곳에서 교육받은 사람들은 이후에 깨달음을 얻을 가능성이 거의 없다.

당장 내일부터 이슬람교나 기독교, 유대교의 성인들이 아이들에게 독립적으로 자유롭게 사고할 권리를 돌려준다고 상상해보라.

세상의 모든 아이들이 아마추어 과학자처럼 생각하는 방법을 배운다면? 그리고 아이들에게 수학과 과학, 문학을 가르치고, 자신이 원하는 것이면 무엇이든 꿈을 꾸라고 격려하고, 자신과 타인을 해치지 않는 이상 전통의 길에서 벗어나도 두려움을 가질 필요가 없다고 응원한다면?

물론 일부 종교적인 사람들은 아이들이 성경이나 코란의 가르침을 받지 않고, 신에 대한 믿음을 갖지 않을 경우에 부도덕하게 되고 파괴적인 행동을 보일 것이라고 경고할 것이다. 그러나 우리는 그보다 더 많은 것을 알고 있다. 왜냐하면 세속적인 가족생활과 교육을 받는 아이들도 아무런 문제가 없다는 사실을 확인하고 싶다면 스웨덴과 덴마크 같이 무신론자의 비율이 특별히 높은 국가들을 보아도 충분하기 때문이다. 어른들이 그런 식으로 아이들을 놓아주면, 과연 어떤 일이 벌어질까? 그 결과를 확실히 알 수 있는 사람은 아무도 없지만, 나는 자유로운 사고와 과학을 접한 젊은이들이 20년 안에 우리의 가장 큰 문제들을 해결하는 쪽으로 더 가까이 다가서지 않을까 생각한다.

나는 아이들에게 과학을 가르쳐보았다. 아이들의 얼굴과 눈에서 확인한 그 즐거움과 흥분은 아이들이 배우길 원한다는 걸 알려주었다. 아이들은 알기를 원한다. 아이들이 어른들이 말하는 진리를 주입받기를 원한다고 생각하지 않는다. 분명 아이들에겐 안전이 필요하다. 그러나 아이들은 진리를 스스로 발견하길 원한다. 아이들은 가능한 한 자신의 힘으로 현실을 탐험하길 원한다. 아이들은 어른들이 허락만 하면 스스로 생각할 수 있다.

그러나 전 세계 수억 명의 아이들이 독립적으로 사고하며 자신의 정신을 개발할 기회를 누리지 못하고 있다. 그런 조건에서는 아이들의 잠재력이 개발되지 못한다. 이것이 우리가 과학과 종교의 충돌 때문에 치르는 대가다. 이것이 진화나 줄기세포 연구에 대한 지원, 아니면 지구의 나이를 둘러싼 논쟁보다 훨씬 더 중요하다. 이런 것들은 진짜 문제의 징후에 지나지 않는다.

과학을 받아들일 때 오는 변화

가까운 시일 안에 휴전을 기대하기는 어려울 것이다. 그러나 나는 사람들에게 과학이 무엇인지를 가르치는 것만으로도 이 슬픈 전쟁의 지적 희생을 줄일 것이라고 낙관한다. 매우 많은 기독교인들이 과학이 신을 반대하고 거만하다며 적으로 간주한다. 그 이유보다 더 터무니없는 것은 없다. 모든 과학자가 세상에는 대답보다 물음이 더 많고, 과학의 어떠한 것도 돌에 새겨졌거나 지워지지 않는 잉크로 쓰이지 않았다는 점을 자유롭게 인정할 때, 과학은 절대로 거만하다는 비난을 듣지 않을 것이다. 과학도 결국은 실패를 인정하고 그 실패 위에서 이뤄지는 인간 활동의 한 분야다. 기존의 결론이 잘못되었음을 보여주는 더 훌륭한 증거가 과학에서는 피해야 할 재앙으로 여겨지지 않는다. 과학에서 더 훌륭한 증거는 보다 훌륭한 대답에 더 가까이 다가갈 기회다. 과학에서 실수와 근본적인 수정은 용인될 뿐 아니라 환영받는다.

신에 반대한다는 비난에 대해 말해보자. 과학에는 신과 종교에 관한 특별한 의제가 하나도 없다. 과학은 하나의 도구며 과정이다.

과학은 우리가 진리에 닿고 정확한 대답을 발견하는 최고 방법이다. 실수와 거짓말과 난센스를 가려내는 데 과학적 방법보다 더 나은 것은 없다. 이런 자세가 어떻게 신에 대한 반대로 여겨질 수 있는가?

만일 예수 그리스도가 진짜 신이라면, 과학은 정의상 진실한 것을 가려내는 분야이기 때문에 예수 그리스도에 반대하는 입장을 취하지 못한다. 제대로 된 과학은 현실을 드러내고 신비를 밝히는 일 외에는 그 어떤 것도 하지 않는다. 정말로 과학자들이 기독교 신을 뒷받침할 멋진 증거를 발견한다면, 그들은 신의 이론을 제시하고 다른 사람들이 검토할 수 있도록 연구 결과를 공개할 것이다. 이런 경우에 과학자들의 첫 번째 활동은 그 증거를 무시하거나 덮는 게 아니다. 절대 그럴 리가 없다. 오히려 과학자들은 과학이 이룬 위대한 성취에 흥분을 느낄 것이다. 과학자들은 즉시 명성과 부를 얻고 우주의 이해를 증진시킨 영웅으로 치켜세워질 것이다.

만일 기독교가 진리와 현실에 반대한다면, 과학은 기독교의 적으로 보일 수밖에 없을 것이다. 그러나 어떤 기독교 종파가 정확한 주장을 내놓는다면, 그 주장이 진실이고 진짜라면, 이 종파가 진리와 현실을 추구하게 되어 있는 과학과 갈등을 빚을 이유가 있을까? 이 종파의 추종자들은 과학이 지금까지 기독교의 기적과 대홍수, 천국, 지옥 또는 부활을 입증하지 못한 데 대해 낙담할 수는 있다. 그러나 이 추종자들이 과학적 증명의 부재를 과학의 공격으로 해석해서는 안 된다.

아마 일부 기독교인들이 불편을 느끼는 대상은 과학이 아닐 것이다. 기독교인을 괴롭히는 것은 그보다는 과학계의 검증이 이뤄지지 않는 것일 터이다. 어쨌든 극단적인 기독교 근본주의자들, 예를 들면 공립학교에서 현대 생물학을 가르치는 데 반대하는 활동가들도 예수 그리스도의 신성을 뒷받침할 증거가 과학 쪽에서 나왔다는 뉴스가 나온다면 극도로 흥분하지 않겠는가? 그러면 아마 기독교 근본주의자들은 그날 이후로 과학과 과학적 절차의 최대 팬이 될 것이다.

모든 기독교인들이 과학과 회의론이 자신들의 적이 아니라는 소식을 듣기를 희망한다. 과학과 회의론은 비합리적인 믿음과 전쟁을 벌일 수 있다. 그러나 우리의 세계관이 거짓말이나 실수나 착각에 의해 흐려져 있다면, 과학이 우리가 원하는 해결책이지 않을까? 어느 누구도 기만당하거나 틀리길 바라지 않는다. 그러므로 어느 누구도 기만과 잘못을 밝혀내는 일에 탁월한 과학적 작업을 부정할 수 없다. 만일 당신의 주장이 진실하다면, 과학은 그것을 폐기하지 않을 것이다. 과학을 상대로 전쟁을 벌이는 사람은 자신이 맞서 싸우는 것이 정확히 무엇인지 물어야 한다. 진리와 현실에 반대하지 않는 사람들은 누구나 과학을 적이 아니라 동맹으로 의지할 수 있다.

40

왜 사람들은 지옥으로 가는가?

누구든지 생명의 책에 기록되지 못한 자는 불의 못에 던져지더라.
-'요한계시록' 20장 15절

믿고 세례를 받은 사람은 구원을 받을 것이지만, 믿지 않는 사람은
저주를 받을 것이다. -'마가복음' 16장 16절

기독교의 믿음 중에서 지옥이라 불리는 곳에 대한 믿음만큼 매
력적인 것도 드물다. 영원히 복락을 누리는 천국조차도 100경년이
지나면 다소 따분해 보일 것 같다. 그러나 지옥은 섬뜩한 악마들과
끝없는 고통으로 거주자들을 끊임없이 자극한다. 지옥에는 지루할
날이 하루도 없을 것이다.

20억 명에 달하는 기독교인들은 지옥이 무엇인지, 어디에 있는
지, 어떻게 하면 지옥에 가는지 아니면 지옥이 존재하는지 의견 일
치를 이루지 못하고 있다. 그러나 무슨 수를 써서라도 피해야 할

곳이 어딘가에 있다고 믿고 있다. 2009년에 실시한 해리스 여론조사에 따르면, 미국 성인의 61%가 지옥을 믿고 있다. 천국을 믿는 미국 성인의 비율보다 14% 낮은 수치지만 그래도 절반이 넘는다.

지옥에 가지 않을 유일한 방법은 "죄를 뉘우치고 예수 그리스도를 받아들이는 것"이라고 기독교인들은 말한다. 아주 간단해 보인다. 그러나 무엇인가를 믿기 위해선 먼저 그 이유부터 묻는 회의론자에게는 그 말도 하나의 도전이 된다. 만일 누군가가 이슬람교와 힌두교, 시크교나 다른 종교에 대한 믿음을 장려하는 문화권의 비기독교 가정에서 성장했다면, 이 사람에게도 이 말은 대단히 어렵게 받아들여질 것이다. 그러나 예수 그리스도를 자신의 신으로 받아들이지 않으면, 누구나 예외 없이 불의 바다로 떨어진다.

일부 기독교인들은 예외가 있다고 말한다. 예를 들어 유대인들과 아주 일찍 죽은 아이들은 천국으로 갈 수도 있다. 또 지옥은 죽은 뒤에 하나님/예수 그리스도로부터 멀어지는 것을 의미하는 것에 지나지 않는다고 믿는 기독교인들도 있다. 이런 기독교인들에겐 불 감옥도 없고, 끝없는 고통도 없다.

나는 이처럼 서로 반대되는 관점들을 파고들면서 기독교인들에게 각자의 입장을 물었다. 대체적인 반응은 각자의 입장을 뒷받침할 성경 구절을 제시하는 것이었다. 어떤 기독교인들은 지옥이 성경에 나오기 때문에 진짜로 존재한다고 말하고 어떤 사람은 예수 그리스도가 매우 친절하기 때문에 그렇게 사악할 수 없다고 말한다. 최종적으로 보면 기독교인의 의견과 상충하는 성경 구절은 아무것도 해결하지 못한다. 오늘날 사람들이 선택할 수 있는 기독교 종파가 4만개를 넘는 이유가 여기에 있다.

지옥의 특징을 둘러싸고 기독교인들이 보이는 의견 불일치는 상당 부분 각자의 성격 때문이 아닌가 짐작할 따름이다. 거칠고 고집이 센 기독교인들은 지옥의 저주를 받은 자들의 고통과 외침에 대해 즐겨 말한다. 이런 기독교인들은 지옥이 사람들에게 겁을 주고, 그리하여 사랑과 용서라는 예수의 메시지에 관심을 쏟게 하는 효과적인 방법이라는 걸 알고 있다. 지옥을 믿는 또 다른 유형의 기독교인들은 지옥이 있다 하더라도 모두가 괜찮을 것이라고 말한다. 모든 길은 천국으로 통하며, 하나님이 곧 사랑이기 때문에 성경에 어떻게 기록되어 있든 아무도 고통의 지옥으로는 보내지 않을 것이라는 견해다. 최악의 경우라도 지옥은 천국으로 가기 전에 자기향상을 위해 집중훈련을 받는 집이라고 낙천적인 기독교인들은 말한다. 그 지옥은 일종의 중간휴식이다.

나는 양편 모두 잘못이라고 생각하기 때문에 이 중에서 어느 쪽이 더 합리적인지 의견을 제시할 수 없다. 기독교의 지옥 개념에는 문제가 많다. 그러나 나에겐 특별히 한 가지가 두드러진다. 그 오랜 역사 속에서 어느 누구도 지옥의 존재를 뒷받침할 증거를 제시하지 못했다는 사실이다. 절대로 없었다.

지옥에 갔다가 돌아온 사람들

아무것도 입증하지 못하는 성경의 구절을 근거로 삼는 간접적인 주장 외에, 죽어서 지옥에 갔다가 돌아왔다고 주장하는 사람들의 목격담이 있다. 죽어서 천국을 방문한 사람의 이야기만큼 많지는 않지만, 지옥 이야기도 있다. 부동산 중개사에서 복음주의자로 변한 캘리포니아 남부의 빌 와이즈(Bill Wiese)는 훌륭한 목격담을 전한다. 2006년에 발표한 책 『지옥에서의 23분』(23 Minutes in Hell)에서, 그는 불의 연못에 갔다 왔던 짧은 여정을 소상하게 묘사하고 있다. 1998년 11월 22일 밤에 잠을 자던 중 하나님/예수 그리스도가 갑자기 자신을 침대에서 낚아채어 지옥의 한가운데에 있는 불 감옥에 떨어뜨렸다고 와이즈는 말한다. 뱀과 인간의 몸을 한 거대한 악마 둘이 그를 맞았다. 그 중 하나가 와이즈를 벽에 내던져 그의 뼈를 부러뜨렸다. 그 사이에 다른 악마는 발톱으로 그의 살점을 조각조각 찢기 시작했다. 와이즈는 이렇게 말한다.

"나는 평소에 제대로 된 음식을 먹고 운동도 열심히 하며 몸매 관리에 신경을 많이 썼다. 그러나 나의 육체가 나의 눈앞에서 파괴되었기 때문에 그런 것들은 하나도 중요하지 않았다."

이 일이 벌어지고 있는 동안에 그는 "수백만"의 절규를 들을 수 있었다고 한다. 와이즈는 또한 폭이 1마일이나 되는 불구덩이를 보았으며 거기에는 고통당하는 사람들이 가득했다고 한다. 그의 주위에는 거미와 구더기, 벌레, 뱀이 우글거렸다. 공기는 부패하고 썩는 냄새로 진동했다. 와이즈에게는 다행스럽게도, 그때 예수 그리스도가 개입하여 그를 그의 침실로 다시 보냈다. 침실에서 그의 아내가 침대 옆 바닥에서 울고 있던 그를 발견했다. 그 후로 와이즈는 사람들에게 지옥이 진짜 존재하며 지옥에 가지 않을 유일한 방법은 예수 그리스도밖에 없다는 것을 전파하는 일에 전념했다.

이 같은 알맹이 없는 이야기들이 많은 기독교인들에게 호소력 있다는 사실이 정말 신기했다. 와이즈의 책은 뉴욕타임스 베스트셀러가 되었으며, 그는 유명한 기독교 TV 쇼에 초대받았다. 만일 기독교인들이 이미 지옥을 강력하게 믿고 있다면, 지옥에 관한 입증되지 않은 터무니없는 이야기도 합리적으로 들릴 수 있을 것이라고 나는 짐작한다. 그러나 와이즈의 이야기와 비슷한 이야기들의 문제는 다른 사람들뿐만 아니라 기독교인에게도 명백히 보여야만 한다. 거기에는 증거 비슷한 것조차도 없다.

특별한 주장에 관한 것은, 아무리 훌륭한 이야기라도 그 이야기 자체만으로는 절대로 훌륭할 수 없다. 어떤 사람이 잠을 자다가 외계인에게 납치됐다거나 한밤중에 하피에게 학대당했다거나 아니면 지옥을 방문한 뒤에 침대 옆 마룻바닥에서 울다가 깨어났다고 말할 때, 적어도 약간의 회의(懷疑)는 있어야 한다.

불성실한 사람이 거짓말을 한다는 것을 우리는 안다. 정직한 사람도 정말 진짜 현실 같은 악몽을 꿀 수 있다는 것을 우리는 안다. 정신적으로 건강한 사람도 현실을 왜곡하는 환각을 느낄 수 있다. 와이즈의 이야기 뒤에는 이런 가능성이 있다고 보는 게 훨씬 더 그럴듯하지 않는가? 아마 그가 실제로 그날 밤에 23분 동안 지옥을 방문했을 수도 있을 것이다. 그러나 와이즈나 다른 누군가가 단순한 이야기 그 이상의 것을 제시할 수 있을 때까지, 합리적인 사람이라면 누구도 그런 주장을 사실로 받아들이지 않을 것이다.

어떤 지옥을 말하는 건가?

기독교인들은 두 번 생각할지 몰라도 무신론자들이 절대로 걱정하지 않는 게 한 가지 있다. 저주 받은 사람이 어느 지옥으로 가는 가 하는 것이다. 이것을 문제로 삼는 신자들은 거의 없다. 그러나 전 세계의 과거 혹은 현재의 신자들에 따르면, 지옥은 많다. 무신론 자의 영혼은 모든 지옥들을 여기저기 영원히 돌아다니게 되는 것 일까? 아니면 회의론자의 영혼은 똑같이 나눠져 수많은 지옥에서 골고루 고통 받게 되는가? 예를 들어 힌두교 신자는 이슬람교나 기 독교와 마찰을 빚는다. 그러면 그들은 어느 지옥에 가야 하는가? 기독교인들은 정말로 천국으로 가는가, 아니면 아들을 두지 않은 유일한 신을 숭배하지 않아서 이슬람의 지옥으로 가는가? 그리고 자신의 신앙을 꿋꿋이 지킨 독실한 이슬람교 신자는 예수 그리스 도를 믿지 않았다는 이유로 기독교의 지옥으로 가는가? 아니면 우 리 모두 문제가 있어서 고대 그리스 종교의 지하세계로 떨어져 하 데스(고대 그리스신화에서 죽음을 관장하고 지하세계를 다스리는 신/옮긴 이)의 고문을 당하게 되는가?

이런 물음에 오직 하나의 지옥(당연히 기독교의 지옥이다)밖에 없다 고 대답하는 기독교인들은 지옥이 하나밖에 없는 것에 대해 설명 할 필요가 있다. 어쨌든 다른 지옥에 대한 증거도 기독교의 지옥에 대한 증거보다 더 낫지도 더 못하지도 않다. 비기독교 지옥에 대한 이야기도 꽤 훌륭하다.

현재 기독교의 지옥에 대한 믿음이 인기를 누리고 있는 것은 아 무것도 의미하지 않는다. 왜냐하면 역사를 통틀어서 보면 더 많은 사람들이 기독교 지옥보다 비기독교 지옥을 믿었기 때문이다. 그 렇기 때문에 만일 비기독교인 혹은 정도(正道)를 벗어난 기독교인 이 지옥을 두려워해야 한다는 경고의 소리를 듣는다면, 이에 대한 적절한 반응은 "어느 지옥?"이라든가 "왜 하나의 지옥만을 두려워해?"일 것이다. 나는 나에게 불 연못을 경고하는 기독교인들에게 그들이 갈 다른 지옥이나 걱정하라고 종종 대답한다.

그 사랑은 어디에 있나?

하나님/예수 그리스도는 용서하고, 기독교는 사랑의 종교라는 사상이 대부분의 기독교인들에게는 매우 중요하다. 그러나 지옥의 개념은 이 같은 주장들과 배치되는 것 같다. 하나님/예수 그리스도가 왜 그런 곳을 창조 또는 존재하도록 하고, 이 땅의 사람들 대다수가 영원히 그곳에서 고통 받도록 하는 이유는 무엇인가? 만일 예수 그리스도가 천국에 가는 유일한 길이라면, 그리고 천국에 가지 못하는 자는 지옥으로 가야 한다면, 친절한 많은 사람들이 지금 지옥에 있음에 틀림없다. 간디도 지옥에 있고, 아인슈타인도 지옥에 있다. 마크 트웨인도 불운하긴 마찬가지다.

반면에 평생을 살인이나 강간, 강도짓으로 보냈더라도 "자신의 죄를 회개하고" 죽기 20초 전에 "예수 그리스도를 받아들이기만" 하면 누구든 지옥을 면할 수 있다. 그러나 나는 가톨릭 신자인 히틀러를 천국에 보내고 유대인인 안네 프랑크를 지옥에 보내는 식의 심판제도를 좋아하지 않는다.

지옥 개념을 옹호하는 전형적인 방식은 지옥을 피하고 안 피하고는 개인의 선택이라는 것이다. 난센스다. 주류 기독교 교리에 따르면, 나는 지옥으로 가서 영원히 불 속에서 헤엄을 치게 될 것이다.

그러나 나는 그 쪽을 선택하고 싶지 않다. 나는 단지 지옥이 진짜로 있다고 생각하지 않고 또 기독교의 초자연적인 주장들이 입증되었다고 믿지 않는다. 나는 어리석지 않다. 만일 내가 지옥이 진짜 있다고 한 순간이라도 생각했다면, 아마 그걸 피하려고 최대한 애를 쓸 것이다. 그 외침이나 이빨 가는 소리는 절대로 듣고 싶지 않다. 그런데도 많은 기독교인들은 지옥에 갈 운명인 비신자들이 거만하거나 무례하므로 지옥에 가는 것은 당연하다는 식으로 말한다.

그러나 나를 포함한 많은 회의론자들은 걸 스카우트나 KKK단에 가입하는 것을 거부하는 것과 같은 방식으로 예수 그리스도와 지옥의 존재를 부정하지는 않는다. 예를 들어 나는 KKK가 존재한다고 믿지만 그것이 나에게 바람직하다고 느끼지 않는다. 그렇기 때문에 나는 KKK에 가입하길 원하지 않는다. KKK에 대한 관점은 기독교에 대한 관점과는 크게 다르다. 기독교의 중요한 주장들은 내가 만족할 만큼 입증되지 않았다. 그래서 나는 솔직히 "나의 생명을 예수 그리스도에게 넘기지" 못한다. 내가 그렇게 하고자 해도 예수 그리스도가 존재한다는 확신을 품지 못하기 때문에 그렇게 할 수 없다.

하나님/예수 그리스도가 회의적이거나 현실에 보다 충실하려는 사람들을 엄격히 처벌하는 신앙체계를 만든 이유는 무엇일까? 그리고 그 같은 처벌이 그 죄에 적절한가? 영원은 고문을 당하기에는 너무 긴 시간이다. 이 땅의 보다 속된 사법제도도 그보다 훨씬 더 동정적이다. 결함 있고 부패한 인간들이 자비를 보여줄 수 있는데, 예수 그리스도가 사면을 해주지 않거나 적어도 선한 행동을 감안하지 않는 이유는 무엇인가? 일부 기독교인들은 예수 그리스도가 그런 사면을 내린다고 말하지만, 지옥은 영원하다고 말하는 기독교인들이 훨씬 더 많다.

많은 아이들은 완벽한 천사들이다. 그렇지 않을 때만 빼고 말이다. 아이들을 처벌해야 하는 때는 매우 드물다. 나도 아이들이 좋아하는 장난감을 하루나 이틀 빼앗거나 자기 방으로 들어가 반성하라고 할 수 있다. 그러나 내가 아무리 분노하여 미쳐 날뛴다 하더라도, 아이들을 영원히 처벌한다는 생각은 절대로 할 수 없다. 아이들이 도저히 상상할 수 없는 대죄를 저질렀다 하더라도, 나는 아무리 길게 잡아도 한 20년이 흐르면 틀림없이 아이들을 용서하게 될 것이다. 나는 신도 아니고 불완전한 인간에 지나지 않는다. 그러나 나는 아이들을 영원히 처벌할 만큼 잔인한 나를 절대로 상상하지 못한다. 그런데도 우리는 "하나님은 사랑"이라는 것을 믿고, 하나님이 자신의 자식들에게 사랑을 베푼다고 믿으라는 권유를 받는다. 그렇다면 예수 그리스도가 추종자들이 주장하는 것보다 훨씬 덜 사랑스럽거나 용서를 모르거나, 아니면 추종자들이 지옥이라 불리는 곳에 대해 오해하고 있거나 둘 중 하나이다.

무신론자들은 신뢰할 만한가?

어리석은 자는 마음속으로 말하기를 "하나님이 없다"고 한다. 그들
은 부패하고 행실은 사악하다. 그래서 그들 중엔 선을 행하는 자가
아무도 없다. -'시편' 14장 1절

"무신론자들이 문제야"라고 많은 기독교인들이 말한다. 기독교
인들에게 무신론자들은 이렇게 비친다. 예수 그리스도가 진짜 신
이라고 생각하지 않고 성경을 믿지도 않는다. 그렇다면 그들은 어
디서 도덕을 배울까? 무신론자들에게 도덕이 있기는 할까? 무신론
자들이 보다 높은 권력에 책임을 져야 한다고 생각하지 않는다면,
과연 무신론자들을 신뢰해도 되는 것일까? 무신론자의 마음에는
옳고 그른 것이 전혀 없다. 무신론자들은 자신이 하고 싶은 것이
있으면 무엇이든 할 수 있다. 그러면서 어떠한 행동이든 정당화하
고, 악행에 대해 변명을 늘어놓는다. 무신론자들에겐 무엇이든 무
의미하다. 이런 여러 가지 사실에 비춰볼 때, 기독교인들이 어떻게

그들을 동등한 사람으로 볼 수 있겠는가? 기독교인들이 어떻게 무신론자들을 온전히 끌어안으며 사회에 가담하도록 허용할 수 있겠는가? 무신론자들은 도저히 신뢰할 수 없는 존재다.

나는 25년 동안 목회자로 활동하다가 몇 년 전에 무신론자가 된 어느 복음주의 목사와 2009년 이후 교류해 오고 있다. 이 목사는 자신이 세속적인 일을 추구하면서 동시에 전문 설교자의 자리를 지키는 데 따르는 '위선과 인지부조화' 때문에 힘들어 한다고 말한다. 그를 따르는 신자들은 그의 믿음이 처한 상황에 대해 모르고 있다. 그는 나를 위해서 자신이 아는 대부분의 기독교인들이 무신론자에 대해 어떻게 생각하는지 설명해주었다.

"기독교인들은 무신론자들이 바보이며 최악의 적이라고 생각한다. 무신론자들은 사탄의 사악한 힘에 넘어가 완전히 속고 있는 사람들이다. 이런 인식이 기독교인들 사이에 매우 깊이 침투해 있다. 그래서 기독교인들의 내면에 '우리 편'이 아닌 사람을 두려워하는 심리가 자리 잡게 되었다. 어느 집단이든 다소 이런 심리를 갖고 있다. 그러나 증오를 낳는 종교적 두려움과 의심은 유혈 사태의 원인이 되기도 한다."

물론 모든 기독교인들이 이런 식으로 느끼지는 않는다. 그러나 불행하게도 비신자들이 세계에서 가장 인기 없는 인구 집단의 하나로 여겨질 만큼 기독교인들이 무신론자들을 보는 시선은 곱지 않다. 예를 들어 미국에서는 무신론자가 종교를 가진 많은 사람들에게 강간범과 비슷하게 여겨지고 있다. 절대로 과장이 아니다.

과학적인 한 연구는 신을 믿는 실험대상자들에게 범죄적으로 신뢰할 수 없는 개인을 설명해주고 그에 해당하는 사람을 선택하라고 했다. 그랬더니 실험대상자들은 그 설명이 무신론자와 강간범을 묘사한 것이라고 대답했다. 그러나 기독교인이나 이슬람교 신자, 유대인, 페미니스트 혹은 동성애자를 묘사한 것으로는 여겨지지 않았다. 같은 연구 보고서는 신을 믿는 많은 사람들이 무신론자들에게 느끼는 주요 문제는 신뢰라는 점을 발견했다. 그렇다고 기독교인들이 반드시 무신론자들을 싫어하거나 무신론자들에게 혐오감을 느낀다는 뜻은 아니다. 신자들은 단지 자신들이 비신자들을 신뢰하지 못한다고 느낀다.

그러나 기독교인들은 걱정을 내려놓아도 된다. 기독교인들은 그저 몇 명의 무신론자들을 알거나 자신들이 이미 알고 있는 사람들 중 많은 이들이 무신론자라는 사실을 확인만 하면 된다. 불합리한 모든 편견들과 마찬가지로, 기독교인들이 무신론자들에게 무턱대고 느끼는 공포와 불신은 엉터리 정보와 정보의 부재가 어우러진 결과다. 아마 알바니아에서 짐바브웨에 이르기까지 세계의 모든 기독교인은 무신론자 친구나 가족, 직장 동료를 적어도 한 사람은 두고 있을 것이다. 그런데 많은 기독교인들이 그런 사실을 잘 모를 수 있다. 왜냐하면 아주 많은 비신자들이 퇴짜와 희롱, 학대 등을 피하기 위해 자기가 속해 있는 시대와 사회 속의 주류 종교에 대한 회의론을 숨길 필요가 있기 때문이다. 더 많은 기독교인들이, 전 세계적으로 수많은 사람들이 종교를 갖지 않은 상태에서도 잘 살고 있다는 사실을 인정하기만 한다면, 기독교인들의 태도가 크게 바뀔 것이다. 무신론자들과 신비주의자, 인본주의자, 비신자들은 누구나 일상적으로 접하는 보통 사람들이다. 그들은 성경의 모순점을 찾거나 기독교인들과 논쟁을 벌이는 것보다 사랑을 찾고, 직장을 지키고, 생활비를 지불하고, 재미를 누리고, 아이를 키우고, 훌륭한 이웃이 되는 것에 더 많은 관심을 기울이고 있다. 대부분의 무신론자들은 선한 삶을 사느라 바쁘기 때문에 자신들을 강간범이나 다를 바 없는 존재라고 생각하는 기독교인들에 대해 신경 쓸 시간조차 없다.

그다지 다르지 않다

기독교인들은 다른 모든 신에 대해 회의론적인 입장을 고백하는 데 전혀 어려움을 느끼지 않는다. 많은 기독교인들은 탁월한 비판적 사상가들이다. 그런데 기독교가 검증의 대상이 될 때 기독교인들의 놀라운 비판력은 어디로 가버리는가? 진실은 우리 모두가 회의론자들이라는 것이다. 일관성과 정도만 다를 뿐이다.

나는 언제나 기독교인들과 믿음 문제를 논할 때 그들에게 우리 모두 그렇게 많이 다르지 않다는 것을 보여주기 위해 공평하려고 노력한다. 예를 들어 나는 이슬람교가 아무도 입증하지 않은 특별한 주장을 편다는 점을 인정하는 기독교인의 뜻에 동의한다. 또 코란이 신의 도움을 전혀 받지 않은 가운데 인간의 손에 의해 쓰인 것이 거의 확실하다는 뜻에도 동의한다. 또 힌두교의 신들을, 우리의 우주에 거주하며 우리와 교류하는 진짜 존재들이 창조한 것이 아니라 인간의 희망과 두려움이 창조했다고 생각한다. 가톨릭 신자들과 나는 조지프 스미스의 이야기와 몰몬경의 신빙성에 대해 같은 의견이다. 나는 현재의 교황이 신과 특별한 연결을 갖고 있다고 생각하지 않는 프로테스탄트 신자들과 뜻을 같이한다. 아마 모든 기독교인들은 고대 그리스의 신들이 인간에 의해 만들어진 존재라고 생각할 것이다. 나 역시 마찬가지다.

우리는 단지 기독교를 상대할 때만 의견이 갈린다. 중요한 것은 특별한 주장이 제기될 때 나는 비판적 사고의 과정에 변화를 주지 않는데 반해 기독교인들은 변화를 준다는 사실이다. 나로 하여금 수메르의 신 아누의 존재에 대해 의문을 제기하게 만든 바로 그 회의론은, 똑같이 나로 하여금 기독교 신이 진짜라는 믿음을 갖지 못하게 만든다. 만일 기독교인들이 다른 신들과 종교들을 비판할 때와 똑같은 추론을 적용하기만 한다면, 그들은 기독교와 무신론자들에 대해 달리 느낄 수 있을 것이다.

기독교인들이 종종 놓치는 한 가지는 무신론자들이 단일한 집단이 아니라는 사실이다. 비신자들은 매우 다양하여 여러 집단으로 구분된다. 예를 들어, 당신은 '라엘리안 무브먼트'라는 종교에 대해 들어본 적이 있는가? 라엘리안들은 전통적인 개념의 초자연적 신을 믿지 않지만 기술적으로 발달한 외계인들이 오래 전에 지구에 왔으며 그 중 하나가 선사 시대의 사람과(科) 동물과 섹스를 하여 현대인을 창조했다고 믿는 무신론자들이다. 이 집단의 창설자인 라엘은 자신이 1973년에 숲에서 만난 몇몇 외계인들로부터 이 이야기를 들어서 모든 것을 알게 되었다고 말한다. 라엘리안들은 자신들의 주장을 뒷받침할 증거는 하나도 제시하지 않았다. 대부분의 무신론자들과 마찬가지로, 나는 라엘리안도 무신론자이지만 그들과 철학적 유사점이나 지적 연결, 혹은 정서적 끈 같은 것을 갖고 있지 않다.

신에 대한 믿음의 부재는 모든 무신론자들을 하나로 묶지 못하며 무신론자들끼리 함께 어울리게 만들지도 못한다. 지구 위의 모든 무신론자들이 기본적으로 똑같은 지적 구성과 성격, 도덕적 나침반을 갖고 있을 것이라고 생각하는 것은 어리석은 짓이다. 전형적인 무신론자가 이오시프 스탈린이나 마오쩌둥과 같은 집단으로 여겨져 불편하듯이, 전형적인 기독교인도 데이비드 코레시와 짐 존스와 함께 분류되는 것은 불편할 것이다. 기독교는 너무 크고 너무 다양하여 모든 기독교인의 도덕이나 신뢰도에 대해 뭉뚱그려 짐작하는 것이 불가능하다. 그렇지 않은가?

무신론만을 근거로 해서 무신론자들에 대해 이런저런 예단을 할 수 있다고 생각하는 것 자체가 비합리적이며 정당하지 못하다. 인류의 큰 부분을 일반화하거나 맹목적으로 배척하는 것은 나쁜 생각이다. 비신자들이 당신의 클럽 회원이 아니어서, 일부 비신자들이 나쁜 짓을 한다는 이유로, 수백만 명의 비신자들을 배제해버리는 것은 옹호할 수 없다. 이는 어느 비기독교인이 기독교인이라는 이유만으로 22억 명의 기독교인들을 신뢰하지 않거나 그들과 연결되기를 거부하는 것과 다를 바 없다.

편견의 문제

많은 기독교인들이 무신론자들에 대한 부정적인 감정이 또 다른 형태의 편견이라는 것을 인정한다면, 사태 해결에 도움을 줄 것이다. 미국에서 지금 무신론자들은 몇 십 년 전의 흑인과 여성, 동성애자들과 비슷한 처지 같다. 미네소타 대학의 한 연구 보고서는 무신론자들에 대한 대중의 태도를 조사해, 많은 비신자들이 이미 알고 있는 것들을 뒷받침하는 결과를 내놓았다. 연구원들은 이렇게 쓰고 있다.

> 무신론자들에 대한 반대가 오명을 쓴 다른 집단들에 대한 반대보다 더 심하다는 사실이 놀랍다. 예를 들어 9 · 11 테러 후에 이슬람교 신자들에 대한 반대가 심했지만, 무신론자들에 대한 반대는 이보다 더 심했다. 동성 결혼의 가능성은 성경의 결혼 정의에 대한 위협으로 여겨지고 있다. … 그러나 우리의 조사에서는 무신론자들에 대한 우려가 동성애에 대한 우려보다 더 강했다. 조사 대상이 되었던 인구 집단 전체에 걸쳐서, 무신론자들에 대한 부정적인 시각이 강하다. 각 인구 집단마다 정도의 차이만 있을 뿐이다.

이 연구에 나타난 수치들은 실망스럽다. "미국 사회에 대한 나의 비전에 전혀 어울리지 않는" 집단을 꼽으라는 요구에, 설문 참가자의 39.6%가 무신론자들을 꼽아 이들을 목록 맨 위로 올려놓았다. 무신론자들은 다음 순위에 오른 집단, 말하자면 이슬람교 신자(26.3%)와 동성애자(22.6%)보다 월등히 앞섰다.

미국인들은 또한 자녀들이 결혼할 상대에 대해서도 강한 의견을 갖고 있다. 1967년에 '러빙 대 버지니아'(Loving v. Virginia)(버지니아 주에는 흑인과 백인 간의 결혼을 금지하는 법이 있었는데 미국 연방대법원이 이 법에 대해 위헌 판결을 내렸다/옮긴이) 판례가 나온 지 한 세대가 훨씬 더 지난 시점에도, 미국인들의 27.2%는 자녀들이 흑인과 결혼하길 원하지 않고 있다. 일부 사람들은 이 수치를 놓고 느린 진전이라고 부를 것이다. 그러나 미국인의 47.6%는 자녀가 무신론자와 결혼하려고 한다면 반대할 것이라고 한 사실에 비춰볼 때 인종 간 결혼에 대한 인식은 그래도 나은 편이다. '문제 있는 결혼'이라는 카테고리에서 무신론자 다음으로 꼽힌 집단은 이슬람교 신자였다. 미국인의 33.5%는 자녀들이 이슬람교 신자와 결혼하는 데 반대한다는 뜻을 밝혔다.

이 연구서는 또한 나이 많은 사람들과 교육 수준이 높은 사람들이 무신론자에게 더 부정적이라는 사실을 확인했다. 흥미롭게도, 이 연구에선 일부 사람들이 무신론자들을 마약 복용이나 매춘과 연결시키고 있으며, 또 다른 사람들은 무신론자들을 "과격한 물질주의자와 문화적 엘리트주의자"로 보고 있는 것으로 드러났다. 곧 무신론자는 사회적 지위를 불문하고 사회를 파괴하거나 타락시키고 있는 것으로 여겨진다는 의미다. 연구원들은 미국 기독교인들의 대다수가 무신론자들을 종교에 대한 지적 회의론자 그 이상의 존재로 본다고 결론 내리고 있다. 무신론자들이 시대의 희생양이 되고 있는 것이다.

미국인들은 무신론자들을 미국 사회에서 도덕적 연대와 문화적 소속감에 필요한 기반을 부정하는 집단으로 상정하고 있다. 미국의 역사가 이어져오는 동안에, 다른 집단들도 이와 비슷한 도덕적 우려의 대상이 되었다. 가톨릭 신자와 유대인, 공산주의자들이 한때 미국 문화와 시민의 도덕적 한계 밖에 서 있는 것으로 여겨졌다. 오늘날에는 무신론자가 이 역할을 맡고 있다.

이것이 정말로 문제인가? 무신론자들이 신에 대한 믿음을 거부할 뿐만 아니라 미국에 등을 돌리는 것으로 생각하고 있다고 해서, 무신론자들이 정말로 신뢰하기 어려운 존재들인가? 다시 말하지만, 이 대목에서도 몇몇 무신론자들을 알고 지내는 것이 큰 도움이 될 것이다. 무신론자들도 미국을 위하여 군대에 들어가 철모를 쓰고 소총을 들고 목숨을 걸고 있다. 그것도 사후의 영생에 대한 믿음이 주는 위안을 전혀 느끼지 못하는 가운데 말이다. 물론 은신처에 몸을 숨긴 무신론자들도 많다. 나는 길에 떨어진 동전을 보고도 주인이 찾으러 올까 봐 감히 줍지 못하는 무신론자들을 알고 있다. 무신론자들은 부도덕하고 기독교인들에 비해 덜 미국적이라는 인식은 그냥 잘못된 것이 아니다. 모욕적일 만큼 잘못되었다. 여하튼 미국의 감옥은 다른 나라에서와 마찬가지로 무신론자로 넘쳐나는 것이 아니라 신을 믿는 사람들로 넘쳐나고 있다. 물론 일부 무신론자들도 나쁜 짓을 한다. 그러나 종교를 가진 사람들은 비신자들의 범죄율이 신자들의 범죄율보다 더 높다는 것을 뒷받침하는 증거를 제시하지 못했다. 무신론자들의 도덕에 관한 모든 생각은 엉터리 짐작이고 거짓말일 뿐이다.

많은 기독교인들은 종교가 모든 사회적 병과 개인의 문제를 풀어주는 유일한 해결책이라고 믿는다. 그래서 기독교인들은 종교를 갖지 않은 사람들이 일탈을 더 쉽게 할 것이라고 생각한다. 한 연구 보고서에 따르면, 미국인들의 85%는 종교적 믿음이 독실한 부모가 아이를 더 잘 키울 것이라고 믿고 있다. 종교에 대한 믿음이 보편화될수록, 범죄가 줄 것이라고 대답한 미국인은 79%, 탐욕과 물질주의가 약화될 것이라고 대답한 미국인은 69%였다.

그러나 종교와 무신론에 대한 이 같은 인식이 현실을 그대로 반영하는 것일까? 사람들이 믿는다고 해서 그것이 그대로 현실은 아니다. 확실한 것은 사람과 사회를 향상시키는 종교의 능력에 대한 이런 믿음들 중에서 입증된 것은 하나도 없다는 점이다. 예를 들어 신을 믿는 부모가 신을 믿지 않는 부모보다 아이를 더 잘 키운다는 증거는 어디에도 없다. 종교가 널리 보급될수록 도시나 주, 나라의 범죄율이 떨어진다는 주장을 뒷받침하는 증거도 전혀 없다.

실제로 상당한 증거들이 그와 정반대 방향을 가리키고 있다. 앞에서도 살펴봤지만 미국에서 범죄율이 가장 낮은 주들은 메인과 버몬트, 뉴햄프셔다. 살인율과 수감율이 가장 높은 주는 미국에서 네 번째로 종교열이 뜨거운 루이지애나 주다.

미국과 세계의 비신자들의 숫자를 정확히 파악하기는 어렵다. 신을 믿지 않는 많은 사람들은 무신론자라고 자처하지 않는다. 무신론자라는 용어의 뜻을 모르거나 무신론자라고 할 경우에 따를 부정적인 인식에 얽혀들고 싶지 않기 때문이다. 많은 사람들은 종교를 갖지 않고 있다거나 전통적인 종교와 관계가 없다는 식으로 말하지만 여전히 신이나 "보다 높은 권력"의 다른 버전을 믿고 있다. 퓨 리서치 센터가 2012년에 발표한 보고서는 종교를 갖지 않거나 종교와 연결되어 있지 않다고 밝힌 사람들이 전 세계적으로 11억 명에 이른다고 밝히고 있다. 도덕적 행동과 신뢰성을 놓고 봤을 때 무시하거나 부정하거나 일반화하기에는 지나치게 큰 숫자다.

미국을 보면, 종교를 갖고 있다고 밝힌 사람의 숫자는 줄어들고 있는 반면에 무신론자/비신자는 점점 늘어나고 있다. '글로벌 종교 및 무신론 지수'(Global Index of Religion and Atheism)에 따르면, 2005년에는 73%가 종교를 갖고 있다고 대답했으나 2012년에는 그 수치가 65%에 지나지 않았다. "신념 있는 무신론자들"(그 의미가 무엇이든)이라고 밝힌 사람의 비율은 이 기간에 1%에서 5%로 뛰었다. 전 세계적으로 보면, 세계 인구의 59%가 종교를 갖고 있다고 대답했고, 36%가 종교를 갖고 있지 않거나(23%) "신념 있는 무신론자"(13%)라고 대답했다.

　기독교인들과 무신론자들이 서로를 이해하고, 협력하고, 최대한 잘 어울려 지내는 게 모두에게 이롭다. 기독교인과 무신론자 사이의 깊은 협곡과 선전 그 너머를 보면, 기독교인들과 무신론자들은 다른 점보다 닮은 점이 더 많다. 공통의 바탕을 기억하라. 서로 공유하고 있는 회의론을 기억하라. 가장 중요한 점, 즉 인간성을 공유하고 있다는 사실을 기억하라. 종족과 민족과 신들의 복잡한 점이 인간을 분열시킬 수 있는 곳에도 한 가지 단순한 사실이 언제나 우리 곁에 있다. 이 사실을 받아들이기만 하면, 우리 모두의 정신이 맑아질 것이다. 누가 뭐라 해도 우리는 같은 세상을 함께 공유하는 인간 존재들이라는 사실 말이다.

42

왜 성경은 더 많은 이들을
믿게 하지 못하나?

성경은 특별하다. 여러 권의 작은 책으로 이뤄진 하나의 큰 책이다. 실제 무게보다도 훨씬 더 무겁게 느껴진다. 이야기 모음집이기보다는 경고와 약속의 편집물이다. 성경을 볼 때면 거의 언제나, 심지어 서점의 서가에 꽂힌 새 책일 때조차도, 성경에 담긴 그 긴 세월과 거리에 대해 생각하지 않을 수 없다. 그 말씀들은 아주 여러 곳으로 갔고 또 너무나 많은 것을 보았다. 나는 말씀들이 지쳤을 것임에 틀림없다고 느낀다.

성경이 원인이 되었던 일들과 성경이 개입된 것들, 그리고 성경이 지금도 많은 사람들에게 지니는 그 의미를 생각하면 정말로 압도적이라는 인상이 든다. 너무나 많은 웃음이 있고 또 너무나 많은 눈물이 있다. 또 너무나 깊은 경배가 있고 또 너무나 강한 증오가 있다. 너무나 많은 생명과 창조가 있고 너무나 많은 죽음과 파괴가 있다. 성경에는 상상을 초월하는 악과 헤아리기 힘든 선이 얽혀 있다. 성경은 전쟁에 불을 지르는 한편으로 평화를 가져오기도 한 책이다. 성경은 하나님의 냉정한 증오와 함께 하나님의 황홀한 사랑을 드러내고 있다. 성경은 노예소유자를 옹호하는 동시에 노예제도 폐지론자들을 고무했다. 성경은 암흑의 지역으로 지식의 밝은 빛을 퍼뜨림과 동시에 인간의 창조적 빛을 흐리게 하는 데도 이용되었다.

많은 신자들에게 성경은 종종 기독교를 뒷받침하는 증거가 된다. 많은 비신자들에게 성경은 기독교에 불리한 증거가 된다. 그러나 나는 더블린의 트리니티 칼리지 도서관에 진열되어 있던 아름다운 '켈스의 책'(Book of Kells)을 유심히 바라보면서 성경은 우리 모두의 일부라고 생각했던 기억이 난다. 그 내용이 사실이든 아니든, 신의 영감을 받았든 받지 않았든, 성경은 매우 인간적인 책이고 기독교인이나 비기독교인을 불문하고 모든 사람의 것이다. 우리들 중 일부는 성경의 내용이 사실이라는 점을 부정하고 성경의 이름으로 행해진 많은 것들을 멸시할 수 있을 것이다. 그러나 우리는 자신이 성경과 단절되어 있다고 생각하지는 못한다.

성경의 이야기들은 고대 세계의 전역에 입에서 입으로 전파되었다. 이야기들은 유럽 최초의 인쇄기에 의해 인쇄되어 성인과 죄인, 선교사와 전사들에 의해 곳곳으로 전해졌다. 우주비행사들은 지구에서 20만 마일 떨어진 곳에서 성경의 말씀을 읽었다. 오늘날엔 성경이 디지털화되고 글로벌화되었다. 성경의 영향은 아무리 높이 평가해도 지나치지 않을 정도다. 오늘날에도 사람들은 개인의 삶과 가족, 학교, 정부가 '성경의 삶'에 얼마나 더 가까워야 하는가 하는 문제를 놓고 논쟁을 벌이고 있다.

대부분의 사람들은 성경의 구절 중에서 일상의 언어로 들어온 것이 얼마나 많은지 모른다. 다음의 구절은 전부 성경에서 나온 것이다. 'by the skin of our teeth'(가까스로), 'bite the dust'(실패하다), 'at wit's end'(어쩔 바를 모르다), 'blind leading the blind'(위험천만하다), 'a fly in the ointment'(옥에 티) 등이 그런 예이다. '태양 아래 새 것은 없다'('전도서' 1장 9절)라는 표현도 마찬가지다. 성경의 주제와 교훈, 경고는 저자들과 극작가, 영화 제작자들에게 표절되고 이용되었다. 성경의 영향력은 너무 깊어 오히려 눈에 띄지 않게 되었다. 그러나 성경을 인정하든 안 하든, 그것은 언제나 거기에 있다.

세계에서 가장 인기 있는 종교의 실체적인 바탕으로서, 성경은 수도사와 광인, 천재, 바보들로부터 경배와 옹호를 받아왔다. 미지의 저자들에 의해 쓰여진 원래의 텍스트는 히브리어와 그리스어, 라틴어에서 영어로 옮겨졌다. 성경은 길고 복잡하며, 대부분의 사람들에겐 처음부터 끝까지 읽는 것이 결코 쉽지 않다. 그러나 성경을 사랑하든 싫어하든, 누구나 성경이 세월을 따라 전 세계에 걸쳐 사람들의 가슴과 마음을 사로잡은 그 능력만은 존경해야 한다.

그러나 선한 회의론자들은 어떤 주장의 대중적 인기가 반드시 그 주장이 진짜이거나 현실이라는 것을 의미하지는 않는다는 것을 알고 있다. 뉴욕타임스 논픽션 분야 베스트셀러라고 해서 모든 책들이 다 정확하고 진실하고 의미 있는 것은 아니다. 코란 역시 꽤 대중적 인기를 누리고 있지만 기독교인들은 코란의 주장에 회의론을 적용하는 데 아무런 불편을 느끼지 않는다. 그렇다면 성경은 한 권의 책인가 아니면 그 이상인가? 성경은 완벽한가? 우리는 성경이 정말로 하나님의 말씀인지 결정할 수 있는가? 성경은 문명이 의

존할 계율과 도덕적 지침으로 가득한가? 성경은 우리의 집단적 운명에 대한 정확한 예언을 담고 있는가? 성경은 우리에게 죽음을 물리치고 천국에 갈 수 있는 유일한 길을 보여주는가? 물론 많은 사람들은 이 모든 질문에 그렇다고 대답한다. 그러나 그보다 더 많은 사람들은 아니라고 말한다. 그렇게 대답하는 이유 중 일부를 기독교인들은 알 필요가 있다. 모든 기독교인들이 고려해야 할 중요한 질문이 하나 있다. 성경의 정서적 영향과 강한 생명력에도 불구하고, 왜 성경은 오늘날 세계에 살고 있는 사람들의 대다수에게 확신을 심어주지 못했는가?

기독교에 회의적인 사람들은 성경에 나타난 모순이나 공포, 실수를 이 장에 길게 나열하지 않은 것에 놀랄지 모르겠다. 실망을 안겨줘서 미안하지만, 나는 여기서 성경을 해부하고 싶지는 않다. 성경을 속속들이 해부하는 책들과 웹사이트는 아주 많으며 또 잘하고 있다. 여러분이 지금 읽고 있는 책은 기독교인들과 회의론자들의 간극을 메우는 게 목표다. 나는 기독교인들에게 아주 많은 사람들이 기독교에 회의적인 이유를 보여주고 싶다. 또 비신자들에게는 성경에 대한 어떤 한 가지의 비판이 다른 모든 비판들보다 더 중요하다는 점을 보여주고 싶다.

성경에 담겨 있는 모순과 한계

성경의 가장 중대한 문제는, 성경이 종종 신을 피에 굶주린 광인처럼 만들고 있거나 수많은 실수를 담고 있다는 게 아니다. 그런 것들은 중요한 문제가 아니다. 모든 곳의 사람들에게 예수 그리스도가 천국에 가는 유일한 길이라는 점을 설득시키지 못하는 진짜 이유는 성경이 엉성한 구조로 엉성하게 쓰였다는 점이다. 만일 성경의 목적이 하나님의 뜻을 세상에 전하는 것이라면, 성경에 관한 거의 모든 것이 잘못되었다.

나는 종교를 갖지 않은, 죽음의 운명을 타고난 일개 인간에 지나지 않는다. 신과는 거리가 아주 멀다. 그럼에도 만일 나에게 약간의 신성한 권력이 있고, 모든 인간이 도덕적 봉홧불과 지침으로 사용할 어떤 책을 원했다면, 나는 성경보다 훨씬 더 잘 할 수 있었을 것이다.

무엇보다 먼저, 나는 미사여구와 은유를 피하고 또 미래 세대에게 혼란을 주거나 나쁜 사람에게 잘못 해석될 수 있는 것은 다 피했을 것이다. 시는 아름답긴 하지만 모든 사람에게, 특히 문화와 시대가 다른 경우에는 제대로 먹히지 않는다. 또 수천 년에 걸쳐 다양한 언어로 번역될 것이기 때문에, 나는 짤막하고 수정같이 명쾌한 문장을 사용할 것이다. 또 쉽게 오해되고 잘못 적용될 수 있는 기다란 문장을 사용하는 일은 절대로 없었을 것이다. 내가 바라지 않는 것은 누군가가 사악한 짓을 해놓고 내가 쓴 책으로 그걸 정당화하는 것이다. 나는 노예 소유나 하인 구타, 사소한 위반에 대한 처벌로 사람을 죽이는 문제 등 케케묵은 일에 대한 규칙이나 조언을 절대로 포함시키지 않았을 것이다.

이런 것들보다 훨씬 더 중요한 것은, 그 책 안에 증거를 많이 포함시켰을 것이라는 점이다. 나 자신이 자주 스스로를 신이라고 선언하거나 다른 사람들에게 내 말에 귀를 기울이라고 명령하는 건 중요하지 않다. 만일 내가 나 자신이 진짜라는 주장을 뒷받침할 명확한 증거를 제시할 수 없다면, 대부분의 사람들이 나를 믿지 않을 것이고 나의 말에 신경을 쓰지 않을 것이다. 나의 책은 허풍이나 스토리텔링보다는 과학적으로 뒷받침되는 증거에 비중을 더 둘 것이다. 나는 이런 식의 글을 원하지 않는다.

"나의 신은 진짜다. 내 경전이 나의 신이 진짜라고 말하기 때문에 나는 나의 신이 진짜라는 것을 안다. 나의 신의 영감을 받아 쓴 것이기 때문에 이 경전이 진짜라는 것을 안다. 나는 경전에 그 내용이 쓰여 있기 때문에 나의 신이 경전을 쓰도록 고무했다는 것을 안다. 그리고 나의 경전이 신의 고무를 받아 쓴 것이기 때문에, 나의 신은 진짜 신임에 틀림없다."

나의 경전의 목차를 여기서 제시한다. 전체 책의 길이는 50페이지를 넘지 않을 것이다. 만일 내가 한 권의 책으로 대대손손 사람들을 고무하고 나의 천국에서 배제되는 사람을 가급적 줄이길 원한다면, 그 책을 다음과 같은 내용으로 채울 것이다.

1장: 내가 진짜라는 사실을 뒷받침할 증거
2장: 인생을 가급적 즐겁게 사는 데 필요한 실용적 조언
3장: 모든 타인들의 삶을 즐겁게 만드는 데 필요한 실용적 조언
4장: 사람들이 내가 진짜라는 확신을 품도록 하기 위한 추가 증거

인간들이 간혹 아주 좀스럽고, 어리석고, 부패할 수 있다는 사실을 잘 알기 때문에 나는 경전을 너무 쉽게 만들어 그 책이 개인적 이익과 나쁜 짓에 쓰이는 일이 없도록 할 것이다. 짧고 선언적

인 문장들은 여러 세기가 흘러도 나의 메시지를 충실히 전할 것이다. 나의 말의 의미는 여러 번의 번역에도 그대로 살아남을 것이다. 요컨대 나의 경전은 제대로 역할을 수행할 것이다. 반면에 만일 나의 의도가 혼동을 일으키고 해석의 여지를 많이 남기고 부패한 사람들이 나쁜 짓을 하도록 돕는 것이라면, 나는 명쾌한 주제를 가진 한 권의 책이 아니라 이질적인 이야기와 초자연적 메시지를 담은 책들의 모음집을 제작하도록 할 것이다. 또 실제로 글을 쓴 인간 저자들의 흔적은 가급적 지우고 초자연적인 사건들에 관한 주장들을 관련 증거도 없이 많이 포함시킬 것이다. 무엇보다도, 나는 증거 없는 신앙과 신뢰와 믿음이 사고와 지식보다 더 월등하다는 글을 포함시킬 것이다.

나는 여기서 야비하거나 불공평해지려고 하지 않는다. 나는 기독교인들에게 존경을 표하는 뜻에서 스스로 정직해지고 있다. 회의론자의 관점에서 보면, 성경은 비논리적인 혼란 그 자체이다. 그 많은 과장과 칭송에도 불구하고, 성경의 실적만 봐도 충분하다. 많은 사람의 가슴을 얻지 못한 실패는 논외로 하더라도, 성경은 이미 뜨거운 가슴으로 성경을 믿고 있는 사람들에게도 뜻을 명확히 전하지 못하고 있다. 이 점에 이의를 품는 사람은 유럽의 역사만 돌아봐도 안다. 성경의 해석에 동의하지 못하는 기독교인들 사이에 얼마나 많은 피의 강이 흐르고 있는지 보라. 오늘날 존재하는 기독교 종파가 1만개가량 된다. 그리고 이 종파들 대부분이 성경의 의미를 달리 해석한 데서 비롯되었다.

사람들은 기독교의 단합이 깨어진 것을 인간의 천성으로 돌리고 있다. 그러나 기독교가 통합에 실패한 원인의 대부분은 성경에 있다. 성경은 너무 불투명하고 너무 뒤얽혀 있고 너무 혼란스럽다. 수백만 명 아니 수십 억 명의 사람이 성경을 근원적 원천으로 삼아 단합하는 것은 불가능한 일이다. 어떤 종교를 파편화하는 증거로 성경보다 더 완벽한 것은 없을 것이다. 성경은 분명한 메시지나 의도를 전달하지 않아 실패하고 있다. 어떤 사람은 성경을 읽고 인권과 정의를 위한 운동을 벌이도록 고무 받는 한편 또 어떤 사람은 성경을 읽고 동성애자들의 장례식장으로 달려가 "하나님은 동성애자들을 혐오해!"라고 쓴 피켓을 든다.

나는 2003년에 이라크 전쟁으로 이어진 공공토론을 기억하고 있다. 그 문제의 양편에 서서 논쟁을 벌인 기독교인들은 확신에 찬 목소리로 예수 그리스도가 원하는 바를 제시하며 모두 성경으로 그것을 뒷받침했다. 어떻게 신의 고무를 받아 쓴 메시지가 동시에 평화와 전쟁을 요구할 수 있는가? 어떻게 그 메시지가 가난을 요구하면서 엄청난 부를 정당화할 수 있는가? 어떻게 그 메시지가 그걸 믿는 사람들을 단합시키고 또 동시에 분열시킬 수 있는가? 이 모든 것들을 옆에서 지켜보면서, 회의론자들은 모든 사람에게 모든 이야기를 들려주는 책은 사실 아무 말도 하지 않는 것이나 마찬가지라고 생각할 뿐이다.

43

천사는 진짜 있는가?

나는 기독교인들과 천사에 관해 이야기를 많이 나누었다. 회의
론자인지 여부를 떠나서, 누구나 날개 달린 신비한 존재들이 일상
적으로 지구를 찾아와 사람들과 교류한다는 이 흔한 믿음에 호기
심을 느끼지 않을 수 없다. 천사라는 존재를 믿는 사람들의 이야기
는 언제나 나를 매료시켰다.

이야기 대부분은 어떤 천사가 위기의 순간에 찾아와 구해준다는
내용이다. 간혹 천사는 어떤 사람에게 힘든 상황에서 빠져나올 수
있는 방법에 대해 적절한 조언을 해주기도 한다는 것이다. 그러나
사람들이 들려주는 이야기들은 대체로 보이지 않게 날아와서 위험
한 길로 접어들지 않도록 안내하는 수호천사에 관한 것이다. 그러
나 내가 들은 천사 이야기 중에서 가장 극적이었던 것은 남편이 죽
을 때 남편 곁을 지킨 노부인이 들려준 것이었다. 그녀는 자기 남
편이 갑자기 자기를 부르며 "방 안에 천사가 있는데, 보여?"라고
외쳤다고 했다. 그녀의 남편은 그런 다음 세상을 떠났다. 그녀는 남

편만 볼 수 있었던 천사가 그를 데려갔다고 믿었다.

우리는 천사에 관한 이야기를 자주 듣는다. 하지만 천사들은 어떤 모습이고 어떤 존재이며 또 무엇을 하는가? 주류 기독교의 맥락에서 보면, 천사는 천국과 지구를 오가는 초자연적 존재로 여겨진다. 천사들은 분명 신비한 힘을 가졌으며 신의 사자로 여겨진다. 가끔은 우리의 수호자로도 여겨진다. 그러나 천사들은 또한 우리를 처벌하는 존재일 수 있다. 성경에 기록된 이 예언을 보라. "그리하여 그 해, 그 달, 그 날, 그 시간을 위해 준비를 갖춘 천사 넷이 인간의 3분의 1을 죽이도록 풀려났으니."('요한계시록' 9장 15절)

비록 천사들이 널리 숭배를 받음에도 불구하고, 천사들 중 적어도 하나는, 즉 사탄은 지독한 악인으로 받아들여지고 있다. 우리는 천사들이 어떻게 생겼는지 모른다. 만약에 천사가 진짜라면, 그들은 거대한 날개를 단 원인(原人)일 수 있을 것이다. 르네상스 시대 그림에 그려진 것처럼 말이다. 그러나 성경의 내용에 근거하면 천사가 그런 모습인지는 분명하지 않다. 예를 들어 일부 천사들은 인간들 틈에 끼어 있기 때문에 아마 날개를 갖지 않았을 것이다. 그러나 다른 천사들은 군중들 틈에서 분명히 두드러져 보였다. '다니엘서' 10장에 실린, 천사에 대한 뛰어난 묘사를 보도록 하자.

> 그때 내가 눈을 들어 바라보니 한 사람은 세마포 옷을 입었고 허리에는 우바스 순금 띠를 둘렀더라. 또 그의 몸은 황옥 같고 얼굴은 번갯빛 같고 눈은 횃불 같고 팔과 발은 빛나는 청동과 같고 말소리는 무리의 소리와 같더라.('다니엘서' 10장 5-6절)

천사들이 어떤 존재든, 21세기의 기독교인들 대부분은 천사들이 존재한다는 것을 확실히 믿고 있는 것 같다. 미국의 경우 조사 대상이 된 성인들 중 75%가 천사는 진짜라고, 11%는 확실히 모르겠다고 대답했다. 천사들을 믿지 않는다고 밝힌 미국인은 14%였다. 천사 신앙은 젊은이들 사이에 더 강했다. 미국 십대들의 83%가 천사가 존재하는 것으로 생각하고 있다. 캐나다의 경우 성인의 56%가, 영국의 경우 성인의 36%가 천사들이 진짜 존재한다고 믿고 있다.

나는 15년 이상 동안 카리브 제도에서 살았다. 그때 나는 그곳의 천사 신앙은 90%를 쉽게 넘을 것이라고 추산하곤 했다. 카리브 제도의 사람들은 천사들이 인간의 일에 관여하고 도와주었다는 이야기를 끊임없이 했다. 미국인들의 경우에는 "수호천사의 도움으로 화를 면한 적이 있다"고 대답한 사람이 55%였다.

천사가 인기 있는 이유

천사에 대한 믿음이 매우 보편화되어 있다는 사실에 놀랄 필요는 없다. 어쨌든 천사들은 기독교만이 아니라 이슬람교와 유대교에도 있다. 이 세 가지 종교는 많은 것에 이견을 보이면서도 천사에 대해서만은 의견 일치를 보이고 있다. 다소 범상한 것은 천사들이 주류 종교의 울타리를 어떻게 초월했는가 하는 점이다. 예를 들어, 천사들은 오늘날 뉴에이지 믿음에도 등장하고 '영성'의 무한한 영역에도 등장한다. 조직화된 종교에 전혀 관심은 없으면서도 자신이 필요로 할 때면 언제든 도움을 줄 준비가 되어 있는 어떤 초자연적인 존재를 바라는 사람들에게 호소력을 발휘하는, 어떤 요소가 천사에게 있는 것처럼 보인다. 천사들이 인기가 있다는 것은 놀랄 만한 사실이 아니다. 어쨌든 천사들은 적어도 대중문화가 상상하는 것처럼 천사다울 것이기 때문이다. 일부 연구원들은 천사들이 사람들을 자신의 종교 밖에 있는, 초자연적인 것은 아니지만 과학적으로 설명되지 않는 믿음들로 안내할 '게이트웨이 믿음'이 될 수 있다고 생각한다. 예를 들어, 수호천사가 자신에게 이로운 쪽으로 간섭했다고 말하는 사람들은 귀신의 존재도 더 쉽게 믿었다. 수호천사를 믿는 사람들 중에서 귀신의 존재를 믿는 사람의 비율은 수호천사를 믿지 않는 사람에 비해 갑절이나 높았다.

천사들이 자동차 사고나 다른 불행한 일에 적극적으로 개입한다고 생각하는 사람들의 숫자가 많다는 사실은, 상대적으로 빅풋과 네시에 대한 믿음을 시시하고 초라하게 만든다. 빅풋이 불타는 건물에서 아이를 구했다거나 어떤 사람으로 하여금 불운의 비행기를 놓치게 만들었다는 이야기는 들어본 적이 없다. 사람들의 눈에 모습을 드러낸 적이 아직 없는 이런 신비한 동물들과 달리, 천사들은 언제나 우리가 팔을 뻗으면 닿을 거리에 존재하는 것으로 믿는다.

그러나 빅풋과 네시의 경우와 마찬가지로, 천사 믿음도 증명되지 않았다. 증거는 하나도 없고, 오직 목격담이나 사건에 대한 의심스런 해석만 있을 뿐이다. 회의론자로서 나는 천사가 존재한다는 주장에 대해서도 눈에 보이지 않는 다른 존재에 대해 논할 때와 똑같은 방법으로 접근한다. 만일 사람들이 그런 존재들이 진짜라고 말한다면, 그걸 증명하려고 노력해야 한다. 그러나 그 존재를 입증하지 못한다면, 우리는 아직 그 문제에 대해 알 수 없다고 말할 수 있어야 한다.

많은 기독교인들은 다른 사람들의 목격담을 상당히 신뢰하는 경향이 있다. 예를 들어 보자. 많은 팬을 거느린 베스트셀러 작가인 로나 번(Lorna Byrne)은 "항상 천사들을 본다"고 말한다. CNN과의 인터뷰에서 그녀는 자신이 가는 곳마다 거의 틀림없이 천사들을 본다고 주장했다. 그녀에 따르면, 모든 사람은 종교적 입장을 불문하고 수호천사를 갖고 있다. 그녀는 "나는 실제로 매일 천사들을 보는데, 그것은 정상이고 자연스럽다"고 말했다.

인간의 뇌가 문제다

확증을 피하려는 것 같은 존재들과 생명체에 대해 논할 때, 우리는 그것들의 존재를 주장할 다른 이유들을 고려해야 한다. UFO와 귀신을 비롯한 입증되지 않은 것들에 관한 내 연구의 상당 부분은 서로 공통점이 없는 지점에서 시작되었지만, 그 흔적을 더듬어 올라가면 언제나 똑같은 지점에 닿는다. 바로 인간의 뇌이다. 우리 모두는 현실에 없는 것까지도 보고, 듣고, 느끼고, 기억하는 소질을 갖고 있다. 당신이 똑똑한가, 둔한가, 젊은가, 늙었는가, 부자인가, 가난한가, 아니면 교육 수준이 높은가 아니면 교육을 받지 못했는가 하는 문제는 전혀 중요하지 않다. 만일 당신이 두개골에 뇌를 담고 다닌다면, 미안한 이야기지만 당신은 현실에 없는 현상도 있는 것처럼 경험할 위험이 있다.

당신이 보고, 경험하고 기억하는 것에 큰 영향을 미칠 수 있는 한

가지는 당신의 믿음이다. 예를 들어, 만일 당신이 빅풋을 강하게 믿고 있는데 저녁 어스름에 나무 그림자 사이로 불길한 무엇인가가 움직이고 있다면, 당신은 한낮에 만큼 선명하게 빅풋을 "볼" 수도 있다. 하지만 당신 옆에 서 있던, 빅풋을 믿지 않던 당신의 친구는 곰을 볼 것이다. 그러나 당신은 당신의 머릿속에서 빅풋을 정말로 보았으며, 아무도 당신에게 그것이 빅풋이 아니었다는 사실을 증명하지 못한다. 이렇듯 당신의 믿음이 당신이 보는 것에 미치는 영향은 이 문제의 일부에 지나지 않는다. 우리는 실제로 아무것도 '보지' 않는다. 천사를 보았다거나 천사와 조우했다는 주장에 대해 생각할 때면, 다음과 같은 것들을 고려하도록 하라.

시각. 우리의 뇌가 우리 눈으로 받아들이는 풍경을 다룰 때 충실하게 임하지 않는다면 많은 사람들이 놀랄 것이다. 그러나 그게 사실이다. 뇌는 우리가 본 것을 완벽하게 그대로 반영하지는 않는다. 이미지들은 시신경을 통해 눈에서 뇌로 전달된다. 그러나 뇌가 이 이미지들을 받기만 하면, 재미있는 일이 벌어진다. 뇌는 스스로 중요하다고 판단한 것에 집중한다. 그렇게 하면서도 당신의 의식에 동의를 구하지도 않는다. 그러면 중요하지 않은 나머지는 사라진다. 그 사라지는 것 속에 우리에게 매우 중요한 디테일이 포함되어 있을 수 있는데도 말이다. 그렇듯 우리의 뇌는 우리가 세상에서 받아들이는 것을 끊임없이 편집하고 있다. 불필요하다고 여겨지는 이미지들은 잘려나간다. 따라서 정확하고 완벽한 장면이 상당히 훼손된다.

만약 우리가 바라보는 모든 것을 본다면, 우리는 자료의 과부하를 겪을 것이다. 그렇기 때문에 뇌가 이런 식으로 편집하는 것은 효과적이고 필요한 일이기도 하다. 편집을 하지 않는다면, 우리의 뇌는 불필요한 디테일로 과부하에 걸릴 것이고 아무것도 제대로 처리하지 못하게 될 것이다.

그러나 이런 효율성은 특이하거나 중요한 것들을 보았다는 모든 주장과 관련해 중요한 암시를 내놓는다. 이런 이유로 우리는 귀신이나 빅풋 혹은 천사를 보았다고 말하는 정직한 사람조차도 믿지 못한다. 인간의 시각은 변덕스럽고, 놀랄 만큼 창의적이고, 신뢰하기 어렵다.

중요한 재판에서 목격자 증언이 가까운 미래에는 최소한의 역할 어쩌면 아무런 역할을 하지 못하게 될지도 모른다. 2011년에 뉴저지 주 대법원은 사형으로 다스려질 수 있는 사건의 재판에서는 목격자의 증언만으로 유죄를 충분히 뒷받침하지 못한다고 판결함으로써 큰 걸음을 내디뎠다. 인간의 시각과 우리가 본 것에 대한 기억은 결정적 중요성을 부여할 만큼 썩 훌륭하지 않다.

도처에 널려 있는 비슷한 모양들. 인간 뇌의 또 다른 기능은 패턴을 인식하는 능력이다. 그러나 간혹 우리는 패턴이 없는 곳에서도 패턴을 본다. 흘러가는 구름을 올려다보라. 그러면 당신의 뇌는 금방 사람이나 동물을 닮은 구름을 찾아낼 것이다. 이것이 뇌가 패턴을 찾고 패턴을 만드는 과정을 보여주는 예다.

우리는 자신이 패턴을 찾고 있다는 사실을 깨닫지도 못하는 가운데 패턴을 찾는 일에 광적으로 매달린다. 태어나면서부터 타고난 특성이다. 우리로서도 어쩌지 못한다. 그런 게 인간의 모습이다. 또 그게 우리가 하는 일이다.

패턴을 찾는 것은 인간이 이 세상에 존재해온 기간 동안 내내 아주 유익한 기술이었다. 먹이를 찾아 야생을 돌아다니면서 약탈자들이 우리를 발견하기 전에 먼저 약탈자를 발견해야 하는 상황에서는 무척 이로운 기술이었다. 다시 말하지만, 이것은 정상적이고 일상적인 인간의 행위 일부이며 동시에 일부 사람들이 천사들을 보는 현상을 설명해준다.

기억에 대해 기억해둬야 할 사항들. 인간 시각의 실체가 참 이상하다는 생각이 들거든, 기억에 대한 이야기까지 마저 들어보자. 시각과 마찬가지로, 사람들이 기억에 대해 생각해내는 것과 실제 기억 사이에는 엄청난 차이가 있다. 대부분의 사람들은 인간의 기억이 훗날 되돌려보기 위해 장면과 소리와 경험을 녹음하는 DVR와 비슷할 것이라고 생각한다.

미안하지만, 절대로 그렇지 않다. 뇌는 우리의 기억을 구성한다. 우리가 무엇인가를 회상할 때, 거기에는 믿을 만하고 정확한 재생은 없다. 우리의 회상이 100% 정확한 것처럼 보일 것이다. 그러나 그렇지 않다. 시각과 비슷하게, 뇌가 기억을 편집한다. 뇌는 그때그때 우리에게 중요하지 않다고 여겨지는 자료를 버린다. 뇌는 이 기억을 강조하고 저 기억을 경시한다. 요약하면, 뇌는 우리의 과거에 대한 또 다른 이야기를 들려준다. 우리의 기억은 할리우드 영화 제작을 많이 닮았다. 기억들이 대부분 우리에게 유익할 것이고 정확할 것이다. 그러나 그 기억들은 과거 경험을 충실히 재생한 것은 결코 아니다. 우리 인생에서 가장 극적이었던 사건들에 관한 기억마저도 신뢰할 수 없다.

내가 회의론에 대해 강의할 때 자주 제시하는 짤막한 설명을 여기 소개한다. 당신의 머리 안에는 아주 작은 노인이 살고 있다. 당신이 당신의 과거에서 무엇인가를 기억하길 원한다면, 상황은 이런 식으로 돌아간다. 먼저 당신이 노인의 어깨를 건드리며 그에게 그 기억에 대해 당신에게 말해달라고 부탁한다. 다른 훌륭한 이야기꾼처럼, 이 노인은 자신의 청중을 즐겁게 해 준다. 만일 그가 당신이 어떤 디테일에 대해 정말로 알 필요가 있겠다고 판단하면, 그 노인은 틀림없이 그 디테일을 포함시킬 것이다. 그러나 그는 당신에게 필요하지 않다고 판단되는 기억은 마치 그것이 아예 일어나지 않은 것처럼 버릴 가능성이 있다.

여기서 무시무시한 대목이 나온다. 노인은 한심하다. 가끔 시간의 순서를 뒤바꿔 진짜 과거를 거꾸로 뒤집어 이야기를 들려준다. 노인은 과거의 기억을 꽤 충실하게 풀어놓을 수 있지만 그 기억을 엉뚱한 해에 엉뚱한 장소에 갖다놓을 수 있다. 아마 최악의 예는 노인이 혼동을 느끼고 당신에게 일어나지도 않은 한 두 장면을 어쩌다 끼워 넣기도 한다는 점이다. 사실은 그 장면이 당신의 친구에게 일어났거나 당신이 책에서 읽었거나 영화에서 본 것인데도. 이 노인 때문에 이런 기억이 이젠 당신의 과거의 일부가 되었다. 가장 기이한 것은 이 모든 기억의 착각이 당신 마음 안에서 아주 정확한 것으로 존재할 수 있다는 점이다. 당신은 과거의 사건들이 당신의 머릿속에서 벌어지고 있는 것을 볼 수 있으며 또 그 일들이 실제로 그런 식으로 일어났다고 확신할 수 있다. 그 일들이 현실에서는 절대로 일어나지 않았는데도 말이다.

과학이 우리의 뇌가 작동하는 방식에 대해 들려주는 모든 이야기들을 감안한다면, 우리가 천사와 조우한 목격담을 뚜렷한 증거도 없이 받아들이려는 이유는 무엇일까? 천사를 만났다는 이야기는 말이 되지 않는다. 사람들은 온갖 종류의 것들을 다 본다고 말한다. 이런 경우 진실과 거짓말을 어떻게 구분할 것인가? 만일 내가 오늘밤에 잠자리에 들기 전에 천사를 본다면, 나도 갑자기 천사를 믿을 수 있을 것이다.

그러나 흥분이 가라앉고 그 일에 대해 차분하게 생각한다면, 나는 나의 뇌 작용에 대해, 가능성이 더 많은 문제에 대해 생각할 것이다. 아마 뇌는 내가 본 다른 것을 천사로 잘못 해석했을 수도 있다. 아니면 뇌가 그저 어떤 환영을 보도록 만들었을 수도 있다. 이런 일은 모든 사람들에게 언제나 일어나고 있다. 나라고 해서 그런 일이 일어나지 말아야 할 이유가 있을까? 아니면 일어났던 일을 부정확하게 기억하고 있을 수도 있다.

나는 천사를 보았다는 주장을 수백 번도 더 읽고 들었다. 어떤 사람은 천사를 보았고, 어떤 사람은 눈에 보이지 않는 천사가 자신을 도왔다고 확신하고 있다. 내가 볼 때, 이 모든 것은 인간 뇌의 활동에 따른 것이거나 자연적인 사건에 대한 오해다. 특이한 사건 하나만으로는 초자연적인 일이 발생했다는 증거가 될 수 없다. 기이한 일은 언제나 일어나고 있다. 사람들이 교통사고를 아슬아슬하게 피하는 예는 많다. 매일 어딘가에서 복권에 당첨되고 있다. 이런 일에도 천사가 전혀 필요하지 않다.

훌륭한 회의론자들은 천사들이 존재할 가능성을 배제하지 않는다. 어쨌든, 신들의 문제에서와 마찬가지로, 날아다닐 수 있고 눈에 보이지 않고 또 천국에 사는 초자연적인 존재들이 있을 가능성을 완전히 배제하기는 어렵다. 나는 어느 기독교인에게도 천사들이 상상의 존재라는 것을 확실히 안다고 말하지 않는다. 내가 할 수 있는 것은 사람들이 수 세기를 내려오면서 천사가 존재한다고 주장해왔음에도 불구하고 아직까지 그 존재를 과학적으로 증명한 사람은 아무도 없었다는 사실을 지적하는 것이다. 우리가 갖고 있는 것은 정확하지 않은 목격담이나 비논리적인 주장뿐이다. 이런 것은 천사들이 진짜로 존재한다고 결론 내릴 증거의 근처에도 가지 못한다.

천사를 믿는 기독교인들은 수백만 명의 이슬람교 신자들이 진짜라고 믿는 정령에 대해서 생각해볼 수 있을 것이다. 코란에 언급된 장난기 많은 정령들은 인간사에 매우 적극적으로 개입하는 것으로 여겨진다. 유튜브에도 이슬람교 성직자들이 위험한 정령에 대해 강의하는 모습을 담은 비디오들이 있다. 내가 이슬람교의 정령에 대해 물었던 기독교인들은 조금도 주저하지 않고 그 정령들을 상상의 존재라고 말했다. 그러나 천사와 정령 사이에 어떤 차이가 있는가? 천사를 믿는다는 말은 그렇게 쉽게 하면서도 정령을 믿는다는 말을 하기가 그렇게 힘든 이유는 무엇인가?

44

왜 크리스마스는 공격당하는가?

가까운 장래에 휴전을 기대하지 마라. 그리고 만일 당신이 미국 최대의 휴일을 사랑한다면, 항복하지 마라. 거기에 너무나 큰 것이 걸려 있으니! –웹사이트 'War on Christmas'

기독교인들과 비기독교인들 사이에는 진정한 문제도 많고 일치하지 않는 것도 충분히 많다. 그런 상황에서, 있지도 않은 문제를 실제로 있는 것처럼 꾸밀 필요가 있을까? 아주 작은 충돌을 마치 문명의 운명이라도 걸린 것처럼 침소봉대할 필요가 있을까? 우리 모두 신자들과 비신자들 사이에 커뮤니케이션과 협력을 강화하도록 노력해야 할 이때, 크리스마스를 놓고 논쟁을 벌이고 있는 양쪽 진영의 사람들은 문제를 일으키기 위해 뻔뻔스럽게도 산타클로스와 아기 예수를 이용하고 있다.

크리스마스가 공격을 당하고 있는가? 많은 기독교인들이 주장하듯이, 정말로 '크리스마스를 상대로 한 전쟁'이 벌어지고 있는가? 절대로 그렇지 않다. 크리스마스는 1850년과 똑같은 방식으로 지켜지고 있는가? 1950년과 똑같은 방식인가? 당연히 그렇지 않다. 모든 것이 변하기 때문이다. 크리스마스도 언제나 변하고 있다. 지금 미국의 크리스마스는 과거와 다르다. 크리스마스가 예수 그리스도를 증오하는 이교도의 전면적 공격을 받기 때문이 아니다.

크리스마스가 변한 것은 주로 미국의 기독교인들이 변했고 미국 사회가 변했기 때문이다. 첫째, 점점 심화되는 크리스마스의 상업화가 있다. 신용카드를 가진 광적인 기독교 쇼핑객들과 이들을 대상으로 판촉전을 벌이는 기독교인 소유의 사업체들이 순수한 종교 행사였던 크리스마스를 가장 심하게 훼손시켰다. 그 문제를 놓고 무신론자들을 비난해서는 안 된다. 미국은 언제나 다양성을 강화하려고 바쁘게 움직이고 있다. 크리스마스는 진공 상태에서 존재하는 게 아니다. 당연히 크리스마스도 변하게 되어 있다.

크리스마스를 없애는 것은 일부 사람들이 주장하는 것과 달리 비기독교인들의 목표가 아니다. 이런 소리를 들으면 놀라는 사람이 있을지 모르지만, 무신론자를 포함한 많은 비기독교인들이 크리스마스를 사랑한다. 예를 들어 나는 크리스마스를 지키는 힌두교 신자들을 알고 있다. 또 크리스마스를 기독교인들 못지않은 열정으로 축하하는 무신론자들도 많다. 물론 일부 비기독교인들은 크리스마스를 정말 싫어한다. 그러나 많은 사람은 크리스마스를 받아들이거나 신경 쓰지 않는다. 나 또한 해마다 크리스마스를 축하하면서도 예수 그리스도나 영원한 구원보다는 산타클로스와 선물을 더 중요하게 여기는 기독교인들을 많이 알고 있다. 만일 크리스마스를 상대로 한 전쟁이 정말로 벌어지고 있다면, 그 전선이 매우 혼란스럽다.

　내가 볼 때, 크리스마스는 할로윈을 많이 닮았다. 나는 귀신이나 도깨비를 믿은 적은 없지만 어릴 때 이웃에 과자를 얻으러 다녔다. 성인이 되어서도 나는 매년 할로윈을 맞아 무서운 복장의 아이들이 오면 보통 과자를 내놓았다. 나는 이웃의 아이들에게 과자를 주는 것이 과학적으로 설명할 수 없는 것을 인정하는 행위라고 생각하지 않는다. 그저 특별한 날이고, 또 재미로 하는 것일 뿐이다. 또 한 해가 지나간다는 것을 확인하는 계기이기도 하다. 거기에 별다른 의미가 없다. 할로윈을 열정적으로 사랑하는 사람일지라도 정부가 10월에 마법사와 귀신을 축하하는 행사에 적극적으로 나서지 않는다고 항의하지는 않는다. 할로윈을 즐기는 사람들은 할로윈을 즐기고 안 즐기고는 각자의 판단에 달렸다고 생각하는 것 같다. 이 점을 기억하라.

　내게 크리스마스는 또 다른 한 해를 마무리하는 시기다. 크리스마스는 가족과 특별한 시간을 보내는 때이고 새로운 크리스마스트리의 향기를 즐기는 때다. 크리스마스는 이웃에게 특별히 친절하게 대할 수 있는 때다. 크리스마스는 다른 사람에게 베푸는 즐거움이며 당연히 받는 즐거움이기도 하다. 나는 버릇처럼 언제나 "해피 홀리데이"가 아니라 "메리 크리스마스"라고 말한다. 그런 식으로 말한다고 해서 회의론자의 밀약을 깨뜨린다고 생각하지는 않는다. 크리스마스에 종교적 요소가 있는 건 맞지만 그렇다고 예수를 신으로 믿지는 않는다. 그래서 나는 예수의 탄생을 축하하고 숭배하는 행사에는 참석하지 않는다. 그러나 전통적으로 내려오는 크리스마스 노래는 사랑한다. 예수 그리스도에 관한 노래도 당연히 포함된다.

나는 이 모든 것에서 위선적이거나 부적절한 것을 보지 않는다. 크리스마스는 내 문화의 일부이며, 내 존재의 일부다. 나는 크리스마스를 부정해야 할 이유를 전혀 느끼지 못한다. 나는 크리스마스와 함께 성장했으며 지금도 나는 크리스마스를 축하하고 있다.

내가 볼 때, 기독교인들은 이 겨울 행사의 많은 것을 1000년도 더 오래된 과거의 이교도들로부터 차용했다. 그렇기 때문에 만약에 내가 기독교인들로부터 크리스마스의 일부를 차용하더라도, 그들로서는 불만을 터뜨릴 수 없다. 게다가 순수한 형태의 크리스마스를 옹호하는 사람들이라면 기독교 역사를 검토해보는 것도 좋을 것 같다. 가장 독실한 기독교인인 청교도들 중 일부는 크리스마스를 금지시켰다지 않은가.

"해피 홀리데이"란 말이 왜 모독인가?

사업체들이 '크리스마스 세일'을 '홀리데이 세일'로 대체하거나 종업원들에게 "메리 크리스마스" 대신에 "해피 홀리데이"라고 말하게 하는 것은 '크리스마스를 상대로 한 전쟁'에서 가장 강한 폭발력을 발휘하고 있다. 일부 기독교인들은 크리스마스가 미국인들이 가장 열정적으로 축하하는 휴일이라는 사실에는 만족하지 않으면서 이러한 관행에는 무례하다는 인상을 받는다. 이런 식의 생각을 촉진시키는 회사들은 비난과 불매운동의 대상이 되어야 한다고 기독교인들은 말한다.

정말 그럴까? 확실히는 모르지만, 거기에도 예수 그리스도에 반대하는 의제가 작용하고 있다고 나는 짐작한다. 그러나 그보다는 이 사업체들이 단순히 돈을 더 많이 벌 목적으로 더 많은 사람들을 고객으로 끌어들이기 위해 노력하고 있을 가능성이 더 크다. 사업체들은 자신들이 원하는 방식으로 사업을 벌일 수 있어야 하는 것 아닌가? 회사들은 무엇보다도 이익에 신경을 가장 많이 쓴다. 그래서 나는 이것이 크리스마스를 지구상에서 몰아내려는 비밀공작의 일부라는 데 의문을 품는다.

반대로 많은 사업체들은 크리스마스를 사랑하고 크리스마스에 크게 의존하고 있다. 나는 미국 소매업체의 거의 모든 CEO가 12월을 기다리며 그 시기를 세속주의를 널리 퍼뜨릴 기회로 보기보다 돈을 벌 기회로 본다고 확신한다. 미국의 CEO들은 미국이 아기 예수의 탄생을 망각하게 하려고 노력하지 않는다. 그들은 아기 예수를 이용하여 더 많은 돈을 벌기를 원한다. 만일 어떤 회사가 일 년 중 그 때를 "크리스마스"가 아닌 "홀리데이"로 부르기로 결정한다면, 그것은 고객의 수를 최대한으로 늘리길 바라서 그런 것이다. 그것은 개인적인 감정이 개입된 결정이 절대 아니다. 그것은 변화하는 미국에서 사업을 하는 것에 지나지 않다.

크리스마스가 악이라고?

폭스 네트워크의 빌 오라일리(Bill O'Reilly)는 '크리스마스를 상대로 한 전쟁'에서 싸우고 있는 장군 중 한 사람이다. 그가 참호 속에서 싸우는 일에 어느 정도 시간을 보내는지는 잘 모른다. 그러나 그는 TV 쇼를 통해서 병사들을 일으키는 역할을 잘 수행하고 있다. 예를 들어, 그는 "미국은 옳고 그른 것을 명확히 정의하는 강력하고 전통적인 바탕을 갖지 않고는 절대로 테러리즘과 다른 악을 물리칠 수 없다. 오늘날의 투쟁은 크리스마스에 관한 것이 아니고 미국의 정신에 관한 것이다"라고 주장한다. 만일 미국 정부가 예수 탄생을 축하하는 행사를 공식적으로 또 재정적으로 지원하지 않으면 알카에다가 승리하게 될 것이라는 뜻이다. 또 우리가 빌 오라일리가 열 살이던 때와 똑같은 방식으로 크리스마스를 축하하지 않는다면, 악이 승리를 거둘 것이라는 뜻이다.

분별력 있는 기독교인들은 이 같은 주장에 넘어가지 않아야 한다. 이 주장은 어리석고 또 초점을 흐리게 만든다. 미국뿐만 아니라 전 세계적으로, 신자와 비신자들은 서로 함께 어울리고, 서로를 지지하고, 문제를 해결하고, 모두에게 더 좋은 미래를 만들 수 있는 길을 모색해야 한다. 오라일리 같은 전문 선동가를 따르는 것은 아마 우리의 시간과 에너지를 최대한 활용하는 방법이 아닐 것이다.

여기서 공정을 기하자면, 어느 누구도 이와 반대 방향으로도 너무 멀리 가서는 안 된다. 만일 세속적인 운동가들이 이 세상에서 크리스마스를 지워버리는 것을 평생의 임무로 삼는다면, 그들은 오라일리의 세상과 다를 바 없는 세계에서 살고 있는 것이다.

크리스마스는 많은 사회의 문화에 깊숙이 파고들었다. 어떤 형태의 사회든 가까운 미래에 크리스마스를 완전히 배제하지 못할 것 같다. 크리스마스로 돈을 벌 수 있는 사회라면 크리스마스를 뿌리 뽑기가 더 어려울 것이다. 크리스마스는 어쨌든 거의 무해하다. 크리스마스를 즐기는 사람들의 다수에게 크리스마스는 종교적인 휴일이 아니다. 그렇다면 크리스마스를 그냥 무시하거나 받아들이면 되는 것 아닌가?

크리스마스에 적극적으로 반대하는 사람들이 목소리를 크게 높일 수 있는 때는 정부가 다른 종교의 믿음이나 심지어 다른 기독교 종파의 믿음(모든 기독교인들이 다 크리스마스를 축하하지는 않는다. 예를 들어 여호와의 증인은 크리스마스를 축하하지 않는다)에 비해 불공평하게 기독교의 믿음을 지원하고 나서는 것처럼 보일 때이다.

전형적인 충돌은 정부의 재산에 크리스마스 관련 전시물을 공개적으로 내거는 문제를 놓고 벌어질 수 있다. 이것이 문제가 될 수 있는 이유는 정부가 종교에 관한 한 특정 종교에 호의를 베풀 수 없기 때문이다. 만약에 십자가와 20피트짜리 예수 그리스도 조각상이 공무원에 의해 정부 소유의 땅에 세워진다면, 무슨 근거로 정부가 코끼리 머리를 한 신 가네샤의 20피트짜리 조각상을 세워달라는 힌두교 신자들의 요구를 거절할 수 있겠는가? 만일 사탄을 숭배하는 어떤 집단이 필요한 서류를 제출한 뒤 여름의 시작을 축하하기 위해 사탄 기념탑을 세워 달라고 요구한다면 어떻게 할 것인가? 그리고 어느 무신론자 클럽이 지방의 법원 로비에 아무것도 전시하지 않은 넓은 공간을 요구한다면 또 어떻게 할 것인가?

기독교와 경쟁관계에 있는 종교의 성물들이 정부 자산에 전시된다면, 많은 기독교인들의 기분이 좋아질 것이라고는 생각하지 않는다. 그 전시가 정부가 그 종교를 승인한다는 느낌이 들게 한다면, 기독교인들의 기분이 특히 더 나쁠 것이다. 정부가 재정적 지원을 하는 라마단 행사가 열린다면? 기독교인들이 아슈라 축제(일부 이슬람교 신자들은 모하메드의 손자의 죽음을 기리기 위해 자신의 몸을 채찍과 칼로 때리고 찔러 피를 흘린다)에 자신이 낸 세금과 정부 시설물이 쓰이고 있다고 생각한다면?

미국은 다양한 국가이며, 헌법에 따라서 정부는 모든 시민들에게 공정해야 한다. 정부는 또한 수정헌법 1조에 의해 특정 종교를 지원하지 못하도록 되어 있다. 그러나 이런 것은 자신의 종교적 휴일을 다른 사람들과 공개적으로 공유하고 축하하기를 원하는 기독교인들에게는 아무런 문제가 되지 않는다. 왜냐하면 그들이 그렇게 할 수 있기 때문이다.

기독교인들은 다른 사람들과 크리스마스를 공개적으로 축하하고 함께 즐긴다. 그들은 그 축하를 정부에 의존할 필요가 없다. 만일 크리스마스가 당신에게 중요하다면, 그냥 당신이 밖에 나가서 축하하기만 하면 된다. 당신을 말리는 것이 무엇인가? 누구도 교회 땅이나 사유지에 구유가 있는 그 장면을 재연하지 못하도록 금지해 달라는 소송을 제기하거나 크리스마스를 불법화해달라고 공개적으로 요구하지 않는다. 크리스마스는 훌륭하다. 또 안전하다. 유일하게 위험한 일은 종교적 행사나 승인 문제에 정부가 개입하는 것이다. 이런 일에 정부가 개입해서는 안 된다. 이 같은 설명이 종교에 회의적이지만 크리스마스를 사랑하는 사람에게서 나온 것이라는 점을 기억하라. 나는 크리스마스가 없어지길 바라지 않는다. 크리스마스가 없어진다면 많이 서운할 것이다. 그러나 나는 크리스마스에 대한 내 호의가 정부의 지원에 좌우된다고 느끼지 않는다.

'크리스마스를 상대로 한 전쟁'에 가장 격노하는 사람들이 보수적인 기독교인들이라는 사실이 이상하지 않은가? 여기서 어떤 사람들은 보수적인 기독교인들이 이 이슈를 놓고 '반대편'을 지원할 것이라고 생각할 것이다. 어쨌든 그들은 큰 정부가 우리를 위해서 모든 것을 하는 것에 반대하지 않는가? 크리스마스 행사에 대한 정부의 인정과 예산지원을 지지하는 사람들은, 일반 시민들이 크리스마스를 축하할 능력이 없고 정부의 도움 없이는 크리스마스의 전통을 이어갈 수 없다고 생각하는가? 학교에서 감옥까지 모든 것을 민영화하길 원하는 사람들의 다수가 플라스틱 구유 장면과 크리스마스트리 사업에 정부가 개입할 것을 줄기차게 요구하는 이유는 무엇인가? 내가 볼 때 엄청난 모순으로 보인다.

'크리스마스를 상대로 한 전쟁'에 발끈하는 사람들에게 더 큰 문제는 크리스마스를 가장 먼저 공격한 사람들이 기독교인이었다는 사실이다. 크리스마스가 오늘날의 모습을 띠도록 비종교적인 주제를 가미한 것은 ACLU(시민자유연맹)나 다른 무신론자 조직이 아니다. 오래 전에, 순수한 종교적 축하 대신에 산타클로스와 요정, 순록, 이교도 트리, 깜빡이등을 받아들인 것은 바로 기독교인들이다. 기독교인들이 자신들이 변질시켜 놓은 크리스마스를 놓고 일부 기독교인들이 이 전쟁에 싸우러 나서는 것이 말이 되는가? 일부 기독교인들은 아마 자신들이 아기 예수를 뒷마당으로 몰아내버렸기 때문에 기분이 좋지 않을 것이다. 아기 예수가 뒤로 밀린 것은 빌 오라일리를 비롯한 사람들이 진보주의자들과 무신론자들을 향해서 '자신들'의 휴일을 파괴했다고 목소리를 높이기 오래 전의 일이다.

나는 크리스마스를 사랑하는 모든 기독교인들이 크리스마스를 인기 있고 사랑 받는 문화적 행사로 받아들일 수 있기를 바란다. 분명 크리스마스는 과도하고, 터무니없을 만큼 상업적이고 물질적이다. 그러나 그래도 여전히 즐거운 휴일이다. 아마 기독교인들은 크리스마스가 어느 한 종교의 사람들만을 위한 특별한 날이거나 시즌이 아니라는 점을 받아들여야 할 것이다. 이 휴일은 기독교인과 비기독교인 수백만 명에게 함께 모이고 서로에게 조금 더 친절하고 모든 사람에게 약간의 선의를 보일 수 있는 기회다. 만일 예수 그리스도가 정말로 신이고 많은 기독교인이 설명하는 식으로 세상에 대한 사랑으로 가득하다면, 그는 지금과 같은 크리스마스를 보길 원하지 않을까?

45

종말론은 과연 사라질까?

진실로 너희에게 이르니, 여기 서 있는 사람들 중에 죽기 전에 인자
(人子)가 자신의 왕국으로 오는 것을 볼 사람들도 있을 것이다.
-'마태복음' 16장 28절

왠지 모르게 나는 계시록 주제를 다룬 이야기에 언제나 매료되
었다. 이 주제를 다룬 영화와 책, TV 쇼들은 언제나 나에게 따스하
고 포근한 느낌을 남겼다. TV 시리즈 '트와일라이트 존'(Twilight
Zone) 중에서 가장 좋아하는 에피소드는 '마침내 충분해진 시간'
(Time Enough at Last)인데, 제3차 세계대전 덕에 마침내 독서할 기회
를 잡은 어떤 책벌레에 관한 이야기다. 나는 1940년대에 종말을 다
룬 조지 스튜어트(George R. Stewart)의 소설 『지구는 사라지지 않는
다』(Earth Abides)와 최근작인 코맥 매카시(Cormac McCarthy)의 『길』
(The Road)을 사랑한다. 또 '지구 최후의 인간'(The Last Man on Earth)
'페일 세이프'(Fail Safe) '혹성탈출'(Planet of the Apes) '오메가 맨'

(The Omega Man) '소일렌트 그린'(Soylent Green) '안드로메다 스트레인'(The Andromeda Strain) 같은 종말과 관련한 영화들을 즐겼다.

그러나 성인으로 성장하는 과정에서 재미있는 현상이 나타났다. '최후의 심판의 날'의 매력에서 절대로 벗어나지 못했던 것이다. 오늘날에도 나는 그때만큼 이 주제를 좋아한다. 나는 합리적인 주장과 신뢰할 만한 증거가 조금이라도 뒷받침 되는 시나리오에 특별히 더 강하게 끌린다. 예를 들어 혜성 충돌과 전 세계적 세균 감염, 초대형 화산의 폭발, 로봇의 반란, 심해 메탄의 유출 혹은 전면적 핵전쟁 같은 이야기에 쉽게 빠져든다. 나는 비교적 합리적인 편이지만, 이런 사건들은 일어날 수 있지만 우리 시대에 일어날 가능성은 극히 낮다는 것을 알고 있다. 여기서 나는 자학적이거나 가학적이지 않다는 점을 고백해야겠다.

영화와 현실은 서로 다른 문제다. 나는 나를 포함한 수십억 명의 사람들이 고통과 카오스 속에서 죽어가는 걸 원하지 않는다. 반대로, 나는 인류의 장기적 미래를 포함해 대부분의 일에 낙관적이다. 나의 진정한 희망은 다가올 수천 년 동안 자연이 우리에게 무엇을 던지든 우리가 계속 생존할 수 있는 길을 발견하는 것이다.

그럼에도 불구하고, 문명의 마지막 장(章)에는 나의 가슴을 따뜻하게 데우는 무엇인가가 있다. 그렇게 느끼는 것이 나만은 아니다. 2012년에 나는 과학적인 관점에서 세상의 종말을 다룬 TV 쇼 '둠스데이 라이브'에 연사로 참여했다. SETI(외계의 지적 생명 탐사) 연구소가 주최한 행사였으며 이 주제에서 기대할 수 있는 것 이상으로 재미있게 진행되었다. 무대에 앉아 있는 동안에 나는 청중의 뜨거운 관심에 깊은 인상을 받았다. "나만이 아니구나. 모두가 세상

의 종말을 좋아하는구나!"라고 생각했던 기억이 난다. 기독교인들
은 확실히 나처럼 인간의 마지막 시간에 매력을 느끼는 것 같다.

　기독교의 다른 문제와 마찬가지로, 이 이슈에서도 의견이 다양
하다. 지구 종말이 기독교의 핵심 사상임에도 불구하고, 일부 기독
교인들은 지구 종말에 대해 거의 생각하지 않는다. 반면에 다른 기
독교인들은 지구 종말에 관한 이야기를 절대로 멈추지 않는다.

　나는 기독교의 최후의 심판에 대해 어려서부터 들어왔기 때문에
이 시나리오에 매우 익숙하다. 미국의 일부 지역에서는 지구 종말
에 관한 이야기를 피할 수가 없다. 나는 "아무도 그 시간을 모르기"
때문에 하루빨리 "하나님을 믿을 필요"가 있다는 소리를 늘 들으며
지냈다. 심지어 내가 내일 버스에 치일지도 모른다거나 나 자신의
심판의 날을 맞을 것이라거나 정문을 나서다가 우리 집 잔디밭에서
'묵시록의 네 기사'와 맞닥뜨릴 것이라는 이야기까지 들었다. 그 메
시지는 "구원 받을 준비를 하고 있어라"였다. 돌아보건대, 우리 집
에서 지구 종말 이야기가 나온 적은 한 번도 없었다. 그러나 다른 사
람들이 나로 하여금 지구 종말 이야기를 확실히 알도록 했다.

　나는 '요한계시록'에 관한 이야기를 들었다. 세상이 전쟁과 자연
재해의 대혼란 속에서 파괴되고 마지막에 예수 그리스도가 돌아와
나라들을 파괴하고 하나님의 왕국을 세울 것이라는 내용이었다.
그런 결말은 자신의 신학을 바로잡을 수 있을 만큼 똑똑하거나 운
이 좋았던 소수 기독교인들에게는 멋질 수 있지만 무신론자들 대
부분에게는 지옥의 연속일 것이다.

　'요한계시록'은 굉장한 이야기/예언이다. 물론 기독교인 중에
이 책을 한 번도 읽지 않은 사람이 많다. 나는 기독교인들에게 이

책을 읽어보라고 적극 권한다. '요한계시록'은 지구 종말과 파괴를 전반적으로 묘사하고 있을 뿐만 아니라 왕관을 쓴 머리가 일곱 개인 붉은 용과 거대한 해상 괴물, 긴 머리와 사자 이빨에 인간의 얼굴을 한 메뚜기에 관해 구체적으로 묘사하고 있다. 그러나 나는 이 무시무시한 이야기에 감동이나 흥분을 느낄 수 없었다. 왜냐하면 그 이야기를 믿어야 할 증거가 제시되거나 이유가 있다고 생각하지 않기 때문이다.

내가 쓰고 있는 이 책은 근본주의자나 복음주의 기독교인만 대상으로 한 것이 아니며, 이 장은 잦은 지진이나 도덕적 타락, 식료품점에서의 스캐너 사용('짐승의 표')과 같은 '신호' 때문에 예수 그리스도가 매우 빨리 돌아올 것이라고 주장하는 것에 대해서는 논하지 않는다. 많은 기독교인들은 용이나 사자 이빨을 가진 메뚜기, 그리스도와 공중에서 만나는 체험 등에 별로 관심이 없다. 그들은 이 주제들을 특별히 근본주의/복음주의의 강박관념으로 본다.

그러니 그보다 더 큰 종말론적 물음, 그러니까 모든 기독교인들과 관련 있는 물음을 탐구하도록 하자. 구체적으로, 왜 대부분의 기독교인들은 예수 그리스도의 예언과 약속이 깨어진 데 대해 눈을 감는가? 예수가 격변에 관해 한 말에 관심을 갖지 않는 것은 성경에 대한 전반적인 지식의 결여를 보여주거나 아니면 예수 그리스도와 성경은 신뢰할 수 없다는 것을 묵인하는 것처럼 보인다. 여하튼 예수 그리스도는 세상의 종말이 다가왔다고 예언한 1세기의 유대인이었던 것 같다.

그에 따르면, 대변화가 2000년 전에 일어나게 되어 있었다. 그 격변은 아무도 피할 수 없을 만큼 큰 변화일 것이라는 예언이었다.

하나님은 세상을 심판할 것이고 사악한 자들을 처벌하고 이 땅 위에 신의 통치를 받는 새로운 왕국을 건설할 것이었다. 그러나 그런 일은 일어나지 않았다.

'마가복음' 13장 24절에서 30절에 나오듯이, 예수 그리스도가 한 중요한 예언과 약속은 다음과 같다. 마지막 문장에 특별히 주의를 기울이길 바란다.

> 그때에, 그 환난 후에, 해가 어두워지고, 달이 빛을 발하지 아니하고, 별들이 하늘에서 떨어지고, 하늘에 있는 권능들이 흔들리리라. 그때에 인자(人子)가 구름을 타고 큰 권능과 영광을 갖고 오는 것을 사람들이 보리라. 또 그때에 그가 천사들을 보내어 자기가 택한 자들을 땅 끝으로부터 하늘 끝까지 사방에서 모으리라. … 내가 진실로 너희에게 말하노니, 이 세대가 지나가기 전에 이 모든 일들이 다 일어나리라.

다음 구절은 '마태복음' 16장 28절에 나온다. "진실로 너희에게 이르니, 여기 서 있는 자들 중에서 죽기 전에 인자가 그 왕권을 가지고 오는 것을 볼 자들도 있으리라."

어떻게 된 것인가? 분명히 거기 서 있던 사람들 모두 인자가 그의 왕국으로 오는 것을 보지도 못하고 죽음을 맞았다. 물론 나는 오늘날 일부 기독교인들이 제시하는 몇 가지 공통된 설명에 익숙하다. 아마 최선의 방어는 예수 그리스도가 죽음에서 살아나 천국으로 올라갈 때 그들이 예수 그리스도가 "그의 왕국으로 오는" 것을 보았다는 것이다. 그러나 예수 그리스도가 그의 왕국에 왔다는 주장은 그의 주요 메시지와 비교해 보면 틀렸다. 성경에 따르면 예수 그리스도는 분명히 심판의 날은 세상을 대상으로 한 것이라고 분명히 말했다. 그는 그 심판이 매우 빨리 일어날 것이라고 말했다. 그 심판의 날은 일부 기독교인들이 지금 주장하는 것처럼 치밀하거나 조용하지 않을 것이 틀림없었다.

신약성경 학자이며 노스캐롤라이나 대학의 종교학 교수인 바트 D. 어만(Bart D. Ehrman)은 지난 몇 세기 동안 기독교인들은 이 문제가 제기될 때마다 이상하게도 예수 그리스도가 실제로 어떤 존재였고 그의 주요 메시지는 무엇을 의미했는지를 파고들지 않는 쪽으로 반응했다. 어만은 이렇게 쓰고 있다.

왜 예수 그리스도는 아주 초기의 자료에서는 계시록적 세계의 도래를 예언하는 존재로 묘사되다가 그 후의 자료에서는 그런 세계의 도래에 반대하는 존재로까지 묘사되고 있는가? 분명히 예수 그리스도는 시간이 지나면서 계시록적 예언에서 점점 멀어졌다. 그 이유를 이해하기는 어렵지 않다. 초기의 자료를 보면 예수 그리스도는 종말이 자신의 세대 안에, 사도들이 죽기 전에 올 것이라고 선언한 것으로 되어 있다. 그러나 세월이 흐름에 따라, 사도들이 죽고 예수의 세대도 흘러갔다. 그런데도 역사에는 대변동의 단절이 전혀 없었고, 인자(人子)도 나타나지 않았고, 죽은 자의 부활도 전혀 없었다. 실제로 이 예언들이 현실로 나타나지 않았을 때, 기독교인들은 예수 그리스도가 "이 모든 것들"을 예언한 사실을 어떻게 처리할 수 있었겠는가? 기독교인들은 다음 조치를 취하며 예수의 설교의 내용과 방향을, 예수가 긴박한 종말을 예언하지 않았다는 쪽으로 바꾸었다. 이리하여 세월이 흐를수록 예수 그리스도는 대변동을 예언한 설교자의 모습을 점점 더 잃어가게 되었다.

가깝다면서도 결코 오지 않는 종말

세상의 종말에 관한 기독교의 믿음도 아주 다양하기 때문에, 이 믿음에 대해 단 한 가지의 적절한 대답을 제시하는 것은 불가능하다. 세상이 신의 의지에 의해 붕괴되고 다시 탄생하기 직전이라고 확신하는 기독교인들이 많은데, 이들은 몇 가지 간단한 이유로 그 입장을 재고해야 할 것 같다. 첫째, 많은 세대의 기독교인들이 2000년 동안 이 확신을 강력한 믿음으로 선언해왔다는 사실이다. 나는 자신이 살아 있는 동안에 세계의 종말을 보게 될 것이라고 말한 기독교인들과 오랫동안 대화를 했다. 나는 신자들에게 우리가 예수의 재림을 보게 될 세대라고 약속하는 설교도 들어보았다. 이 사람들 중 일부는 이미 죽었다. 그들은 예수 그리스도와 조우하지도 않았고, 예수의 재림도 보지 못했고, 일곱 번째 천사의 나팔소리도 듣지 못했다. 두 번의 천년 동안 똑같은 말을 했던 다른 기독교인들과 똑같이, 그들의 예언은 빗나갔다.

1993년에 나는 가이아나의 변호사이며 복음전도사였던 고(故) 라이오넬 러쿠(Lionel Luckhoo)를 인터뷰했는데, 그때 그는 "한 가지는 확신한다. 우리(기독교인)는 1999년 12월 31일을 보지 못할 것이다. 그때 우리가 이미 천국에 있을 것이기 때문이다. 예수 그리스도의 재림이 가까워졌다. 예수 그리스도가 바로 문 앞에 와 있다"고 말했다. 러쿠는 1997년에 사망했다. 그의 선언과 반대로, 예수 그리스도가 또 다시 재림하지 않아 세계의 기독교인들은 1999년 12월 31일을 보았다.

2011년 봄에 나는 "2011년 5월 21일, 세계의 종말!"이라 쓴 피켓을 들고 샌디에이고의 거리를 아래위로 끊임없이 걷고 있던 어느 여인을 인터뷰했다. 그녀는 세계의 종말이 그날 시작될 것이라고 약속한 해롤드 캠핑(Harold Camping) 목사의 추종자였다. 캠핑은 7000년 전에 일어났다는 대홍수 때부터 계산하여 그런 식의 예언을 내놓았다. 신뢰할 만한 지질학자와 생물학자, 고고학자, 인류학자, 역사학자 혹은 해양과학자가 말하듯이, 물론 7000년 전에 지구를 휩쓴 대홍수는 절대로 없었다. 그렇기 때문에 캠핑의 날짜는 실수를 바탕으로 한 실수였던 셈이다. 그 여인은 친절했으며 자신의 임무에 아주 충실한 것처럼 보였다. 그녀는 헌금도 요구하지 않았고 캠핑의 교회로 사람들을 끌어들이려고 애를 쓰지도 않았다. 그녀는 단지 사람들에게 종말이 가까워졌다는 점을 경고하길 원했다. 그녀는 인구의 97%가 하나님의 분노를 피하지 못하고 혹독한 시련을 겪게 될 것이라고 설명했다. 그녀는 지진과 쓰나미, 기근 등에 대해 말했다. 둘이 대화를 할 때, 나는 그녀에게 호감을 느끼며 그녀의 행복을 걱정하고 있다는 사실을 깨달았다. 나는 캠핑의 예언이 엉터리로 드러날 때 그녀가 어떤 식으로 반응할지 걱정스러웠다. 나는 그녀에게 예언이 현실로 나타나지 않더라도 별 문제가 없을 것인지 노골적으로 물었다. 나는 그녀가 낙담하여 자살을 고려하거나 하는 일은 없었으면 한다는 뜻을 전했다. 그녀는 "아니,

그럴 리가 없어요. 나는 5월 21일에 예수 그리스도와의 조우가 일어나지 않는다고는 절대로 생각하지 않아요. 나는 다 알고 있어요"라고 대답했다.

종말은 얼마나 더 오랫동안 이어질 것인가? 모든 사람이 이 주장의 배경에 있는 증거와 논리가 결함투성이라는 점을 인정하는 날이 오기나 할까? 그리고 임박한 지구의 초자연적 격변과 예수의 재림을 뒷받침할 증거가 하나도 없다는 것을 인정하는 날이 올까? "곧"이라는 표현에는 만료일이 내포되어 있다고 보는 것이 합당할 것이다. 그렇다면, 그 날짜는 이미 오래 전에 지나갔을 것이다.

우리의 세상이 언제나 도전을 요구하고 불완전한 곳이었다는 사실에 비춰보면, 테러리즘과 십대 임신에서부터 지진과 경제위기까지 여러 가지 요소들이 심판의 날이 가까웠음을 증명한다는 주장은 별다른 의미를 지니지 못한다. 자연의 무심한 파괴로도 충분하지 않다는 듯, 우리 인간은 언제나 문제를 일으키며 일을 더욱 복잡하게 만들고 있다. 세상 돌아가는 것이 그렇다. 과거에도 그랬다. 종말은 언제나 가까이 와 있을 뿐 결코 현실로 일어나지는 않았다.

지금 과학자들은 7만 년 전쯤에 슈퍼화산이 폭발하며 엄청나게 많은 연기와 재를 대기로 뿌려 전 세계가 어두워지고 식물과 동물이 고통을 당하고 당시에 살던 적은 수의 인간들이 거의 멸종되었을 것이라고 믿고 있다. 만약 그 시절에 선사시대의 설교자를 둔 선사시대 교회들이 있었다면, 나는 그들이 세상의 종말이 가까워졌다는 설교를 했을 것이라고 믿는다. 그러나 그때도 세상의 종말은 없었다. 지진과 다른 자연재앙은 우리 시대에만 있는 것이 아니다. 우리는 맹렬한 행성에 살고 있으며 언제나 자연의 힘에 취약하다. 현재의 범죄율이나 무례한 고등학생의 행동에서 어떤 종말의 조짐을 느끼는 사람들은 중세의 일상생활에 관한 글을 읽어보아야 한다. 그런 글을 읽는다면, 당신은 지금의 사정에 안도할 것이다. 우리는 흑사병과 노예제도를 견뎌내야 했으며 지금은 리얼리티 TV를 극복해야 한다. 세상사가 아무리 음울하게 돌아가도, 내일은 언제나 오고 있다.

여기서 또 하나의 간단한 질문을 던지고 싶다. 세상의 종말에 대한 예언이 아주 많은데, 왜 하필 기독교가 말하는 세상의 종말을 두려워하는가? 수많은 종교들은 '매우 가까운 미래'에 이 세상을 뒤엎고 올바르게 세우기 위해 신이 올 것이라고 주장했거나 주장하고 있다. 증거를 기준으로 본다면, 종말론적 주장들 중에서 특별히 더 나은 것은 없다. 모든 종말론은 신앙과 전설에 그 근거를 두고 있다. 구체적인 증거는 하나도 없다. 그렇다면 기독교인들이 이슬람교의 구원자인 마흐디의 출현에 전혀 신경을 쓰지 않는데, 이슬람교 신자들이 '요한계시록'에 약속된 대격변에 대해 걱정해야 할 이유는 뭔가? 대부분의 기독교인들은 아마 마흐디와 이슬람교의 계시에 대해 배울 생각조차 하지 않을 것이다. 또 노르웨이의 전통 종교가 예언하는 대홍수에 대비하여 방주들을 건조하겠다고 나서는 기독교인들은 거의 없을 것이다. 왜 그럴까?

물론 기독교 안에서도 세상의 종말과 관련하여 상당한 의견 차가 있다. 또 기독교인들이 예수 그리스도의 뜻에 맞춰 사는지를 판단하는 기준에 대해서도 의견의 일치가 이뤄지지 않고 있다. 세례를 받았는가? 동성애자인가? 거듭났는가? 교황에게 충실한가? 십일조를 내는가? 턱수염을 깎는가? 스카프를 두르는가? 문신을 했는가? 당신이 어떤 기독교인에게 묻느냐에 따라서, 이런 것들 중 일부 혹은 전부가 중요해진다.

나는 언젠가 라스타파리안(예수 그리스도를 흑인으로 보고 에티오피아의 황제 하일레 셀라시에 1세(1892~1975)를 재림한 그리스도로 섬기는 신앙운동의 신자)들을 상대로 그들의 믿음에 대해 인터뷰를 했는데, 그때도 세상의 종말이 제기되었다. 그들에게 세상의 종말은 곧 세계에 흩어져 있는 흑인들이 아프리카로 돌아가는 것이었다. 대부분의 남부침례교 신자들은 계시의 핵심적인 주제에 대해 라스타파리안들의 견해에 동의하지 않을 것이라고 나는 확신한다. 궁극적으로 말하면, 기독교인들은 세상의 종말에 관한 다른 의견들을 부정하며 내세우는 바로 그 이유 때문에 자신들의 의견을 다시 고려해야 한다.

성경을 읽지 않거나 '요한계시록'을 진지하게 받아들이지 않는 기독교인들에 대해 말하자면, 바로 이 대목에서 깊이 생각할 것이 있다. 만일 성경에 실린 예수 그리스도의 말씀을 세상의 종말과 같은, 기독교에 아주 중요한 문제에서도 신뢰할 수 없다면, 성경의 내용 중에서 믿을 수 있는 것은 과연 무엇인가? 문제는 예수 그리스도가 세상의 종말이 자신의 세대 안에 일어날 것이라고 부정확하게 설교했다는 것이다. 만일 예수 그리스도와 성경이 이처럼 중요한 문제에서 틀렸다면, 예수 그리스도와 성경은 다른 문제에 있어서도 틀렸을 수 있다.

기독교는 사람을 훌륭하게 만드는가?

어리석은 자는 마음속으로 말하기를 "하나님이 없다"고 하도다. 그들은 부패
하고 행실이 가증하여 선을 행하는 자가 없구나.
—'시편' 14장 1절

비신자들이 기독교인들로부터 거듭해서 듣는 당혹스런 비판 중
하나가 하나님을 믿어야만 선할 수 있다는 것이다. 이 몇 마디의
말은 엄청난 무게를 지닌다. 이 말은 비기독교인은 나쁜 사람이거
나 적어도 매우 의심스러운 사람이라는 것을 노골적으로 암시한
다. 나는 이런 정서의 뿌리를 이해하긴 하지만, 너무나 무례하고 현
실과도 다르기 때문에 용서하기 어렵다.

우리가 두 눈으로 보는 세상은 이 같은 생각을 뒷받침하지 않는
다. 앞의 어느 장에서 기독교나 다른 종교가 사회를 더 훌륭하게
만드는 도덕적 힘이라는 주장을 논하면서 확인했듯이, 이 같은 주
장 역시 현실과 다르다. 세계 각국의 교도소가 특별히 무신론자들

46

기독교는 사람을 훌륭하게 만드는가?

어리석은 자는 마음속으로 말하기를 "하나님이 없다"고 하도다. 그들은 부패
하고 행실이 가증하여 선을 행하는 자가 없구나.
-'시편' 14장 1절

비신자들이 기독교인들로부터 거듭해서 듣는 당혹스런 비판 중
하나가 하나님을 믿어야만 선할 수 있다는 것이다. 이 몇 마디의
말은 엄청난 무게를 지닌다. 이 말은 비기독교인은 나쁜 사람이거
나 적어도 매우 의심스러운 사람이라는 것을 노골적으로 암시한
다. 나는 이런 정서의 뿌리를 이해하긴 하지만, 너무나 무례하고 현
실과도 다르기 때문에 용서하기 어렵다.

우리가 두 눈으로 보는 세상은 이 같은 생각을 뒷받침하지 않는
다. 앞의 어느 장에서 기독교나 다른 종교가 사회를 더 훌륭하게
만드는 도덕적 힘이라는 주장을 논하면서 확인했듯이, 이 같은 주
장 역시 현실과 다르다. 세계 각국의 교도소가 특별히 무신론자들

로 채워지고 있지 않는 것은 분명하다. 어느 누구도 세계 각국의 기독교 신앙의 열기와 범죄율의 상관관계를 확인하지 못했다. 또 무신론이 팽배한 나라일수록 폭력과 범죄가 악화된다는 사실을 입증한 사람도 아직 없다.

그러나 도덕적인 행동은 악한 짓을 하는 것과만 관계있는 것이 아니다. 도덕적인 행동은 또한 선한 일을 하는 것과도 관계가 있다. 앞의 여러 예에서 보았듯이, 종교를 갖지 않는다는 것이 행동에 나쁜 영향을 미치지 않는다. 국민총소득(GNI) 대비 외국 원조의 비율이 높은 국가들을 보도록 하자.

1. 스웨덴
2. 노르웨이
3. 룩셈부르크
4. 덴마크
5. 네덜란드
6. 벨기에

이들 나라의 무신론자 비율은 세계에서 가장 높은 편이다. 2012년에 '사회심리학과 인성과학'(Social Psychological and Personality Science)이란 잡지에 발표된 한 연구서는 무신론자들이 종교를 가진 사람들보다 동정심을 더 강하게 느끼며 타인들을 더 많이 돕는다고 보고했다. 이 연구서에서 종교를 가진 사람들은 "자선의 근거를 감정보다는 교리와 공통적 정체성 혹은 명예와 같은 다른 요소"에 두고 있다. 연구원들은 이 같은 사실은 미국 내의 일반적 인식과 반대라고 주장했다. 이 연구서의 저자 중 한 사람인 사회심리학자 롭 윌러(Robb Willer)는 "종교를 믿지 않는 사람들이 미국에서 신뢰 받지 못하는 경향이 있지만, 실상을 보면 동정심을 느끼게 될 때 종교를 갖지 않은 사람들이 종교를 가진 사람들보다 동료 시민들을 더 적극적으로 돕는다"고 말한다.

만일 기독교가 도덕적인 행동에 반드시 필요하다면, 스웨덴과 노르웨이가 가장 나쁜 국가에 포함되어야 하는 게 아닌가? 그러나 이 국가들은 모든 사회 중에서 가장 평화롭고 가장 관대하다. 여기서 나는 종교를 갖지 않는 것이 당신을 더 훌륭하게 만든다고 주장하지는 않을 것이다. 왜냐하면 종교를 가진 사람 중에서도 특별히 선한 사람들이 아주 많기 때문이다.

도덕적인 행동을 하는 데 있어서 종교적 믿음이 반드시 필요한 것 같지는 않다. 워런 버핏(Warren Buffett)과 빌 게이츠(Bill Gates)는 인류 역사상 가장 부유한 개인들이다. 이들은 공교롭게도 둘 다 무신론자다. 그러나 신에 대한 믿음의 결핍이 그들로 하여금 도덕적 본능을 발견하지 못하도록 막거나 곤경에 처한 세계 각국의 사람들에게 수십억 달러를 지출하지 않도록 막지는 못했다.

이 세상에서 무신론자들이 가장 많이 모이는 곳을 생각해보자. 과학자들의 사무실과 연구실, 교실이다. 2009년 퓨 리서치 센터의 한 연구 보고서는 미국 과학자들 41%가 신이나 우주적 정신 혹은 보다 높은 권능을 믿지 않는다는 사실을 발견했다. 일반 대중 중에서 이 같이 대답한 사람은 4%에 지나지 않았다. 설문에 응한 과학자들의 33%는 신을 믿는다고 대답했다. 일반 대중 가운데 신을 믿는다고 대답한 사람은 83%였다. 과학자의 7%는 모르겠다거나 답을 하지 않았다. 18%는 '보다 높은 정신'이나 '보다 높은 권능'을 믿지만 신을 믿지는 않는다고 대답했다.

그렇다면 이 같은 수치는 무엇을 의미하는가? 미국은 선진국 중에서 종교적 성향이 가장 강한 나라다. 그러나 미국의 과학자만 놓고 볼 때에는 예수 그리스도를 믿지 않는 사람의 비율이 상대적으로 높다. 기독교가 선을 행하는 데 필요한 요소라는 생각이 맞다면, 미국의 과학자들이 다른 사람들보다 더 자주 곤경에 처해야 하는 것 아닌가? 물론 과학자들도 여기저기서 곤경에 처한다. 그러나 미국 과학자들의 공동체에서 무서운 스캔들이 일어나는 경우는 드물다. 가톨릭교회 안에서 벌어지고 있는 것 같은 추문, 예를 들면 성직자들의 소아성애 같은 것은 과학계에 없다. 왜 그럴까?

나는 과학자들이 밀실 안에서 무슨 일을 벌이는지 모른다. 그러나 생물학자와 천문학자, 그리고 나머지 과학 공동체는 상당히 온순하고 안전하다. 지질학자와 고고학자가 힘을 합쳐 술가게를 털었다는 뉴스는 거의 들리지 않는다. 그러나 신문을 보면 곤경에 처한 기독교인에 관한 뉴스가 빠지지 않는다. 법을 어겨 추락하는 기독교 정치인과 사업체 소유자, 범죄자들에 대해 생각해보라. 만일 감옥에 갇히는 기독교인들의 숫자가 적고 기독교 인구의 비율이 높은 사회들이 가장 안전하고 공정하다면, 기독교가 도덕적 행동에 필요하다는 주장이 설득력을 얻을 수 있을지 모르겠다. 그러나 이 중 어느 것도 현실과 거리가 멀다.

도덕성은 어디에서 나오는가?

지금까지 살아오면서, 귀중한 것을 쉽게 훔치고도 붙잡히지 않을 수 있는 기회가 여러 번 있었다. 그러나 나는 훔치지 않았다. 왜 그랬을까? 나는 이 문제에 대해 생각해보았다. 두 가지 이유밖에 떠오르지 않았다. 하나는 나 자신이 다른 사람을 슬프게 하거나 화나게 만들고 싶지 않았으며, 다른 사람의 재산을 취함으로써 그들의 인생을 힘들게 만들고 싶지도 않았다. 나는 다른 사람들이 내 물건을 훔칠 때 어떤 느낌을 받을 것인지 알고 있다. 물론 좋은 기분이 아니다. 나는 그런 기분을 다른 사람에게 안겨주고 싶지 않다. 두 번째 이유는 물건을 훔치다가 내가 주인에게 발각되거나 당국에 붙잡힐 수 있다는 점이다. 그렇게 되면 내 인생이 온갖 문제들에 휘말리게 될 것인데, 나는 그런 것을 원하지 않는다.

나의 도덕적 바탕을 몇 마디로 요약하면, 이것이 전부다. 다른 사람들이 나쁜 기분을 느끼도록 만드는 것은 또한 내 기분도 우울하게 만든다. 그래서 나는 그런 일을 피한다. 또한 다른 사람에게 나쁜 짓을 하면 다른 사람 또한 나에게 나쁜 짓을 할 수 있다. 그래서 나는 그런 일을 피한다. 나도 다른 사람과 똑같은 인간이다. 그러기에 나의 인생에도 다른 사람이 나를 화나게 만드는 순간도 드물게 있었다. 그러나 내 머리 깊숙이 자리 잡은 '파충류 뇌'가 "훔쳐!"라고 외칠 때에도, 보다 고상한 생각들이 속삭였다. 이 생각들은 '너는 어떤 사람이 되기로 했어?' '폭력을 피할 수 있을 때에는 폭력을 쓰지 않기로 했잖아?'라고 나에게 물었다.

나는 사람들을 해치지 않는다. 다른 사람이 나를 해치면 기분이 언짢아진다는 것을 이해하고 있기 때문이다. 나는 나를 분노케 하는 사람을 쏘지 않는다. 왜냐하면 분노는 시간이 지나면 사라지겠지만 죽음은 영원하기 때문이다. 나는 내가 죽인 사람의 가족들 마음이 찢어지는 걸 상상할 수 있다. 이런 것들이 내가 교도소에 갇히지 않게 만드는, 선하거나 도덕적인 행동을 하게 하는 동기들이다. 나는 타인의 고통과 불편을 느낄 수 있다. 나는 그 고통의 원인이 되고 싶지 않다. 지적으로 말한다면, 나는 나 자신이 부도덕한 행동을 할 경우에 사건들이 어떤 식으로 전개될 것인지를 추론할 수 있다. 규칙을 따르고 친절하게 행동하는 것이 더 안전하고 더 효과적이다.

그런데 어떻게 사람들은 비신자들이 다른 사람들에게 선하게 대할 이유가 없다고 생각할까? 어떻게 비신자들이 선과 악을 구분하지 못한다고 생각할까? 일부 사람들은 비신자들도 도덕적일 수 있다는 점을 인정한다. 그러나 그러는 사람들은 비신자들의 도덕적 행동도 그들이 알든 모르든 그들의 신에서 비롯된다고 덧붙인다. 또 어떤 사람들은 근거도 없이 특이한 주장을 펴고 있다. 왜 이런 선한 감정들이 초자연적인 원천에서 나와야만 하는가?

이 같은 감정은 꽤 간단하다. 신들이 필요하지 않다. 불의 호수도 필요하지 않고, 영원한 낙원에 대한 약속도 필요하지 않다. 그것은 사회의 기본적 요소다. 이런 요소를 만들어내는 것이 신이라는 증거는 없다. 왜냐하면 우리가 곧 보게 되듯이 도덕적 행동이 아주 재미있는 뜻밖의 장소에서 나타나기 때문이다.

종교에 회의적인 사람들이 궁금해 하는 것이 한 가지 있다. 바로 이런 것이다. 선한 행동을 할 동기를 따진다면, 신자와 비신자 중에서 어느 쪽의 동기가 더 멋있고 더 존경할 만한가? 모든 사람은 이 기심에 따라 움직인다. 그러나 이기심을 제외하고, 전형적인 기독교인과 전형적인 무신론자가 선한 행동을 할 만한 이유를 비교해 보자. 기독교인은 예수 그리스도가 그렇게 행동하기를 바란다거나 성경이 그렇게 명령하고 있다거나 아니면 기독교인들에게 그런 행동을 기대하기 때문이라는 식으로 말할 가능성이 크다. 물론 천국의 유혹도 있고 지옥의 두려움도 있다.

그러나 무신론자들의 경우는 어떤가? 무엇이 무신론자로 하여금 선한 일을 하도록 자극할까? 무신론자는 아마 자신의 긍정적인 충동을 수백만 년 동안 이어오는 진화의 덕으로 돌려야 할 것이다. 다른 사람을 친절하게 대하고 가족과 친구와 이웃, 간혹 이방인을 보살피는 것이 초기의 인간들과 다른 영장류들에게 아주 이로울 수 있었다는 것은 어렵지 않게 상상할 수 있다. 끊임없이 서로 싸우거나 훔치거나 다투는 개인들로 이뤄진 하나의 집단, 부족 혹은 씨족은 서로 협력하고 서로 돌보는 집단에 비해 매우 불리할 것이다. 그러니 친절과 보살핌 같은 특성을 어떻게 선호하지 않을 수 있으며 후대로 물려주지 않을 수 있겠는가?

영장류 동물학자 프란스 드발(Frans de Waal)은 현대인의 도덕적 행동의 뿌리를 자신이 연구한 원숭이에서 찾는다. 그는 이렇게 쓰고 있다. "현대의 종교들은 겨우 몇 천 살에 지나지 않는다. 인간의 심리가 이 종교들이 생기기 이전과 근본적으로 달라졌다고 상상하기 어렵다. … 종교와 문화가 할 역할이 없다는 뜻이 아니다. 그러나 도덕을 이루는 벽돌들은 분명히 인간의 역사보다 앞선다. 우리는 우리의 영장류 친척들에게서 그 벽돌들을 확인한다. 보노보의 경우에는 공감이 가장 두드러지고 침팬지의 경우에는 호혜주의가 가장 두드러진다. 도덕률은 우리에게 이런 성향을 언제 어떻게 적용할 것인지 알려준다. 그러나 성향들 자체는 기억할 수 없을 만큼 까마득한 옛날부터 있어 왔다."

물론 알아야 할 것이 아직 더 많다. 쥐에서부터 코끼리에 이르기까지 다양한 종류의 동물을 대상으로 실시한 수많은 연구 덕분에, 우리는 이 지구상에서 하나 이상의 종이 도덕적 행동을 한다고 자신 있게 말할 수 있게 되었다. 그렇다면 이 충동은 어디서 비롯되는 것인가? 원숭이들은 기독교인도 아니고 유대인도 아니고 이슬람교 신자도 아니다. 원숭이들은 경전도 읽지 않고 예배에도 참석하지 않는다. 우리가 아는 한 사후의 세계에 대해 깊이 생각하지도 않는다. 어느 원숭이가 다른 원숭이들에게 먹을 것을 양보하기 위해 자신이 굶기로 결정한다면, 우리는 이것도 하나님이 그 본능을 원숭이의 내면에 심었기 때문이라고 믿을 것인가? 그보다는 수백만 년에 걸친 자연선택의 결과로 발달한 본능이라는 대답이 더 그럴듯하지 않은가?

기독교인인 척했던 경험

내가 열일곱 살인가 열여덟 살이던 12월 어느 오후 늦은 시간에, 단정치 못한 차림에 카메라를 목에 건 어느 남자가 쇼핑 몰에서 나에게 접근해왔다. 그는 지역 신문을 위해 길거리 여론조사를 하던 기자였다. 나는 조사에 참여하겠다고 동의했다. 그가 나에게 그 시즌에 어울리는 질문을 던졌다. "새해 결심이 뭡니까?" 당시 나이를 감안할 때, 그 질문에 가장 먼저 떠오른 것은 아마 "여자들을 많이 사귀는 거죠"라는 생각이었을 것이다. 그러나 나는 그 생각을 삼켰다. 왜냐하면 그보다 더 높은 것을 새해 목표로 제시해야 신문기자에게 인상을 남길 것이기 때문이었다. 그래서 나는 잠시 생각한 뒤에 "보다 훌륭한 기독교 신자가 되고 보다 나은 사람이 되고 싶어요"라고 대답했다. 맞아, 나는 그렇게 대답했다. 그 대답은 기록이 되어 어딘가에 영원히 남아 있다. 지금 되돌아보면, 나는 그때 한 말에 당혹감을 느낀다. 내가 기독교인이 아니었고 더 나은 기독교인이 되기를 원하지는 않았기 때문이다. 나 자신이 그 대답에 대해 후회하는 이유는 그것이 피상적이고 정직하지 못했기 때문이다. 그 대답이 피상적이라고 하는 이유는 도덕적인 행동에는 기독교가 필요하다는 당시의 문화적 분위기에 내가 넘어갔기 때문이다. 그리고 정직하지 못했다고 하는 이유는 나 자신이 기독교인이 아니었기 때문이다. 나는 '선한 사람'이 되기 위해서 기독교인이 되기를 원했거나 기독교인이 될 필요가 있다고 생각했을 것이다.

그러나 진실은 나 자신이 예수 그리스도가 신이라거나 신이 존재한다는 확신을 갖지 못하고 있었다는 것이다. 당시 종교적 주장에 대한 내 생각은 그다지 세련되지 못했다. 그럼에도 불구하고 나의 회의는 매우 절실했으며, 이 회의가 나로 하여금 예수 그리스도를 믿지 못하도록 막았다. 대부분의 사람들은 예수 그리스도를 믿는 것이 기독교 신자가 되는 전제조건이라는 데 동의할 것이다. 그렇다면, 나는 기독교 신자가 될 자격이 없었다. 그렇다면 내가 그런 새해 다짐을 밝힌 이유는 무엇인가?

십대 시절의 나 자신을 변호하자면, 내가 그 기자에게 한 말은 정확하거나 분별력 있는 것은 아니었을지라도 정직한 것이었다. 많은 사람이 그러듯, 나는 정말로 '선한 존재'가 된다는 것과 기독교 신자가 된다는 것은 같은 뜻이라고 생각했다. 또한 많은 사람들처럼 기독교 신자가 되지 않는 것이 선한 사람이 되는 것을 불가능하게 만들지는 않아도 어렵게는 만들지 않을까 걱정했다. 어쨌든 설교자와 기독교 신자들이 몇 세기 동안 줄기차게 반복하고 있는 경고가 바로 이것 아닌가. 물론 이집트나 요르단에서 태어나 키워졌다면, 그 기자에 대한 내 대답은 "더 훌륭한 이슬람교 신자가 되고 더 착한 사람이 되고 싶어요"라는 식이었을 것이다.

나는 나 자신을 공개적으로 기독교와 연결시키려 한 시도가 그렇게 이상한 짓인지 잘 모르겠다. 많은 사람들이 예수 그리스도가 성경에 묘사된 것처럼 진짜 신이라는 확신 때문이 아니라 기독교가 선하고 예절 바른 삶을 사는 유일한 길이라는 판단에서 기독교를 받아들인다 해도, 나는 그다지 놀라지 않을 것이다. 하지만 기독교가 정말로 선하고 예절 바른 삶을 사는 유일한 길인가?

기독교 없이도 가능한 선한 삶

내가 새해 결심을 한 뒤 몇 년 사이에 배운 것은 선하거나 선한 인생을 살기 위해서 기독교인(가짜나 진짜)이 될 필요는 없다는 것이다. 독서가 도움을 조금 주었고, 세계를 여행한 것이 도움을 많이 주었다. 나는 기독교인도 아니고 괴물도 아닌 사람들을 많이 만나

관찰했다. 물론 피상적으로 사람을 판단할 수는 없다. 그러나 나는 그들이 인생을 최대한 알차게 살려고 노력하는 선한 사람들 그 이상도 그 이하도 아니라는 것을 느낄 수 있을 만큼은 그들을 충분히 보았다.

나는 시리아에서 함께 어울려 웃고 노는 가족들을 보았다. 피지에서 먼지가 풀풀 나는 먼 길을 걷는 동안에는 녹슨 트럭을 몰던 늙은 이슬람교 신자가 나를 태워주기도 했다. 나는 그에게 기름 값을 주려 했지만 그는 우리의 인연을 이방인에게 친절을 베풀 기회 그 이상으로 보지 않았다. 태국에서는 '노숙하는' 여인이 다리 밑에서 자신이 사는 커다란 박스 앞을 빗자루로 쓰는 것을 보았다. 아마 불교 신자였을 것이다. 그녀는 잠시 일손을 멈추고 뒤뚱거리던 아이와 놀아주었다. 여인은 기품이 있었고 사랑으로 넘쳤다. 중국에서는 영어 한 마디 못하는 소년이 만리장성 위에서 나의 손을 꼭 잡고 웃었다. 그의 어머니는 그 모습을 지켜보며 웃었다. 불순한 것을 정화시키는 순수한 친절이었다. 나는 그들의 눈에서 본 선함이 예수 그리스도에 대한 숭배 때문이라고 생각하지 않는다. 한 인간의 주관적인 관찰에 그다지 강한 인상을 받지 못하는 독자들을 위해서, 이 문제를 평가하는 다른 방법들도 있다.

비기독교인들의 도덕적 타락을 본 뒤 긍정적이고 생산적인 삶을 영위하기 위해선 기독교가 필요하다는 증거로 삼으려는 사람들은 그 유혹에 맞서야 한다. 왜냐하면 터무니없는 생각이기 때문이다. 우선, 어느 누구도 완벽하지 않다. 당연히 비기독교인들도 나쁜 짓을 한다. 결정적인 물음은 예수 그리스도를 믿는 사람들이 비기독교인들보다 가까이하기에 더 낫고 더 안전한가 하는 점이다. 이에 대한 대답은 분명히 '노'다.

역사는 나쁘게 행동한 기독교인들의 예로 넘쳐나고 있다. 이에 대해서는 더 세세하게 논할 필요가 없다. 매우 많은 기독교인들의 무시무시한 범죄는 잘 알려져 있기 때문이다. 유럽 역사의 상당 부분을 이루고 있는 끊임없는 전쟁과 신세계에서 자행한 학대와 살해에서부터 기독교 신자가 많은 사회의 부패와 탐욕까지, 범죄의 예는 무수히 많다. 사실은 기독교가 도덕적인 행동을 절대로 보장하지 않는다는 것이다. 기독교가 강탈하고, 학대하고, 죽이는 동기와 구실로 이용되던 때가 자주 있었다. 이슬람교 교도와 힌두교 신자, 비신자들, 시크교도, 불교 신자, 유대인, 정령 신앙자 등도 종종 동료 인간을 나쁘게 다뤘다. 그러나 기독교인들이 한 것보다 더 심하지는 않았다.

오늘날, 이슬람교가 이따금 자신의 종교에 대한 모독으로 인식되는 것에 대해 드러내는 분노와 테러리스트의 행위는 이슬람교의 이미지로 통하고 있다. 그러나 기독교도 그런 광기를 극복하지 못했으며 면역체계도 개발하지 못했다. 서구 국가의 많은 사람들은 형평성에 어긋나는 뉴스 보도 때문에 이를 자각하지 못한다. 예를 들어, 〈코니(Kony) 2012〉라는 비디오가 널리 퍼진 뒤에도 미국인들은 우간다 군사지도자의 과거와 그의 행동 동기에 대해 잘 몰랐다. 수만 명을 고문하여 죽이고 어린이 병사들을 노예로 만든 코니는 소년 시절에 가톨릭 복사 일을 했으며 지금은 십계명을 바탕으로 한 기독교 계율로 통치하기 위해 우간다 정부를 전복시키려 노력하고 있다. 코니는 성령의 안내를 받고 있다고 주장하면서 자기 병사들에게는 무기에 거룩한 기름으로 십자가를 그리라고 한다. 전투에 나서기 전에 가슴에 십자가 표시를 달지 않는 병사들은 코니의 명령에 의해 총살당할 수도 있다. 이 인간에 비하면 오사마 빈 라덴은 아무것도 아니다. 우리는 기독교인들이 살인에서 아동 강간까지 온갖 범죄를 다 저지르는 것을 보았다. 예수 그리스도에 대한 믿음이나 예수 그리스도의 안내 역시 무수한 범죄를 막지 못했다. 물론 많은 기독교인들도 이 사실을 이미 알고 있다. "기독교인들은 완벽하지 않다. 다만 용서받았을 뿐이다"라는 표현을 생각해보라.

나머지 사람들과 마찬가지로, 기독교인들도 탐욕과 엉터리 판단, 부정적인 충동에 취약하다. 기독교가 모범적인 행동을 낳는 유일한 길이라는 생각에 대해 합리적으로 말하라면, 많은 사람들이 많은 상황에서 종교적 믿음에 상관없이 나쁜 짓을 할 수 있다는 것이다. 우리가 과거에 보았고 현재 보고 있는 것을 근거로 할 때, 어떠한 신도 인류를 악으로부터 보호해 주지 못하는 것 같다. 어디까지나 악한 행동에 대해서는 우리가 책임져야 한다.

47

왜 신은 이렇게 고통을 주는가?

100만 명 이상의 아이들이 매년 극도의 빈곤으로 죽어가고 있다.
  -유니세프

　기독교의 가장 힘든 도전 하나는 이 세상에 악과 고통이 왜 이다
지도 많은가 하는 물음이다. 기독교는 사랑의 눈길로 우리를 지켜
보고 있는 정의로운 신이 있다고 약속하고 있다. 그렇다면, 왜 많은
사람들이 끝없는 전쟁으로 죽어가고 있는가? 왜 하나님은 역사 내
내 일어나고 있는 강간과 살인을 막지 않는가? 이에 대해 기독교인
들은 인간이 서로에게 하는 악한 짓은 자유의지로 설명된다고 대
답한다. 많은 사람들은 하나님이 우리에게 좋은 쪽이든 나쁜 쪽이
든 세상을 살아갈 길을 스스로 선택하도록 허용했다고 믿고 있다.
그렇기 때문에 우리가 적의 머리를 치거나 마을에 네이팜탄을 투
하하기로 결정한다면, 그것은 어디까지나 인간의 선택일 뿐이다.
이 말이 맞을 수도 있다.

그러나 왜 아주 많은 사람들이 매일 부상과 질병으로 고통스런 죽음을 맞이하는가? 왜 그렇게 많은 사람들이 자연재해로 쓰러지는가? 전지한 신이라면 모든 희생자의 절규를 듣고 고통을 알 것이다. 전능한 신이라면 인간의 고통을 중단시킬 조치를 취할 수 있을 것이다. 전지전능하고 선한 신이라면 그냥 팔짱을 끼고 서서 인간의 불행을 지켜보고만 있을 수는 없지 않을까? 그러나 신은 그 오랜 세월 동안 그냥 내버려두는 쪽을 택한 것 같다. 이처럼 신의 조치가 없다는 사실은 기독교 신이 존재하지 않는다는 의미인가? 반드시 그렇지는 않을 수도 있다. 이 모든 것에 대한 합리적인 설명이 있을 수도 있다.

이 질문에 대해 기독교인들의 반응을 보면, "하나님의 길은 인간에게 알려져 있지 않다"라거나 "그것도 신의 계획의 일부이다"라거나 "인간은 그런 고통을 당해도 싸다"는 대답이 가장 빈번하게 나온다. 첫 번째 대답은 질문에 대답하기보다는 질문을 피하는 방법으로 보인다. 그렇게 많은 사람들이 고통을 당하게 내버려두려는 하나님의 의지는 우리의 이해력 밖에 있다는 식의 주장은 이 질문을 회피하는 것이다. 그러나 이 문제는 그냥 풀릴 수 없는 것이라고 치부하고 넘어가기에는 너무 중요하다. 만일 기독교인들이 주장하는 것처럼 하나님이 모든 도덕의 원천이라면, 이 악의 문제는 반드시 짚고 넘어가야 한다.

두 번째 대답은 인간이 보고 있는 모든 고통과 죽음에는 아무런 문제가 없다고 주장한다. 그 고통과 죽음이 하나님이 인간을 위해 준비한 완벽한 계획의 일부이기 때문에 그 같은 불행이 필요하다는 입장이다. 인간은 하나님의 계획을 전부 이해하지 못할 수 있지만 질병과 빈곤, 전쟁, 폭력적 범죄, 홍수, 지진에 대한 걱정을 내려놓고 그것들이 좋은 일이라고 믿기만 하면 된다는 식이다. 나는 이 설명이 맞을 수도 있다고 짐작해본다.

그러나 나의 뇌와 가슴은 나에게 달리 말하고 있다. 매순간 인간에게 일어나고 있는 고통과 아픔이 측량 불가능할 만큼 크다. 지금 이 순간에도 수백만 명의 사람들이 고통에 몸부림을 치고 있다. 일부 사람들에게는 세상사가 훨씬 더 부드럽게 돌아간다. 그러나 우리 대부분에게 인생은 지나치게 가혹하다. 이 세상에 태어나는 인간들 중 대다수가 성인이 되기 전에 죽는 것으로 추산된다. 그것도 엄청난 고통 속에서. 바로 이런 이유 때문에라도 기독교인들은 '신의 계획'이라는 설명을 재고하기 바란다. 선하고 동정심 많은 신이 설계한 계획이란 것이 도대체 어떤 것이기에 자신의 창조물들에게 그처럼 무서운 공포와 아픔을 안겨주는 것까지 포함하고 있는가? 그리고 이 신은 미래까지 아는 신이라는 점을 기억하라. 이 말은 곧 그가 자신이 창조한 세상과 인간이 더없는 불행 속에서 종말을 맞게 되어 있다는 것을 알고 있다는 뜻인가? 아니 그가 지금까지 그 계획대로 해왔단 말인가? 적어도 말라리아 기생충만이라도 창조물 목록에서 제외하는 것은 불가능한 일인가? 말라리아로 죽는 사람만 매년 100만 명을 넘고 있으니 하는 말이다. 또 희생자들 대부분이 매우 어린 아이들이지 않는가.

집단 고통과 어린이들의 고통스런 죽음도 큰 그림을 갖고 목표를 추구하는 신에게는 필요한 일이라는 주장은 그다지 설득력 있게 들리지 않는다. 하나님이 보살피고 도와주길 원하지만 큰 계획 때문에 그렇게 하지 못한다는 암시는 이 우주의 전능한 창조주에게 어울리지 않는 변명처럼 보인다. 모순이 지나칠 정도로 크다. 선하고 인간을 사랑하는 신이 지나치게 많은 사람들에게 지나치게 불공평한 해를 안기는 행동계획을 만들어 따른다는 것은 한마디로 터무니없다. 만일 우리가 이 같은 주장을 받아들인다면, 아이의 죽음에서 끝내야 할 이유가 있는가? 은행 강도와 강간, 납치도 신의 계획에 필요한 부분으로 여겨질 수 있지 않는가? 그렇지 않다면 신이 이런 짓들을 중단시켜야 하는 것 아닌가? 만일 이런 악행도 신의 계획이라면, 사람들이 건전하고 선한 사회구성원이 되려고 노력해야 할 이유가 있을까? 지진으로 100만 명이 죽거나 대기근 같은 가공할 만한 불행이 닥치면, 희생자들에게 그 불행이 신성한 계획의 일부이기 때문에 하나님으로서도 어쩔 수 없었다고 말할 것인가.

인간은 불행을 당해도 싸다?

악의 문제에 대한 세 번째로 가장 흔한 대답은 앞의 두 가지 대답보다 소화하기가 더 어렵다. "인간은 당해도 싸다"는 대답은 이 세상의 모든 고통과 불행, 죽음을 설명한다고 많은 기독교인들은 말한다. 이 설명에 따르면, 인간은 타고난 원죄 때문에 당해야 할 것을 그대로 정확히 당하고 있다. 우리는 오래 전에 에덴동산에서 하나님의 뜻을 거역했고, 그래서 우리는 처벌의 고통을 받아야 한다는 식이다. 여기서 말하는 우리는 누구인가? 왜 현재의 사람들이 이브와 아담의 죄를 나눠져야 하는가? 나는 금단의 열매에 입도 대지 않았다. 올해 암 진단을 받을 어린이와 아기들도 금단의 열매에는 손도 대지 않았다.

지금 모든 인간은 타락한 세계에 살고 있다고 많은 기독교인들은 말한다. 질병과 가난, 범죄, 전쟁, 기근, 대량학살, 아동 강간, 자연재해 등이 끊이지 않는 이 세상은 아담이 금단의 열매를 한 조각 베어 물기로 한 결정의 결과라는 것이다. 우리 인간이 물려받은 세상은 원래 낙원이었으나, 하나님의 뜻을 따르지 않음으로써 우리 스스로 낙원을 망쳐놓았다는 식의 해석이다. 그래서 지금 우리는 스스로 자초한 타락한 세상에서 힘들어 해야 한다는 것이다. 독재자에서부터 토네이도와 이질에 이르기까지, 모든 것은 우리의 잘못이다. 왜냐하면 우리가 에덴동산에서 하나님의 규칙을 따르지 않았기 때문이다. 이 같은 주장이 일부 사람들에게는 믿을 만하고 매력적인 이야기로 들릴지 모르지만, 우리 인간이 듣고 있는 동정심 많고 공정한 신의 이미지와는 맞아떨어지지 않는다.

하나님이 내려다보는 가운데 끊임없이 일어나고 있는 재난과 불행에 대해 "인간은 당해도 싸다"는 식으로 대답하는 사람이 많다. 그러나 이 대답은 몇 가지 문제를 안고 있다. 첫째, 선사시대에 인간의 조상이 저지른 단 한 가지 위반사항에 대해 모든 인간이 대를 내려가면서 책임을 지는 것이 과연 도덕적이고 정당한가? 이는 정의라는 개념에 비춰볼 때 정말 말이 되지 않는다. 21세기의 가장 미천한 인간도 21세기에 살고 있는 고대 그리스인 범죄자의 후손을 처벌하는 사법제도가 터무니없다는 것을 이해할 것이다. 만일 우리 대부분이 범죄자에게 내려진 판결이 범죄자의 후손에게로 넘어가서는 안 된다는 것을 이해한다면, 신도 그것을 알지 않겠는가?

"인간은 당해도 싸다"는 대답의 또 다른 문제는 처벌의 가혹성이 상상을 초월한다는 점이다. 아무리 공정하지 않은 사람이나 사법제도라 하더라도 편의점에서 치약 하나를 훔쳤다고 해서 사람을 사형에 처하지는 않을 것이다. 그렇다면 선하고 정의로운 신이 어떻게 이 세상이 끊임없이 고통을 당하도록 할 수 있는가? 처벌의 범위와 기간을 감안한다면, 이 대답은 정당하지 못하다.

물론 모든 기독교인들이 성경을 잘 알고 있는 것은 아니다. 많은 기독교인들은 에덴동산 이야기를 실제 일어난 일로 받아들여서는 안 된다고 말한다. 그들은 우리 인간이 죄의 상태에 있으며 단지 하나님을 외면했기 때문에 고통을 받는다고 믿는다. "우리"가 하나님을 외면했다고? 다시 말하지만, 이 "우리"는 어떤 식으로 결정되는가? 왜 이 "우리"가 매년 빈곤 속에서 질병과 영양실조 때문에 죽어가는 1000만 명가량의 아기와 어린이들을 포함하는가? 도대체 어떤 기이한 도덕적 기준이 작용하기에, 한 살짜리 아이가 기생충과 굶주림으로 내장이 비틀어지는 고통을 겪으며 죽어가야 싸단 말인가? 우주와 만물을 창조한 하나님은 그런 고통을 멈추게 할 힘을 갖고 있을 것이다. 인간에 대한 사랑과 동정심으로 가득한 신이 그 고통을 멈추게 하지 않거나 할 수 없다고 상상하기 어렵다.

어린이들의 홀로코스트

그레고리 폴(Gregory Paul)이 학술지 '철학과 신학'(Philosophy & Theology)에 발표한 한 논문은 하나님과 아이들의 고통이라는 문제를 멋지게 분석하고 있다. 폴은 이 주제가 종교 사상가들과 비종교 사상가들에 의해 간과되었다고 지적한다. 사람들은 대체로 이 세상이 많은 아이들에게 얼마나 비참하고, 위험하고, 불공정한 곳인지를 깨닫지 못한다. 아이의 빈곤에 관한 글을 자주 쓰고 또 개발도상국의 가난한 아이들을 위해 기금을 모으는 자선단체를 설립한 사람으로서, 나는 이 문제에 대한 대중의 무지를 직접적으로 경험한다. 슬픈 일이지만, 현재나 과거에 있었던 아이들의 사망 범위에 관한 이야기가 나오면 대부분의 사람들은 이에 대해 아무것도 모른다. 예를 들어 대부분의 사람들은 제2차 세계대전 동안에 일어난 홀로코스트가 유대인 600만 명을 죽인 사실에 대해서는 안다. 그러나 그보다 갑절이나 많은 아이들이 개발도상국에서 매년 죽어간다는 사실을 아는 사람은 거의 없다.

폴은 '어린이들의 홀로코스트'는 선하고 정다운 신이 존재한다는 주장에 맞서는 강력한 논거 그 이상이라고 말한다. 그는 '어린이들의 홀로코스트'는 이 같은 주장이 거짓임을 입증하고 있다고 주장한다. 폴은 어린이들의 생명에는 자연유산과 질병과 자연재해에 의한 죽음과 같은 '자연의 악'이 우리 인간의 '도덕적 악'보다 훨씬 더 파괴적이었다고 설명한다. 우리의 생각에는 훨씬 더 많아 보이지만, 실제로 보면 전쟁과 살인, 인공낙태 등 우리의 행동에 따른 어린이들의 죽음은 전체 숫자 중 극히 일부에 지나지 않는다고 한다. 폴에 따르면, 이 수치는 100억 혹은 200억이 될 것이다. 그러나 그는 자연적인 원인에 따른 젊은이들의 죽음은 수천 억 명에 달한다고 추산한다. 폴은 이렇게 쓰고 있다. "만일 어떤 창조주가 존재한다면, 그는 어린 생명의 고통과 죽음을 최대화하는 그런 서식

처를 만들기로 작정했음에 틀림없다. 어린이들의 희생은 인간의 역사 대부분 동안에 인간의 통제권 밖에 있는 요소들 때문에 일어난 것이었다. 자연적인 원인으로 죽거나 태어나지 못한 아이들은 독재자들의 행위에 의해 죽은 숫자보다 몇 천 배 더 많다."

그러면 우리는 이 모든 고통과 죽음을 어떻게 받아들여야 하는가? 질병으로 인해 수십억 명의 아이들이 죽는 것이 선한 일일 수 있는가? 자연재해와 사고로 수십억 명에 달하는 아이들이 죽음을 맞는 게 선하고 도덕적인 신의 계획의 일부가 될 수 있을까? 그럴 수 있을지도 모르지만, 신이 더 나은 방법을 구상하지 못하는 이유를 이해하기는 어렵다.

인기 높은 기독교 철학자 윌리엄 레인 크레그(William Lane Craig)는 우리가 보는 이 모든 악과 고통과 하나님 사이에 전혀 모순이 없다는 주장에 대해 반박한다. "이 주장의 문제는 하나님과 악이 논리적으로 양립할 수 없다고 생각할 이유가 전혀 없다는 데 있다. 하나님과 악 사이에는 명백한 모순이 전혀 없다." 여기서 속임수를 놓치지 않도록 하라. 레인은 회의론자의 도전을 단순히 "하나님"과 관계있는 것으로 설명한다. 그러나 그렇지 않다. 악의 문제를 제기하는 대부분의 사람들은 이 모든 고통과 죽음이 인간의 행복에 신경을 쓰는 정의로운 신이 창조하고 운영하는 세상에서 말이 되지 않는다는 점을 강조한다. 이것이 열쇠이다. 물론 신이 존재하는 것은 무서운 수준의 악이나 폭력, 고통과 반드시 모순되지는 않는다. 구약성경에도 그런 폭력이 넘쳐나지 않는가! 많은 신들은, 그 신들을 믿는 사람들이 묘사하듯이, 인간의 불행과 죽음을 멈추게 하지 않을 뿐만 아니라 그 불행과 죽음을 기쁜 맘으로 일으킬 수도 있다.

그러나 대부분의 기독교인들에 따르면 예수 그리스도는 그 신들과 다르다. 예수 그리스도가 손에 피를 많이 묻힌 구약성경의 하나님과 같다고 말하는 삼위일체의 개념에도 불구하고, 예수 그리스도는 인간에 대한 사랑으로 가득한 것으로 여겨진다. 이 신은 우리가 지금 살고 있는 현실과 일치하지 않는 특별한 신이다. 분명히 말하지만, 우리 인간은 서로 물건을 훔치고 학대하고, 이웃과 전쟁을 벌이고, 자연환경을 망침으로써 스스로에게 엄청난 해를 입힐 수도 있다. 아마 하나님이 우리로 하여금 자유의지로 난폭하게 굴게 할 수도 있다. 그러나 자유의지가 어린이들의 고문과 강간, 살해를 부르는 경우가 너무 자주 있다는 사실은 하나님의 뜻과는 아무래도 어울리지 않는다. 이보다 더 심각한 문제는 우리 인간이 자초하는 악은 미생물과 홍수, 지진 등 기독교인들이 하나님이 주관한다고 주장하는 재해가 인간에게 안겨주는 그 파괴성에 비하면 아무것도 아니라는 사실이다.

인간의 세상

악의 문제는 신이 존재하지 않는다는 것을 입증하지 못한다. 나는 디트로이트의 범죄율이나 방글라데시의 홍수 희생자들을 어떠한 신도 존재하지 않는다는 증거로 여기지 않을 것이다. 그런 식의 접근은 말이 되지 않는다. 그러나 과거와 현재에 인간이 처한 거친 현실은 기독교 신에 대해 깊이 생각해보려는 사람들의 마음에 회의(懷疑)를 불러일으킬 수 있다. 만일 기독교 신이 진짜라면, 그가 만든 세상과 그의 무활동을 근거로 판단할 때 그의 도덕적 나침반은 우리의 도덕적 나침반보다 훨씬 열등한 것 같다. 나는 아프리카와 아시아의 시골길을 걷다가 죽어가던 아이들의 흐릿한 눈을 보았다. 거기서 내가 겪은 일들은 지금도 나를 괴롭힌다. 내가 듣고 있는 그 선한 기독교 신이 존재하는지, 나는 모른다. 그러나 우리가 지금 살고 있는 세상을 본다면, 그런 신이 존재하지 않는다고 보는 것이 더 타당하다. 이 세상을 보면 자연은 인간의 고통에 무관심하고, 인간이 이웃을 무시하거나 돕거나 해를 입히는 데 따른 책임을 고스란히 다 지고 있지 않는가.

48

예수 그리스도처럼 십자가에 못 박힐 수 있는가?

예수 그리스도의 무시무시한 희생은 기독교인과의 토론에서 피할 수 없는 주제다. 대부분의 비기독교인들에게, 특히 무신론자들에게는 예수의 희생이야말로 기독교에서 가장 이해하기 어려운 내용이다. 예수의 희생이 너무나 자주 논의되다 보니 신성한 존재든 그렇지 않은 존재든 어떤 사람을 십자가에 못 박고, 그를 못 박은 사람들이 그의 피로 "죄를 씻는" 행위가 얼마나 이상하고 불온한지 더 이상 인식하지 못하게 되었다.

2012년의 어떤 라이브 라디오 프로그램에서, 나는 내 책『사람들이 진실이라고 믿는 50가지 믿음』(50 Popular Beliefs That People Think Are True)에 대한 이야기를 많이 할 작정이었다. 그래서 나는 외계인과 영매, 빅풋, 버뮤다 트라이앵글, 세상의 종말에 대해 이야기할 생각이었다. 모두가 재미있는 소재들이었다.

그러나 청중은 그렇지 않았다. 나의 오프닝 멘트는 회의론자의 지혜와, 특이한 주장을 받아들이기 전에 질문을 던지고 증거를 요구하려는 노력의 중요성에 관한 것이었다. 그때 나는 유익하고 기본적인 조언을 하고 있을 뿐이라고 생각했다. 그러나 나의 말이 기독교 청취자들의 마음에 경각심을 불러일으켰다. 몇 사람이 신의 존재를 놓고 나와 토론하려고 했다.

"어느 신 말입니까?"라고 내가 물었다. 두 사람이 나에게 어떻게 종교에 대해 의문을 품을 용기를 갖게 되었냐고 물었다. 그래서 나는 그들에게 어떻게 이슬람교와 힌두교에 대해 의문을 품을 용기를 냈냐고 되물었다. 한 사람은 자잘한 이야기를 무시하면서 이렇게 선언했다. "이 사람이 어떤 사람인지는 모르지만, 예수 그리스도의 피로 목욕할 필요가 있는 사람이군!"

전반적으로 그 프로그램은 재미있었다. 나는 전화를 건 청취자들이 선의를 품고 있다는 것을 느꼈다. 나도 프로그램 내내 정중하고 점잖게 진행했다. 2000년의 역사를 자랑하는 기독교 덕에, 오늘날 이런 식으로 피에 대해 이야기하는 것은 지극히 정상적이고, 합리적이며, 무섭지도 않게 되었다. 피로 목욕을 한다? 종교나 저예산 공포영화가 아닌 다른 어떤 맥락에서 이런 생각을 공개적으로 표현하고도 조롱을 받지 않거나 정신건강을 의심받지 않을 수 있겠는가? "예수 그리스도의 피"는 이제 아주 많은 문화에서 너무나 흔한 개념이 되어 버린 탓에 사람들이 무감각해졌다.

성체성사도 언급되어야 한다. 예수 그리스도의 살점을 먹고 피를 마시는 것은, "신은 사랑"이라는 개념을 근거로 삼는 평화로운 종교의 활동처럼 보이지 않는다. 성체성사는 오히려 피에 굶주린 전쟁 신과 연결되어 있는 것처럼 들린다. 성체성사는 오늘날 나 같은 아웃사이더를 제외하고는 누구에게도 충격으로 다가오지 않는다.

대부분의 사람들은 아마 오랫동안 인류가 종교에 집착해온 결과 피의 강물이 얼마나 깊이 흐르게 되었는지 잘 모른다. 카리브 제도에서 살 때, 나는 정신질환으로 힘들어하던 어떤 젊은 여인을 알았다. 의사가 그녀를 치료하지 못하자, 그녀의 가족들은 좌절감을 느끼면서 그녀를 마법사에게로 데려갔다. 나는 현장에 있지 않았지만 들어서 모든 것을 알고 있다. 마법사가 치른 의식의 절정은, 닭의 목을 따서 그 피를 젊은 여인의 몸에 붓는 것이었다. 여하튼, 이 동물 제물과 피의 목욕은 그때까지 그녀를 괴롭히고 있던 악귀와 나쁜 마법의 힘을 몰아내었다. 물론 그녀는 낫지 않았으며 그 뒤에도 몇 년 동안 정신적 문제로 힘들어했다.

요르단의 장엄한 바위 도시인 페트라에 머물 때, 나는 '하이 플레이스'에 올라가 바위로 만든 제단을 보았다. 그곳에 살았던 사람들은 신을 행복하게 할 목적으로 그곳에서 의식을 위해 동물과 짐작컨대 인간들을 죽였다. 나는 제단의 유물에서 홈통을 보았는데, 아마 죽인 동물에서 나온 피가 그곳으로 흐르게 되어 있었을 것이다.

나는 예수 그리스도의 죽음을 많은 곳에서 여러 차례 보았다. 뉴욕시립미술관에 걸려 있는 값을 따지기 힘든 그림에서부터 예루살렘의 선물가게에 진열되어 있던 초라한 예수 그리스도 기념품, 그리고 내 친구 어머니의 낡은 성경에 매달려 있던 자그마한 은장식까지, 나는 십자가에 죽었거나 죽어 가는 모습으로 못 박혀 있는 예수 그리스도의 이미지를 다양한 형태로 보았다. 그중에 그리스도 수난상이 가장 강력한 인상을 남겼는데 그 이유는 잘 모르겠다. 이 3차원의 조각상 일부는 크고, 놀랄 정도로 사실적이며, 실물 크기였다. 프로테스탄트들은 좀처럼 그리스도 수난상을 갖고 다니거나 진열하지 않는다. 그냥 평범한 십자가를 더 선호한다. 그리스도 수난상(예수 그리스도가 못 박혀 있는 상태의 십자가 조각상)은 가톨릭과 정교회, 루터파, 성공회 신자들이 좋아한다.

분명한 이유는 모르지만, 내게 가장 강렬한 인상을 남긴 그리스도 수난상은 페루의 리마 성당에 있는 커다란 목각 조각상이었다. 그 성당은 충분히 극적이었으나, 고문당하여 창백한 예수 그리스도의 육신은 가슴을 먹먹하게 만들었다. 성당의 육중한 문을 걸어 들어가는 것 자체가 시간적으로 5세기 뒤로 돌아가는 느낌이었다.

그리스도 수난상으로 가기 전에, 나는 프란시스코 피사로(Francisco Pizarro)의 무덤 앞에 잠시 서서 이 사람이 교회와 얼마나 안 어울리는 삶을 살았는지 생각해보았다. 모든 걸 포기하고 유럽으로 돌아가야 할 온갖 이유가 있었던 그는 대신에 마지막으로 명예와 부를 쥐려는 포부를 안고 몇 안 되는 병사들에게 자신을 따르라고 명령했다. 이들은 역사에서 가장 큰 제국 중 하나를 정복했다. 불행하게도, 이 정복자들의 놀라운 용기와 야망은 신세계에서 그들이 자행한 살인과 파괴에 묻혀버리고 말았다. 몇 해 뒤에 자객 20명이 집에 있던 피사로를 공격했을 때, 이 명예와 부도 그를 보호하지 못했다. 60대의 나이에도 여전히 전사였던 피사로는 그들과 맞서 싸우며 적어도 2명을 죽였다. 자객들이 그를 칼로 내려치자, 그가 죽어가면서 바닥에 기독교 십자가를 피로 그렸다는 이야기가 전설처럼 내려오고 있다.

리마의 성당 안에서 내 앞에 있던 그리스도 수난상을 응시하면서, 나는 널빤지 2개에 못 박힌 사람의 이미지가 어떻게 그렇게 많은 인기를 누리게 되었는지 생각해보지 않을 수 없었다. 만일 기독교인들이 한 걸음 뒤로 물러서서 이 문제에 대해 생각해본다면, 그들은 많은 비신자들과 비기독교 신앙인들이 그리스도 수난상 앞에서 불편한 마음을 느끼는 이유를 이해할 수 있을 것이다. 그리스도 수난상은, 손과 발은 못에 박히고 로마군의 창에 찔린 곳에서는 피가 흐르고 머리에는 가시관이 눌러 씌워진 채 고통 받는 인간을 보여주고 있다. 그것은 어린 아이에게 편한 마음으로 보여주기 힘든 그런 조각상이다. 그럼에도 이 형상은 세계 곳곳의 교회에서 공개적으로 진열되어 있다. 나는 그리스도 수난상이 가톨릭 신자들과 다른 기독교인에게 의미하는 바를 안다. 희생과 구원의 긍정적인 결과일 테지만, 그럼에도 겉으로 보기에 꽤 부정적이고 험상궂다.

그리스도 수난상에 대한 나의 관점을 감안한다면, 기독교인들이 흔히 묻는 질문에 대한 나의 대답이 사람들을 놀라게 만들 수도 있을 것 같다. "당신은 예수 그리스도를 대신하겠습니까?" 기독교인들은 예수 그리스도가 두들겨 맞고 고문당하고 마침내 처형당하면서 '나를 위해' 감내한 고통을 나에게 제대로 전달하기 위해 이런 질문을 던진다. 그러면서 기독교인은 예수 그리스도가 우리를 위해 그런 희생을 당했다고 말한다. 그러나 우리들 중에서 그를 대신하여 손과 발에 못 박혀 서서히 죽어가겠다고 나설 사람이 과연 얼마나 될까? 예상되는 대답은 매우 적다는 쪽일 것이다.

그러나 나는 그렇게 할 수 있을 것이다. 만일 나에게 예수의 경우와 똑같은 시나리오가 주어진다면, 나는 망설이지 않을 것이다. 그렇다고 내 말에 강한 인상까지 받을 건 없다. 그것은 내가 아주 용감하다는 뜻이 아니다. 나는 다만 '비용 대비 수익률'을 이해할 뿐이다. 그렇기 때문에 나에게 그 질문은 고민할 필요가 전혀 없는 문제다. 내가 예수 그리스도가 체포되기 직전의 상황에 있다고 가정해보자. 나에게 어떤 선택이 주어진다. 나는 안전한 곳으로 대피하여 정상적인 긴 삶을 살 수 있다. 그렇게 하지 않으면 나는 고문을 당하다가 십자가형에 처해질 것이다. 나는 하나님이나 다른 어떠한 신도 아니다. 나는 인간을 위해 '피의 희생'을 할 기회를 맞은 인간 존재일 뿐이다. 이런 상황에서는 "예스"가 유일하게 합리적인 대답이다. 그 이유를 보도록 하자.

만일 나에게 신에 의해 이런 선택이 주어진다면, 나는 천국과 하나님이 진짜라는 것을 알게 될 것이다. 나는 또한 구원과 천국에서의 영생에 대한 약속이 하나님이 지킬 수 있는 진짜 약속이라는 것을 알 것이다. 이 약속을 거부한다는 것은 내가 70살까지는 살 수 있더라도 죽어서 천국에는 가지 못한다는 것을 의미한다. 그것만이 아니다. 이 땅의 70억 인구도 천국에 가지 못한다. 내가 그 협상을 받아들이지 않았다는 이유로, 이 땅의 모든 사람들이 지옥으로 간다. 만일 그것으로도 충분하지 않다면, 앞으로 수십 년, 수백 년, 수천 년 동안 태어날 수조 명의 사람들까지 더하라. 내가 구할 수 있는 사람들은 어마어마하다. 몇 시간의 고문은 물론 힘들 것이다. 그러나 나의 고문에 너무 많은 사람들이 걸려 있다. 아무도 나를 보지 않을 때에는 나도 나 자신이 이기적인지 신경 쓰지 않는다. 그러나 나는 수조 명의 사람들에게 등을 돌리는 일은 상상할 수 없다. 그러나 그것으로도 고문을 당하겠다는 생각이 들지 않는다면, 아내와 두 딸과 아들이 있다. 나는 그들을 위해서라면 상어와도 싸우고 유리도 먹고, 아마 못할 일이 없을 것이다. 나는 나 자신이 가족들을 영원한 죽음에서 구해 내 안전과 만족을 영원히 누릴 수 있는 곳으로 보낼 수 있는 기회를 날려버리지는 않을 것이다. 가학적인 몇 명의 로마 경비병에 대한 두려움은 내가 나의 가족에게 느끼는 그 충정을 결코 죽이지 못할 것이다. 십자가형의 굉장한 공포도 그 사랑을 누르지 못할 것이다. 그리고 나는 대부분은 아니더라도 많은 부모들이 나와 똑같이 느낄 것이라고 확신한다.

이 모든 얘기가 기독교인들에게 모욕을 안겨주기 위한 것이 아니라는 점을 나는 강조한다. 단지 나는 나와 다른 많은 회의론자들이 예수 그리스도의 십자가형에 대해 어떻게 생각하는지를 정직하게 전하고 있을 뿐이다. 많은 기독교인들은 유일한 아들을 희생시키는 하나님에 대해 이야기할 때 강한 인상을 받지 않는 사람들을 이해하지 못해 힘들어 하고 있다. 내가 지금까지 이야기한 것도 그때문이다.

49

기독교인은 회의론자가
되어야 하는가?

우리 모두 회의론자다. 어느 누구도 모든 주장을 다 받아들이지 않는다. 또 어느 누구도 모든 것을 다 믿지 않는다. 믿음은 얼마나 많이, 어느 정도 받아들이느냐의 문제다. 우리 자신이 회의론에 얼마나 충실하며 일관성을 보이느냐는 것이다. 나는 글쓰기 경력의 상당 부분을 건설적인 회의주의와 비판적인 사고 방법을 전파하는데 쏟았다. 왜냐하면 생각도 하지 않고 믿으려는 일반적 경향이 전세계적으로 너무 큰 해악을 끼치고 있어 심히 걱정스럽기 때문이다. 내 입장에서 보면, 회의주의는 도덕적인 문제이다. 그릇된 특이한 주장이 제기될 때, 선한 사람들이 증거를 요구하거나 스스로 깊이 생각해보지도 않았다는 한 가지 이유만으로 시간을 낭비하거나 돈과 건강을 허비하는 예를 나는 너무나 많이 알고 있다.

그래서 긴급히 회의주의를 전파하고 비판적 사고를 고무할 필요가 있다. 허약한 회의주의가 전 세계적인 위기로 자리 잡고 있는데도 아무도 이 문제에 대해 언급하지 않는다. 언제든 좋으니 TV를 한번 켜보라. 당신의 지방을 제거하겠다거나 당신을 더 훌륭한 연인으로 만들어 놓겠다거나 당신을 30일 안에 부동산 재벌로 바꿔 놓겠다고 약속하는 '인포머셜'(infomercial)을 늘 보게 될 것이다.

우리는 지금 과학의 시대에 살고 있다고 주장한다. 그럼에도 의료사기는 그 어느 때보다 더 극성을 부리고 있다. 서점에 가면 점성술 책이 천문학 책보다 훨씬 더 많다. 어느 명사나 토크 쇼 진행자가 백신이 자폐증을 유발할 수 있다는 말을 했다는 이유로 자식들에게 예방접종을 거부하는 부모들도 있다.

광기 어린 위험한 세상에서는 훌륭한 회의론자들이 조금 더 안전하게 살 수 있다. 왜냐하면 회의론자들이 거짓말과 엉터리 사상의 희생자가 될 가능성이 더 낮기 때문이다. 물론 나는 사람들이 모든 문제에서 나와 동의하기를 기대하지 않는다. 나 자신이 모든 문제에 대한 대답을 알고 있다고도 생각하지 않는다. 그러나 나는 회의론이 이롭다는 사실은 알고 있다. 과학적 절차는 사람을 속이지 않는다. 질문을 던지는 것이 중요하다. 중요하고 특이한 주장을 받아들이기 전에 증거를 요구하는 것은 현명하다. 기독교인을 포함한 모든 사람들을 언제나 이 세상에 존재하는 부정적인 속물과 망상에 빠진 광인의 무리로부터 보호하는 최선의 길은 바로 증거를 요구하는 것이다. 기회가 주어지기만 하면, 속물들과 광인들은 우리로부터 무엇이든 빼앗을 것이다.

회의론은 매일 생명을 구하고 있다. 회의론의 결핍은 매일 생명을 앗아간다. 모두에게 회의론이 필요하다. 기독교인들도 결코 예외가 아니다. 기독교인들도 비기독교인들과 마찬가지로 매일 거짓말과 미치광이 같은 주장에 착취당하고 상처를 입고 있다. 내가 종교의 영역으로 들어갈 때에도 회의론을 중단하지 않는 이유다. 회의론은 점잖은 집단에 들어간다고 해서 잠깐 꺼둬야 할 그런 것이 아니다. 회의론적 사고에는 분노하게 만들 나쁜 요소가 하나도 없다. 회의론은 사람들이 엉터리 주장에 쉽게 넘어가지 않도록 막아주는 기술과 태도의 혼합에 지나지 않는다. 정신이 제대로 박힌 사람이라면 지금과 같은 세상에서 하루 24시간, 일주일에 7일 동안 한 순간도 회의론을 놓지 않을 것이다.

기독교인들이 훌륭한 회의론자가 되고 싶어 하지 않을 이유는 전혀 없다. 희생자가 되길 원하지 않는 다른 사람들과 똑같다. 요즘처럼 사기와 터무니없는 거짓말들이 난무하는 상황에서, 일부 기독교인들은 자신의 종교적 믿음에 위협이 될 수 있다는 우려에서 회의론적 관점을 채택하길 두려워하거나 꺼릴 수도 있을 것이다. 솔직하게 말해서, 회의론이 위협이 될 수도 있겠지만 어디까지나 기독교 안에서도 사실이 아닌 요소에만 위협이 될 것이다.

회의론이 반드시 무신론과 같지는 않다. 회의론자가 된다는 것은 어떠한 일에든 구체적인 입장을 암시하지 않는다. 회의론은 종교에 반대하지도 않고 예수 그리스도에 반대하지도 않는다. 회의론은 거짓말에 반대하고 망상에 반대한다. 거짓말에 속거나 현혹되길 바라지 않는 모든 기독교인들은 회의론을 받아들여야 한다.

회의론은 어떠한 종교에든 찬반 의견을 갖고 있지 않다. 만일 어떤 종교의 주장이 회의론의 검사에도 붕괴하지 않고 거뜬히 버틴다면, 그 주장은 사실이다. 훌륭한 회의론자들은 어떤 주장의 긍정적 혹은 부정적 측면에 관해 자신이 모르는 것을 아는 척 꾸미지 않는다. 과학과 이성을 중요시 여기는 태도와 회의론은 예컨대 빅풋의 존재를 믿지 않도록 만든다. 그러나 이와 똑같은 심리는 나로

하여금 어떤 거대한 영장류가 미국 북서부 태평양 연안의 어딘가에 살 수 있다는 점을 인정하도록 만든다(비록 나 자신은 이 영장류의 존재에 2센트도 걸지 않겠지만). 나는 또한 네시가 진짜 존재한다고 생각하지 않는다. 단지 그걸 뒷받침할 만한 증거가 없기 때문이다. 만일 누군가가 내일 그물로 네시를 잡아 올린다면, 나는 조금도 망설이지 않고 거기에 맞춰 나의 사고를 조정할 것이다.

홀륭한 회의론자는 현실이 어떻든 그 현실과 조화를 이루기를 원한다. 훌륭한 회의론자는 단지 알기를 원한다. 만일 예수 그리스도가 진짜 신이라면, 나는 종교를 포함해 모든 것에 대해 가능한 한 많은 것을 배우고자 하는 나의 욕망과 정직한 탐구가 언젠가 그 발견을 이루기를 바란다. 보수주의자/진보주의자, 무신론자/신앙인, 부자/빈자, 교육을 받은 사람/교육을 받지 않은 사람 등의 구분이 중요해서는 안 된다. 회의론은 자신의 발을 현실 세계에 확실히 담근 상태에서 진리에 도달하기 위해 노력하는 것이다. 왜 그것이 합리적인 기독교인들에게 문제가 되는가? 분명히 대부분의 기독교인들은 더 잘 알기만 하면 거짓말과 실수, 망상 등에 집착하지 않을 분별력 있는 사람들이다. 회의론은 기독교인들에게도 유익하다.

목소리를 내지 않는 대가

사람들은 훌륭한 회의론자였다면 간단히 물리쳤을 주장에 어이없게도 시간과 돈을 낭비하고 심지어 목숨까지 버리기도 한다. 그러나 회의론의 결핍 때문에 많은 낭비가 일어나고 있음에도 불구하고, 이 문제는 세상의 레이더에 좀처럼 걸리지 않는다. 왜 그럴까? 왜 우리는 대통령과 총리 후보가, 거짓된 주장에 쉽게 넘어가는 대중의 속성을 개탄하면서도 당선되기만 하면 이 문제를 바로잡겠다고 호소하는 소리를 듣지 못하는가? 왜 회의론적인 사고의 기술이 고등학교 시험에 포함되지 않는가? 왜 우리는 자식들에게 비판적 사상가가 되라고 가르치지 않는가?

회의론이 결정적인 삶의 기술로 인식되지 않는 중요한 이유는 힘든 질문을 던지고 증거를 요구하고 특이한 주장에 도전하는 것이 부모에서부터 성직자와 대통령에 이르기까지 권력의 자리에 있는 사람들에게서, 좋게 보면 무례하고 나쁘게 보면 협박하는 것으로 여겨졌기 때문이다. 회의론은 거짓말을 노출시키고 실수를 드러내는 힘이다. 회의론은 게임의 흐름을 바꿔놓을 힘이 될 수 있다. 우세한 사람들은 자신에게 유리한 게임의 판세를 뒤집어놓을까 두려워서 새로운 카드를 좀처럼 원하지 않는다. 심지어 우리에게 필요하고 정의로운 질문이 최대한 점잖은 언어로 던져질 때조차도, 일부 사람들은 그것을 공격으로 볼 것이다. 나는 이것을 직접 경험해서 알고 있다. 나는 너무도 간단한 질문으로 사람들을 화나게 만들기도 했다. "이것이 사실이라는 것을 어떻게 알죠?" 이런 질문도 충분히 상대방을 분노하게 만든다. 그럼에도 우리는 침묵하고 있어서는 안 된다. 너무 많은 것이 걸려 있기 때문이다.

반(反)지성적인 규칙에 도박을 걸거나 부모나 교사, 판매원, 명사 혹은 정치인이 우리를 나쁜 길로 이끌 리가 있겠냐 하면서 그들을 쉽게 믿어버리기에는 인간의 생명이 너무 소중하다. 확실히, 우리는 지금 위험한 난센스와 입증되지 않은 주장이 난무하는 세상에 살고 있다. 예를 들어 보자. 2008년 하버드 대학의 한 연구는 남아프리카 공화국 정부가 과학에 근거한 치료가 아닌 대체의학을 권장함에 따라 HIV 양성 반응자 36만5000명 이상이 불필요하게 일찍 사망했다는 결과를 발견했다. 미약한 회의론이 사람들을 죽인 것이다.

파키스탄에서 2003년에 유방암 진단을 받은 여성들을 대상으로 한 어느 연구 보고서는 그들 중 34%가 주로 민간요법이나 '영적' 치료 같은 과학적 근거가 없는 치료에 의존하다가 뒤늦게 의학적 치료를 찾는다는 사실을 발견했다. 연구원들에 따르면, 이 지체가 "병을 의미 있을 만큼 악화"시켰다. 이렇듯 회의론은 아무리 강조해도 지나치지 않다. 세상에는 훌륭한 회의론자들이 부족한 탓에, 매 순간 사람들이 불필요하게 고통을 당한다. 당신이 움직이는 곳이면 어디든, 당신의 시간과 돈, 건강 혹은 품위를 해치며 당신에게 비합리적인 믿음을 주입시키려는 사람이 있다는 사실을 절대로 잊지 않도록 하라. 회의론을 강하게 품지 않은 사람은 집 밖을 나설 때마다 위험에 처할 수 있다는 사실을 기억해야 한다. 당연히 훌륭한 회의론자도 그런 위험에 신경을 써야 한다. 훌륭한 회의론자는 광기에 상처를 입지 않은 채 집으로 돌아올 가능성이 높다.

회의론이 실수가 없는 삶을 보장하지는 않을 것이다. 그러나 회의론이 많은 문제들을 피할 확률을 높여주는 것만은 확실하다. 예를 들어 훌륭한 회의론자라면 지나가는 혜성에 올라타기 위해 자살을 요구하는 어떤 클럽에 가입하지는 않을 것이다. 중병을 앓는 훌륭한 회의론자는 아마 과학적 검증을 거치지 않은, 증명되지 않은 약에 의존하지 않을 것이다. 훌륭한 회의론자는 또한 저택에 살며 호화 자동차를 몇 대나 굴리는 자칭 성자에게 힘들여 번 돈을 갖다 바치지는 않을 것이다. 회의론은 영원히 이로운 힘이다. 회의론은 당신을 안전하게 지켜주고, 적어도 회의론을 품지 않을 때보다는 더 안전하게 지켜준다. 엉터리 주장에 쉽게 넘어가지 않고 자신의 삶을 온전하게 살겠다면, 누구든 회의론적 관점을 포용해야 한다. 그 외에는 달리 방법이 없다. 회의론자들의 이미지가 대중에게 사실과 달리 부정적이고 냉소적인 것으로 받아들여지고 있음에도 불구하고, 회의론은 실제로 긍정적이고 건설적이다. 효과적이고 생산적인 삶을 사는 최선의 길이다. 그러려면 비합리적인 믿음에 시간을 낭비하는 일은 없어야 한다. 이런 식으로 알차게 산다면, 친구와 가족, 로맨스, 재미, 창의적인 일, 육체적 활동 등에 쏟을 시간이 더 많아진다.

훌륭한 회의론자가 되는 법

그렇다면 훌륭한 회의론자가 된다는 것은 정확히 무슨 뜻인가? 어떻게 하면 훌륭한 회의론자가 될 수 있는가? 회의론자가 되는 것은 대부분의 사람들이 생각하는 것만큼 어렵지 않다. 여러 해 동안 회의론에 대한 글을 쓰고 강연을 해온 지금, 나는 사람들이 회의론에 대해 두꺼운 과학서적을 읽고 공개토론의 장에서 UFO 열광자나 영매들과 논쟁을 벌여본 "똑똑한 사람들"만 성취할 수 있는 것으로 여긴다는 것을 알게 되었다. 나는 여러분에게 그렇지 않다고 자신 있게 말할 수 있다. 분명히 지능과 교육이 세상을 보다 현실적으로 보는 데 도움이 될 수 있다. 그러나 회의론은 인상적인 독서목록을 갖거나 대학 졸업장을 갖는 것과는 별로 관계가 없다. 나는 똑똑하고 교육 수준이 높은 사람들 중에서 일관성이 부족한 회의론자들을 많이 알고 있다. 나는 또한 교육적 성취가 낮은 사람들 중에도 수준급의 회의론적 기술과 본능을 보이는 사람들을 많이 알고 있다. 올바른 정보에 대해 조금 더 알면 큰 도움이 될 수 있다. 예를 들어서, 훌륭한 회의론자에게는 과학적 연구가 우주와 지구, 그리고 인간에 대한 진실을 어떤 식으로 파고드는지에 대해 아는 것이 매우 유익하다. 이런 과학적 절차를 이해하는 사람은 엉터리를 근거로 한 주장이나 조작된 주장을 보다 잘 가려낸다. 예를 들어서 점성학이 흔히들 주장하는 대로 맞아떨어지지 않는다는 사실을 파악하기 위해 뉴턴의 궤도역학 전문가가 될 필요는 없다. 당신은 그냥 점성가에게 그들의 특별한 주장을 증명해달라고 요구하기만 하면 된다. 점성가가 증명하지 못하거나 그런 노력을 거부한다면, 당신이 어떻게 해야 하는지는 굳이 말로 하지 않아도 알 것이다.

인간의 뇌가 작동하는 방식에 대해 약간 알면 큰 도움이 될 수 있다. 회의론에 관한 나의 책『사람들이 진실이라고 믿는 50가지 믿음』을 홍보하면서, 나는 대부분의 사람들이 우리의 뇌가 우리가 "본" 세상을 어떤 식으로 구성하는지에 대해 전혀 모른다는 사실을 확인했다. 사람들은 우리의 기억이 매우 잘 구성된 '다큐드라마'에 지나지 않는다는 것을 깨닫지 못하고 있다. 대부분의 사람들은 우리가 우리 앞의 세계를 거울처럼 정확히 보고 있다고 생각하고 있다. 틀린 생각이다. 또 대부분의 사람들은 우리의 뇌가 기억을 훗날에 그대로 끄집어낼 수 있도록 컴퓨터 하드 드라이브처럼 저장한다고 생각한다. 이것도 틀린 생각이다. 정상적이고 건강한 인간처럼 생각하고 듣고 보고 기억하고 꿈을 꾼다는 것이 무슨 의미인지를 아는 것만으로도 특별한 주장이나 기이한 믿음에 대해 새로운 관점을 가질 수 있다. 다시 말하지만, 회의론이 엘리트만을 위한 것이라고 생각하지 않도록 하라. 사람이 있지도 않은 것을 믿기가 얼마나 쉬운지를 아는 데는 신경과학의 학위가 필요하지 않다.

당신이 훌륭한 회의론자가 될 준비가 되어 있는지 여부는 두 가지 질문만으로 확인할 수 있다. (1)당신은 어떤 중요한 사상에 직면할 때 질문을 기꺼이 던질 것인가? (2)당신은 그 질문에 대한 대답이 당신의 현재 세계관에 엄청난 혼란을 야기하더라도 그것을 받아들일 만큼, 대답이 없다는 것을 인정할 만큼 용감한가? 훌륭한 회의론자란 기이한 주장들이 공격해 올 때 싸워보지 않고는 절대로 굴복하지 않겠다는 사람이다. 훌륭한 회의론자는 뇌를 사용하고, 정직하고, 현실 세계에서 살기로 결정한 사람이다. 현실 세계가 어떤 식으로 확인되든 불문하고 말이다. 훌륭한 회의론자가 되는 것은 특히 용기와 책임을 요구한다.

회의론 101

다음은 속임수와 덫 외에 훌륭한 회의론자가 명심해야 할 비판적인 사고의 기본을 간단히 살피는 내용이다. 다른 사람들과 마찬가지로 모든 기독교인들도 이 세상을 보다 안전하게 항해하고 거짓 주장이나 나쁜 사상에 걸려 넘어지는 일을 피하기 위해 이것들을 잘 알아야 한다.

이야기는 증거가 아니다

인간은 이야기 기계이다. 우리는 이야기를 사랑하며 절대로 이야기에 물리지 않는다. 나는 아이들에게 과학을 가르치고 성인들에게 강연을 하면서 인간의 마음은 이야기에 약하다는 사실을 오래 전에 배웠다. 나는 매우 중요한 통계나 과학적 연구에 관한 이야기를 몇 시간이고 늘어놓을 수 있다. 나는 손을 이리저리 움직이고, 목소리를 조절하고, 비주얼 자료를 하루 종일 제시할 수 있다. 그러나 청중을 낚는 데는 이야기만한 것이 없다. 이는 근거 있는 말이다. 우리 인간은 지금까지 서로 이야기를 나누며 유대를 강화하고 중요한 정보와 경고의 뜻을 나누고, 미래를 예측하는 일로 보냈다. 인간을 규정하는 목록의 맨 위에 '이야기꾼'을 올려야 할 것이다.

회의론자가 된다는 것이 이야기에 반대한다는 것을 의미하는 건 아니다. 반대로, 나는 훌륭한 이야기들을 사랑한다. 아마 대부분의 사람들이 나 못지않게 이야기를 좋아할 것이다. 2012년 12월에 나는 '긱' (Geek)이라는 잡지에서 한 페이지의 주인공이 되었다. 거기서 나는 사이언스 픽션과 판타지에 대한 나의 관심을 털어놓았다. 그러나 내가 상상력 풍부한 이야기들을 좋아하지만, 이야기들이 제기할 수 있는 위험을 예리하게 자각하고 있다. 훌륭한 회의론자는 이야기가 유혹적이고 우리의 사고를 쉽게 망쳐놓는다는 사실을 알고 있다. 이야기는 우리가 돌팔이 의사의 치료와 가짜 상거래를 쉽게 받아들이도록 유혹한다. 위대한 이야기가 곧 위대한 증거는 아니라는 점을 늘 기억하라. 위대한 이야기는 괜찮은 증거도 못된다. 그것은 그냥 이야기일 뿐이다. 언제나 증거를 요구하고, 증명을 요구하고, 언제나 생각해야 한다.

증거는 주장과 균형이 맞아야 한다
가장 근본적인 개념 하나는 언제나 막강한 힘을 발휘한다. 어떤 특별한 주장이 기이하거나 중요할 때 그만큼 더 증거를 요구해야 한다. 만일 내 이웃이 내일 피닉스로 날아가서 새로운 강아지를 찾아 점심에 햄버거를 먹을 거라고 한다면, 나는 그를 믿고 가만 내버려 둘 것이다. 그러나 그 사람이 내일 시간여행을 할 것이며 쥐라기로 가서 어린 트리케라톱스 공룡을 찾아서 점심 때 검치호랑이 샌드위치를 먹을 것이라고 한다면, 나는 그의 주장을 받아들이기 전에 아주 아주 많은 증거를 요구할 것이다. 천문학자이며 회의론자였던 고(故) 칼 세이건(Carl Sagan)이 그걸 아주 간단히 요약했다. "특별한 주장은 특별한 증거를 요구한다." 이 말을 기억하도록 하라. 당신에게 큰 도움이 될 것이다.

무지는 아무것도 증명하지 못한다

온갖 부류의 비합리적인 신자들은 대답이 나오지 않은 질문을 가리키면서 그것이 자신들의 주장의 증거라고 믿는다. 이 같은 마음의 속임수가 지적설계라는 개념의 바탕이다. 그러나 모르는 것은 그냥 '모르는 것'을 의미할 뿐 그 이상은 절대로 아니다. 세상의 과학자들이 무엇인가에 대해 만족할 만하고, 자연스럽고, 증거에 근거한 설명을 제시할 수 없다면, 그 사실은 다만 과학자들이 모른다는 것을 의미할 뿐이다.

아마 어느 날 과학자들이 그 무엇인가에 대한 대답을 제시할 수 있을 것이다. 아니면 세월이 흘러도 과학자들이 대답을 제시하지 못할 수도 있다. 어쨌든 대답이 나올 때까지 우리는 미스터리를 머리 위에 이고 사는 법을 배워야 한다. 만일 우리가 하늘에서 직선을 보았는데 무엇인지 모른다고 해서, 그것이 외계인의 우주선이라는 걸 증명하는 건 아니다. 대답이 나오지 않은 질문들은 증거가 아니다. 다른 사람이 그런 질문을 마치 무슨 증명이라도 되는 듯이 당신을 속여도 거기에 넘어가지 않도록 하라.

증명의 부담은 누구에게?

당신의 기본적인 입장은 믿음보다는 비(非)믿음이 되어야 한다는 점을 명심하라. 당신에게 어떤 주장을 받아들이도록 만들려는 사람이 믿을 만한 증거를 내놓기 전까지는 그 주장을 받아들이거나 믿지 않도록 하라. 생각부터 먼저 하고, 나중에 믿도록 하라. 예를 들어 누군가가 불필요한 지방을 즉시 사라지게 만드는 기적의 살 빼는 약이 있다고 말한다면, 훌륭한 회의론자는 누군가가 이 약이 진짜라는 것을 입증할 때까지 이 기이한 주장을 받아들이지 않을 것이다. 그러나 사람들은 정반대로 움직인다. 사람들은 먼저 기적의 약부터 믿는다. 그러다 시간이 지나면 누군가가 그 약이 효과가 없다는 것을 입증한다. 이상한 주장을 하거나 비합리적인 믿음을 홍보하는 사람들은 그것을 증명해야 할 부담은 의심하는 사람이 져야 한다는 암시를 풍기며 속임수를 쓴다. 거기에 넘어가지 않도록 하라. 기적의 살 빼는 약이 효과가 없다는 사실을 당신이 증명할 필요는 절대로 없다. 기적의 약이 효과가 있다는 것을 증명해야 할 책임은 판매원에게 있다. 왜냐하면 기적적인 효과를 주장하는 사람은 판매원이기 때문이다. 효과를 증명해 보이는 것이 그 사람의 일이다.

집단의 영향을 늘 자각하라

우리 주변의 많은 사람들이 무엇인가를 믿을 때, 당신도 그걸 믿도록 설득당하기 쉽다. 그 주장이 진실이 아닐 가능성이 높은 때에도 그런 현상이 나타난다. 그런 상황이라면 그 집단이 은연중에 당신에게 미치는 영향을 절대로 과소평가하지 않도록 하라. 인간은 사회적 동물이다. 그리고 우리가 집단에 맞추려고 드는 것은 본능이다. 다수가 하는 대로 움직이며 행동을 함께하기는 쉽다. 그러나 물살을 거슬러 헤엄을 치는 것은 힘들고 간혹 무섭기까지 하다. 집단이나 단체는 언제나 믿을 수 있는 건 아니다. 우리는 이 같은 진리를 역사를 통해서도 알고 있다. 그러므로 우리는 중요하고 비상한 생각에 대해서는 독립적으로 용감하게 사고하는 수밖에 없다. 진실은 인기 콘테스트가 아니다. 현실은 표결로 결정하는 것이 아니다.

변화를 두려워하지 마라

많은 사람들이 변화는 나쁜 것이라는 어리석은 생각을 품고 있다. 그들은 더 나은 정보가 나왔다는 이유로 당신이 마음을 바꾸는 것은 우유부단의 신호라고 생각한다. 헛소리다. 매우 지적이고 정직한 사람의 중요한 특징은 코스를 이탈했다는 사실이 확인될 때 당장 코스를 바로잡으려 한다는 것이다. 변화는 과학이 아주 잘 돌아가는 중요한 이유 중 하나이다. 과학은 언제나 변화하고 있다. 더 훌륭한 자료가 확보되고 새로운 발견이 나와 기존의 어떤 과학적 사실이 잘못된 것으로 확인될 때, 훌륭한 과학자들은 자신의 귀를 닫거나 듣기를 거부하지 않는다. 훌륭한 과학자들은 새로운 발견을 기꺼이 받아들이며 자연의 세계를 보다 잘 이해하게 된 것을 축하한다. 우리 모두도 훌륭한 과학자들처럼 행동할 수 있을 만큼 대담해야 한다.

50

기독교는 오랫동안 살아남을까?

기독교는 놀랄 만한 인기를 누렸다. 스무 번의 세기 동안에 기독교는 부모에게서 자식에게로 충실하게 전달됐고, 경쟁적인 종교의 신자들이 개종을 했고, 비신자들이 기독교의 빛을 보았다. 그럼에도 기독교가 언젠가 사라지는 것은 아닐까? 기독교가 차츰 세력을 잃다가 망각의 늪으로 사라지는 것은 아닐까? 지금으로서는 그런 일은 불가능할 것으로 보인다. 지금 기독교는 세계에서 가장 인기 있는 종교이기 때문이다. 세계 인구의 32%가량이 스스로 기독교인이라고 부르고 있다. 물론 막강하고 인기 있었던 많은 종교들이 나타났다가 사라졌다. 그런 일은 언제든 일어날 수 있다. 하지만 지금까지 기독교가 보인 탄력성은 인상적이다. 여하튼 기독교는 박해와 스캔들, 회의(懷疑)라는 공격을 받았지만 여전히 번창하고 있다.

그러나 곧 제시하게 될 이유로 기독교의 미래는 불확실하다. 기독교가 아주 오랫동안 살아남을 테지만 오늘날의 독실하고 전통적인 기독교인들에게 반드시 좋은 소식은 아니다. 왜냐하면 미래의

489

기독교는 오늘날의 기독교인들이 알고 있는 기독교와 다를 것이기 때문이다.

지속적으로 부상하고 있는 이슬람교가 기독교를 가장 인기 있는 종교의 자리에서 끌어내리겠다고 위협하고 있다. 일부 사람들은 이슬람교가 금세기 중반쯤에는 신자 수가 가장 많은 종교가 될 것이라고 내다보고 있다. 그러나 종교는 자동차 경주가 아니다. 어느 한 순간 미끄러진다고 해도 기독교의 장기적 생존에는 아무런 영향을 미치지 않을 것이다. 오늘날 22억 명의 추종자를 거느린 지위에서 내려오려면 길고 긴 미끄럼이 필요하다.

미래 세대의 기독교인들이 직면해야 하는 한 가지 구체적인 문제는, 오래 전에 죽은 수많은 기독교인들이 확신했던 것과 달리, 예수 그리스도가 "곧" 재림하지 않았다는 사실이다. 2000년 동안 언제나 종말은 가까이 와 있었다. 이런 상태가 얼마나 오래 갈 수 있을 것인지 궁금하다. 기독교가 이 주장을 수정하는 날이 올까, 아니면 이 주장이 그냥 희미해져 갈까? 서기 3000년에도 상당한 비중의 기독교인들이 가까운 미래에 있을 메시아의 재림에 대해 열광적으로 말하는 것이 정말로 가능할까? 서기 3000년에 그런 말이 가능하다면, 지금으로부터 5000년 후에는 어떨까? 1만 년 후에는? 나는 기다리다 지쳐서 예수 그리스도의 재림을 잊어버렸다는 기독교인들을 보지 못했다. 그러나 세계의 종말에 대한 약속도 어느 시점엔가는 공허하게 들리지 않을까? 그렇게 되면 기독교가 사라지게 될까? 나는 그래도 그렇게 되지는 않을 거라고 생각한다.

과학의 거침없는 질주가 기독교를 위축시킴으로써 기독교의 경주를 종식시키게 될까? 의문에 대한 대답을 내놓고 새로운 발견을 이룩하는 과학의 능력이 결국엔 기독교를 가려버리는 것은 아닐까? 기독교인들이 문제를 해결하고 일을 처리해내는 과학의 능력을 질투하게 되는 것은 아닐까? 인류가 모든 전통적인 종교를 포기하고 영적인 '스폭'(TV 시리즈 '스타 트렉'의 등장인물/옮긴이) 같은 종이 될까? 나는 그렇게 생각하지 않는다. 틀림없이 과학은 아무런 일도 없었다는 듯 움직일 것이다. 과학은 또 다른 종교가 아니다. 과학은 하나의 도구이거나 과정이다. 과학은 종교가 지금까지 긁어준 가려운 곳을 긁어주는 일을 할 수 없다. 이런 모든 문제들에도 불구하고, 나는 기독교가 오랫동안 이어질 것이라고 생각한다.

내가 그렇게 생각하는 이유는 기독교가 인간의 모든 취향이나 필요를 언제든 충족시킬 의지를 갖고 있고 또 그렇게 할 수 있음을 스스로 입증해 보였기 때문이다. 만일 당신이 증오하기를 원한다면, 기독교는 그 욕구를 뒷받침할 수 있다. 성경이 정복자와 노예 소유자에게 얼마나 크게 이바지했는지, 그것만 보아도 기독교의 탄력성을 이해할 수 있다. KKK에서부터 나치, 더 내려와 캔자스 주의 펠프스(Phelps) 가족에 이르기까지, 선동자들은 자신의 경멸스런 세계관을 기독교 안에서 많이 발견했다. 마찬가지로 동료 인간에게 특별한 사랑을 보여주고 곤경에 처한 사람을 도우려는 사람들도 기독교와 성경에서 많은 영감을 발견할 수 있다.

지금 기독교 종파는 수만 개에 달한다. 이들 중 많은 종파는 다른 종파와 너무 많이 다르기 때문에 모든 종파들이 유효한 것은 논리적으로 불가능하다. 그러나 많은 사람들이 이 다양성을 기독교의 약점으로 보지만 나는 그것을 최고의 강점으로 본다. 기독교는 모든 사람에게 전부이며 누구에게나 모든 것이다. 어쩌면 기독교는 멸종 불가능한 것으로 드러날지도 모른다.

농담이 아니다. 종교들은 무한히 탄력적이다. 왜 그런가? 종교들은 진화하고, 왜곡할 수 있으며, 또 신자가 필요로 하거나 바라는 어떤 형태로도 다듬어질 수 있다. 종교들이 이성과 증거, 관찰이나 논리에 근거를 두고 있지 않기 때문에 가능한 일이다. 종교에는 견고한 바탕이 전혀 없고, 누구라도 언제 어디서나 증명할 수 있는 사실과 진실 같은 건 전혀 없다. 종교는 오류에 빠지기 쉬운 인간들의 의문스런 주장들과 다양하게 해석될 수 있는 경전에 근거하고 있다. 또한 종교는 사고(思考)보다 믿음을, 회의론보다 충직한 신앙을 권장한다. 이 모든 사실을 감안한다면, 종교가 변화하고, 분열하고, 돌연변이를 일으키고, 수정하고, 창안하는 것은 불가피하다. 예를 들어 몰몬교의 주류는 변화하는 사회의 압박을 받아 별무리 없이 일부다처제에서 일부일처제로, 인종차별주의에서 다양한 인종을 수용하는 쪽으로 바뀌었다. 그 전의 입장이 교회의 예언자들을 따른 것이었는지 하나님의 의지였는지는 중요하지 않다.

목사와 교황, 설교자들은 자신의 종교가 변화하지 않는다고 강조하곤 한다. 그러나 사실이 아니다. 오늘날의 기독교는 과거의 기독교와 많이 다르다. 많은 교회와 가족 안에서, 기독교는 여자에 대한 낡은 관점을 버렸다. 바라건대 모든 기독교인들과 교회들은 언젠가 이 같은 관점을 공유하게 될 것이다. 많은 기독교인들은 과학을 수용하고 과학자들의 노력을 지지한다. 많은 기독교인들은 창조론의 무리한 주장에 동의하지 않거나 지적설계의 천박한 철학에 빠지지 않는다. 일부 기독교인들은 기적과 종말을 전혀 기대하지 않는다.

많은 무신론자들과 회의론자들은 기독교의 미래가 그리 밝지 않다고 상상하는 실수를 저지르고 있다. 그러나 기독교가 진화를 계속한다면, 기독교의 미래는 절대로 어둡지 않다. 오늘날 이 세상에 아무런 문제를 야기하지 않고 또 인류에게 해를 전혀 입히지 않는 많은 기독교인들을 간과해서는 안 된다. 스스로를 기독교인이라고 밝히고, 분명히 예수 그리스도를 믿고, 아마 기도도 하고, 언젠가 천국에 가기를 바라는 사람들을 나는 많이 알고 있다. 그들은 그런 목적과 의도를 품고 있으면서도 세상과 인류에 전혀 해를 끼치지 않는다. 그들은 다른 종교의 신자들이나 비신자들에게 적대감을 전혀 품지 않는다. 그들은 사회적, 과학적 진보를 받아들일 뿐만 아니라 더 많은 진보를 바란다. 그들은 인류가 꿈꾸는, 노력해볼 만한 가치가 있는 어떤 미래가 있다고 믿는다. 그들은 지평선 저 쪽으로 세상의 종말이 아니라 더 나은 세상을 본다. 나는 이런 기독교인들과 이 지구를 공유하는 데 아무런 문제를 느끼지 않는다.

만일 나에게 타임머신이 있다면, 나는 지금부터 몇 세기 동안 기독교의 움직임을 체크하고 싶다. 그러다가 기독교인들이 자신의 신의 재림을 더 이상 기대하지 않거나 천사들을 더 이상 보고 싶어 하지 않는다 해도 전혀 놀라지 않을 것이다. 아마 이 기독교인들은 지속적인 평화를 이루고 빈곤을 해결하고 자연에 대한 전쟁을 종식시키고 마침내 지구의 중력 범위 밖으로 영원히 확장하는, 컴퓨터화된 지구촌 문화에 깊이 참여하고 있을 것이다. 이 같은 전망은 우리의 미래를 매우 낙관적으로 보는 관점이다. 나는 기독교가 그런 문화의 일부가 될 수 없다는 근거를 보지 못했다. 물론 그런 종류의 미래에 적합한 기독교는 지금과 매우 다른 모습일 것이다. 그러나 이 종교가 지난 몇 세기 동안 경험한 정도의 변화만 이뤄도 그런 기독교로 거듭날 수 있을 것이다. 미래에 어떤 사람들은 새로운 기독교는 사회적 안전망과 함께 명상하고 노래할 기회를 제공하는, 행복을 추구하는 철학에 지나지 않는다고 생각할 것이다. 그러나 기독교인들은 기독교가 그 이상이라고 말할 것이다. 그런 식으로 생각하는 것은 기독교인들의 권리다. 물론 이것은 기독교가 맞이할 수 있는 수많은 시나리오 중 하나에 지나지 않는다. 그러나 기독교를 영원히 죽여 버릴 위험이 매우 높은 길도 한 가지 이상 있다.

만일 이 세상의 기독교인 대다수가 오늘날 이 종교에서 볼 수 있는 최선의 길이 아니라 최악의 길 쪽으로 향하게 된다면, 미래는 기독교 또는 전 세계에 그다지 밝지 않을 것이다. 만일 그런 식으로 전개된다면, 인류는 기독교를 무시하고 지나치며 절대로 뒤돌아보지 않을 것이다. 아니면 분열과 불관용이라는 기독교의 부정적인 측면이 나머지 사람까지 괴롭히게 될 것이다. 그러나 기독교인들의 절대다수는 아마 이런 사태가 벌어지도록 내버려두지 않을 것이다. 지구 나이가 6000년이라든가 비기독교인들이 열등하다고 믿는 수많은 기독교인들이 변화해야 한다. 물론 그런 것을 믿지 않는 기독교인들의 숫자도 간과해서는 안 된다. 그들이 내부에서 기독교를 변화시킬 것이다. 그들이 그런 변화를 이뤄내지 못한다면, 기독교는 어딜 가나 억압적이고 불관용적인 사람들에게 지배당할 것이다. 그러면 기독교에는 미래가 없다.

더 나쁜 시나리오도 있다. 만일 기독교와 이슬람교가 현재보다 더 빨리 성숙하지 않는다면, 우리는 비이성적인 믿음과 당파, 두려움이 불을 붙인 거대한 불구덩이에서 모든 것을 태워버릴 것이다. 그렇게 되면 무신론자들은 만족스런 목소리로 "내가 그랬잖아"라고 말할지 모르지만, 그건 절대로 승리가 아니다. 만일 기독교가 예측할 수 있는 미래까지 이곳에 그대로 존재하게 된다면-그럴 가능성이 높은데, 나는 기독교가 모두에게 유익하고 우리가 예상할 수 있는 최선의 세상과 양립할 수 있는 형태로 남길 희망해본다. 이점에 대해 대부분의 기독교인과 비기독교인도 동의할 것이라고 나는 믿는다.

기독교를 믿는다는 것

초판 1쇄 인쇄 2014년 5월1일
초판 1쇄 발행 2014년 5월10일

지은이	가이 해리슨
옮긴이	정명진
펴낸이	김태수
디자인	정다희
펴낸곳	엑스오북스
출판등록	2012년 1월 16일(제25100-2012-11호)
주소	서울 양천구 신정동 신목로 16길 30 105동 1404호
전화	02) 2651-3400
팩스	02) 2651-3401

ISBN   978-89-98266-09-7 03230

「이 도서의 국립중앙도서관 출판시도서목록(CIP)은 서지정보유
통지원시스템 홈페이지(http://seoji.nl.go.kr)와 국가자료공동목
록시스템(http://www.nl.go.kr/kolisnet)에서 이용하실 수 있습
니다.(CIP제어번호: CIP2014014079)」